Die europäische Linke

Manuel Azcárate

Die europäische Linke

Europaverlag
Wien · Zürich

CIP-Titelaufnahme der Deutschen Bibliothek

Azcárate, Manuel:
Die europäische Linke / Manuel Azcárate. [Aus d. Span. übers. von Werner Hörtner]. – Wien; Zürich : Europaverl., 1989
Einheitssacht.: La izquierda europea <dt.>
ISBN 3-203-51037-5

Titel der spanischen Originalausgabe
La Izquierda Europea
Übersetzt von Werner Hörtner
Umschlag von Ute Strohmeier

Medieninhaber: Europa Verlag GesmbH Wien

Hersteller: Elbemühl Graphische Industrie GesmbH Wien
Verlags- und Herstellungsort: Wien
Printed in Austria
ISBN 3-203-51037-5

Inhalt

Vorwort

Für die Zukunft Europas eröffnen sich zur Zeit neue Horizonte. Die bemerkenswerte Verbesserung der Beziehungen zwischen der Europäischen Gemeinschaft und der Sowjetunion erzeugt ein Klima der Entspannung, das neue Projekte innerhalb einer friedlichen Entwicklung begünstigt. Zum erstenmal seit 1945 zeichnen sich Möglichkeiten einer ernstzunehmenden Annäherung der beiden Teile Europas, zwischen Ost und West, ab. Gerade weil die EG auf den „gemeinsamen europäischen Binnenmarkt" von 1992 zusteuert, muß sie ihre politischen Strukturen – vor allem das Parlament in Straßburg – stärken und einer gemeinsamen, unter den Mitgliedern koordinierten Außenpolitik mehr Bedeutung einräumen. Es ist dringend notwendig, daß sich aus dem ersten Ansatz eine „europäische Politik" entwickelt.

Seit 1986 sitzen auch spanische Abgeordnete im Europäischen Parlament und vertreten somit nicht nur ihre entsprechenden Parteien in Spanien, sondern auch die europäischen Parlamentariergruppen, die gebildet wurden, um das Funktionieren des Straßburger Rates zu sichern. Diese Tatsache weist auf einen allgemeineren und tiefgreifenderen Prozeß hin: vor unseren Augen beginnt sich ein politisches Leben zu entfalten – mit all seinen Versammlungen, Zusammenkünften, Studien, Programmen, Wahlen und Kundgebungen –, das die Grenzen der Nationalstaaten überschreitet und eine neue, kontinentale Dimension annimmt. Es ist offenbar noch nicht im allgemeinen Bewußtsein verankert, daß wir in einer *Übergangsperiode* zu einem politischen Europa leben, auch wenn sich auf institutioneller Ebene die entsprechenden Schritte bis jetzt nur langsam und widersprüchlich vollzogen haben.

Es überrascht nicht, daß diese Entwicklung auf starken Widerstand stößt. Seit mehreren Jahrhunderten besteht Europa aus einer Vielzahl von Nationalstaaten, die sich in verschiedenen Epochen herausgebildet haben. Erst in der Gegenwart beginnt dieser Kontinent, sich selbst als eine neue politische Einheit *sui generis* zu begreifen. Das Instrumentarium ist zwar noch unpräzise, dennoch muß er sich die Fähigkeit aneignen, angesichts der globalen Probleme selbständig Positionen zu beziehen, Lösungen auszuarbeiten und europäische Kriterien festzulegen, um als Europa den Gang der Menschheitsgeschichte beeinflussen zu können.

Dieses politische Europa unternimmt gerade seine ersten Gehversuche – stolpernd und mit unvermeidlichem Schwanken, ständig von der realen Gefahr des Scheiterns bedroht. Angesichts der Situation der Menschheit, die gegenwärtig an einem Scheideweg steht, scheint es nicht viele Möglichkeiten zu geben: um zu vermeiden, daß Europa im 21. Jahrhundert zu einem Museum vergangener Größe degeneriert, darf es nicht weiterhin ein Mosaik souveräner Staaten bleiben. Es benötigt eine gemeinsame politische Einheit und muß die wirksamsten Institutionen suchen.

Während im Rahmen der EG die Notwendigkeit eines politischen Europas sichtbar geworden ist, führt die Perestroika Gorbatschows gleichzeitig neue Faktoren ein, deren Auswirkungen nicht leicht vorherzusehen sind. Auf jeden Fall fordern die Veränderungen in den Ost-Staaten von der europäischen Linken (wobei sich der Begriff „europäisch" auf die westlichen Staaten unseres Kontinents bezieht) eine tiefgehende Reflexion der Erfahrungen aus der Vergangenheit und der Lehren, die daraus zu ziehen sind. Das Übergangsstadium, in dem wir leben, macht es notwendig, die Geschichte *und* die Zukunft zu überdenken.

Überdies kann man in der Linken Zeichen einer ideologischen Krise wahrnehmen. Der Ballast alter Konzeptionen erschwert es, die rasch wechselnden Situationen zu bewältigen. Wenn man die traditionellen Linksparteien (Sozialisten und Kommunisten) betrachtet, so dominiert in ihnen eine politische Kultur, die von Nationalismus und Staatsdenken geprägt ist: das wesentliche Ziel war, durch Aufstand oder über Wahlen die Regierungsgewalt zu erobern, um dann von oben die Gesellschaft zu verändern. Dieses mythische Vertrauen in die Macht der Nationalstaaten hat schweren Enttäuschungen Platz gemacht. Aufgrund der gegenwärtigen Internationalisierung von Wirtschaft und Produktion in zentralen Bereichen und der beschleunigten Innovation in Wissenschaft und Technologie muß man, um zu grundlegenden sozialen Änderungen zu kommen, diese unbedingt im europäischen Rahmen verstehen, vorbereiten – und verwirklichen. Die Linke steht vor der Entscheidung, *europäisch* zu werden oder aufzuhören, Linke zu sein. Gleichzeitig benötigt der Begriff Linke selbst eine tiefgreifende Erneuerung: neben den Parteien – vor allem den sozialistischen, sozialdemokratischen und kommunistischen – und den Gewerkschaften muß unbedingt neuen Formen der Beteiligung am gesellschaftlichen und politischen Leben mehr Raum zugestanden werden – besonders in Hinblick auf die jüngeren Generationen und auf die neuen sozialen Bewegungen, die sich speziell für die Befreiung der Frau oder für Frieden und Abrüstung oder Ökologie engagieren. Die Diskussion über diese entscheidenden Fragen findet bereits in vielen intellektuellen und politischen Kreisen statt. In Spanien stößt dieser Prozeß wahrscheinlich auf größere Schwierigkeiten als in anderen Ländern. Die Auswirkungen von 36 Jahren Diktatur, in denen nur relativ kleine Minderheiten außerhalb der Staatsgrenzen die politische Entwicklung und theoretische Debatte mitverfolgen konnten, sind natürlich nicht leicht zu beseitigen.

Das vorliegende Buch wurde in dem Wunsch geschrieben, zur heute so notwendigen Europäisierung der Linken einen bescheidenen Beitrag zu leisten. Es befaßt sich zum Großteil mit der Entwicklung der wichtigsten sozialistischen und kommunistischen Parteien unseres Kontinents nach dem Zweiten Weltkrieg, logischerweise aus der Sichtweise und aufgrund der Erfahrung einer Person geschrieben, die diese Zeit innerhalb der kommunistischen Bewegung erlebt hat. Im letzten Teil werden einige Ideen zur Analyse der gegenwärtigen Krise der Linken angesichts der neuen Herausforderung des entstehenden „neuen" Europas sowie zur jüngsten Entwicklung in Osteuropa skizziert.

Madrid, Jänner 1989 *Manuel Azcárate*

Kapitel 1

Vorgeschichte

Die Spaltung zwischen Sozialisten und Kommunisten

Bei Ausbruch des Ersten Weltkrieges 1914 fällt die II. Internationale auseinander, und nach der Russischen Revolution von 1917 folgt dem Bruch die institutionelle Spaltung der europäischen Arbeiterbewegung. Nach einigem Hin und Her, das wir später noch genauer betrachten werden, bilden sich zwei Internationalen. Alle Arbeiterparteien, die sich bisher an den Lehren von Karl Marx inspiriert haben, vollziehen diese Spaltung nach.

Angesichts dieses Phänomens, das für Europa schwerwiegende Folgen mit sich zog, stellt sich als erstes die Frage, ob es sich um ein *internes* Problem der Arbeiterbewegung handelte oder um die innere Auswirkung von äußeren Einflüssen - konkret: um Einflüsse bürgerlicher Natur. Heutzutage genügt es nicht mehr, sich auf die Beschreibung der Vorfälle zu beschränken, die die Spaltung in diesem oder jenem Moment, an diesem oder jenem Ort hervorgerufen haben. Die Tatsache der Spaltung dauert schon mehr als sieben Jahrzehnte an, und die Erklärung, die man für die Trennung von Sozialisten und Kommunisten geben will, muß diesem langen Zeitraum, der bis in die Gegenwart hineinreicht, Rechnung tragen.

In Wirklichkeit gab es seit dem Aufkommen der Arbeiterbewegung im 19. Jahrhundert ständig Auseinandersetzungen zwischen (zumindest in der Formulierung ihrer Ziele und Methoden) radikalen, revolutionären Strömungen und gemäßigten, vorsichtigen, reformistischen Tendenzen. Zur Zeit von Karl Marx kam es zur direkten Konfrontation mit den Anarchisten und deren wichtigstem Führer, Bakunin. Dieser Zusammenstoß führte in der Praxis zur Lähmung der I. Internationale und veranlaßte Marx 1872, die Übersiedlung des Generalrates der Internationale in die Vereinigten Staaten vorzuschlagen, was dann bald zu deren Auflösung führte.

Doch obwohl der Anarchismus in der Folge ständig an Einfluß verlor und als Massenbewegung der Arbeiter praktisch zu bestehen aufhörte (mit einigen Ausnahmen, wie jener in Spanien bis 1936), lebte die Spaltung zwischen Sozialisten und Kommunisten weiter fort. Zur Zeit der Gründung der Kommunistischen Internationale 1919 war Lenin überzeugt, daß die Sozialisten als Arbeiterbewegung zum Aussterben verurteilt wären. Doch in Wirklichkeit verhielt es sich anders – eher im Gegenteil. Sehr wahrscheinlich gab es zwischen dem Phänomen des Anarchismus und der Spaltung in Sozialisten und Kommunisten grundlegende qualitative Unterschiede.

Ohne nun eine automatische Entsprechung zwischen den ökonomischen Bedingungen einer Klasse, einer Bevölkerungsschichte und den aus ihr entspringenden Ideen herstellen zu wollen, kann man wohl sagen, daß gemäß der historischen Entwicklung der Anarchismus als Reaktion auf wirtschaftliche Bedingungen existierte, die ab Ende des vorigen Jahrhunderts verschwanden, während das sozialistisch-kommunistische Zweigespann gerade durch das Erstarken des Kapitalismus hervorgebracht und genährt wurde.

Es ist wohl nicht zu weit hergeholt, den Anarchismus auf seinem Höhepunkt im 19. Jahrhundert als Ausdruck der revolutionären Haltung der Handwerker und Kleinbürger zu sehen, die durch das Aufkommen und die Verbreitung der kapitalistischen Produktionsbeziehungen zum Aussterben verurteilt waren. Die sozialistischen und kommunistischen Positionen hingegen gründen teilweise im Schoß eben jener Arbeiterklasse, die die Entwicklung des Kapitalismus geschaffen und verstärkt hat. Die Spaltung der Bewegung erscheint uns daher im Falle des Anarchismus als von außen bestimmtes und im Falle der Trennung zwischen Sozialisten und Kommunisten als internes Phänomen.

Marx hat in seinem Meisterwerk *Das Kapital* eine theoretische Erklärung des Auftauchens entgegengesetzter Positionen im Schoß der Arbeiterbewegung gegeben: eine reformistische Tendenz für quantitative Änderungen und eine revolutionäre Tendenz zur qualitativen Umwandlung des Systems. So schreibt er zum Beispiel:

„Im Fortgang der kapitalistischen Produktion entwickelt sich eine Arbeiterklasse, die aus Erziehung, Tradition, Gewohnheit die Anforderungen jener Produktionsweise als selbstverständliche Naturgesetze anerkennt. Die Organisation des ausgebildeten kapitalistischen Produktionsprozesses bricht jeden Widerstand, die beständige Erzeugung einer relativen Überbevölkerung hält das Gesetz der Zufuhr von und Nachfrage nach Arbeit und daher den Arbeitslohn in einem den Verwertungsbedürfnissen des Kapitals entsprechenden Gleise, der stumme Zwang der ökonomischen Verhältnisse besiegelt die Herrschaft des Kapitalisten über den Arbeiter. Außerökonomische, unmittelbare Gewalt wird zwar immer noch angewandt, aber nur ausnahmsweise. Für den gewöhnlichen Gang der Dinge kann der Arbeiter den ‚Naturgesetzen der Produktion' überlassen bleiben, das heißt seiner aus den Produktionsbedingungen selbst entspringenden, durch sie garantierten und verewigten Abhängigkeit vom Kapital."[1]

Wir haben hier eine bündige Erklärung dafür, wie durch den „stummen Zwang der ökonomischen Verhältnisse" der Arbeiter die *Naturgesetze* der Produktion annimmt, sich ihnen unterwirft und sie verinnerlicht. Er akzeptiert den Kapitalismus als *natürlich* und trachtet nur nach Änderungen innerhalb des Systems.

An anderen Stellen seines Hauptwerkes beschreibt Marx die andere Seite der Medaille: die objektiven Bedingungen, die innerhalb des kapitalistischen Systems den Arbeiter zu Positionen revolutionärer Ablehnung führen. Wir zitieren ein Beispiel:

„Mit der beständig abnehmenden Zahl der Kapitalmagnaten, welche alle Vorteile dieses Umwandlungsprozesses usurpieren und monopolisieren, wächst die Masse des Elends, des Drucks, der Knechtschaft, der Ausbeutung, aber auch die Empörung der stets anschwellenden und durch den Mechanismus des kapitalistischen Produktionsprozesses selbst geschulten, vereinten und organisierten Arbeiterklasse. (. . .) Die Zentralisation der Produktionsmittel und die Vergesellschaftung der Arbeit erreichen einen Punkt, wo sie unverträglich werden mit ihrer kapitalistischen Hülle."[2]

Der Marxismus unterscheidet im wesentlichen zwei Ebenen bei diesem für das Verständnis der zeitgenössischen Geschichte so entscheidenden Problem, nämlich dem der Verbindung des Menschen mit den ihn umgebenden kapitalistischen Produktionsbedingungen. Diese zwei Ebenen gehen aus der Natur des Kapitalismus selbst hervor; sie waren in vorkapitalistischen Gesellschaften unbekannt. Das Kapital *beutet* den Arbeiter über die eigenen Marktgesetze *aus*. Es entreißt ihm Mehrwert und zwingt ihn, einen bestimmten Teil seiner Zeit für die Tasche des Kapitalisten zu arbeiten. Das Bewußtsein um diese Ausbeutung bringt den Arbeiter dazu, darum zu kämpfen, möglichst wenig ausgebeutet zu werden, also mehr Lohn zu erhalten und weniger lang zu arbeiten . . .

Doch ein Marxismus, der sich ausschließlich auf die Thematik des Mehrwerts beschränkt, könnte sich leicht in einen Ökonomismus, in einen reformistischen Marxismus verwandeln.

Betrachten wir nun die zweite, tiefgreifendere, radikalere Ebene. Das Kapital *beutet* den Arbeiter nicht nur *aus*: um ihn auszubeuten, und über den Prozeß der Ausbeutung selbst, verwandelt es ihn in Ware, in eine *Sache*. Es verdinglicht ihn, verneint ihm seine Qualität als menschliches Wesen. Der Arbeiter wird zum Anhängsel der Maschine und der Mensch zum Anhängsel des Kapitals, zu einem Instrument zur Wertsteigerung desselben. Hier liegt das ganze Problem der Entfremdung des Menschen, das Marx mehr im ersten Teil seines

Lebens und seines Werkes behandelt hat, das jedoch ständig in seinem Denken und in seinen Theorien präsent war. Ein Marxismus ohne Entfremdungstheorie oder ein zweigeteilter Marxismus, wie ihn Althusser entworfen hat, läuft Gefahr, das Wesen seiner revolutionären Kapitalismuskritik zu verlieren und sich in eine Ideologie zu verwandeln, die jede Art politischen Verhaltens rechtfertigt – ein trauriges Schicksal, das er schon in verschiedenen Etappen seiner Geschichte erlitten hat.

Unserer Meinung nach gibt uns Marx selbst die Schlüssel, um das Bestehen unterschiedlicher Positionen – eher reformistische und eher revolutionäre – im Schoß der Arbeiterbewegung an den verschiedensten Schnittpunkten der Geschichte zu begreifen. Man muß sich jedoch davor hüten, zwischen diesen beiden Problemen einen Schranken aufzubauen, da sie sich in der Praxis vermischen und sich sogar in ein und derselben Person widerspiegeln können.

Es wäre jetzt schon an der Zeit – obwohl wir später noch auf dieses Thema zurückkommen –, zwei verschiedene Seiten in Marx und bei einigen seiner wichtigsten Nachfolger wie Kautsky und Lenin aufzuzeigen. Marx war ohne Zweifel ein Revolutionär, doch er faßte die Arbeiterorganisation nicht als den Träger der Revolution in dem Sinne auf, daß die Revolutionäre, die Kommunisten (ein Ausdruck, den er im berühmten *Manifest* von 1848 verwendet), eine eigene Partei außerhalb von anderen Sektoren der Arbeiterklasse bilden.

Im genannten *Manifest der Kommunistischen Partei* sagt Marx wörtlich: „Die Kommunisten sind keine besondere Partei gegenüber den anderen Arbeiterparteien.“[3]

Marx zeigte kein besonderes Interesse an der Form, in der die Arbeiter sich organisieren. Er wandte sich ausdrücklich dagegen, daß die Arbeiterpartei eine Sekte von „berufsmäßigen Verschwörern“ sei. Seine zentrale Idee war ständig die, daß „die Befreiung der Arbeiterklasse ein Werk der Arbeiter selbst sein muß“.[4]

Vor allem mit der Gründung der Sozialdemokratischen Partei Deutschlands beginnt sich jedoch das Konzept der *Partei* als entscheidender und oberster Faktor im Kampf um die Befreiung der Arbeiter herauszuschälen. Diese Vorstellung ist bei Kautsky deutlich sichtbar und wirkt in gewissem Sinne auch bei Lenin nach, auch wenn dieser aufgrund der spezifischen Bedingungen des politischen Kampfes unter dem Zarenregime einen ganz anderen Begriff von Partei hat. Darin kommt durch ihre Vormachtstellung der *Partei* eine Art Ausschließlichkeitsrecht zu, die Interessen und Gefühle der Arbeiter zu interpretieren. Was außerhalb der *Partei* ist, kann nicht zur Arbeiterklasse gehören, sondern muß den Beeinflussungen der Bourgeoisie unterliegen. Dadurch wird es leicht, der Arbeiterklasse immanente Unterschiede und Widersprüche als ein Werk von deren Feinden zu interpretieren. Derartige Haltungen spielten eine wesentliche

Rolle beim Entstehen und bei der Entwicklung der Spaltung zwischen Sozialisten und Kommunisten und spielen sie immer noch.

Der Sozialismus vor dem Krieg

Die 1889 in Paris ins Leben gerufene II. Internationale unterschied sich von Anfang an in mehreren Punkten von der Internationale aus der Zeit von Karl Marx. Die II. Internationale ist viel mehr ein Bund von Parteien mit großer Entscheidungsautonomie der einzelnen Mitglieder. Bis 1900 verfügt sie über keine eigene Struktur, und auch das dann geschaffene Internationale Sozialistische Büro ist mehr eine Koordinierungsstelle als ein Leitungsorgan. Dennoch herrscht eine gewisse ideologische Homogenität in dem Sinn, daß die Ideen von Marx, der Marxismus, die theoretische Grundlage und den Bezugspunkt der neuen Organisation darstellen. Der Konflikt mit den Anarchisten bricht neuerlich aus – diese haben ihre eigene Internationale. Doch darf man diese Homogenität auch nicht übertreiben; sie stellt bloß einen Rahmen dar und nicht mehr.

Seit ihrer Gründung erlebte die II. Internationale nicht nur Debatten, sondern auch Widersprüche, Kämpfe und harte Auseinandersetzungen. Man kann ohne Übertreibung feststellen, daß sich zwei Strömungen klar abzeichnen, auch wenn es immer schwankende und dazwischenliegende Sektoren gibt – zwei Strömungen, deren Grenzen im allgemeinen innerhalb der nationalen Delegationen verlaufen: eine gemäßigte, reformistische Tendenz und eine deutlich revolutionäre. Einige Historiker nehmen diese faktische Spaltung vor 1914 zum Anlaß, um die Internationale zum Zeitpunkt des Ausbrechens des Zweiten Weltkrieges bereits totzusagen – der Krieg habe dann das unvermeidliche Ende nur beschleunigt. Diese These erscheint mir nicht überzeugend, vor allem dann nicht, wenn man die großen Anstrengungen zur Aufrechterhaltung der Einheit berücksichtigt, die jahrelang, selbst noch nach dem Krieg, unternommen wurden.

Die II. Internationale diskutierte in mehreren aufeinanderfolgenden Kongressen das Thema Krieg und beschloß auch Resolutionen gegen den Krieg. Diese Frage stand andauernd im Mittelpunkt ihrer Tätigkeit. Halten wir uns vor Augen, wie sich das politische Klima in Europa zu jener Zeit erhitzte. 1892 wurde als Antwort auf den 1882 geheim abgeschlossenen und 1887 erneuerten Dreibund (Deutschland – Österreich – Italien) die französisch-russische Militärkonvention abgeschlossen. Diese Entwicklung förderte den Militarismus. Am Brüsseler Kongreß von 1891 proklamierte sich die Internationale als „wahrhaftige und einzige Partei des Friedens". Doch obgleich bei den pazifistischen Erklärungen eine Atmosphäre der allgemeinen Übereinstimmung herrschte, traten Differenzen auf, wenn es darum ging, Kampfmaßnahmen gegen den Krieg zu definieren und konkrete Verpflichtungen für den Fall des Kriegsausbruchs zu übernehmen. Am Kongreß in Stuttgart 1907 wird zum letztenmal Einstimmigkeit erzielt. Selbst ein von der polnischen und russischen Linken, von Rosa Luxemburg, Lenin und Martow vorgelegter Antrag findet einhellige Zustimmung. Es heißt darin:

„Wenn der Krieg ausbricht, haben die Sozialisten die Verantwortung, diesen unverzüglich zu beenden und die durch den Krieg hervorgerufene politische und wirtschaftliche Krise mit allen Kräften auszunützen, um die breiten Volksmassen zu bewegen und den Sturz des Kapitalismus zu beschleunigen."

In diesem Text ist bereits vorweggenommen, was zehn Jahre später die Praxis der Bolschewiken sein sollte. Die Vorschläge, den Generalstreik als Mittel zur Verhinderung des Krieges auszurufen, wurden jedoch auf mehreren Kongressen der Internationale abgelehnt.

Die zwei Positionen, die sich herauszubilden begannen, entsprachen verständlicherweise nicht nur politischen, sondern auch theoretischen Konzepten. Die Rechte war der Meinung, daß die Entwicklung des Kapitalismus zu einer Art Superimperialismus führen könnte und daß die Zuspitzung der Konflikte zwischen den bürgerlichen Staaten vermeidbar wäre. Man könne den Krieg vermeiden, deshalb setzte sie zur Lösung der Konflikte den Schwerpunkt auf die Schaffung verpflichtender Vermittlungs- und Verhandlungssysteme. In diesem Zusammenhang ist es interessant, daran zu erinnern, daß der Schwiegersohn von Karl Marx, Paul Lafargue, 1911 die These vertrat, die Entwicklung immer besserer Waffen würde den Krieg unmöglich machen . . .

Die Linke war der Meinung – wobei sie sich vor allem auf die theoretischen Arbeiten von Rosa Luxemburg und Lenin stützte –, daß der Kapitalismus zwangsläufig zum Krieg führe und man sich somit vorbereiten müsse, um dem imperialistischen Krieg eine revolutionäre Antwort zu geben.

Je näher der Krieg rückt, um so mehr verschlechtert sich die Stimmung in der Internationale. Der für 1913 nach Wien einberufene Kongreß wird auf 1914 verschoben und kann dann nicht mehr abgehalten werden.

Beim Ausbruch des Weltkrieges am 1. August 1914 bleiben nur kleine Gruppen von Sozialisten den zuvor von der Internationale festgelegten Verhaltensgrundsätzen treu. Am 4. August ermächtigt die Sozialistische Partei Belgiens ihren Führer Vandervelde, in die Regierung einzutreten. Ab 28. August nehmen die französischen Sozialistenführer Guesde und Sembat an der Regierung der *Heiligen Einheit* teil. Deutschland zählte die stärkste sozialistische Partei mit einer Million Mitgliedern und vier Millionen Wählern. Dort genügt für die Sozialdemokraten die Ankündigung, die Truppen des Zaren hätten die deutsche Grenze überschritten, um sofort eine radikale Kehrtwendung zu vollziehen und die Teilnahme an der Regierung des Kaisers zu rechtfertigen. Karl Liebknecht ist der einzige Abgeordnete, der sich von Anfang an weigert, für die Kriegskredite zu stimmen.

Nach etwa einem Jahr beginnt in einigen Ländern wieder eine Antikriegsstimmung Fuß zu fassen. Im September 1915 findet in dem Schweizer Dörfchen Zimmerwald ein internationales sozialistisches Treffen mit 38 Delegierten aus elf Ländern statt. Daran nahmen die russische Partei teil (mit Lenin, Trotzki und Martow), Delegierte neutraler Länder, aber auch Vertreter aus Frankreich und Deutschland. Bei dieser Konferenz stießen zwei Strategien aufeinander: eine von der Mehrheit der Delegierten vertretene, wonach die Völker mobilisiert werden sollten, um mit der Forderung nach Frieden ihre Regierungen zu Verhandlungen zu zwingen, und eine Minderheits-Strömung, die den imperialistischen Krieg in eine sozialistische Revolution umwandeln wollte. Man einigte sich jedoch auf einen gemeinsamen Text und wählte eine internationale sozialistische Kommission unter dem Vorsitz des Schweizers Grimm. Im April 1916 fand in Kienthal, einem anderen Schweizer Dorf, eine zweite Konferenz statt, die jedoch nur die Debatten des vorangegangenen Treffens verlängerte, ohne zu wesentlichen Neuerungen zu gelangen.

In Deutschland gründet der um Karl Liebknecht und Rosa Luxemburg (die sich fast während der ganzen Kriegszeit im Gefängnis befand) gruppierte revolutionäre Sektor den Spartakusbund. Vorher bildete sich innerhalb der Sozialdemokratischen Partei (SPD) eine gemäßigte pazifistische Opposition heraus, die jedoch ausgeschlossen wird und 1917 die Unabhängige Sozialdemokratische Partei Deutschlands (USPD) ins Leben ruft.

So kommen wir zu den für den europäischen Kontinent entscheidenden Jahren 1917 und 1918. In Rußland löst sich die von den Deutschen besiegte Armee auf. Eine große Zahl bäuerlicher Soldaten unterstützt die Revolution – zuerst gegen den Zaren, dann gegen die bürgerliche Republik von Kerenski. Die Bolschewiken wußten diesen revolutionären Prozeß zu leiten: im Oktober 1917 übernahmen sie die Macht, schufen den neuen Sowjetstaat und zerstörten die feudalen Überbleibsel und das kapitalistische System.

In Deutschland hatte die militärische Niederlage gegen die französisch-britische *Entente* ziemlich ähnliche Folgen, doch einen völlig anderen Ausgang. 1917 finden große Streiks und Massendemonstrationen statt. So treten zum Beispiel im April in Berlin 300.000 Arbeiter in den Ausstand. Soldaten und Seeleute beginnen zu meutern, und ähnliche Komitees wie die *Sowjets* in Rußland werden geschaffen. Als 1918 angesichts der militärischen Niederlage und der Revolution im eigenen Land Kaiser Wilhelm II. flieht, übernehmen die deutschen Sozialisten in einer revolutionären Situation die Regierungsgewalt. Die Sozialdemokratie fand sich mit den in weiten Teilen Deutschlands entstandenen Arbeiter- und Soldatenräten ab. In Berlin und in anderen Städten verbrüderten sich die Truppen mit der Bevölkerung. Am 9. November wird die Republik ausgerufen. Die Gefangenen verlassen die Kerker, unter ihnen auch Rosa Luxemburg.

Der für das Scheitern der Revolution entscheidende Faktor war die Isolierung der Spartakisten um Rosa Luxemburg und Karl Liebknecht, während die Unabhängigen in die von der offiziellen Sozialdemokratischen Partei geführte Regierung mit Noske, Scheidemann und Ebert als Regierungschef eintraten.

Der Jänner 1919 bedeutet den Höhepunkt und den Beginn des Niedergangs der deutschen Revolution. Die legale Macht, die sich in Händen der Sozialisten befindet, stützt sich auf die konterrevolutionären Einheiten des besiegten kaiserlichen Heeres. Die Spartakuserhebung in Berlin wird von Truppen unter dem Kommando monarchistischer Offiziere niedergeschlagen, obwohl der Kriegsminister ein Sozialist ist. Am 12. Jänner wird Berlin von reaktionären Truppen besetzt; am 15. Jänner werden Rosa Luxemburg und Karl Liebknecht von monarchistischen Offizieren ermordet.

Das von den Volksmassen aufgebaute Rätesystem wird geschwächt und schließlich abgeschafft. Man kehrt zu einer bürgerlichen Realität zurück. Es gab noch einige Versuche von Arbeiterrevolutionen, die jedoch niedergeschlagen wurden. Die deutsche Revolution war als sozialistische Revolution gescheitert. Wohl war der Kaiser gestürzt worden und eine Republik entstanden, doch die sozialen Veränderungen berührten das Kapital nicht. Sie verstärkten es vielmehr in diesem schwierigen Augenblick der Niederlage und des von den Alliierten aufgezwungenen Versailler Vertrages.

Am 19. Jänner 1919 fanden die Wahlen zur Verfassunggebenden Versammlung statt. Die Sozialdemokratische Partei erhielt mit elf Millionen Stimmen 163 Abgeordnete, die Unabhängigen, denen man Zusammenarbeit mit den Spartakisten vorwarf, kamen nur auf 22 Abgeordnete. Die bürgerlichen Parteien erhielten jedoch zusammen die Mehrheit. Die Sozialisten sahen sich gezwungen, mit ihnen Koalitionsregierungen einzugehen, bis sie schließlich selbst von der Macht verdrängt wurden. 1933 erliegt die auf der Verfassung von Weimar beruhende Republik widerstandslos dem Ansturm Hitlers.

Die Kommunisten hatten unter ihrer Gefolgschaft die Losung ausgegeben, die Wahlen von 1919 zu boykottieren – die Kommunisten, denn auf dem Parteitag am 31. Dezember 1918 und 1. Jänner 1919 hatte sich der Spartakusbund in die Kommunistische Partei Deutschlands umgewandelt. Drei Monate später, am 2. März, begann in Moskau der Gründungskongreß der Kommunistischen Internationale.

Die Kommunistische Internationale

Die Kommunistische Internationale entstand gewissermaßen als Folge der Treffen von Zimmerwald und Kienthal und außerdem zu einem Zeitpunkt, in dem keine Sozialistische Internationale existierte. Ein Versuch zu ihrer Neubelebung war einen Monat vorher, im Februar 1919, in Bern gescheitert, vor allem wegen der Differenzen zwischen Franzosen und Deutschen.

Die in Moskau gegründete III. Internationale entsteht logischerweise direkt auf der Grundlage der unmittelbaren russischen Erfahrung. Beim Versuch, die Tradition von Marx wiederzugewinnen, gibt man sich nicht mit einer einfachen Koordinierung der nationalen Parteien zufrieden, so wie es die II. Internationale pflegte, was ja dann mit Ausbruch des Krieges zu ihrem Untergang führte. Es dreht sich vielmehr darum, eine echte internationale Partei zu schaffen. Das Profil der neuen Internationale wird vor allem bei ihrem II. Kongreß 1920 definiert, bei dem die berühmten *21 Punkte* angenommen werden. Unter Punkt 16 scheint darin die Verpflichtung für jede Partei auf, die Entscheidungen der Führungsorgane der Internationale, die eine authentische Weltpartei darstellen soll, anzuerkennen.

Dieser Kongreß bringt auch den kategorischen Bruch mit allen Zentrumssektoren der Sozialistischen Parteien, also jenen, die wohl Sympathien für die Russische Revolution empfanden, aber die Ideen Lenins nicht in ihrer Gesamtheit akzeptierten. Die Parteien werden ausdrücklich angehalten, alle jene auszuschließen, die diese Bedingungen nicht anerkennen, und eine eiserne, konzentrierte Disziplin walten zu lassen.

Die grundlegende Idee war, daß in allen Ländern „der Klassenkampf in die Phase des Bürgerkriegs eintritt". Es war also dringend notwendig, die Parteien darauf vorzubereiten, unter den Bedingungen eines Bürgerkriegs zu kämpfen. Zu diesem Zweck mußte man strikt die neuen Parteien von den anderen Parteien marxistischer Prägung trennen und eine einheitliche Disziplin, einheitliche Organisationsformen, eine einheitliche Strategie und Ideologie einführen und die neuen Parteien vor dem opportunistischen Bazillus schützen.

An dieser Stelle erscheint es uns angebracht, eine wenig bekannte, doch bezeichnende Tatsache näher zu betrachten. Der Delegierte der Kommunistischen Partei Deutschlands beim Gründungskongreß der III. Internationale, Albert Eberlein, der noch vor der Ermordung Rosa Luxemburgs von Berlin abgefahren war, hatte Anweisungen, sich gegen die unverzügliche Schaffung einer neuen Internationale auszusprechen. So enthielt sich Eberlein bei der entscheidenden Abstimmung der Stimme. Man darf mit Recht annehmen, daß er dabei die Meinung von Rosa Luxemburg vertrat.

Um die Debatte, die um die Gründung der Kommunistischen Internationale entstand, in der Praxis zu verstehen, muß man sich vor Augen halten, daß die Sozialisten zu diesem Zeitpunkt noch in verschiedene Gruppierungen gespalten sind. Jene Kreise, die sich gegen den imperialistischen Krieg ausgesprochen haben, sind nicht bereit, eine Internationale mit sozialistischen Führern wiederzugründen, die während der Kriegszeit ihre jeweilige Bourgeoisie unterstützten. Doch sie sind auch nicht bereit, sich einer Internationale anzuschließen, die auf den Ideen der Bolschewiken basiert – zumindest zweifeln sie an der Sinnhaftigkeit eines solchen Schrittes.

Im Dezember 1920 in Bern und noch konkreter im Februar 1921 in Wien trafen sich Vertreter einer Reihe von sozialistischen Parteien – der österreichischen Partei, der deutschen *Unabhängigen*, der *Independant Labour Party (ILP)*, der französischen *Longuetisten* usw. – und bildeten eine Arbeitsgemeinschaft, die unter dem Namen *Internationale II 1/2* bekannt wurde. Ihr Ziel war es, die Einheit der europäischen Arbeiterbewegung auf der Grundlage einer flexiblen marxistischen Doktrin (Austromarxismus) zu retten. Was die Sozialistische Internationale der *offiziellen* Parteien betrifft, so wurde diese erst bei einem Kongreß in Genf im Juli 1920 wiedergegründet. Doch noch 1922 fand in Berlin eine Zusammenkunft aller drei Internationalen statt: die Internationale II 1/2 – die die Initiative zu diesem Treffen ergriffen hatte –, die II. und die III. Internationale. Die Diskussionen mündeten in eine Reihe von Forderungen und Kritiken bezüglich der Freiheiten in der Sowjetunion. Man kam jedoch überein, „gemeinsame Beratungen in Hinblick auf gemeinsame Aktionen zu konkreten Zielen" fortzusetzen. Und man beschloß die Gründung eines aus neun Mitgliedern bestehenden Organisationskomitees „mit der Aufgabe, die Vorbereitung neuer Konferenzen der drei Führungsgremien durchzuführen". Dennoch wurde diese Übereinkunft nie verwirklicht. Die Kommunistische Internationale zog sich aus dem Vorbereitungskomitee zurück. Das Scheitern der Konferenz von Berlin beschleunigte den Vereinigungsprozeß der zwei nichtbolschewistischen Strömungen. Im Mai 1923 wird in Hamburg der Gründungskongreß der Sozialistischen Arbeiterinternationale (die sowohl die Internationale II als auch die II 1/2 umfaßt) abgehalten.

Wenn wir von den Texten ausgehen, die Rosa Luxemburg vor ihrem Tod schrieb, so ist die Vermutung wohl nicht übertrieben, daß ihre Gegnerschaft zur Gründung der Kommunistischen Internationale zumindest von den folgenden drei Überlegungen ausging:

1. Die Perspektive eines langfristigen revolutionären Prozesses und nicht die unmittelbar bevorstehenden *Bürgerkriege.* Gerade die eigene Erfahrung in Deutschland bewies, wie schwierig es war, die Arbeitermassen zu einer revolutionären Haltung zu bewegen. Man mußte also die Parteien auf einen langen Marsch vorbereiten und sie nicht auf das Gewinnen von *Kurzstreckenläufen* ausrichten.

2. Die Perspektive, einen beträchtlichen Teil der unentschlossenen Bevökerungsgruppen, die nach den schrecklichen Erfahrungen von Krieg und Nachkriegszeit keinen festen Boden unter den Füßen hatten, für eine revolutionäre Politik zu gewinnen.

3. Die Furcht vor einer übermäßigen *Russifizierung* der neuen Internationale. Das war wahrscheinlich der zentrale Punkt, der die beiden anderen bedingte. Rosa Luxemburg unterstützte nach allen Kräften die Russische Revolution von 1917 und empfand sie als die ihre. Doch gleichzeitig spürte sie mit außergewöhnlicher Intelligenz auch deren Schwächen und erklärte von Anfang an unmißverständlich, daß sie kein *Modell* für andere proletarische Revolutionen sein könne. In einem 1918 im Gefängnis verfaßten Text schreibt sie:

„Alles, was in Rußland vorgeht, ist begreiflich und eine unvermeidliche Kette von Ursachen und Wirkungen, deren Ausgangspunkte und Schlußsteine: das Versagen des deutschen Proletariats und die Okkupation Rußlands durch den deutschen Imperialismus. Es hieße, von Lenin und Genossen Übermenschliches verlangen, wollte man ihnen auch noch zumuten, unter solchen Umständen die schönste Demokratie, die vorbildlichste Diktatur des Proletariats und eine blühende sozialistische Wirtschaft hervorzuzaubern . . ."

„Das Gefährliche beginnt dort, wo sie aus der Not die Tugend machen, ihre von diesen fatalen Bedingungen aufgezwungene Taktik nunmehr theoretisch in allen Stücken fixieren und dem internationalen Proletariat als das Muster der sozialistischen Taktik zur Nachahmung empfehlen wollen. Wie sie damit selbst völlig unnötig im Lichte stehen und ihr wirkliches unbestreitbares historisches Verdienst unter den Scheffel notgedrungener Fehltritte stellen, so erweisen sie dem internationalen Sozialismus, demzuliebe und um dessetwillen sie gestritten und gelitten, einen schlechten Dienst, wenn sie in seine Speicher als neue Erkenntnisse all die von Not und Zwang in Rußland eingegebenen Schiefheiten eintragen wollen, die letzten Endes nur Ausstrahlungen des Bankrotts des internationalen Sozialismus in diesem Weltkriege waren . . ."

„Gewiß, jede demokratische Institution hat ihre Schranken und Mängel, was sie wohl mit sämtlichen menschlichen Institutionen teilt. Nur ist das Heilmittel, das Trotzki und Lenin gefunden: die Beseitigung der Demokratie überhaupt, noch schlimmer als das Übel, dem es steuern soll: es verschüttet nämlich den lebendigen Quell selbst, aus dem heraus alle angeborenen Unzulänglichkeiten der sozialen Institutionen allein korrigiert werden können: das aktive, ungehemmte, energische politische Leben der breitesten Volksmassen..."

„Freiheit nur für die Anhänger der Regierung, nur für Mitglieder einer Partei – mögen sie noch so zahlreich sein – ist keine Freiheit. Freiheit ist immer Freiheit des anders Denkenden..."[5]

Man hat im allgemeinen die Auseinandersetzung, die sich in der europäischen Arbeiterbewegung rund um die bolschewistische Revolution entzündete, zu sehr vereinfacht. Es gab nicht nur die Polemik zwischen Lenin und Kautsky, zwischen Freunden und Gegnern der neuen revolutionären Macht. Innerhalb des Kommunismus – und durchaus im Rahmen einer grundlegenden Anerkennung der unter der Führung von Lenin verwirklichten historischen Leistung – zeigten sich von Anfang an (der zitierte Text von Rosa Luxemburg stammt aus dem Jahr 1918) Meinungsverschiedenheiten, und zwar nicht in der Taktik, sondern hinsichtlich wesentlicher strategischer Fragen einschließlich der Theorie: die Beziehung der Partei und des neuen Staates zu den Massen und deren Rolle in der Geschichte sowie der Wert der Freiheit und der Demokratie.

Aus historischen Gründen, die wir zuvor kurz angeführt haben, entsteht die III. Internationale aus einer zweifachen historischen Erfahrung heraus, die dem ganzen 20. Jahrhundert ihren Stempel aufprägt: der Niederlage der deutschen Revolution (in einem Land mit einem starken Proletariat und einer relativ bedeutenden marxistischen Bildung) und dem Sieg der Russischen Revolution (unter im marxistischen Sinn außergewöhnlichen, anormalen Bedingungen, und zwar in so einem Ausmaß, daß Gramsci sie in einem berühmten Text als „Revolution gegen *Das Kapital*" bezeichnete). Diese zwei historischen Gegebenheiten brachten es mit sich, daß, verallgemeinert ausgedrückt, jene Parteien, Gruppen und Fraktionen, die revolutionäre Positionen vertraten, sich um das russische Beispiel scharten. Das war kein strukturelles, institutionelles Phänomen, sondern eine tiefgehende historische Strömung, die die breitesten Sektoren der Ausgebeuteten umschloß. Rußland, Lenin, *Sowjets* wurden mythische Namen. In Rußland wurden die Grundbesitzer und die Fabriksherren enteignet. Die Armen zogen in die Häuser der Reichen ein. Für alle, die unter Unterdrückung, Elend, Ausbeutung litten, bedeutete Rußland Gerechtigkeit, Gleichstellung, Befreiung. Auf dieser mächtigen historischen Welle wurde die Kommunistische Internationale aufgebaut. Nicht nur die sozialistische Linke, sondern auch syndikalistische, anarchistische und andere Gruppen fühlten sich durch das russische Beispiel angezogen.

Das bedeutete einen entscheidenden Einfluß Rußlands und später der Sowjetunion auf die Kommunistische Internationale. Wie Rosa Luxemburg in dem zuvor zitierten Text ausführt, konnte es offenbar auch nicht anders sein. Es vollzog sich nicht nur eine *Russifizierung* der Ideen und der Methoden, sondern auch des gesamten Umfeldes, in dem sich die neuen Parteien bewegten.

Diese Russifizierung erschien am Anfang nicht besonders gefährlich (außer so privilegierten Geistern wie Rosa Luxemburg). Selbst Lenin war der Meinung, daß die Revolution bald auch in Deutschland triumphieren und Rußland dann wieder eine Stelle in der Nachhut eines revolutionären Prozesses einnehmen würde, an dessen Spitze hochindustrialisierte Länder mit einer starken Arbeiterschaft stünden. Doch da es sich dann nicht so verhielt und Rußland allein blieb, gewann das Problem, daß das russische Beispiel modellhaften Charakter annahm, eine besondere Wichtigkeit. Lenin selbst lenkte in seiner Rede auf dem IV. Kongreß der Kommunistischen Internationale (eine seiner letzten Reden) die Aufmerksamkeit auf die Gefahr, Beschlüsse zu fassen, die das russische Beispiel kopieren und die deshalb für die Arbeiter anderer Länder unverständlich blieben.

Diese Russifizierung, die am Anfang vor allem im überwältigenden, übermächtigen Einfluß des spezifischen Beispiels der Bolschewiken ihren Grund hatte, veränderte sich in dem Maße, in dem die bolschewistische Partei ihren ursprünglichen Charakter verlor und sich in ein Instrument des russischen Staates verwandelte. Der Stalinismus verstand im wesentlichen den Staat als Schaltstelle zur Gewaltausübung. Im Laufe der zwanziger Jahre eroberte Stalin die totale Macht, wobei er sich nicht mehr politischer, sondern repressiver Mittel bediente, die obendrein zum Großteil gegen Führer der russischen kommunistischen Partei angewendet wurden. Dieser Kampf um die Macht in der Sowjetunion wurde auch in die Internationale hineingetragen. Aus dieser wurden alle jene eliminiert, die die bedingungslose Führungsrolle der Gruppe, die in Rußland die Staatsmacht erobert hatte – und im wesentlichen die von Stalin selbst –, nicht anerkennen wollten.

Dieses Kriterium – die bedingungslose Anhänglichkeit an die Sowjetunion und an Stalin – wird nun zur Grundlage für Änderungen an der Spitze einer Reihe von kommunistischen Parteien. Mehrere Parteien werden aufgelöst, weil sie sich nicht unterordnen wollen. Die politischen und theoretischen Diskussionen werden durch eine zunehmend eintönigere Wiederholung der Thesen und Begriffe der stalinistischen Führung ersetzt.

So wird die Kommunistische Internationale zu einem bloßen Instrument des sowjetischen Staates. Anfangs bedeutete der Triumph der Russischen Revolution einen entscheidenden Schritt für die Weltrevolution; nun ordnet sich alles den Interessen des Sowjetstaates unter. Der von Rosa Luxemburg aufgezeigte Widerspruch verändert seinen Inhalt: er wird zum Widerspruch zwischen den Interessen des sowjetischen Staates und den Erfordernissen einer revolutionären Strategie in den entwickelten Industrieländern, vor allem in Westeuropa. Dieser Widerspruch, der sich durch sechs Jahrzehnte europäischer Geschichte hinzieht, manchmal sichtbar und offen, manchmal still und verdeckt, doch immer vorhanden und handelnd, ist der Schlüssel zum Verständnis vieler fundamentaler Ereignisse in der Entwicklung der kommunistischen Bewegung. Nach Rosa Luxemburg ist es zweifellos Antonio Gramsci, der auf politischem und auch auf theoretischem Gebiet diesen Widerspruch am treffendsten darstellt. Aus diesem Grund rückte sein Denken (das genauso wie jenes von Rosa Luxemburg von den kommunistischen Parteien jahrzehntelang totgeschwiegen wurde) in den Mittelpunkt der Strömungen zur Erneuerung des Kommunismus in den sechziger und siebziger Jahren.

Als die Auswirkungen der Kämpfe innerhalb der bolschewistischen Partei (oder besser gesagt die Anstrengungen Stalins zur Erringung der absoluten Macht) auch in der Kommunistischen Internationale spürbar werden, warnt Gramsci, daß dadurch die Daseinsberechtigung der Internationale in Frage gestellt werden könnte. In einem an Togliatti (damals Delegierter der Kommunistischen Partei Italiens in Moskau) gesendeten, doch an das Zentralkomitee der sowjetischen KP gerichteten Schreiben vom Oktober 1926 ruft Gramsci die bolschewistischen Führer auf, als oberstes Gebot die Einheit zu bewahren, und deutet die Gefahr einer Spaltung des Kommunismus an. In seiner Argumentation legt Gramsci den folgenden Grundsatz von großer historischer Tragweite fest: nur wenn die „westeuropäischen Massen“ in der Sowjetunion und in der sowjetischen kommunistischen Partei „eine Kampfgemeinschaft, die für das allgemeine Ziel des Sozialismus arbeitet“, sehen, können diese Massen „die historisch notwendige Rolle der KP der UdSSR, die führende Partei der Internationale zu sein“, anerkennen. „Doch Ihr“, so schreibt Gramsci den sowjetischen Führern, „zerstört Euer Werk, Ihr schreitet zurück und läuft Gefahr, die führende Rolle, die die Kommunistische Partei der UdSSR dank Lenins Schwung eroberte, zu zerstören“. Er erinnert sie auch daran, daß selbst die innersowjetischen Angelegenheiten „im Rahmen der Interessen des Weltproletariats“ gesehen werden müßten. Gramsci kündigt bereits an, daß der Triumph des Stalinismus in der Kommunistischen Internationale zugleich bedeuten würde, daß das *russische Beispiel* die Daseinsberechtigung als treibende und zusammenhaltende Kraft der internationalen revolutionären Bewegung verliert.[6]

Doch die tatsächlich historische Dimension Gramscis kommt erst im Laufe der Zeit ans Licht. Seine Bedeutung liegt im wesentlichen in den theoretischen Arbeiten, die er vor allem im Gefängnis verfaßt hat. Er skizziert darin die Grundlagen für den Weg zu einer sozialistischen Revolution unter den Bedingungen des Westens, der anders ist als der von den Russen beschrittene und zum Modell für den internationalen Kommunismus erhobene Weg. Sicher wurden die von Gramsci ausgearbeiteten kommunistischen Theorien erst viel später bekannt, doch ist das zweifellos nicht der einzige Grund dafür, daß sich in der westlichen kommunistischen Bewegung der Widerspruch zum Stalinismus und zur Durchsetzung der sowjetischen Interessen in der Kommunistischen Internationale derart schwach und stockend äußerte und daß er in der Mehrzahl der Fälle mit Ausschlüssen von Einzelpersonen gelöst wurde, die die *Treue* der Parteien zur Führung in Moskau nicht berührte. Der entscheidende Faktor, den man vor Augen haben muß, ist die in den dreißiger Jahren einsetzende Umwandlung angesichts der steigenden faschistischen Gefahr.

Die Linke und der Faschismus

Die Betrachtung der Geschichte, aus dem Blickfeld des Zweiten Weltkrieges gesehen, als weltweite Auseinandersetzung zwischen Faschismus und Demokratie erschwert das Verständnis für die Entwicklungen, die dazu führten, daß einerseits der Faschismus eine ungeheure Kraft entfalten und sich andererseits ein vielschichtiges Bündnis gegen die durch Hitler personifizierte Gefahr bilden konnte. In Wirklichkeit zeigte sich das kapitalistische System völlig unfähig, nach dem Ersten Weltkrieg eine einigermaßen demokratische Entwicklung der europäischen Völker zu gewährleisten. Es gab in den zwanziger und dreißiger Jahren nur wenige Länder mit funktionierendem Parlament, Parteien und einem Mindestmaß an Freiheiten. In den *Modelländern* der Demokratie wie Frankreich und Großbritannien wurde diese auf die Bewohner der Metropole angewandt, doch sobald die Völker der Kolonien minimale Forderungen nach Freiheit stellten, antworteten dieselben demokratischen Regierungen mit grausamer Unterdrückung. Der Versailler Vertrag hingegen gründete auf der Ungleichheit zwischen den Ländern: man verbot Deutschland gewisse Rüstungsgüter, während gleichzeitig der Völkerbund, der erste Versuch einer internationalen Organisation, 1926

Deutschland aufnahm. Ein Prinzip dieses Bundes war jedoch die juridische Gleichheit unter den Mitgliedsstaaten. Diese Situation stellte eine objektive Grundlage für die Forderungen nach Gleichheit dar, die den Nationalismus stärkte und in Deutschland zu einem mächtigen Argument wurde, das dem Faschismus zu einer breiten Massenbasis verhalf.

Ein entscheidender Faktor für die Instabilität seit Ende der zwanziger Jahre ist die Wirtschaftskrise, die zu einer massiven Arbeitslosigkeit, dem Zusammenbruch von Unternehmen und der Verzweiflung bis in bürgerliche Schichten hinein führte. Dahinter verbarg sich ein objektives Problem: der liberale Kapitalismus war historisch überwunden – er konnte sich ohne den Eingriff des Staates nicht mehr entwickeln. Die Antworten darauf waren vielfältig und von teilweise entgegengesetzter politischer Ausrichtung: einerseits der *New Deal* von Roosevelt und andererseits der Faschismus. Und außerhalb des kapitalistischen Rahmens zeigte sich die sowjetische Planwirtschaft, die in den dreißiger Jahren die gigantische Anstrengung unternahm, das Land im Eiltempo zu industrialisieren, ebenfalls als eine Form, die Wirtschaft zu rationalisieren, und übte selbst in Sektoren außerhalb der kommunistischen Parteien einen wachsenden Einfluß aus.

So taucht im westeuropäischen Denken eine merkwürdige ideologische Strömung auf, der *Planismus*. Seine zentrale Vorstellung ist, daß angesichts der Wirtschaftskrise, der Produktionsanarchie und der Übel des Kapitalismus die Lösung in einem *Plan* liegt, der vom Staat ausgearbeitet und in die Praxis umgesetzt wird und dem sich alle Marktgesetze unterordnen müssen. Trotz ihres widersprüchlichen Charakters vereinigten sich in dieser Strömung Sympathien mit der Sowjetunion und ihrem System der Fünfjahrespläne – Sympathien übrigens, die den Bereich der kommunistischen Parteien überschritten – und andererseits eine bewundernde Haltung gegenüber den faschistischen Regimes wegen deren Wirksamkeit und Ordnung.

Der Planismus fand in namhaften Intellektuellenzirkeln wie die christliche Zeitschrift *Esprit* von Emmanuel Mounier in Frankreich, aber auch in den Parteien der II. Internationale Eingang. Zum typischsten Vertreter dieser Richtung wurde der Belgier Henrik de Man, der den altverdienten Emile Vandervelde in der Führung der Sozialistischen Partei Belgiens abgelöst hatte. In Frankreich führte er sogar zur Gründung einer *neosozialistischen Partei*. Diese Strömung mündete in einigen Fällen in deutlich faschistische Haltungen (Mosley in Großbritannien, Déat in Frankreich) oder in Sympathien für Hitler (Henrik de Man in Belgien). Andere Vertreter des Planismus blieben jedoch ihren sozialistischen und demokratischen Idealen treu.

Das eher marginale Phänomen des Planismus verbirgt eigentlich ein grundlegendes Problem: die Verwirrung innerhalb der europäischen Arbeiterbewegung sowie deren theoretische und politische Unfähigkeit – sowohl der Sozialisten als auch der Kommunisten –, rechtzeitig die Bedeutung des Faschismus zu verstehen und ihm gegenüber eine wirksame Strategie auszuarbeiten.

Man begeht immer Ungerechtigkeiten, wenn man die verschiedensten konkreten Positionen in ein allgemeines Urteil zwängt. Dennoch erscheint uns die Feststellung angebracht, daß die Sozialisten dazu neigen, den Faschismus in Italien oder in den Balkanländern mit der dort herrschenden Unterentwicklung zu erklären, als eine Bewegung, wie sie für die fortgeschrittenen Industriegesellschaften unvorstellbar wäre. Emile Vandervelde charakterisierte den Faschismus als ein den unterentwickelten Ländern Südosteuropas eigenes politisches System. Die Austromarxisten hingegen kamen, vor allem dank Otto Bauer, zu einer treffenderen Erklärung: für sie war die Rolle der deutschen Schwerindustrie eine wesentliche Kraft hinter der nationalistischen Bewegung.

Die Kommunistische Internationale verfolgte lange Zeit einen engstirnigen, sektiererischen Kurs. Auf ihrem VI. Kongreß 1928 stellte sie den Kampf gegen die Sozialdemokratie, die sie als Instrument der Bourgeoisie in eine Reihe mit dem Faschismus stellte, in den Vordergrund. Diese Haltung führte sie zur Theorie vom *Sozialfaschismus.*

Bis zum Aufschwung Hitlers in Deutschland ist in der europäischen Linken keine Änderung ihres Verhaltens angesichts der drohenden Gefahr zu bemerken. Im Februar 1933 gelangt Hitler mit der Unterstützung von ungefähr 12 Millionen Wählern an die Macht. Die Sozialisten und Kommunisten, die zusammen mit einer viel größeren Zahl von Wählern rechnen konnten, finden keine gemeinsame Antwort. Hitler entfesselt nun seinen Terror und beginnt mit den Kriegsvorbereitungen. Im Oktober 1933 zieht sich Deutschland von der Abrüstungskonferenz zurück und tritt aus dem Völkerbund aus.

Zu diesem Zeitpunkt erwachte aus der Tiefe der Arbeiter- und Volksmassen heraus eine Bewegung des Schreckens und der Ablehnung gegenüber dem Faschismus. Es galt nun, diese Stimmung zu kanalisieren, um sie auf politischer Ebene in die Volksfronten und auf militärischer Ebene in das Anti-Hitler-Bündnis zu führen, das schließlich im Zweiten Weltkrieg den Sieg davontrug. Zweifellos haben die Kommunistische Internationale und ihre Parteien nach Überwindung ihres früheren Sektierertums in diesem entscheidenden Kampf gegen den Faschismus, der schließlich das Schicksal einer ganzen Epoche der europäischen Geschichte besiegeln sollte, eine politische Initiative entwickelt und eine Kampfbereitschaft, einen Opfergeist und eine Wirksamkeit gezeigt, die weit über jener der Sozialisten lag.

Wenn der Kommunismus im Beispiel der Russischen Revolution, der ersten Revolution, die den Kapitalismus zerschlagen konnte, einen schöpferischen Impuls fand, um die revolutionären Kräfte der

Arbeiterbewegung anzuziehen, so war seine führende Rolle im antifaschistischen Kampf wie ein zweiter Hefeteig, aus dem neue und wichtige revolutionäre Generationen entstanden, die *vor allem* deshalb Kommunisten wurden, um gegen den Faschismus zu kämpfen.

Selbst auf die Gefahr einer zu großen Verallgemeinerung hin und von einem europäischen Blickwinkel aus betrachtet, muß man feststellen, daß der größte Verdienst der Kommunisten im Laufe ihrer Geschichte ihr Kampf gegen den Faschismus war. Das Ziel, den Kapitalismus zu zerschlagen und eine neue sozialistische Gesellschaft aufzubauen, erreichten sie allerdings nicht.

Wir finden uns hier mit einem etwas widersprüchlichen Aspekt konfrontiert: angesichts der Zerstörung der demokratischen Freiheiten durch den Faschismus ist die Reaktion der Sozialisten, die gerade in ihrer Polemik gegen die Kommunisten immer die Werte der Freiheit verteidigt haben, viel unentschlossener und schwankender und weniger radikal und kämpferisch als die jener, die sich die Diktatur des Proletariats zum Ziel gesetzt haben. Dies verdient sicherlich eine stärkere Beachtung.

Der Kampf gegen den Faschismus erfordert aufgrund seiner Charakteristik eine Reihe von politischen, moralischen, menschlichen und selbst organisatorischen Qualitäten, die fast wesensgleich sind mit jenen des revolutionären Kampfes im Untergrund, während er die für einen ruhigen und legalen politischen Kampf mit Wahlen und Parlamenten erforderlichen Fähigkeiten, wie sie der Sozialdemokratie eigen waren, nicht benötigt oder zumindest auf den zweiten Platz verweist. Eigenschaften, die sich in der kommunistischen Bildung als eindeutig negativ erwiesen haben, da sie dazu beitrugen, den Horizont zu verengen und die Kommunisten in eine Sekte zu verwandeln, gewinnen nun, wo es darum geht, eine brutale und terroristische Macht zu bekämpfen, die skrupellos alle legalen und demokratischen Werte mit Füßen tritt und die gewaltsam die Diktatur eines Polizei- und Militärapparats errichtet, der die Arbeiterbewegung und die fortschrittlichen Intellektuellen auslöscht, einen anderen Wert, eine andere Bedeutung.

Die faschistische Bedrohung scheint in einem gewissen Sinn den Kommunisten recht zu geben: den Kapitalismus kann man nicht mit Stimmen, mit Wahlen, mit Abgeordneten bekämpfen. Auf die Gewalt muß man mit Gewalt antworten. Die eiserne Disziplin, die Methoden des Untergrundkampfes, die Opferbereitschaft für einen Mythos – der die Sowjetunion sein konnte oder die Person Stalins selbst – waren Qualitäten, die es den Kommunisten erlaubten, im Kampf gegen den Faschismus die führende Rolle zu spielen. Sie waren viel besser als die Sozialisten auf einen gewaltsamen Kampf vorbereitet, sowohl auf politische Gewalttätigkeit bei den Massenkundgebungen als auch auf militärische Gewalt in ihren verschiedenen Ausformungen.

Dies erklärt, warum die Kommunistische Internationale während des Spanischen Bürgerkriegs die wichtigste treibende und organisierende Kraft hinter den Internationalen Brigaden war, die den revolutionären Romantizismus des 20. Jahrhunderts geradezu verkörpern. An die 30.000 Antifaschisten aus fast allen Ländern der Welt, die oft auf Schleichwegen anreisen mußten, kämpften in Spanien bewaffnet gegen die faschistische Aggression. Es waren sicherlich Menschen verschiedenster Ideologien, doch steht es außer Frage, daß es in der Mehrzahl Kommunisten waren und daß in jedem Land die kommunistischen Parteien die wichtigsten Organisatoren bei der Zusammenstellung der Internationalen Brigaden waren.

Noch einem Faktor kommt entscheidende Bedeutung zu, um dieses Verhalten der Kommunisten zu verstehen. Zu einem gewissen Zeitpunkt, den man wohl zwischen 1933 und 1934 ansetzen muß (das heißt mit enormer Verspätung), werden sich die sowjetische Führung und im besonderen Stalin bewußt, daß das Deutschland Hitlers sich zur wesentlichsten Gefahr für die Sowjetunion entwickelt. Die Außenpolitik der Sowjetunion orientiert sich nun auf eine Zusammenarbeit und auf ein Bündnis mit den bürgerlichen Demokratien Westeuropas hin. Im September 1934 tritt die Sowjetunion in den bis dahin als Instrument des Imperialismus geschmähten Völkerbund ein. Im Mai 1935 unterzeichnet die UdSSR ein formelles Bündnis mit Frankreich. Die Unterwerfung der Kommunistischen Internationale unter die Staatsinteressen der Sowjetunion wird in diesem Fall zu einer wesentlichen Triebkraft für den Kampf der Kommunisten gegen den Faschismus und für das Suchen nach einer weitestgehenden Einheit mit anderen Kräften, und zwar nicht nur mit den Sozialisten, sondern auch mit jenen demokratischen bürgerlichen Kräften, die sich für eine Einheitsfront gegen den Faschismus und im besonderen gegen die Bedrohung, die Hitler für Frieden und Sicherheit in Europa bedeutete, gewinnen ließen.

Diese Entwicklung verursacht auch innerhalb der kommunistischen Parteien einen gewissen Anpassungsprozeß. Dieser findet seinen konkreten Ausdruck am VII. Kongreß der Kommunistischen Internationale, auf dem die Volksfrontpolitik beschlossen wird. Die Kommunisten können nun mit Sozialisten und anderen Kräften politische und Wahlbündnisse eingehen, das Sektierertum wird an den Rand gedrängt. Im September 1936, zur Zeit des Spanischen Bürgerkriegs, treten die Kommunisten in eine Regierung ein, in der bürgerliche republikanische Parteien, die Sozialistische Partei, die Nationalistische Baskenpartei und selbst eine katholische Partei vertreten sind. Die Kommunisten engagieren sich für eine breite Teilnahme der Intellektuellen und Künstler an allen antifaschistischen Aktivitäten.

Es gilt, gegenüber dem Hitlertum, das in Deutschland bereits die Verbrennung verfemter Bücher organisiert hat, so wie vor Jahrhunderten die Inquisition, neben Frieden und Freiheit auch die Kultur zu verteidigen.

In diesem Klima übernimmt die Kommunistische Internationale (KI) die Initiative, den Kontakt mit der Sozialistischen Internationale (SI) wiederherzustellen und eine Aktionseinheit zu bilden. Den ersten Schritt stellt ein vom Generalsekretär der französischen KP, Maurice Thorez, und - im Namen des Exekutivkomitees der Kommunistischen Internationale - vom alten französischen KP-Führer Marcel Cachin unterzeichnetes Schreiben an Friedrich Adler, den Sekretär der SI, dar. Auf diesen Brief folgt ein erstes Treffen. Im August 1935 fordern die französischen Sozialisten ihre Internationale auf, die Kontakte mit der KI bezüglich einer Aktionseinheit zu intensivieren. Im Oktober 1935 schlägt Georgi Dimitroff, Generalsekretär der KI, ein gemeinsames Aktionsprogramm vor. Im Juni 1937, während des Spanischen Bürgerkrieges, findet in der französischen Stadt Annemasse ein Treffen der beiden Internationalen statt. Für die KI nehmen daran Thorez und Cachin aus Frankreich, Dahlem aus Deutschland, der Italiener Longo und der Spanier Checa teil. Die SI ist mit ihrem Präsidenten de Brouckère und ihrem Sekretär Friedrich Adler vertreten. Man beschließt ein sehr allgemein gehaltenes Dokument, das „eine Aktionseinheit an allen möglichen Stellen zugunsten des spanischen Volkes“ vorsieht. Doch in einigen wichtigen sozialistischen Parteien, zum Beispiel der britischen, reagiert man negativ. Man verliert Glaubwürdigkeit, was wenig später zum Rücktritt des Präsidenten der SI, de Brouckère, des Sekretärs Adler und des Schatzmeisters van Rossbroek führt. Die Sozialisten werden durch das spanische Problem in eine schwierige Situation gebracht. Es war die sozialistische Regierung Blum in Frankreich, die die sogenannte Nichteinmischungspolitik hinsichtlich des Spanischen Bürgerkriegs erfand und ausübte, eine Politik, die in der Praxis zum Abwürgen der Republik führte und die Hitler und Mussolini als Deckmantel für ihre Intervention zugunsten Francos diente.

Mit der Unterzeichnung des deutsch-sowjetischen Nichtangriffspaktes brechen die schüchternen Beziehungen, die sich zwischen Kommunistischer und Sozialistischer Internationale zu entwickeln begonnen hatten, endgültig zusammen. Bei letzterer spielen harte interne Auseinandersetzungen darüber, wie der Bedrohung durch Hitler am besten entgegenzutreten wäre (für oder gegen die Nichteinmischungspolitik usw.), eine wichtige Rolle im Zerfallsprozeß. Als 1938 einige Sozialistenführer das beschämende Abkommen von München unterzeichnen, treten diese Diskrepanzen offen zutage. Im April 1940, bereits nach Kriegsbeginn, findet in Brüssel eine letzte Sitzung des SI-Büros statt. Eine Kommission zum Studium eines

„neuen Projektes für Europa“ wird gebildet – gleichsam um die Ohnmacht angesichts der realen Probleme zu verbergen. Die Sozialistische Internationale hat praktisch zu existieren aufgehört.

Bezüglich der III. Internationale wäre es falsch, allein ihren Weg zur Einheitsposition von 1935 zu betrachten. Diese bedeutete ja, alles dem Kampf gegen den Faschismus unterzuordnen und Sektierertum und Dogmatismus zu überwinden. In Wirklichkeit vollzog sich die Entwicklung hin zur Volksfrontpolitik inmitten heftiger Auseinandersetzungen. Die Anhänger der alten Formeln leisteten hartnäckigen Widerstand. Der italienische kommunistische Historiker Giuliano Procacci unterscheidet zwei Haltungen innerhalb der Führungsgruppe der KI: Dimitroff, Thorez, Slansky, Münzenberg, Longo und Browder gehörten zu den Vertretern einer Öffnung, Marty, Gottwald, Pieck und Kuusinen hingegen nahmen eine restriktive Haltung ein.[7]

Der VII. Kongreß bedeutete noch keinen klaren Sieg der Linie einer antifaschistischen Öffnung. Für Stalin, dessen Meinung entscheidend war, lag der Wert der Volksfrontpolitik vor allem darin, wie weit sie den Staatsinteressen der UdSSR von Nutzen war. Das erklärt, warum – abgesehen von der unbestreitbaren Hilfe für die spanische Republik – eine Reihe von Aspekten der sowjetischen Politik dem Antifaschismus im allgemeinen und der Sache des spanischen Volkes im besonderen beträchtlichen Schaden zufügten. Selbst als die Niederlage des republikanischen Spanien wahrscheinlich wurde, verringerte die UdSSR ihre Militärhilfe für Spanien in großem Ausmaß, da Stalin die Möglichkeit eines Abkommens mit Hitler in Betracht zu ziehen begann.

Doch es besteht noch ein allgemeineres, grundsätzlicheres Problem, das im Spanischen Bürgerkrieg seinen schärfsten und auch grausamsten Ausdruck fand und das die Gesamtheit der antifaschistischen Bewegung auf der ganzen Welt berührte: das Problem des Trotzkismus.

Die Widerstände, die sich bald nach dem Tod Lenins im Schoß der bolschewistischen Partei gegenüber der immer absoluteren Macht des Generalsekretärs Stalin regten, fanden in der Kommunistischen Internationale und in deren Mitgliedsländern wenig Widerhall. Das hat wohl im wesentlichen darin seinen Grund, daß es sich um Positionen handelte, die aus einer Vielfalt von russischen, sowjetischen Problemen entsprangen. Die Diskussionen über die Notwendigkeit von mehr Demokratie innerhalb der Partei hatten nur instrumentellen Charakter. Keine einzige der oppositionellen Gruppierungen im Rußland der zwanziger Jahre drückte den grundsätzlichen Widerspruch zwischen den Interessen des sowjetischen Staates und den Anforderungen einer revolutionären Strategie für Westeuropa aus, wie er etwa in der Kritik von Rosa Luxemburg formuliert wurde.

Vielleicht hatten noch am ehesten die Theorien von Bucharin europäische Gültigkeit, doch sie setzten sich nicht durch.

Im Fall Trotzki verhält es sich jedoch anders. Seine Verbannung aus der Sowjetunion erlaubte es ihm, in verschiedenen Ländern politisch aktiv zu werden. 1938 gründete er die IV. Internationale. Aus den oben erwähnten Gründen konnte der Trotzkismus in breiten Sektoren des Kommunismus nicht Fuß fassen. Er blieb eine Minderheitsbewegung, ungeachtet der Weitsicht in seiner Beurteilung des Faschismus und einer Stalinismus-Kritik, die in vielen Punkten später von der Geschichte bestätigt wurde. Doch die Neigung Trotzkis, auf jede historische Situation aus der Russischen Revolution abgeleitete Antworten zu finden, führte ihn zum Dogmatismus und zu realitätsfremden politischen Definitionen.

In den dreißiger Jahren beginnt Stalin, auf die politische Opposition in den eigenen Reihen mit Repression und Terror zu antworten. Die Widersacher werden als Spione denunziert, Tausende Bolschewiken hingerichtet. Stalin zwingt die kommunistischen Parteien in den Ländern, wo es trotzkistische Gruppierungen gibt, mit diesen ebenso zu verfahren und die Trotzkisten als Agenten der Bourgeoisie und des Imperialismus zu bekämpfen. Auch in den Beziehungen zu den anderen Kräften der Arbeiterschaft sollen diese Charakterisierungen gelten. Der Kampf gegen die Trotzkisten und ihre Ausschaltung von jedem antifaschistischen Bündnis wird zu einer Aufgabe höchsten Ranges. Das stößt auf große Schwierigkeiten, vor allem, weil es in vielen Fällen die Kommunisten mit linkssozialistischen Sektoren, die den Trotzkisten näher standen, konfrontiert. Die sowjetischen Anweisungen verlangen, die Trotzkisten nicht mehr als eine politische Kraft zu betrachten, die Fehler begangen hat, sondern als Kriminelle und *Agenten des Faschismus.* Jede davon abweichende Erklärung der trotzkistischen Haltung wird als Schwäche gegenüber dem Faschismus eingestuft.

Im Fall Spanien zeigten die Kommunisten anfänglich in dieser Angelegenheit eine flexiblere Haltung. So unterzeichneten sie zum Beispiel gemeinsam mit der POUM 1936 das Gründungsmanifest der Volksfront und arbeiteten mit einem trotzkistischen Führer, Andrés Nin, in der Regierung der Generalitat von Katalonien zusammen. Doch die sowjetischen Geheimdienste, die auf dem Territorium der spanischen Republik im Rahmen der Hilfe, die aus der UdSSR kam, tätig waren, widmeten einen großen Teil ihrer Zeit der Verfolgung der Trotzkisten – unter den Spaniern und in den Internationalen Brigaden. Sie ermordeten Andrés Nin und andere Revolutionäre. Die Kommunistische Partei Spaniens begann schließlich, diese Vorfälle zu rechtfertigen oder zu decken und die Gleichsetzung von Trotzkismus und Faschismus zu verteidigen. Dies bedeutete zweifellos eine Schwächung der Volksfront und führte insbesondere zur Konfrontation zwischen den Kommunisten und einem großen Teil der Sozialisten und Anarchisten. All das vollzog sich unabhängig davon, ob die Strategie der POUM und der Trotzkisten nun richtig oder falsch war. Diese haben zu gewissen Zeitpunkten durch ihr extremes Sektierertum der Sache des republikanischen Spanien noch zusätzliche Schwierigkeiten und Probleme aufgehalst.

Der Angriff Stalins auf den Trotzkismus bedeutete nicht nur einen wesentlichen Schritt auf dem Weg der Zerstörung einer sozialistischen und Parteiendemokratie hin zur Schaffung einer grausamen Diktatur, und zwar nicht des Proletariats, sondern eines Tyrannen und eines monströsen Polizeiapparates – er wurde obendrein den kommunistischen Parteien völlig künstlich aufgezwungen. Das Problem existierte gar nicht, oder es verhielt sich zumindest anders. Sicher trugen das angespannte Klima in den Reihen des Antifaschismus und das Prestige der Sowjetunion dazu bei, daß die meisten Kommunisten die aus Moskau gelieferte Version akzeptierten. Es ist sehr schwierig, den dem antifaschistischen Kampf durch die sowjetische und kommunistische Haltung gegen den Trotzkismus zugefügten Schaden zu ermessen, doch war es auf jeden Fall ein beträchtlicher Schaden.

Auch in anderen Angelegenheiten von geringerer internationaler Tragweite bezeugte die von Moskau diktierte Haltung gewisser kommunistischer Parteien die Gewalt des Dogmatismus. Wenn es galt, eine radikale antifaschistische Haltung einzunehmen, kam es oft zu vielsagendem Zaudern. Die Anwendung der Volksfrontpolitik stieß auf Widerstand. Als es im März 1935 auf Kreta zu einem Volksaufstand gegen die Diktatur von Tsaldaris und zugunsten der Rückkehr von Venizelos kam, bezeichneten die Kommunisten zuerst diese Erhebung als Auseinandersetzung zwischen „zwei bürgerlichen Fraktionen“ und sogar zwischen „zwei Faschismen“. Später korrigierten sie dann diese Einschätzung. In der Tschechoslowakei stimmte im Herbst 1935 die Parlamentsgruppe der Kommunisten für Eduard Benesch, eine hochangesehene demokratische Persönlichkeit, als Präsident der Republik und setzte so ein Zeichen der Einheit angesichts der Bedrohung durch Hitler. Doch die der Sowjetunion am nächsten stehenden kommunistischen Führer wie Gottwald kritisierten diese Haltung aufs schärfste und wurden dabei noch vom VIII. Kongreß der tschechoslowakischen KP 1936 unterstützt.

Der Zeitabschnitt zwischen dem Ersten und dem Zweiten Weltkrieg, 1918 bis 1939, war relativ kurz. Die europäische Linke fand sich schon früh mit dem neuen Phänomen des aufkommenden Faschismus konfrontiert, das ein Überdenken vieler vorhergehender Debatten forderte. Mussolini kommt 1922 in Italien an die Macht; elf Jahre später Hitler in Deutschland. Die Linke, Kommunisten und Sozialisten, ist außerstande, auf die realen ideologischen, wirtschaftlichen und politischen Probleme eine Antwort zu finden: Arbeitslosigkeit, Wirtschaftskrise, die Ungerechtigkeit des Versailler Vertrages, Nationalismus. Letzterer läßt in diskriminierten nationalen Minderheiten in Mitteleuropa irrationale Reaktionen entstehen, die vom Faschismus dazu benützt werden, sich eine ansehnliche Massenbasis aufzubauen.

In der Praxis geht die Linke sehr schnell zu einer defensiven Haltung über. Das Vorhaben, eine neue Gesellschaft, den Sozialismus, aufzubauen, wird fallengelassen. Es dreht sich mehr darum, zu verhindern, daß die reaktionären Kräfte die in einem demokratischen Rahmen erzielten Fortschritte zerstören. Der sozialistische Reformismus erreicht vor allem in der Zeit der Volksfrontpolitik einige bedeutende soziale Verbesserungen. In Frankreich zum Beispiel werden 1936 die erste Sozialversicherung und der bezahlte Urlaub für die Arbeiter eingeführt, also Maßnahmen, die angesichts der bestehenden Krise den Binnenkonsum steigern und gewisse Ungerechtigkeiten in der Einkommensverteilung vermindern.

Was die Kommunisten betrifft, so wandeln sie ihr ursprüngliches offensives Ziel, weitere Revolutionen nach dem *Beispiel Rußland* durchzuführen, bald in das Ziel um, die Sowjetunion zu *verteidigen*. Eine eindeutig defensive Haltung, die sich später mit dem Kampf gegen den Faschismus verbindet. Doch das Ziel des Sozialismus geht praktisch unter.

Es gibt keinen Zweifel darüber, daß die Haltung der UdSSR auf der internationalen Ebene, vor allem nach Hitlers Machteroberung, den der Kommunistischen Internationale innewohnenden Widerspruch zwischen den Interessen einer revolutionären Politik in Westeuropa und der Unterwerfung unter die Staatsinteressen der Sowjetunion verschleiert. Dennoch verschwindet dieser Widerspruch nie, bleibt latent bestehen – und findet manchmal seinen Ausdruck in unterschiedlichen Haltungen angesichts der faschistischen Bedrohung, jedoch immer im Rahmen des Kampfes gegen den Faschismus. Bis 1939, als sich die Lage völlig verändert.

Kapitel 2

Der Zweite Weltkrieg

Am 23. August 1939 veröffentlichte die Weltpresse ein Foto des Außenministers der Hitler-Regierung, von Ribbentrop, zusammen mit Stalin und Molotow. Dieser hatte gerade vier Monate zuvor Litwinow, den Architekten der antifaschistischen Bündnispolitik mit den Westmächten und der Zusammenarbeit mit dem Völkerbund, als Leiter des Außenministeriums abgelöst. In der Politik des 20. Jahrhunderts gab es selten so radikale und so folgenschwere Wechsel. Die sowjetische Außenpolitik vollzog eine Änderung um 180 Grad: von der Einschätzung Hitlers als *Feind Nummer eins* der Menschheit und des Sozialismus hin zum *Nichtangriffspakt*, der Deutschland *freie Hand* gab für den Angriff auf Polen und, auch wenn es erst später bekannt wurde, für die *Aufteilung Polens* zwischen Deutschland und der Sowjetunion.

Am 1. September 1939 erklärten Frankreich und später Großbritannien Deutschland, dessen Truppen bereits in Polen einmarschiert waren, den Krieg. Die Franzosen bezeichneten ihn als *Drôle de guerre (Seltsamer Krieg)*: während Hitler Polen auslöschte, hatte man nichts unternommen. Die Sozialisten, vor allem in Frankreich und Großbritannien, stellten sich voll hinter die Kriegspolitik. Die Kommunisten, die versuchten, den deutsch-sowjetischen Nichtangriffspakt zu rechtfertigen, waren verwirrt. In einigen Ländern, zum Beispiel in Frankreich, wurden sie verboten und beschuldigt, sich zu Verbündeten Hitlers gewandelt zu haben. Die Diskussion der Historiker darüber, ob die Sowjetunion als Staat gezwungen war oder nicht, den Pakt mit Hitler zu unterzeichnen, um ihre eigenen nationalen Interessen zu verteidigen, während Großbritannien und Frankreich in der Praxis bewiesen, daß sie nicht bereit waren, angesichts der zu erwartenden Aggression Hitlers zusammen mit der UdSSR ein echtes Militärbündnis zu schließen, ist immer noch offen. Es gibt zahlreiche Beweise für die Unredlichkeit der sogenannten westlichen Demokratien. Die Vereinigten Staaten unter Roosevelt hatten aus moralischen Erwägungen heraus wohl ihre Beteiligung an gemeinsamen Maßnahmen zur Friedenssicherung in Aussicht gestellt, doch waren die USA damals noch eine Welt weit entfernt vom Schauplatz der Ereignisse.

Selbst ein so antikommunistischer Politiker wie Churchill (der damals in Großbritannien zusammen mit dem Premierminister Chamberlain eine unnachgiebige Haltung gegenüber den Nazis vertrat) fand Rechtfertigungen für das sowjetische Verhalten - vor allem diese, daß es notwendig gewesen wäre, die Vorbereitungen für den Krieg zu verbessern. Es stimmt, daß zu diesem Zeitpunkt die Rote Armee durch die von Stalin entfesselte Repression und die Prozesse völlig geschwächt war. Nach einem Geheimurteil waren Tuchatschewski und andere der wichtigsten militärischen Führer erschossen worden. Ein ungemein hoher Prozentsatz der Armeekommandanten wurde hingerichtet oder in Konzentrationslager geschickt: drei von fünf Marschällen, 15 der 16 Generale, 19 der 25 Admirale usw. Die Streitkräfte wurden praktisch geköpft.

Auch wenn man die Hypothese akzeptiert, die Staatsraison hätte die UdSSR zum Übereinkommen mit Hitler gezwungen, um in diesem Moment nicht von dem deutschen Diktator angegriffen zu werden, so bleiben dennoch zwei äußerst ernsthafte Fragen offen, die auf die internationale Arbeiterbewegung tiefe Auswirkungen hätten haben müssen: erstens die Tatsache, daß Stalin eine langfristige Strategie der Zusammenarbeit und der Gebietsaufteilung mit Hitler entwerfen konnte und in der Praxis auch durchführte, und zweitens - was noch schwerwiegender war -, daß Stalin etwas, was vielleicht für den sowjetischen Staat unumgänglich sein mochte, als *neue politische Linie* der Kommunistischen Internationale ausgab; eine Politik, die alle Kritik und Schmähung gegen den Faschismus wie ein Kartenhaus in sich zusammenfallen ließ und diese nunmehr auf den anglo-französischen Kapitalismus konzentrierte, die den eben ausbrechenden Krieg auf beiden Seiten als imperialistischen Krieg qualifizierte und die den Frieden um jeden Preis als zentrale Losung aufstellte - zu einem Zeitpunkt, als das Hitlerregime nach der Einverleibung von Polen ebenfalls den westlichen Ländern „Frieden" anbot.

Aussagen verschiedener Zeitzeugen, einschließlich jener von Chruschtschow in seinem berühmten Bericht von 1956, bestätigen, daß Stalin die durch den Hitler-Pakt eingeräumte Frist zur Stärkung der Roten Armee gar nicht richtig nützte. Er glaubte wirklich daran, daß nun eine neue Etappe der möglichen Zusammenarbeit mit Hitler begonnen hatte, und sah vor allem die mit dem deutschen Diktator abgesprochenen Gebietseroberungen zugunsten der UdSSR vor sich.

Stalin schenkte den Informationen über deutsche Kriegsvorbereitungen gegen die UdSSR, die ihm von verschiedenen Seiten zugingen (selbst von einigen Agenten der sowjetischen Spionage, wie Sorge in Tokio), keinen Glauben, was in der ersten Phase des Krieges den sowjetischen Truppen Verluste von horrendem Ausmaß verursachte.

Der deutsch-sowjetische Pakt wirkte sich innerhalb der kommunistischen Parteien wie ein Erdbeben aus. Diese Parteien verloren in wenigen Tagen das demokratische Kapital, das sie sich in jahrelanger Mühe in den Herzen der Völker erobert hatten. Der alte sozialdemokratische Bannfluch, daß die Kommunisten die Freiheiten geringschätzen und für die Diktatur eintreten, bekam schlagartig wieder Gültigkeit. Die Kommunisten sahen sich isoliert und von allen Seiten angegriffen. Man forderte von ihnen, daß sie die UdSSR verurteilten - wollten sie das nicht, so wurde es als Sympathiekundgebung für Hitler ausgelegt.

In den Reihen der kommunistischen Aktivisten kam es zu einer beträchtlichen Verwirrung. Einige namhafte Intellektuelle wie der französische Romanschriftsteller Paul Nizan (gestorben 1940, mit posthum steigendem Ruhm) drückten ihre Entrüstung aus und wurden aus der Partei ausgeschlossen. Die Führungsspitzen der kommunistischen Parteien unterstützten in einer ersten Reaktion weiterhin den Krieg gegen Hitler, doch ohne dabei die UdSSR zu kritisieren. Man suchte Gründe und Vorwände, um den Pakt mit Hitler zu rechtfertigen. Die französische KP, die größte zu dieser Zeit und außerdem legal, begann für die Kriegskredite zu stimmen, doch weigerte sie sich, gegen die UdSSR Stellung zu beziehen. Sie schaltete mit den Anweisungen der Kommunistischen Internationale auf gleich, sprach sich für den Frieden aus und bezeichnete den Krieg als einen imperialistischen Krieg. Sie wurde daraufhin von der Regierung aufgelöst, ihre Zeitung, *l'Humanité*, verboten. Viele ihrer Abgeordneten wurden vor Gericht gestellt und zu fünf Jahren Haft verurteilt, die sie im Gefängnis von Algier verbüßen mußten. Das rettete sie später davor, bei der Besetzung Frankreichs in die Hände Hitler-Deutschlands zu fallen. Ihr Generalsekretär Thorez wurde zum Militär eingezogen. Er flüchtete aber und reiste mittels des geheimen Netzes der Kommunistischen Internationale, die in Brüssel (Belgien war in der ersten Phase des Krieges neutral) ihre westliche Zentrale hatte, nach Moskau.

Die Kommunistische Internationale schlitterte in eine tiefe Krise. Stalin hatte seine neue Linie durchgezogen, ohne jemanden auch nur zu informieren, geschweige denn zu konsultieren. Doch das repressive Klima, das in der KI in Moskau herrschte, ließ keinen Raum für Auseinandersetzungen. Die spärlichen Dokumente der KI aus den folgenden zwei Jahren (bis zum Angriff Hitlers auf die UdSSR im Juni 1941) weisen auf eine Art Rückkehr zu den Thesen Lenins über den imperialistischen Krieg von 1914 hin – ohne jedoch zu der Losung zu gelangen, diesen in einen Bürgerkrieg des Proletariats gegen die Bourgeoisie umzuwandeln. Frankreich und England wurden als die für den Ausbruch des Krieges Verantwortlichen dargestellt. Für die kommunistischen Parteien wurde es immer schwieriger, die in Übereinkunft mit Hitler erfolgten Gebietsgewinne der UdSSR – östliche

Teile Polens, Estland, Lettland, Litauen, Bessarabien und die Bukowina an der Grenze zu Rumänien – zu rechtfertigen oder gar zu loben.

Die Schwierigkeiten werden nach dem Angriff der Roten Armee auf Finnland im November 1939 noch größer. Stalin glaubt, es handle sich dabei um eine kurze militärische Operation, um die sowjetische Ausgangsstellung an der Grenze nahe zu Leningrad zu verbessern. Der finnische Widerstand zeigt jedoch ernsthafte Schwächen der sowjetischen Streitkräfte auf. Stalin ruft eine künstliche finnische Volksregierung unter der Leitung eines Führers der Kommunistischen Internationale, Otto Kuusinen, ins Leben. Nach fünf Monaten Krieg stimmen die Finnen der Aufnahme von Verhandlungen zu; es wird ein Friede unterzeichnet, der der UdSSR gewisse territoriale Zugeständnisse bringt. Die Regierung Kuusinen verschwindet kommentarlos von der Bildfläche.

In diesem Fall wird die völlige Instrumentalisierung der kommunistischen Führer eines unabhängigen Landes wie Finnland offenkundig. Stalin verwandelt sie in eine „Volksregierung" – und läßt sie später wieder verschwinden, ohne daß das Volk oder die Kommunistische Partei etwas zu sagen gehabt hätte. Es handelte sich um Maßnahmen, die ausschließlich im Sinne der sowjetischen Staatspolitik getroffen wurden.

Im Zeitabschnitt von 1939 bis 1941, vom deutsch-sowjetischen Pakt bis zum Angriff Hitlers auf die Sowjetunion, zeigt sich erstmals deutlich der Widerspruch zwischen der sowjetischen Staatspolitik und den Minimalanforderungen einer kommunistischen Strategie für Europa – ein Widerspruch, dessen Ursprung wir bereits bei der Gründung der Kommunistischen Internationale festgestellt haben.

Darin liegt der Hauptgrund für die Krise der KI. Diese geht schon sehr tief, auch wenn sie noch keine offenen Formen annimmt. Bezeichnend ist der Fall des Generalsekretärs der britischen KP, Harry Pollitt, der sich der KI-Linie widersetzt und abgesetzt wird. In der italienischen KP ist die Aufregung besonders stark: Persönlichkeiten ersten Ranges wie Umberto Terracini und Camila Rovera weigern sich, den deutsch-sowjetischen Pakt zu akzeptieren, und werden in den Haftanstalten oder Verbannungsorten, wo sie sich gerade befinden, aus der Partei ausgeschlossen. Dennoch unterstützen die Parteien offiziell, mit mehr oder weniger gut gelungenen dialektischen Seiltänzerkunststücken, weiterhin die UdSSR. Unter den Parteimitgliedern werden die Bestürzung, die Verwirrung und die Proteste teilweise durch die Notwendigkeit kompensiert, sich einer Repression entgegenzustellen, was das Zusammenhalten fördert. Ein anderer Faktor ist das völlige Mißtrauen gegenüber den bürgerlichen Politikern Frankreichs und Großbritanniens, die gegenüber der spanischen Republik das Prinzip der Nichteinmischung vertreten und in München die Tschechoslowakei an Hitler verkauft haben. Der mythische Glaube der Kommunisten, daß die UdSSR schon „ihre Gründe haben wird", „immer recht hat", wirkt weiter, vor allem auch deshalb, weil der in Frage kommende Zeitraum relativ kurz ist.

Während dieser beiden Jahre sind es in erster Linie die Sozialisten, die den „kommunistischen Verrat" anklagen. In Italien zerfällt der im Untergrund und vor allem in der Emigration bestehende Pakt zwischen PSI und KPI. Alle Brücken werden abgebrochen; es herrscht nunmehr die Feindseligkeit vor, die völlige Konfrontation.

Der Widerstand gegen Hitler

Die Eigendynamik des Zweiten Weltkrieges verändert zusehends den anormalen Zustand, den der deutsch-sowjetische Pakt geschaffen hat. In den von der Hitler-Streitmacht besetzten Ländern geraten die Linksparteien in Situationen höchster Verwirrung oder verraten gar ihre Traditionen: in Frankreich arbeiten sozialistische Gruppierungen mit der Vichy-Regierung des Marschall Pétain zusammen, wie der Minister Spinasse. Andererseits engagieren sich kommunistische Gruppen in unsinnigen Projekten, zum Beispiel im Bemühen, wieder eine legale Presse herausgeben zu können. Gleichzeitig setzen praktisch in allen Bevölkerungsschichten Aktionen des Widerstands gegen die Besatzungstruppen ein. Neben den patriotischen Gefühlen sind dabei auch wirtschaftliche Beweggründe wie die Rationierung, die Teuerung, die allgemeine Not maßgebend.

Der Angriff Deutschlands auf die UdSSR im Juni 1941 verursacht in den Linkskräften Europas einen radikalen Wandel: was bisher ein Grund der Trennung war, wird nun zum Symbol der Einheit und des Kampfes. Die Verteidigung des „Vaterlandes des Sozialismus" wird eins mit dem Kampf gegen den Faschismus. Die kommunistischen Parteien erhalten von der KI Anweisungen, mit aller Kraft den Kampf gegen die Hitler-Truppen aufzunehmen und im deutschen Hinterland sowie in den besetzten Ländern, also praktisch in ganz Europa, den bewaffneten Widerstand mit Sabotageaktionen und Partisanenkampf zu organisieren. Das militärische Bündnis zwischen der UdSSR und Großbritannien (und wenig später auch mit den Vereinigten Staaten und anderen Ländern) bringt einen totalen Umsturz der früheren Richtlinien der KI mit sich: schwarz wird weiß, die Imperialisten und Aggressoren von gestern werden zu Demokraten, die an der Seite der Sowjetunion die Sache der Freiheit und des

Fortschritts verteidigen. Die Haltung zur UdSSR wird zum obersten Maßstab. Diese politische Drehung (die sich auch in der Theorie niederschlägt) verursacht in vielen Ländern der Welt, wo die Barbarei Hitlers den Haß der Massen gegen ihre unmittelbaren Unterdrücker, die britischen oder französischen Kolonialherren, nicht beeinträchtigt hatte, großen Schaden. In diesem Widerspruch liegt eine der Wurzeln der kommunistischen Schwäche in weiten Regionen der Welt, in denen Jahrzehnte später die Befreiungsbewegung gegen das überholte Kolonialjoch zum Durchbruch kommt.

In Europa hingegen wurde die neue Haltung der KI von den kommunistischen Parteien und im allgemeinen von allen Linken mit Begeisterung aufgenommen. Zweifellos herrschten die Besorgnis und die Unruhe über das Schicksal der UdSSR angesichts des gewaltigen Vorrückens der Hitler-Truppen vor, doch das allgemeine Ziel war klar: es galt, die deutschen Besatzer anzugreifen, der UdSSR zu Hilfe zu kommen und zu diesem Zweck die größtmögliche Einheit aller widerstandsbereiten Kräfte aufzubauen.

Als der als imperialistischer Krieg begonnene Zweite Weltkrieg den neuen Charakter eines gerechten, demokratischen Volkskrieges annahm, entspann sich in den kommunistischen Kreisen eine ziemlich abstrakte Diskussion. Der Vorteil einer politischen Bewegung wie der kommunistischen mit ihrem theoretischen Bezugssystem liegt ja darin, daß sie sich nicht mit pragmatischen, auf den Augenblick bezogenen Entscheidungen zufriedengeben kann. Doch im vorliegenden Fall führte die Verpflichtung zu einer theoretischen Legitimierung der Kehrtwendung zu höchst scholastischen Abhandlungen - einem in der kommunistischen Geschichte allerdings nicht seltenen Phänomen. Es entwickelte sich eine interne Diskussion, die für die Mehrzahl der Menschen unverständlich war.

Das Wichtigste ist, daß ab dem Sommer 1941 die Kommunisten - natürlich von Ort zu Ort in verschiedenem Ausmaß - die unbestrittenen Hauptakteure im Kampf gegen Hitler wurden. Die Widerstandsbewegungen, die sich in allen von den faschistischen Truppen besetzten Ländern bildeten, stellen ein einmaliges politisches Phänomen dar, das nicht nur den Ausgang des Krieges, sondern teilweise auch die Nachkriegszeit bestimmt. In ihm spiegelt sich auch eine gewisse Krise des Systems der liberalen Demokratien wider, das vor allem im Westen Europas vorherrschte. Die Bourgeoisie hatte sich dem Triumph der ausländischen Eroberer nicht widersetzt oder ihn sogar erleichtert, wobei sie eine Reihe ihrer Grundsätze über Bord warf. „Besser Hitler als die Volksfront", lautete der Kernsatz, nach dem sich der französische Kapitalismus richtete. So schrieb der katholisch-konservative Schriftsteller François Mauriac in diesen Jahren der deutschen Besetzung: „Allein die Arbeiterklasse ist dem Vaterland treu geblieben." Obwohl in London eine Reihe von „Exilregierungen" ihren Sitz aufschlug, in der Teile der herkömmlichen Politikerklassen vertreten waren, hatten sich die traditionellen politischen Parteien der Rechten und der Linken praktisch in Nichts aufgelöst. Mit Ausnahme Großbritanniens erfolgte eine gewisse Kontinuität in den politischen Systemen Europas; die in der Nachkriegszeit aufkommenden Parteien müssen einer Reihe neuer Merkmale Rechnung tragen.

Im Widerstand werden naturgemäß Aufgaben notwendig, die von denen einer politischen Partei grundlegend verschieden sind. Es handelt sich darum, ein geheimes Netz zu organisieren: *Sicherheitshäuser*, falsche Dokumente, Verteilung illegaler Flugblätter und Druckschriften, Einrichtung von Druckereien, unter tausenderlei Deckmänteln getarnte Transporte. Weitere vorrangige Ziele waren die Aufnahme des bewaffneten Kampfes gegen die Hitler-Truppen, wodurch man sie zur Selbstverteidigung und zum Abzug von Kräften von anderen Fronten zwang; die Organisierung von Partisaneneinheiten in gebirgigen und bewaldeten Regionen und von Trupps zur Durchführung von Attentaten in städtischen Zentren. Das erforderte die Herausbildung spezieller Fähigkeiten bei den Aktivisten des Widerstandes: Tapferkeit, Opfergeist, militärische Disziplin, totale Hingabe an eine Sache, die nur dadurch erreicht werden kann, indem man den Idealen und den Zielen einen beinahe mythischen Wert beimißt. Um diese Aufgaben wahrzunehmen, waren die sozialistischen Parteien genauso hilflos wie die bürgerlichen Parteien. Ihre Präsenz wurde deshalb praktisch auf Beziehungen zu mehr oder weniger verfolgten Persönlichkeiten reduziert. Dafür entstanden neue, den Erfordernissen des Widerstandes entsprechende Organisationen, die seitens englischer und später nordamerikanischer Dienste Unterstützung fanden. Diese lieferten Waffen, Spezialisten usw. In diesem Rahmen stellten die kommunistischen Parteien gewissermaßen einen Sonderfall dar: ihr Charakter als verfolgte und oftmals geheime Parteien, ihre Ausbildung in den Praktiken der Illegalität und den damit verbundenen Opfern, ihr Zentralismus und ihre Disziplin, das Ideal, das sie mit einer gewaltigen Kraft erfüllte und in dem sich die Verteidigung des Vaterlandes mit der Verteidigung der UdSSR verband, einschließlich der Tatsache, daß sie sich in den Gesellschaften, in denen sie lebten, mit einer Art Gegenkultur umgaben, all das schuf optimale Bedingungen dafür, daß die kommunistischen Parteien sich im allgemeinen und über persönliche Einzelfälle hinaus zum Rückgrat des europäischen Widerstandes gegen Hitler entwickelten. Es war in politischer und moralischer Hinsicht der Höhepunkt in der Geschichte des Kommunismus in Europa.

Gleichzeitig veränderte diese Erfahrung in einer Reihe von grundlegenden Aspekten die Gewohnheiten und die Mentalität dieser Parteien. In erster Linie die Wiedergewinnung des Vaterlandes. Weiters das Zusammentreffen und der gemeinsame Kampf mit anderen politischen und geistesverwandten Kräften, vor allem mit Sozialisten und Christen. Die Vorstellung, daß die Kommunisten ihre Ziele nur *zusammen* mit anderen Arbeitern erreichen könnten, bahnte sich einen Weg. Es war ein Prozeß der ideologischen Öffnung, der Interkommunikation, der Verringerung des herkömmlichen Dogmatismus und gleichzeitig schrecklicher menschlicher Anspannung durch die ständige Kampfsituation. In diesem Klima wurden in zahlreichen Ländern von verschiedenen Teilen der Bevölkerung *Programme* des Widerstandes ausgearbeitet, in denen, wenn auch nicht das Ende des Kapitalismus, so doch tiefgreifende Änderungen in zweifacher Hinsicht anvisiert wurden: 1. die Verstaatlichung von Unternehmen, die mit Hitler-Deutschland zusammengearbeitet hatten, und 2. die Unterwerfung wirtschaftlicher Unterscheidungen unter vorrangige soziale Gebote wie Arbeitsbedingungen, Erziehung, Gesundheit, Sozialversicherung, Urlaub, Ruhestand usw. Dadurch wurden die kommunistischen Parteien mehr in der Realität ihrer eigenen Länder verwurzelt. Auf internationaler Ebene wurde die freundschaftliche Beziehung zu *allen* Verbündeten im Kampf gegen Hitler zum Prinzip erhoben, auch zu Großbritannien und den Vereinigten Staaten. Dazu war eine Modifizierung bis dahin unantastbarer Begriffe und Theorien notwendig. Es war eine tiefgreifende Änderung, die sich in voller Bewegung, im Feuer eines äußerst harten Kampfes vollzog, ohne daß man dabei allzu großen Wert auf die marxistischen Prinzipien gelegt hätte. Die Kommunistische Internationale ihrerseits richtete sich einzig und allein auf ein Ziel aus: die Förderung aller Initiativen, die der UdSSR im Krieg gegen die Hitler-Invasion helfen konnten.

Die Auflösung der Kommunistischen Internationale und der moderne Internationalismus

Die Auflösung der KI erfolgt zwischen dem 15. Mai 1943 und dem 10. Juni desselben Jahres. Die Sowjetunion hat kurz zuvor den gewaltigen Sieg bei Stalingrad errungen; die britischen und nordamerikanischen Verbündeten sind im Norden Afrikas an Land gegangen. Die Vorzeichen des Krieges haben sich geändert: es läßt sich bereits ein

Vorrücken der sowjetischen Armee in Europa voraussehen. Gleichzeitig, in den Monaten Mai und Juni des Jahres 1943, finden in einem gespannten Klima briefliche Verhandlungen zwischen Churchill, Roosevelt und Stalin statt, in denen letzterer fordert, die Landung in Europa möge so früh wie möglich erfolgen, um die zweite Front aufzubauen. Die Auflösung der KI ist also eine situationsbezogene, taktische, einleuchtende Maßnahme. Stalin wollte dem britischen und nordamerikanischen Kapitalismus die Garantie geben, daß die UdSSR nicht mehr der Kopf einer weltweiten revolutionären Verschwörung ist und daß er der Kriegsallianz gegen Hitler *alles* unterordne. Die Dokumente in Zusammenhang mit der Auflösung spiegeln diese Absicht wider. In einer Erklärung gegenüber dem Korrespondenten der Nachrichtenagentur Reuter am 28. Mai 1943 sagte Stalin ganz deutlich, die Auflösung sei „richtig und opportun, denn sie erleichtert die Organisierung des *gemeinsamen Angriffes* aller freiheitsliebenden Völker auf den gemeinsamen Feind: das Hitlertum".

Um den Regierungen der Vereinigten Staaten und Großbritanniens dieses Zugeständnis zu machen, fälscht das Präsidium des Exekutivkomitees in seinem Text vom 10. Mai, in dem es den Parteien die Auflösung „vorschlägt", die Geschichte auf ganz eindeutige Weise. Der Schritt wird damit begründet, daß „das Wachsen und die Reife" der kommunistischen Parteien es ratsam erscheinen lassen, auf eine internationale Leitung zu verzichten, und daß es „die historische Rolle" der KI gewesen wäre, das Entstehen dieser Parteien zu fördern. In Wirklichkeit wurde die KI aus einem *anderen* Grund geschaffen: um, ausgehend von den Erfahrungen der Russischen Revolution, die sozialistische Revolution auf der ganzen Welt zu verwirklichen. Vier Wochen nach diesem Vorschlag veröffentlicht das Präsidium des Exekutivkomitees der KI ein Kommuniqué, in dem mitgeteilt wird, die Auflösung sei von den Parteien folgender Länder gutgeheißen worden: Deutschland, Argentinien, Australien, Österreich, Belgien, Bulgarien, Kanada, Katalonien, Kolumbien, Costa Rica, Kuba, Tschechoslowakei, Chile, Spanien, Finnland, Frankreich, Ungarn, Irland, Italien, Mexiko, Polen, Großbritannien, Rumänien, Syrien, Schweden, Südafrikanische Union, UdSSR. Hinzugefügt wurde, daß alle Parteien, die ihre Stellungnahme äußerten, „darunter die wichtigsten Sektionen", die Auflösung gutgeheißen haben.

Zwei Aspekte fallen auf. Einmal die totale Art und Weise der Auflösung, ohne *irgendeinen* Ersatz, um andere Formen der Koordination aufzubauen. Das bedeutete in der Praxis, daß die KPdSU nun völlig freie Hand hatte, ihre Kontrolle über die Leitungen der kommunistischen Parteien direkt, ohne Vermittler, auszuüben. Sie hatte sich damit auch der zumindest formalen Verpflichtung entledigt, Kollektivorgane zu konsultieren und vor ihnen ihre Ideen auszubreiten. Der Vorgang der Auflösung selbst war ein künstlicher: die Billigung wurde von Parteiführern eingeholt, die sich in der UdSSR befanden und die in den meisten Fällen ihre Parteien gar nicht befragen konnten. Es war eine *Entscheidung* von Stalin, der später der Anstrich eines kollektiven Beschlusses gegeben wurde.

Weiters fällt auf, daß die chinesische KP in den Dokumenten (in denen sie nicht aufscheint) nicht als „wichtige Sektion" der KI betrachtet wird, genausowenig wie irgendeine andere aus den Kolonialländern. Die chinesische KP war zu dieser Zeit zweifellos nach der sowjetischen die stärkste der Welt; sie beherrschte ein großes Gebiet und verfügte über starke militärische Einheiten, die am Krieg gegen Japan teilnahmen. Die Auslassung der KP Chinas beleuchtet die eigentlichen Beweggründe der Politik Stalins in jener Zeit. Um die Ereignisse zu begreifen, muß man kategorisch jede Versuchung ablegen, sie im Rahmen einer internationalen revolutionären Strategie, einer marxistischen Vision der Änderungen in der Welt zu interpretieren. Stalin handelt zu jener Zeit wie ein großer politischer und militärischer Führer Rußlands. Sein tatsächliches Ziel, sein oberstes Bestreben ist es, im Krieg gegen Hitler und im Bündnis mit den Vereinigten Staaten und Großbritannien ein Höchstmaß an Macht und an Größe für den sowjetischen Staat zu erlangen, einem Staat, der der Nachfolger des zaristischen Rußland ist.

Der Krieg der Völker der Sowjetunion gegen Hitler ist eines der großen Epen der Geschichte. Die erbrachten Opfer sind schrecklich; die Standhaftigkeit und das Heldentum erreichen ihr höchstes Ausmaß. Zur selben Zeit werden im Verlaufe des Krieges die Werte und Symbole der sozialistischen Revolution ersetzt durch die des russischen Patriotismus. Die *Internationale*, bis dahin die Nationalhymne der UdSSR, wird durch eine andere Hymne abgelöst. Stalin ruft die slawischen Völker zur Solidarität mit dem russischen Volk auf. Die orthodoxe Kirche gewinnt ihre soziale Rolle zurück, um geistige und materielle Energien für den Krieg zu mobilisieren. Der Geschichtsunterricht wird geändert, um die Größe Rußlands hervorzuheben. Die ganze Ideologie wird von einem Nationalismus durchdrungen, der auf der russischen Größe beruht. In den Bereichen Familie und Erziehung werden die traditionellen Haltungen wieder in den Vordergrund gestellt. Diese Entwicklung setzt sich mit dem Sieg und nach dem Sieg fort. Sie führt schließlich zu der kulturellen Pathologie, daß alle wichtigen Entdeckungen, die den Fortschritt der Menschheit bestimmt haben, russischen Erfindern zugeschrieben werden.

Handelte es sich dabei nur um oberflächliche Änderungen mit dem Ziel, den Werten des Sozialismus gegenüber unempfindliche oder gar ablehnend eingestellte Bevölkerungsteile für die Erfordernisse eines extrem schwierigen Krieges zu gewinnen? Dieses Argument hat zweifellos einiges für sich. Viele Kommunisten in Rußland und in der ganzen Welt haben die Veränderungen in der UdSSR auf diese Weise interpretiert. Doch die darauffolgenden Ereignisse beweisen, daß diese Interpretation völlig falsch war. In Wirklichkeit führte die These Stalins vom Aufbau des Sozialismus in einem einzigen Land zum Verschwinden der Grundlagen des Sozialismus gerade in jenem Land, das im Oktober 1917 die Revolution durchgeführt hatte. Aus dem Krieg ging ein gewaltiger sowjetischer Staat mit einer allmächtigen Armee und Polizei hervor.

In der problembeladenen Nachkriegszeit präsentiert sich Stalin als der große russische Staatschef, der entsprechend der Macht seiner Armee und den internationalen Abkommen mit den Alliierten seinen Herrschaftsbereich ausdehnt. Sein zentrales Bemühen dabei ist, vor den russischen oder sowjetischen Grenzen im Rahmen des Möglichen ein System von befreundeten oder Satellitenstaaten aufzubauen, einen *Wall*, der die Gefahren fernhält, also eine typisch kontinentale geopolitische Konzeption. Dieses strategische Ziel bringt es mit sich, daß die Existenz der Kommunistischen Internationale nicht nur unnötig wird, sondern auch nicht mehr ins Konzept paßt. Stalin muß nun zu den kommunistischen Parteien, die er in den Satellitenstaaten vor allem dank der Präsenz der sowjetischen Armee an die Macht bringt, eine ganz andere Art von Beziehung aufbauen – ebenso zu den Parteien, die in den kapitalistischen Ländern weiterbestehen, also in Zonen, in denen die Koalition gegen Hitler im Vordergrund steht.

Die Auflösung der KI zu einem Zeitpunkt, in dem die siegreiche Schlußetappe des Krieges beginnt, ist nicht nur ein taktisches Zugeständnis an den imperialistischen Kapitalismus in Großbritannien und den USA, sie ist noch viel mehr: sie ist der Anfang einer langen historischen Periode, in der die UdSSR in der internationalen Arena immer stärker wie eine Großmacht mit Herrschaftsansprüchen über andere Länder auftritt und in der sie ihre Hegemonie über die kommunistischen Parteien auf verschiedene Art, ohne die Vermittlung einer Internationale, ausübt. Diese war zwar schon vor ihrer Auflösung ihres ursprünglichen revolutionären Wesens beraubt worden, hatte aber trotzdem die Rolle eines theoretischen Bezugsrahmens für Ideen und Prinzipien weitergespielt – die dann von der staatlichen sowjetischen Politik gebrochen wurden. Als wir von der Gründung der KI sprachen, stellten wir fest, daß sie bereits mit dem Widerspruch zwischen dem sowjetischen Staatsinteresse und den Notwendigkeiten einer revolutionären Politik für den europäischen Kontinent entstand (vor dem Rosa Luxemburg wahrscheinlich als erste warnte). Im Grunde führte dieser Widerspruch auch zur Auflösung der KI. Zuerst hatte die KI den Interessen der UdSSR entsprochen, doch nun, um sich nicht nur als eine im Krieg siegreiche Weltmacht, sondern noch in einem viel größeren Rahmen etablieren zu können, waren die Internationale und das ganze internationalistische Ideal, das sie im Gefolge der Ideen von Marx und Engels aus dem 19. Jahrhundert verkörperte, nicht mehr notwendig.

Das zwingt uns dazu, einen noch grundlegenderen historischen Aspekt auszuloten: hat nicht die Erfahrung von fast eineinhalb Jahrhunderten gezeigt, daß die fundamentale Idee, die 1864 zur Gründung der Internationalen Arbeiterassoziation geführt hatte, eine Utopie ist und nicht den praktischen Realitäten, wie sie sich in der Welt abspielen, entspricht? Denn *keine* Arbeiterinternationale hat es geschafft, eine Strategie auszuarbeiten, der die breiten Massen über alle Grenzen hinweg gefolgt wären. Die Sozialistische Internationale ist ein Organ zur Koordination zwischen den Parteien, das verschiedene Positionen zuläßt (was sicher einen bestimmten Wert hat), doch nicht die zwischen ihnen bestehenden Widersprüche auflöst. Diese in einigen Fällen grundlegenden Widersprüche entspringen großteils verschiedenen nationalen Interessen. Dasselbe ereignet sich in den Arbeiterinternationalen. Die Idee von Marx (zumindest in einigen seiner wichtigen Texte, denn seine Kommentare zu konkreten Situationen stimmen nicht immer überein) war, daß die Arbeiter als solche gemeinsame Interessen hätten, die ihre Zugehörigkeit zu dem einen oder anderen Staat übersteigen. Darin läge sogar eine *Überlegenheit* gegenüber der Bourgeoisie: die Arbeiterschaft würde tendenziell dazu neigen, sich international zu vereinigen, während die Bourgeoisien in Gegnerschaft zueinander stehen. Es ist offenkundig, daß die Geschichte nicht diesen Weg beschritt. Daraus ergeben sich folgende Fragen: Existiert in der objektiven Wirklichkeit diese Tendenz zur Einheit der Arbeiterschaft oder nicht? Sind es vielleicht die zum Zusammenschluß der internationalen Arbeiterparteien verwendeten Mittel und Formen, die auf der subjektiven Ebene der politischen Aktion die Tendenz zur Einheit nicht durchsetzen oder in den Vordergrund stellen konnten? Für eine Antwort muß man die Auswirkungen des Imperialismus auf die europäische Arbeiterbewegung und auf andere fortschrittliche Sektoren neu beleuchten. Im 20. Jahrhundert erfolgte ein beträchtlicher Aufschwung des Nationalismus, und zwar nicht nur in den Kolonialländern, nicht nur in Osteuropa (wie es Lenin vorausgesehen hatte), sondern auch in den industriell entwickelten Regionen des europäischen Kontinents, wo es zu Anfang des Jahrhunderts bereits so schien, als wären die *Nationalstaaten* schon mehr oder weniger endgültig (auf der Ebene der Nationalitäten) strukturiert. Dieser Aufschwung des Nationalismus hat sich auch in der Arbeiterbewegung festgesetzt, und zwar nicht mehr als Folge von „Verrat" oder von „Kapitulation vor der Bourgeoisie" (wie im klassischen Fall der II. Internationale 1914), sondern weil die Beziehung zwischen Nationalem und Internationalem in der Geschichte eine Komplexität und eine Form annahm, die der Marxismus – einschließlich seines leninistischen Zweiges – nicht analysiert hatte.

In dem Maß, in dem wirtschaftliche Aspekte einer Gesellschaft in einen übernationalen Rahmen gestellt werden, nehmen andere wesentliche nationale Werte eine wachsende Bedeutung im menschlichen Leben ein: die Sprache, das Alltagsleben, die Sensibilität gegenüber Klima und Landschaft, künstlerische und musikalische Äußerungen, die Kenntnis der Geschichte des Vaterlandes... Dieses Wiederaufbrechen des nationalen Gefühls wirkt vor allem unter der Jugend. Es verbindet sich immer stärker mit kulturellen Faktoren und erwirbt so eine fortschreitende Bedeutung in der geschichtlichen Entwicklung. Der Prozeß der Internationalisierung der Produktivkräfte vollzieht sich mit außergewöhnlichem Schwung. Nach dem Zweiten Weltkrieg führt die objektive Notwendigkeit einer Art „Weltregierung" in verschiedenen Bereichen, in denen die Entscheidungen nicht mehr ausschließlich von einem Staat allein getroffen werden *können*, zur Schaffung der Vereinten Nationen (UNO) und ihrer Spezialagenturen. Auf Gebieten wie Gesundheit und Fernmeldewesen ist dieser Prozeß bereits sehr weit vorangeschritten.

Doch gleichzeitig hat die Ungleichheit in der sozialen und wirtschaftlichen Entwicklung zur Notwendigkeit nationalen oder nationalistischen Widerstandes gegen die beiden Supermächte geführt – sowohl in der kapitalistischen Welt gegen die USA als auch in der sogenannten sozialistischen Welt gegen die UdSSR. Der gigantische historische Prozeß, den die Oktoberrevolution von 1917 ausgelöst hat, hat auf diesem Gebiet das Gegenteil der ursprünglichen Absicht erreicht: nicht eine brüderliche Solidarität der Arbeiter, Nationen und Völker, sondern neue nationale Konfrontationen, Auseinandersetzungen zwischen sogenannten sozialistischen Staaten (manchmal am Rande des Krieges) und neue Formen der Ausbeutung und Unterdrückung durch ein starkes Land (UdSSR) gegenüber schwächeren Ländern. In der kapitalistischen Welt hat die Niederlage und Überwindung der traditionellen Kolonialherrschaft (Großbritannien, Frankreich, Niederlande, Portugal) neuen Formen der Beherrschung und Ausbeutung Platz gemacht, die komplexer und umfangreicher (auch in der Beziehung zu den entwickelten Ländern) sind als die früheren, vor allem seitens der USA. Gleichzeitig beweist das Aufkommen und die Entwicklung der multinationalen Unternehmen, daß der Kapitalismus durch die Erneuerung seiner Strukturen den Prozeß der Globalisierung der Produktivkräfte besser verarbeiten und nutzen konnte. Das ideologische Schema einer *internationalen* Arbeiterklasse gegenüber einem *national* ausgerichteten Kapitalismus hat überhaupt nichts mit der Wirklichkeit zu tun – es verhält sich eher im Gegenteil.

Im ideologischen Bereich verkomplizieren sich die Sachen noch mehr, da die Sowjetunion am traditionellen Konzept des „proletarischen Internationalismus" oder „sozialistischen Internationalismus" als Deckmantel und Rechtfertigung für ihre hegemoniale Großmachtpolitik festhält. Gleichzeitig hat die Ausstrahlung der oben erwähnten Phänomene im Bewußtsein der Massen, der Eintritt von Parteien marxistischer Prägung in Regierungsfunktionen und in die Führung zahlreicher Staaten (sowohl sozialistische Parteien im Westen als auch kommunistische in Osteuropa) im allgemeinen einen beträchtlichen Rückgang internationalistischer Haltungen hervorgerufen. Das Streben nach einem neuen Internationalismus erfordert eine neue theoretische Ausarbeitung der objektiven Beziehungen und Strömungen in der Gegenwart. Wir kehren zu dieser Frage im letzten Teil dieses Buches zurück.

Euphorie und Siegesillusionen

1943 erfolgt der große Umschwung im Krieg: im Februar die deutsche Niederlage bei Stalingrad, im August die Befreiung von Charkow und im November die von Kiew. Im Mai kapitulieren die Truppen der Achsenmächte in Nordafrika, am 10. Juli landen die britisch-nordamerikanischen Verbände in Sizilien, und am 25. desselben Monats muß Mussolini, nachdem er im Faschistischen Großrat keine Mehrheit erhalten hat, zurücktreten. Es wird die Regierung Badoglio gebildet, der erste Schritt einer komplexen Entwicklung, die Italien schließlich in die Reihen der Anti-Hitler-Koalition führt. Am 15. Mai wird in Frankreich der Nationale Rat des Widerstandes gegründet, der den Christdemokraten Georges Bidault zum Präsidenten wählt. In allen von Hitler besetzten Ländern konsolidieren sich die Organisationen, die sich gegen die Fremdherrschaft auflehnen.

Vor allem die Siege der sowjetischen Armee üben einen Mobilisierungseffekt aus und wecken in breitesten Schichten der europäischen Linken eine schwer zu beschreibende Begeisterung. Nicht nur in den Reihen der Kommunisten, sondern auch unter Sozialisten, Gewerkschaftern, Demokraten. Die Figur von Stalin, der als Marschall und später als Generalissimus die Leitung aller Operationen übernimmt, wird zu einem Symbol der Anbetung erhoben – vor allem in jenen Ländern, die die harten Bedingungen der Hitler-Besetzung aushalten müssen. Die unverständlichen Fehler des deutsch-sowjetischen Paktes und des Krieges gegen Finnland sind vergessen – oder wie es die französische Historikerin Dominique Desanti beschreibt: „Der Krieg hat alles ausgelöscht; Stalingrad hat dem Kommunismus die Jungfräulichkeit zurückgegeben."[1]

In diesem Umfeld, das von den Siegen Großbritanniens und der Vereinigten Staaten geprägt ist und von dem Gefühl, daß in Europa bald eine zweite Front entstehen wird und sich der Sturz Hitlers nähert, entstehen verstärkt militärische Einheiten des Widerstands, Guerillaverbände in waldigen und gebirgigen Zonen und auch bewaffnete Gruppen, um Attentate und Angriffe auf die Deutschen in den Städten durchzuführen. Diese Gruppen erreichen in verschiedenen Ländern eine beträchtliche Stärke. Die Briten und die Nordamerikaner schalten ihre Geheimdienste ein und schleusen Offiziere und Spezialisten – Fachleute im Funk- und Kommunikationswesen zum Beispiel – ein. Diese versorgen einerseits den Widerstand mit Waffen und Logistik, versuchen aber gleichzeitig, ihn zu kontrollieren, zu beeinflussen, die nichtkommunistischen Sektoren zu bevorzugen. Sie sollen verhindern, daß der Widerstand in einen richtigen nationalen Aufstand ausartet, der die Völker aus eigener Kraft zu einer Befreiung führen und der über die in der Résistance entstandenen Einheitsorganisationen neue Staaten und Regierungen schaffen könnte, getragen von der neuen Legitimität des Antifaschismus. Die Regierungen zahlreicher europäischer Länder waren nach London geflüchtet. Es war nun das Ziel der angloamerikanischen Politik, daß diese Regierungen in ihre Länder zurückkehrten und daß die durch den Krieg unterbrochene Rechtmäßigkeit einfach wiederhergestellt werde.

Um einerseits die Illusionen, die in breiten Schichten der Bevölkerung in der Endphase des Krieges geweckt wurden, und andererseits die großen Widersprüche, unter denen sie entstanden, zu verstehen, muß man sich zwei grundlegende Tatsachen vor Augen halten, die man – bei einer gewissen Verallgemeinerung – folgendermaßen charakterisieren könnte. Erstens: In den politischen Einheitsorganisationen des Widerstandes hatten die Kommunisten (oftmals unterstützt von den Sozialisten) ein beträchtliches Gewicht erlangt. Zweitens: In den militärischen Kräften des Widerstandes hatten – aus den schon vorher angeführten Gründen – die Kommunisten am meisten Gewicht und Einfluß. Diese Tatsache spiegelt sich auch in der hohen Zahl von alten Kämpfern der Internationalen Brigaden in Spanien in den militärischen Führungsrängen der europäischen Résistance wider.

Es kann also nicht verwundern, daß unter den breiten Bevölkerungsschichten, die die Befreiung vom Hitler-Joch herbeisehnten, und vor allem unter den Menschen mit fortschrittlichen Ideen die Überzeugung vorherrschte, daß der Sieg im Krieg ein antifaschistischer Sieg des Volkes sein werde, eine echte Revolution. Viele dachten sogar an den Sieg des Sozialismus.

Diese Vorstellung war innerhalb der kommunistischen Parteien sehr stark vertreten. Heute, mit dem historischen Abstand von vier Jahrzehnten, muß man sich ohne Tabus und Hemmungen die wesentliche Frage stellen, die schon seit damals diskutiert wird: hätten die kommunistischen Parteien, im konkreten jene von Frankreich und Italien, den Krieg einem *anderen* Ende zuführen können, einem radikaleren, revolutionäreren Ausgang in Richtung Sozialismus?

Zu diesem Thema haben sich verschiedene Auffassungen entwickelt: einige sind der Meinung, die Kommunisten wären durch reformistische Positionen beeinflußt worden und hätten deshalb auf den Versuch eines sozialistischen Sieges verzichtet. Andere beharren darauf, daß die Kommunisten Scharfsinn und taktische Schlauheit bewiesen haben, da die Präsenz der alliierten Truppen (vor allem der britischen und der US-Armee in Westeuropa) jeden Versuch, die politische Lage in der Nachkriegszeit zu radikalisieren, zum Scheitern verurteilt hätte.

Man kommt nicht umhin, einige für die Zukunft bedeutsame Aspekte getrennt voneinander zu beleuchten. In Frankreich beherrschte die Persönlichkeit des Generals de Gaulle die Résistance; unterstützt wurde seine Position noch durch die von ihm in den Kolonien und in Großbritannien aufgebauten französischen Truppen. Auch wenn es in den Reihen der Kommunisten Verärgerung und Unzufriedenheit gab, als sie die Waffen niederlegen mußten, so vollzog sich doch die Integration des politisch-militärischen Apparats des Widerstandes in den neuen Staat, der aus dem zuerst in London und dann in Algier ansässigen „Französischen Komitee der Nationalen Befreiung" hervorging, ohne größere Schwierigkeiten. Die Kommunisten waren in dem erwähnten Komitee in Algier erst seit April 1944 vertreten, also kurz vor der Landung der Alliierten in Frankreich. Es gab somit keine andere echte Instanz als die von de Gaulle personifizierte und sowohl von den Kommunisten als auch von allen anderen Kräften der Résistance akzeptierte. Die militärischen Einheiten des Widerstandes, in denen die Kommunisten zahlreiche führende Posten innehatten, gliederten sich in die französische Armee ein, die den Krieg bis nach Berlin fortsetzte. Im November 1944, im bereits befreiten Frankreich, erteilte de Gaulle dem Generalsekretär der Kommunistischen Partei, Maurice Thorez, der in der ersten Etappe des Krieges desertiert und illegal nach Moskau geflüchtet war, die Erlaubnis zur Rückkehr. Kurz darauf wurde er Vizepräsident der französischen Regierung.

In Italien vollzog sich die Entwicklung nicht so geradlinig – und sicherlich lehrreicher, was die Definierung der Ziele betrifft, die in dieser Zeit die revolutionären Kräfte leiteten. Nach dem Sturz Mussolinis im Juli 1943 ist die Reaktion nicht nur der Kommunisten, sondern auch der Sozialisten und anderer Linkssektoren auf die

Bildung der ersten Regierung Badoglio, deren Mitglieder aufs engste mit Hitler zusammengearbeitet hatten, logischerweise völlig ablehnend. Am 8. September verlassen der König und Badoglio Rom, wobei sie das Land praktisch den deutschen Truppen übergeben, und suchen im Süden Zuflucht, in dem bereits von den Alliierten befreiten Gebiet. Als sie mit diesen im Namen Italiens einen Waffenstillstand unterzeichnen, nimmt in den antifaschistischen Kreisen die Empörung wegen ihrer Flucht und der Aufgabe des Landes ein großes Ausmaß an. Die Vorstellung, daß mit Badoglio und dem König keine Zusammenarbeit möglich sei, wird nunmehr auch von Persönlichkeiten des konservativen Lagers vertreten, wie etwa von dem liberalen Historiker Benedetto Croce, der sich damals gerade in Neapel befand.

In dieser etwa sechsmonatigen Zeitspanne von der Rückkehr von Palmiro Togliatti nach Italien (der am 26. März 1944 ankommt) nimmt das illegal von Rom aus tätige „Komitee der Nationalen Befreiung" eine klare Opposition gegen die Monarchie und die Regierung Badoglio ein. In diesem Komitee sind vor allem die Sozialistische Partei, die Aktionspartei, die Kommunistische Partei, die Christdemokraten (bereits von de Gasperi geführt), die Liberalen und eine gemäßigte Gruppe unter Bonomi vertreten.

Innerhalb der Kommunisten – und selbst anläßlich einer Polemik zwischen den beiden bedeutendsten Führungsgruppen (eine in Mailand und die andere in Rom) – zeichnet sich immer mehr eine politische Perspektive ab, die klar auf einen revolutionären Ausgang des antifaschistischen Krieges ausgerichtet ist. Man will die Gründe für die Opposition zwischen Badoglio, dem Vertreter der Finanzplutokratie, und dem „Komitee der Nationalen Befreiung" der Bevölkerung deutlich und verständlich machen. Die Demokratie, die die Kommunisten errichten wollen, ist „eine Volksdemokratie, die ihre Kraft und ihre Autorität aus den Volksmassen schöpft und die in der Arbeiterklasse ihre sicherste Festung besitzt".[1]

Diese Haltung ist jedoch nicht nur den Kommunisten eigen. Sie wird von den Sozialisten wahrscheinlich noch radikaler vertreten. In dem erneuerten Text des Abkommens zur Aktionseinheit zwischen KPI und PSI – das in Rom auf sozialistischer Seite Pertini, Nenni und Saragat, von der KP Scoccimarro und Amendola unterzeichnen – wird als Ziel des antifaschistischen Kampfes die Errichtung einer „Volksdemokratie" definiert, die als erste Etappe auf dem Weg zum Sozialismus verstanden wird. Das Dokument drückt auch eine höchst bedeutsame internationale Perspektive aus. Andererseits anerkennen die beiden Parteien „in der Sowjetunion die Avantgarde der Arbeiterbewegung und den sichersten Verbündeten der Völker in ihrem Kampf gegen die *reaktionären* und *imperialistischen* Kräfte". Gleichzeitig vertrauen sie auf „die Solidarität der Labour Party, der britisch-nordamerikanischen Arbeiterorganisationen und der sozialistischen und kommunistischen Parteien der ganzen Welt". Das Abkommen wird am 28. September 1943 unterzeichnet. Die Definition des Feindes als „reaktionäre und imperialistische Kräfte" ist bezeichnend, denn sie verschwindet bald und für einen langen Zeitraum, bis 1947[3], aus dem kommunistischen Sprachgebrauch.

Im Jänner 1944 findet in Bari, das heißt im von den angloamerikanischen Alliierten befreiten Territorium, der erste legale Kongreß des „Befreiungskomitees" Süditaliens statt. Wie zu erwarten, wird die Regierung Badoglio aufs schärfste verurteilt. So gibt es zur Zeit der Ankunft Togliattis praktisch zwei mögliche Wege für die Zukunft Italiens: den der antifaschistischen Komitees und den des Königs und Badoglio. Churchill fürchtete die kommunistische Dominanz in den antifaschistischen Parteien und zog Badoglio als bessere Formel für den Beitrag Italiens zum Krieg vor, was ihm im britischen Parlament durch die Kritik der Labour-Abgeordneten Schwierigkeiten einbrachte. Roosevelt hegte in dieser Hinsicht ernsthafte Zweifel. Die verfahrene Situation wurde schließlich durch die UdSSR gelöst, die am 14. März 1944 die Regierung Badoglio anerkannte – noch vor den Briten und den Nordamerikanern.

Am 26. desselben Monats kommt Togliatti in Italien an und schlägt den Eintritt der antifaschistischen Parteien in die Regierung Badoglio vor. Die Aufregung ist groß. Dieser Vorschlag widersprach nicht nur der bisherigen kommunistischen Haltung, sondern dem Antifaschismus an sich. Die ersten Reaktionen der KPI sind negativ. In den wichtigsten Führungsgruppen in Rom und Mailand kommt man zu verschiedenen Interpretationen: einige akzeptieren allein die Position Togliattis und betrachten sie als *taktischen* Schwenk angesichts der Sackgasse, in die sich die antifaschistischen Parteien hineinmanövriert haben, ohne deswegen Einflußmöglichkeiten auf die Regierung zu erhalten. Das Prestige Togliattis unter den Kommunisten und die offenkundige Tatsache, daß die UdSSR und Stalin dessen Position unterstützen, spielen eine große Rolle. Auf jeden Fall findet sein Vorschlag immer mehr Anhang. Togliattis Initiative fällt außerdem mit den Bemühungen Croces zusammen, den König zum Thronverzicht zugunsten seines Sohnes Umberto als Statthalter des Königreiches zu bewegen. Am 21. April wird, wieder unter dem Vorsitz von Marschall Badoglio, eine neue Regierung gebildet, in der Führer der wichtigsten antifaschistischen Parteien als Minister vertreten sind. Von kommunistischer Seite nimmt Togliatti an der Regierung teil. Nach der Befreiung Roms im Juli dankt der König ab. Eine neue Regierung wird gebildet, diesmal unter der Leitung von Bonomi, dem Präsidenten des „Komitees der Nationalen Befreiung". In der letzten Etappe sind die Kommunisten die entschiedensten Verteidiger dieser Politik der nationalen Einheit. Als im November 1944 die Sozialistische Partei und die Aktionspartei aus der Regierung Bonomi austreten, ist die KPI die einzige Linkspartei, die in der Regierungskoalition, in der das Gewicht der Christdemokraten immer mehr überwiegt, verbleibt. Die KP konzentriert ihre Anstrengungen auf den Krieg, auf die Organisierung des Partisanenkampfes im Norden. Dort entstehen in den rückeroberten Gebirgszonen fünfzehn „Partisanenrepubliken". Die Kommunisten spielen eine entscheidende Rolle bei den Erhebungen in den wichtigsten Städten Norditaliens, die sich aus eigener Kraft, noch vor Ankunft der angloamerikanischen Truppen, befreien.

Diese gigantische Kampfleistung trägt dem Italien der Nachkriegszeit internationale Anerkennung ein und vergrößert das Prestige der KPI. Bei der Befreiung Norditaliens sind die Kommunisten jedoch sehr darum besorgt, „einen griechischen Ausgang zu vermeiden", das heißt eine Konfrontation mit den Truppen Großbritanniens und der Vereinigten Staaten. Der politische Sprachgebrauch der Kommunisten legt den Hauptakzent auf das „nationale Erfordernis" der Befreiung und des Wiederaufbaus. Die Zukunftsperspektiven bleiben den Entscheidungen der Verfassunggebenden Versammlung nach deren Einberufung überlassen. Doch einstweilen bleibt der vom Faschismus geerbte Staatsapparat fast unangetastet. Die Wirtschaftsstrukturen bleiben in den Händen der Kapitalisten, und die Rechte gewinnt immer mehr Positionen im öffentlichen Leben zurück.

Es wäre falsch und sogar absurd zu glauben, die Kommunisten in Italien oder Frankreich hätten zu Kriegsende militärisch die Macht übernehmen können. Man muß sich aber dennoch fragen, ob die von ihnen eingeschlagene Politik die richtige war. Zwischen der nationalen Einheit und dem Bürgerkrieg gäbe es noch andere, kritischere Alternativen, um auf die kapitalistische Ausbeutung und die Kolonialpolitik, die weiterhin gegen die Völker Afrikas und Asiens praktiziert wurde, eine Antwort zu geben. Man darf zum Beispiel nicht vergessen, daß die Kommunisten einen wichtigen Bestandteil der de-Gaulle-Regierung darstellten, als diese ihren Versuch der militärischen Rückeroberung Vietnams startete, oder als in Algerien im Mai 1945 die Demonstrationen der Bevölkerung in einem Blutbad ertränkt wurden, bei dem mehr als 40.000 Menschen ums Leben kamen.

Diese Politik der nationalen Einheit ist unverständlich, wenn man sich nicht vor Augen hält, daß im Laufe des Krieges eine „große Illusion" entstand, wie die Welt nach dem Sturz Hitlers und des Nationalsozialismus aussehen werde. In den „Kriegsschluß"-Verhandlungen akzeptierte Stalin praktisch widerspruchslos alle liberalen angloamerikanischen Formeln. Mehr noch: die UdSSR trat sogar dem Atlantikpakt bei, den Churchill und Roosevelt im August 1941 ohne die Beteiligung der Sowjetunion ausgearbeitet hatten. Die am 1. Jänner 1942 unterzeichnete erste Erklärung der Vereinten Nationen bestätigt ausdrücklich das von Churchill und Roosevelt verfaßte „gemeinsame Ziel- und Grundsatzprogramm“. Die aufeinanderfolgenden Treffen der drei großen Führer der Anti-Hitler-Koalition verstärkten in breitesten Bevölkerungsschichten die Überzeugung, daß mit der Niederlage des Nationalsozialismus eine neue Menschheitsepoche anbrechen werde, in der alle Probleme in friedlicher Form, auf der Grundlage von Gerechtigkeit und Respekt vor der Freiheit der Völker und der Menschen, gelöst würden. So entstand, ganz im Sinne der marxistischen Terminologie, eine *Ideologie*, eine *falsche* Sicht der Wirklichkeit mit enormen historischen Auswirkungen. Die europäische Linke war am Ende des Ersten Weltkrieges radikal gegen den Krieg und für Frieden und Abrüstung eingestellt. Der Zweite Weltkrieg hingegen endete als Sieg der Guten über die Bösen; die *großen Drei* (Stalin, Roosevelt, Churchill) stehen als Garanten für eine freundliche Zukunft. Die Nürnberger Prozesse, in denen zum erstenmal in der Geschichte die Sieger die wichtigsten überlebenden Führer des Nationalsozialismus vor einen Gerichtshof stellen und diese im Namen der Gerechtigkeit und der Menschlichkeit verurteilen und hinrichten, tragen sicher sehr dazu bei, diese Ideologie zu fördern. Die kommunistischen Führer der UdSSR und die imperialistischen Führer der Vereinigten Staaten und Großbritanniens werden gleichermaßen zu Vertretern der Gerechtigkeit und Menschlichkeit. Die Herausbildung dieser Ideologie als soziales Massenphänomen stellte zweifellos einen objektiven Prozeß und teilweise eine Antwort auf die Schrecken der Hitlerherrschaft dar. Doch eine andere Sache war das Ausmaß, in dem die kommunistischen Parteien, im konkreten die westeuropäischen, von dieser Ideologie umgarnt, gewonnen und durchdrungen wurden. Die Sowjetunion und im besonderen Stalin trugen entscheidend zu dem Prozeß bei, denn die staatlichen Abkommen, die dieser unterzeichnete – wie den Vertrag von Jalta –, wurden automatisch als vorteilhaft für die Arbeiter und die Sache des Sozialismus betrachtet. Dadurch vergaß eine Reihe von kommunistischen Parteien auf grundlegende marxistische Kategorien und Theorien: die Klassenunterschiede, die dem Imperialismus innewohnenden Unterdrückungsmechanismen. Die *Anti-Hitler-Koalition*, die während des Krieges gegensätzliche Kräfte zusammengeführt hatte, wurde als künstliches Gebilde in die Zukunft projiziert. Eines der Zeugnisse, das aus heutiger Sicht her gut diese Durchdringung kommunistischer Konzepte mit einem absurden, irrationalen Vertrauen in die künftige Rolle der alliierten Mächte ausdrückt, ist eine Resolution des V. Parteitages der KPI vom Jänner 1946, in der es heißt: „Es ist die Aufgabe der demokratischen Großmächte, die Reorganisierung der gesamten Welt in einer Weise zu leiten, die für alle Frieden und Gerechtigkeit sichert.“

Der vielleicht schwerwiegendste Aspekt der intellektuellen und theoretischen Verarmung der kommunistischen Bewegung war das Versinken in einem Eurozentrismus, der zu den bedeutendsten Entwicklungen der Geschichte in Widerspruch stand. Für den Großteil der Weltbevölkerung war der wirkliche Feind der britische Imperialismus oder der französische Kolonialismus oder der nordamerikanische Expansionismus. Das führte zu Möglichkeiten kriegerischer Auseinandersetzungen, die von denen der europäischen Völker grundverschieden waren. Die sowjetische Hegemonialstellung über die kommunistischen Parteien verhinderte nun, daß der Verschiedenartigkeit der realen Situationen Rechnung getragen wurde. So ist es bezeichnend, daß zum Beispiel in Indien die britische Kolonialmacht 1942 die Kommunistische Partei legalisierte, während zur selben Zeit Gandhi und die Führer des Nationalismus eingekerkert wurden. Dieser Eurozentrismus brachte eine Aufgabe theoretischer Positionen mit sich, die die kommunistische Bewegung seit ihrem Entstehen charakterisiert und die ihre offenkundigste historische Überlegenheit über die Sozialistische Internationale dargestellt hatten: ihre Aufgeschlossenheit gegenüber und ihre Solidarität mit den antikolonialen Kämpfen sowie ihre Teilnahme an diesen Auseinandersetzungen, das heißt ihre Fähigkeit zu einer globalen revolutionären Vision. In den Jahren 1944/45 schälte sich eine völlig entgegengesetzte Auffassung heraus: man tat so, als ob der Kolonialismus verschwinden oder sich in etwas Positives verwandeln würde, wenn er von den europäischen Regierungen der antifaschistischen Einheit mit kommunistischer Beteiligung verwaltet wird. In den zwanziger Jahren wurde die Kommunistische Partei Frankreichs wegen ihrer entschiedenen Parteinahme gegen den französischen Kolonialismus im Krieg des Abd el Krim im nordafrikanischen Rif verfolgt. 1945 nehmen die französischen Kommunisten an einer Regierung teil, die in Algerien, in Vietnam, in Syrien, im Libanon eine brutale Unterdrückungspolitik verfolgt. Die offizielle These der KPF lautet, daß es im Interesse der Völker von Algerien, Marokko, Tunesien usw. liege, „weiterhin mit Frankreich vereint zu sein". Diese eurozentristische Haltung, mit der jede Art neokolonialistischer Politik gerechtfertigt werden kann, bedeutete aber auch, die Möglichkeiten der Kommunisten, in den nationalen Befreiungskämpfen, die in den letzten Jahrzehnten die Weltkarte verändert haben, eine bedeutende, führende Rolle zu spielen, auf ein Mindestmaß zu reduzieren. Neben der Rolle, die in diesem Prozeß die chinesische Revolution spielte, gibt es noch die Ausnahme Vietnam und etwas später Kuba, doch waren hier andere Phänomene bestimmend, die die oben skizzierte allgemeine Tendenz nicht widerlegen.

Ganz allgemein gesprochen kann man sagen, daß die kommunistische Bewegung mit ihrem großen Kampfeinsatz und ihren gigantischen Opfern im Weltkrieg nach dessen Ende mit einem hohen Prestige dastand, daß ihr jedoch die theoretischen Werkzeuge fehlten, um die Wirklichkeit der Nachkriegszeit zu analysieren und zu verstehen. Eine vage antifaschistische Ideologie ersetzte eine kritische marxistische Betrachtung. In einem noch größeren Ausmaß und in noch direkterer Form als zu Zeiten der Kommunistischen Internationale war die einzige Quelle der *Wahrheit*, die wichtigste Inspiration die Treue zur Sowjetunion, die Verehrung Stalins. Dieser wurde mit einem Kult umgeben, der zweifellos spontane, aus den Schicksalswendungen und Tragödien des Krieges entsprungene Wurzeln hatte, der jedoch ein für den allgemeinen Menschenverstand des 20. Jahrhunderts absurdes, krankhaftes Ausmaß annahm.

Kapitel 3

Die Widersprüche der Nachkriegszeit

Heutzutage fragt man sich, bis zu welchem Ausmaß die wichtigsten Alliierten der Anti-Hitler-Koalition bei der Konferenz von Jalta eine Aufteilung der *Einflußzonen* vornahmen. Die Antwort darf man nicht in den Protokollen oder im Kommuniqué der besagten Konferenz suchen, die am 4. Februar 1945 auf der Krim begann und – auf Vorschlag von Stalin – von Franklin Roosevelt geleitet wurde. Erinnern wir uns daran, daß das grundlegende Prinzip der Kriegsziele, das bereits 1941 in der Atlantikcharta festgelegt wurde, das Recht jedes Volkes ist, sein eigenes Schicksal zu bestimmen und in seiner Unabhängigkeit respektiert zu werden – mit Ausnahme von Deutschland, das als Kriegsschuldiger bestraft werden sollte. Deshalb war eine formelle und ausdrückliche Aufteilung der Welt in Einflußzonen unvorstellbar. Das verhinderte jedoch nicht eine De-facto-Aufteilung. Diese wurde in Wirklichkeit nicht mit einem Strich quer über die Landkarte vorgenommen. Die Aufteilung der Zonen spielte sich in einem komplexen Vorgang mit mehreren Faktoren ab: die Position der alliierten Armeen zum Zeitpunkt der deutschen Niederlage, die militärischen Kontrollkommissionen der Alliierten in den einzelnen Ländern, die Abkommen der Konferenzen von Teheran und Jalta und, am wichtigsten vielleicht, die Ergebnisse der permanenten Geheimverhandlungen zwischen den *großen Drei.* Es waren sicherlich Churchill und Stalin, die in diesem Prozeß die unverschämteste, zynischste oder auch freimütigste Haltung an den Tag legten. Präsident Roosevelt hatte zweifellos eine andere Vorstellung von den Herrschaftsformen der Vereinigten Staaten in der Nachkriegszeit, indirektere, mehr wirtschaftsbezogene Formen. So vertrat er in den Diskussionen über die Aufteilung eine gemäßigtere und nicht so eindeutige Haltung.

Die Region, in der es zuerst zum Zusammenstoß zwischen der sowjetischen und der westlichen (damals im wesentlichen englischen) Einflußsphäre kam, ist der Balkan. Der entscheidende Moment bei der *Aufteilung* waren wahrscheinlich, noch vor Jalta, die Gespräche mit Churchill in Moskau am 9. Oktober 1944. Es war ein Zeitpunkt, zu dem die sowjetischen Streitkräfte mit voller Kraft vorwärts drangen. Sie waren gerade dabei, die Grenzen zu Ostpreußen zu überschreiten; Finnland hatte mit Deutschland gebrochen und mit der UdSSR einen Waffenstillstand geschlossen; Odessa war befreit. Vor allem am Balkan war das Ausmaß des sowjetischen Vorstoßes beeindruckend. Belgrad stand kurz vor der Befreiung durch die Einheiten Titos und der Sowjetunion, und Athen wurde in diesen Tagen gerade vom griechischen Widerstand eingenommen. Währenddessen hatten die Alliierten eine Pause eingelegt. Sie hatten sowohl an der deutschen als auch an der italienischen Front Schwierigkeiten, voranzukommen. Churchill verfocht die traditionelle Vorstellung der notwendigen britischen Hegemonie im Mittelmeerraum und verhandelte mit Stalin, um in dieser Richtung möglichst viel zu erreichen.

Churchill war von einer tiefverwurzelten antikommunistischen Überzeugung geleitet. Zwei Monate zuvor, anläßlich eines Rombesuches im August, hatte er sich mit Papst Pius XII. unterhalten und mit ihm darüber gesprochen, wie man sich der vorhersehbaren *kommunistischen Bedrohung* entgegenstellen könne. Die Gespräche von Moskau im Oktober 1944 brachten keine Lösung in der polnischen Frage; Stalin war nur daran interessiert, Zeit zu gewinnen, um mit dem Vormarsch seiner Truppen eine nicht wieder rückgängig zu machende Situation zu schaffen, wie es auch tatsächlich geschah. Am Balkan hingegen kam man zu einer Aufteilung. Churchill beschrieb die Szene in seinen *Memoiren* folgendermaßen:

„Der Zeitpunkt für Verhandlungen war günstig, deswegen sagte ich zu ihm: ‚Regeln wir unsere Angelegenheiten am Balkan... Was Großbritannien und Rußland betrifft – wären Sie einverstanden, wenn ihr in Rumänien eine Mehrheit von 90 Prozent hättet und wir einen gleich hohen Anteil in Griechenland, während wir in Jugoslawien von einem gleichen Ausgangspunkt ausgehen?‘ Während das übersetzt wurde, schrieb ich auf ein halbes Blatt Papier: Rumänien: Rußland 90, die anderen 10 Griechenland: Großbritannien (in Übereinstimmung mit den USA) 90, Rußland 10; Jugoslawien 50 – 50; Ungarn 50 – 50. Bulgarien: Rußland 75, die anderen 25.“

„Ich reichte das Blatt Stalin, der inzwischen die Übersetzung angehört hatte. Er nahm einen blauen Stift und vermerkte ein *einverstanden* auf dem Zettel, den er mir dann zurückgab. Das alles geschah schneller, als man zum Schreiben Zeit brauchte.“[1]

Dieses Zeugnis wurde von praktisch allen Historikern übernommen und steht wohl außer Zweifel. Eden, der Churchill begleitete, fügt hinzu, daß am darauffolgenden Tag er und Molotow diskutierten, wie sie die berühmten Prozentsätze systematisieren sollten. Es war eine erbitterte Diskussion. Doch schließlich, so schreibt er, „kamen wir in fast allen Punkten zum gewünschten Ergebnis“.[2]

Bezüglich Jugoslawien hegten die Briten ungerechtfertigte Erwartungen in die Rolle der Regierung Subasič und des Königs, die sich beide in London aufhielten. Tito hatte mit besagter Regierung ein formelles Übereinkommen geschlossen. Doch ungeachtet des sowjetischen und natürlich auch englischen Druckes führte er im befreiten Jugoslawien ein neues System ein, das auf den Volkskomitees des Widerstandes beruhte und den Aufbau des Sozialismus zum Ziel hatte.

Am deutlichsten und tragischsten zeigten sich die Folgen des Aufteilungsgeschäftes zwischen Churchill und Stalin in Griechenland. Die antifaschistischen Kräfte hatten im September 1941 ein „Befreiungskomitee" (EAM) mit einer Partisanenarmee (ELAS) geschaffen, in dem Teile der Linken und der Mitte vertreten waren. Die Kommunistische Partei war in diesem Bündnis zweifellos die einflußreichste und am besten organisierte Kraft. Ihre Vorherrschaft nahm in den harten Kämpfen gegen die deutsche Besatzungsmacht noch zu. Während griechische Partisaneneinheiten am 13. Oktober Athen befreiten, landeten britische Truppen in Patras im Golf von Korinth.

Zu diesem Zeitpunkt ist die einzige griechische militärische Kraft die ELAS, deren Präsenz sich im ganzen Land verstärkt, während sich die Deutschen zurückziehen. Das Ziel der Briten ist nun, die Macht der ELAS und der EAM zu brechen, im besonderen die der Kommunistischen Partei, und eine Regierung einzusetzen, die sich aus Politikern zusammensetzt, die dem im Exil lebenden König nahestehen. In einer ersten Phase sind die Kommunisten noch an der Regierung beteiligt, die von Papandreou (dem Vater des heutigen sozialistischen Regierungschefs) angeführt wird. Doch ist es das Ziel der Briten (in Übereinstimmung mit dem Abkommen von Moskau), den von den Kommunisten angeführten antifaschistischen Widerstand restlos zu zerstören. Churchill qualifiziert die ELAS vor dem britischen Parlament als eine „Gangsterbande". In seinen Anweisungen an den General Scobie, dem Befehlshaber der britischen Truppen, besteht Churchill darauf, dieser solle unnachgiebig sein und „wie in einer eroberten Stadt, wo es zu einem lokalen Aufstand kommt", vorgehen. Zwischen Dezember 1944 und Februar 1945 kommt es zu einem merkwürdigen Krieg zwischen der griechischen ELAS und britischen Truppen. Im Februar 1945 wird der Waffenstillstand von Varkitsa geschlossen, den später ein Teil der griechischen Kommunisten als Verrat betrachtet. 1946 beginnt ein neuer allgemeiner Bürgerkrieg, in dem die mit amerikanischer Hilfe neuaufgestellte griechische Armee im Winter 1949/50 über die Kommunisten zu siegen vermag.

Es dreht sich hier nicht darum, die Irrtümer oder die Geschicklichkeit der griechischen Kommunisten zu analysieren. Was wir versuchen wollen, ist, den Charakter der Aufteilung in Einflußzonen und in diesem Fall konkret die Rolle Stalins zu beleuchten. Es handelt sich ja nicht einfach um fehlende Solidarität mit den griechischen Kommunisten und Antifaschisten: Stalin wandte vielmehr in der Praxis das Übereinkommen mit Churchill an. Er wurde in moralischer und politischer Hinsicht zum Komplizen bei der Niederschlagung der griechischen Kommunisten. Eden berichtet sogar, wie sich Churchill während eines Waffenstillstandes in Athen im Dezember mit Vertretern der EAM-ELAS trifft und an diesem Treffen neben den britischen und amerikanischen Offizieren auch Oberst Popow teilnimmt, der Leiter der sowjetischen Militärmission in Athen, der vorher seine Vorgesetzten wegen seiner Teilnahme konsultieren mußte. Und der britische Außenminister schildert, wie sich „die Delegierten der ELAS an einem Ende des Tisches niederließen und ihnen gegenüber die Vertreter unserer Alliierten, unter denen die Uniform des Oberst Popow hervorstach".[3]

Churchill war sich seines Rechts voll bewußt, in Griechenland nach eigenem Gutdünken zu handeln. In einer Botschaft an Eden vom 7. November 1944 schreibt er: „Angesichts des Preises, den wir Rußland bezahlten, um in Griechenland freie Hand zu haben", dürfe kein Zweifel darüber bestehen, daß man britische Truppen gegen den Widerstand einsetzt.[4]

Stalin argumentierte ganz ähnlich, was den Grad der Gemeinsamkeit deutlich macht, den es in dieser Zeit zwischen den Führern der Großmächte hinsichtlich der Aufteilung ihrer Einflußzonen gab. In einem Brief an Churchill und Truman vom 24. April 1945, in dem er das Recht der UdSSR darlegt, die Regierung Polens zu bestimmen, schrieb Stalin: „Ich weiß nicht, ob in Griechenland eine wirklich repräsentative Regierung gebildet wurde und ob die Regierung von Belgien wirklich demokratisch ist... Die sowjetische Regierung hat nicht die Absicht, sich in diese Angelegenheiten einzumischen, denn sie versteht die Bedeutung, die Belgien und Griechenland für die Sicherheit Großbritanniens darstellen..." Und im Fall Italiens hatte Stalin schon früher Großbritannien und den USA seine Unterstützung angeboten, um Badoglio an der Spitze der Regierung zu halten. „Ich dachte", schreibt er in einer Botschaft an Churchill vom 11. Juni 1944, „ohne die Zustimmung der britischen und amerikanischen Alliierten könnte Badoglio nicht ausgewechselt und Bonomi ernannt werden... Auf jeden Fall, wenn es die Umstände Ihnen und den Amerikanern ratsam erscheinen lassen, eine andere Regierung zu bilden und nicht eine mit Bonomi, so könnt ihr damit rechnen, daß es von sowjetischer Seite keinen Einwand geben wird."[5]

Das manchmal verwendete Argument, daß sich diese *Aufteilung* ausschließlich auf die erste Zeit nach dem Kriegsende und nicht auf das künftige Schicksal der Länder bezog, ist wenig überzeugend. Schließlich übte ja diese Übergangszeit einen entscheidenden Einfluß auf die Zukunft aus. Man muß nur daran denken, daß genau in dieser Periode die britischen Truppen in Griechenland regelrecht Krieg führten, um die Kräfte des antifaschistischen Widerstandes zu zerschlagen. Und daß die Partisanentruppen in Frankreich, Italien, Belgien usw., die gegen die deutschen Besetzer gekämpft hatten, entwaffnet oder in nationale Armeen integriert wurden, angeführt von reaktionären Offizieren, die die Kontinuität der kapitalistischen Staaten garantierten.

Zur selben Zeit führte auch die UdSSR selbst effektiv einen brutalen Krieg, um die Kräfte des inneren Widerstandes zu zerschlagen, die in Polen der in London ansässigen polnischen Exilregierung treu geblieben waren. In Wirklichkeit handelte es sich bei der Aufteilung der Einflußgebiete um eine historische, langfristig kalkulierte Entscheidung. Für eine kapitalistische Regierung war eine solche Maßnahme normal und logisch: das passierte jedesmal nach einem Krieg. Doch im Fall der UdSSR ist es anders: die Kommunisten und große Teile der Weltbevölkerung waren überzeugt, daß Stalin seine außenpolitischen Entscheidungen an revolutionären Kriterien ausrichten würde, in deren Mittelpunkt die Interessen der Völker und der Sozialismus stünden. Dieser Glaube trug dazu bei, die Abkommen von Jalta und Potsdam – vor allem in den Augen der fortschrittlichen Menschen – mit einer Art Aureole der angeborenen Tugend zu umgeben, und die Hoffnung, die Utopie zu schaffen, daß eine neue Welt im Entstehen sei, in der alles gerecht und auf friedlichem Weg geregelt werde.

Heute sind die Gespräche dieser Konferenzen bekannt und auch die Briefe, die die *großen Drei* wechselten. Die Haltung, die Option von Stalin enthüllt mit großer Deutlichkeit: Sein Ziel, für das er mit Hartnäckigkeit, mit Intelligenz und mit einem diplomatischen Geschick, das selbst seinen Gegnern Bewunderung abnötigte, kämpfte, war ein nationales russisches Ziel: die Ausdehnung des Staatsgebietes der UdSSR auf Europa und den Fernen Osten (als konkrete Rückeroberung jener Territorien, die das zaristische Rußland durch die Niederlage im Krieg mit Japan 1905 verloren hatte), die Beseitigung der deutschen Gefahr und die Schaffung eines Systems von Satellitenstaaten vor den Grenzen der Sowjetunion. Deshalb wurde Polen zum Zankapfel unter den Alliierten. Aus offenkundigen historischen und sozialen Gründen (starke bäuerliche Bevölkerung, Verankerung der katholischen Kirche im nationalen Leben, althergebrachter Haß gegen den russischen Unterdrücker usw.) war die politische und ideologische Basis der in London im Exil befindlichen Regierung Mikolajczyk in der polnischen Bevölkerung viel größer als die der sogenannten Regierung von Lublin, die von den Sowjets auf Grundlage der neu ins Leben gerufenen Kommunistischen Partei – mit der neuen Bezeichnung „Polnische Arbeiterpartei“ – geschaffen worden war. Trotzdem konnte Stalin seine Option durchsetzen. Gleichzeitig wurden die von Churchill festgelegten (vorhin erwähnten) Einfluß-Prozentsätze am Balkan zum Nachteil der Briten abgeändert. Die Präsenz der sowjetischen Armee als direkter militärischer Faktor, aber auch die daraus resultierende politische Wirkung erlaubten es Stalin, die totale Vorherrschaft auszuüben und die sogenannten *Volksdemokratien* ins Leben zu rufen, die später als *Formen* der *Diktatur des Proletariats* definiert wurden.

Der einzige Fall, wo ein Land der *Zonenaufteilung* entkam, ist Jugoslawien. Einerseits glaubte Großbritannien, Tito würde der in London ansässigen Exilregierung eine bedeutendere Rolle zugestehen, andererseits glaubte Stalin, die kommunistische Macht würde es ihm erlauben, das Land zu beherrschen. Doch die jugoslawische Bevölkerung hatte sich – zum Unterschied von anderen Ländern – aus eigener Kraft befreit. Der neue Staat ging aus diesem Befreiungskampf hervor. Diese Tatsache schuf die objektive Grundlage für die Position der Unabhängigkeit, die Jugoslawien nach dramatischen Auseinandersetzungen einnehmen konnte. Auf jeden Fall lag es 1944/45 in der Politik von Stalin, Großbritannien und den USA in den am meisten industrialisierten Gegenden Europas und in den Ländern mit der zahlenmäßig stärksten Arbeiterschaft freie Hand zu lassen. Zweifellos war dabei die Verteilung der alliierten Streitkräfte in Europa eine objektive Gegebenheit.

Wie wir schon gesehen haben, besaßen die kommunistischen Parteien Italiens, Frankreichs, Belgiens usw. weder politisch noch militärisch genügend Stärke, um an die Macht zu kommen. Andererseits war Churchill bereit, nötigenfalls sogar die besiegten deutschen Truppen einzusetzen, um eventuelle kommunistische Aufstände in Westeuropa niederzuschlagen. Doch aus dieser Annahme spricht kein wirkliches historisches Problem. Die europäische Linke lebte in dieser Zeit mit einem deformierten ideologischen Blickwinkel: sie glaubte, die Sowjetunion als sozialistisches Land könnte beim Sieg eine grundlegende Rolle spielen, um dann den globalen revolutionären Prozeß voranzutreiben.

Von diesen Prämissen ausgehend, machte sich ein Gefühl der Frustration breit: Wie konnte es – mit der Sowjetunion auf der einen Seite und einer starken kommunistischen und sozialistischen Bewegung im Westen – in den letzten vier Jahrzehnten zur Vorherrschaft der kapitalistischen Großmacht USA in Europa kommen? Doch wenn man so argumentiert, geht man von falschen Voraussetzungen aus. Stellen wir uns einmal eine andere geschichtliche Entwicklung als die tatsächliche vor: Wenn zum Beispiel die Sowjetunion die politische Unterstützung für alle sich befreienden Völker voll durchgezogen, wenn sie das Recht jedes Volkes auf Selbstbestimmung effektiv angewendet und wenn sie im weltweiten Rahmen eine Außenpolitik durchgeführt hätte, die auf den Grundlagen der sozialistischen Prinzipien, der Solidarität mit den revolutionären und fortschrittlichen Kräften beruht, so fällt es sehr schwer, sich auszumalen, inwieweit der historische Rahmen der Nachkriegszeit ein anderer gewesen wäre. Die Tendenz zur Linken hin war auf der ganzen Welt ungemein stark. Die britische Labour Party erlebte im August 1945, noch vor Ende des Krieges gegen Japan und ungeachtet des großen Prestiges von Churchill, einen überwältigenden Wahlsieg. Selbst in den Vereinigten Staaten waren zur Zeit Roosevelts fortschrittliche Strömungen einflußreich. Dennoch griff man auf beiden Seiten zu einer ziemlich rigorosen Politik der Aufteilung in Einflußsphären.

Einer der demonstrativsten Fälle ist vielleicht der spanische. In Spanien hatte die Bevölkerung eine unvergleichliche antifaschistische Kampfbereitschaft bewiesen. Ihr Kampf hatte das Gewissen der gesamten demokratischen Welt erschüttert. Der Diktator Franco wurde mit der Hilfe und der direkten militärischen Intervention von Hitler und Mussolini eingesetzt. Mehr noch, Franco erklärte sich sogar als kriegsführende Partei an der Seite Hitlers im Krieg gegen die UdSSR und entsandte die berühmte Blaue Division an die russische Front. Es ist wohl klar, daß die UdSSR in diesem Fall genügend Argumente gehabt hätte, um Franco als einen der Kriegsverlierer zu behandeln. Dennoch spielte Stalin seine Trümpfe nicht aus, abgesehen von in erster Linie propagandistischen Aktionen in den Vereinten Nationen. Er respektierte, daß es Großbritannien und den USA zustand, den Fall Spanien zu entscheiden – zweifellos im Austausch gegen Zugeständnisse in Bereichen, die ihn mehr interessierten: in Polen und in anderen osteuropäischen Ländern, wo die revolutionären Kräfte, Kommunisten und andere, höchst spärlich waren.

Der neue sowjetische Staat

Die Außenpolitik der Sowjetunion reflektierte zwangsläufig einige Realitäten, einige Veränderungen, die sich im Charakter des sowjetischen Staates ergeben hatten. Der Krieg gegen Hitlerdeutschland hatte die ganze Bevölkerung mobilisiert, auf die Beine gebracht. Seitens der Invasoren war es ein Vernichtungsfeldzug, um die Russen und die Slawen im allgemeinen, die als minderwertige Rasse betrachtet wurden, zu unterjochen. Das „Große Vaterland" Sowjetunion wurde wirklich diesem Beinamen gerecht: es wurde ein Krieg des ganzen Vaterlandes, erstens, um sich selbst zu retten, und zweitens, um die deutschen Eindringlinge zu besiegen.

Es kam zu tiefgreifenden Änderungen in den Symbolen der herrschenden Ideologie. In einem Krieg lebt man ja in einem ganz besonderen geistigen und gefühlsmäßigen Klima: der Tod ist allgegenwärtig, überall Leiden, Schmerz und die Hoffnung auf eine bessere Zukunft. Der Geist der Opferung, der Hingabe, das Heldentum, die Selbstaufgabe im Dienste einer Sache erreichen einzigartige Höhepunkte. Der Krieg wurde in der UdSSR im Namen des Vaterlandes, im Namen Rußlands gelebt und gekämpft. Die Auszeichnungen für die besten Soldaten erhielten die Namen von Kutusow und Suworow, beide Generale des Zarenheeres aus dem 18. und 19. Jahrhundert. Am 1. Jänner 1944 wird die *Internationale* als Nationalhymne der UdSSR abgeschafft und durch eine Hymne mit zwei Leitthemen ersetzt: die Größe der Sowjetunion und die Bewunderung für Stalin. Als im September 1945 Japan kapituliert, ist der Grundtenor einer Rede Stalins, in der er das Kriegsende begrüßt, bezeichnenderweise die Erinnerung an den Krieg von 1905: „Wir Russen", so Stalin, „haben vierzig Jahre auf diesen Augenblick gewartet."

Der deutlichste Hinweis auf diese neue Einstellung ist dem theoretischen Organ der KPdSU, der Zeitschrift *Bolschewik*, zu entnehmen, die ab 1944, als die sowjetischen Streitkräfte in neue Gebiete vorstoßen, eine systematische Kampagne der Revision und Kritik an der früheren Haltung gegenüber dem Ausland durchführt. Man will jeglichen westlichen Einfluß verneinen oder minimieren. Alles Russische wird hervorgehoben. Das große russische Denken hat in der Philosophie, in der Wirtschaft, in der Politik usw. eine weltweite historische Bedeutung, so wird behauptet. Der russische Nationalismus wird in zweifachem Sinn zur herrschenden Ideologie der sowjetischen Gesellschaft: einmal die Überlegenheit des Russischen über das Ausländische, und dann – eine entscheidende Frage in einem Vielvölkerstaat wie dem sowjetischen – die Rolle des russischen Volkes als einigendes Element und als Avantgarde aller Nationalitäten der UdSSR.

Die Erfordernisse des Krieges, die Notwendigkeit einer einheitlichen zentralen Kommandostelle akzentuierten diese Tendenzen zu einem absoluten, durch Stalin verkörperten Autoritarismus. Dieser hatte durch die Repression der dreißiger Jahre bereits alles vernichtet, was vom Wesen der bolschewistischen Partei übriggeblieben war. So konnte sich der stalinistische Nationalismus ohne große Schwierigkeiten durchsetzen.

Nach Kriegsende sah sich die UdSSR mit unvorstellbaren wirtschaftlichen Schwierigkeiten konfrontiert. Die deutschen Besatzungstruppen hatten in den Städten und am Land schreckliche Zerstörungen hinterlassen. Es mangelte praktisch an allem. Der sowjetische Staat ging an diese Aufgaben heran, indem er die militärischen

Methoden aufs äußerste verlängerte: mit starker Hand und Disziplin, mit dem unbestrittenen System der zentralen Leitung sowohl auf höchster Ebene als auch auf allen weiteren Stufen. Die Repressionsmaßnahmen gegen eventuelle Feinde erreichten ungeheure Ausmaße. Der NKWD (die politische Sicherheitspolizei) wurde erweitert und verstärkt: er wurde zum wichtigsten Mittel der Durchführung der Politik Stalins. Millionen von Verurteilten wurden in Verbannungslager gepfercht. Die sowjetischen Gefangenen, denen es gelungen war, sich aus der Hölle des Nationalsozialismus zu retten, wurden als Verdächtige betrachtet und zu einem großen Teil neuerlich eingesperrt. Unter der Bevölkerung breitete sich Angst aus.

Gleichzeitig verbreitete die Leitung von Staat und Partei über Kino, Theater und Literatur rosafarbene Bilder eines triumphierenden Volkes, das in Harmonie den Kommunismus aufbaut. Nur spärlich sickerten Nachrichten über die Wirklichkeit unter dem stalinistischen Regime ins Ausland durch. Das Ansehen der UdSSR und Stalins als Besieger Hitlerdeutschlands und Retter der Menschheit hatte seinen Höhepunkt erreicht.

In diesen Jahren vollzog sich in einem vielschichtigen und je nach Land unterschiedlichen Prozeß die soziale und politische Umgestaltung der von der sowjetischen Armee befreiten Länder, also die Verwirklichung dessen, was die offizielle kommunistische Propaganda zuerst als antifaschistische Volksrevolution und später als sozialistische Revolution bezeichnete. Es steht wohl außer Frage, daß die militärische Präsenz der Sowjetunion bei dieser Umgestaltung den entscheidenden Faktor darstellte. Mit Ausnahme der Tschechoslowakei handelte es sich um Länder mit nur wenig Industrie und einer zahlenmäßig kleinen Arbeiterklasse, dafür aber einer starken bäuerlichen Bevölkerung mit einer vorherrschend konservativen und religiösen Vorstellungswelt und ohne eine bedeutende Tradition von – sozialistischen oder kommunistischen – Arbeiterorganisationen. Es wäre jedoch absurd, die Umgestaltung als eine Operation aufzufassen, die mechanisch durch Befehle von außen durchgeführt wurde. Die erste Etappe bestand in der Übergabe der Macht an breite Bündnisse von Arbeiterparteien und bürgerlich-demokratischen Parteien (selbst im Rahmen einer Monarchie, wie im Fall von Rumänien). Von diesem Ausgangspunkt aus forcierte man die Ausschaltung jener Politiker, die mit der kapitalistischen Vergangenheit und der Großgrundbesitzertradition verbunden waren, und förderte – wenn nötig, auch mit Druck – den Zusammenschluß von Sozialisten und Kommunisten und die Schaffung einer einheitlichen marxistischen Arbeiterpartei, die zur Achse des neuen politischen Systems wurde. Es ist offensichtlich, daß dieser Prozeß am Anfang das Einverständnis breiter Bevölkerungsteile am Land und in den Städten erforderte. Die Agrarreform war eine uralte Forderung. Die Entprivatisierung der kapitalistischen Unternehmen setzte den offenkundigen sozialen Ungerechtigkeiten ein Ende. Die Arbeiter bekamen das Gefühl, nun eine Regierung zu haben, in der es mehr Gleichheit gab und bessere Möglichkeiten zum Studieren und zum Erreichen höherer Posten in der Gesellschaft. Diese Änderungen wurden von den revolutionären Kräften des Westens mit Sympathie begrüßt: dort, wo die sowjetische Armee hingekommen war, wurden die Faschisten, die Hitler geholfen hatten, bestraft, die Kapitalisten ausgeschaltet, die Parteien regierten, und für die Armen herrschte mehr Gerechtigkeit. In diesem Sinn präsentierte sich die Überlegenheit der *Volksdemokratien* (Polen, Tschechoslowakei, Ungarn, Rumänien, Bulgarien, Albanien, Jugoslawien) über die Demokratien des Westens, wo selbst unter fortschrittlichen Regierungen die kapitalistische Struktur unangetastet blieb und sogar gefestigt wurde.

Sehr bald entspann sich in der kommunistischen Bewegung eine theoretische Polemik über den Charakter der *Volksdemokratien*. Zuerst waren die Sowjets selbst daran interessiert hervorzuheben, daß es sich um einen neuen Weg zum Sozialismus handelt, verschieden von dem in der UdSSR eingeschlagenen. Dieser Weg mache es möglich, einen breiteren Fächer von Bewegungen mit verschiedenen ideologischen Wurzeln anzuziehen. In der Theorie sprach man sogar vom Parteienpluralismus als einem Wesensmerkmal dieses neuen Systems. Doch als innerhalb dieses Regimes die ersten oppositionellen Strömungen gegen die sowjetische Vorherrschaft auftauchten, entwarf die KPdSU eine neue Theorie: die Volksdemokratien seien nur eine *andere Form* der Diktatur des Proletariats. Diese Diktatur wäre unerläßlich: ein Verzicht auf sie hätte einen Verzicht auf die sozialistische Sache, auf den Marxismus bedeutet. Das war der Prüfstein. Selbst Georgi Dimitroff, diese historische Figur des Antifaschismus, Generalsekretär der Kommunistischen Internationale und Vorsitzender der bulgarischen Regierung und Partei, mußte in dieser Angelegenheit Selbstkritik üben.

Doch die Änderung der theoretischen Definition war nur die Fassade: es ging darum, eine Entwicklung zu rechtfertigen, mittels der die Kommunisten sich in immer ausschließlicherer Form aller Schaltstellen der politischen Gewalt bemächtigten. Bei den ersten Wahlen in den Jahren 1945 und 1946 erhielten die Kommunisten relativ bescheidene Prozentsätze der Stimmen – in Ungarn zum Beispiel waren es 15 Prozent. Die Ausnahme bildete die Tschechoslowakei mit 38 Prozent, was den Kommunisten ermöglichte, in demokratischer Form eine antifaschistische Koalitionsregierung anzuführen. Dennoch wandten die Kommunisten repressive (Festnahmen) und juridische (Prozesse, Verurteilungen) Methoden an, um allmählich jene Parteien zu zerschlagen, die nicht die politische Orientierung der UdSSR teilten. Diese Politik wurde ihnen durch die Leitung des staatlichen Unterdrückungsapparats und in enger Zusammenarbeit mit der Sowjetunion ermöglicht. Dieselben Methoden dienten auch dazu, künstliche Zusammenschlüsse von Kommunisten und Sozialisten herbeizuführen, wobei die politischen Führer, die sich dieser Entwicklung entgegenstellten, ausgeschaltet wurden. Und sie wurde auch angewandt, um in den Gewerkschaften und den (vom sowjetischen Modell kopierten) Jugend- und Frauenorganisationen gefällige Leitungen einzusetzen – und um neue Armeen aufzubauen, die, angefangen von der Ausbildung der Offiziere, in verschiedenster Hinsicht mit dem sowjetischen Militär verbunden waren.

Das Weiterbestehen eines Parteienpluralismus – der in der Mehrzahl dieser Länder aufrechterhalten wird – hat sich in eine völlig künstliche Konstruktion verwandelt. Selbst in formeller Hinsicht anerkennen diese Parteien in ihren Statuten die Führungsrolle der kommunistischen Partei. Es ist unseriös, diese Situation als politischen Pluralismus zu präsentieren. Das Wahlsystem, das Parlament, der ganze demokratische Mechanismus wurden zu einer künstlichen Hülle umgewandelt. Dieser Prozeß gestaltete sich besonders schwierig in Polen, wo die Sowjets einen regelrechten Krieg gegen nationalistische, antikommunistische Partisanenverbände führen mußten. Um die mit Großbritannien und den Vereinigten Staaten eingegangenen Verpflichtungen zu erfüllen, stimmte die UdSSR schließlich der Bildung einer Regierung mit Politikern des Londoner Exilkabinetts zu. Doch letzten Endes setzte sich die militärische Präsenz der Sowjetunion gegen allen Widerstand der Bevölkerung durch. Alle diese Veränderungen wurden der kommunistischen Weltöffentlichkeit – und breiten Sektoren der Linken – als Fortschritte des Sozialismus präsentiert: die bürgerlichen Sektoren der *volksdemokratischen* Länder brachen in sich zusammen, während die Arbeiterklasse immer mehr die Vorherrschaft errang. Diese Erklärung ist zwar gültig, da sie zu einem Großteil der Wahrheit entsprach, doch sie verschwieg den entscheidenden Aspekt beim Entstehen eines *ungleichen Systems* zwischen den Staaten: jenen der wirtschaftlichen, militärischen, politischen und selbst kulturellen Vorherrschaft der UdSSR, des großen Landes, über die anderen, und die Tatsache, daß die sozialen Veränderungen, wenn sie auch noch so fortschrittlich waren, in einer gewissen Weise von Anfang an verfälscht waren, da sie im wesentlichen nur dazu dienten, der sowjetischen Hegemonie die Tür zu öffnen. Sie waren keine Bestandteile einer eigentlichen Revolution – im großen und ganzen waren sie Abkömmlinge einer exportierten Revolution.

Wir haben bereits gesehen, wie Stalin in der letzten Phase des Krieges als Führer der Großmacht Rußland, als Vorkämpfer des russischen Nationalismus agierte. Unter diesem Vorzeichen verletzte er ganz konkret einige grundlegende Prinzipien des sozialistischen

Ideals: einerseits, wie wir soeben gesehen haben, durch den *Export* der Revolution, obwohl dieser von den marxistischen Theoretikern so oft als konträr zu den eigentlichen Zielen des Sozialismus verworfen wurde; andererseits – unter Ausnutzung des militärischen Sieges – durch die *Einverleibung* ausländischer Territorien (Deutschland, Japan, Ostpreußen und die Kurilen) in das Staatsgebiet der UdSSR. Es war Stalin sicher bewußt, in welchem Ausmaß seine neue Haltung Prinzipien widersprach, die er selbst stets unterstützt hatte. In einer bewegten Diskussion erinnerte Churchill Stalin einmal daran, daß die *Sowjets* 1917 „einen Frieden ohne Annexionen" verteidigt hatten, woraufhin der russische Führer antwortete: „Ich habe Ihnen schon gesagt, daß ich mich zu einem Konservativen entwickle."[6]

In seiner Beschreibung über das Vertrauensverhältnis, das sich zwischen Stalin und Churchill herausgebildet hatte, und im Konkreten über einen gemütlichen Abend im Hause des ersteren (während der Verhandlungen in Moskau im Oktober 1944), der sich bis vier Uhr früh hinzog, berichtete Anthony Eden: „Wenigstens in diesem Augenblick war Stalin mehr ein Nationalist als ein Kommunist. Diesen Eindruck vermittelt auch das gegenwärtige Verschwinden der Portraits von Marx und Engels aus den Gebäuden des Kreml und ihre Ersetzung durch Bilder von Kutusow und Suworow."[7]

Bis zu welchem Grad konnte Stalin glauben, daß die militärische und geographische Expansion Rußlands *die Form* war, in der der Kommunismus sich in diesem besonderen Abschnitt der Geschichte in einem Teil der Welt ausdehnen konnte? Wenn man seinen Lebenslauf betrachtet, seine Jugend, all das, was er für die UdSSR verwirklicht hatte, ist man versucht, eine positive Antwort zu geben. Das Problem ist jedoch, *welche* Bedeutung für Stalin der Begriff *Kommunismus* erlangt hatte. In einem Interview mit dem Journalisten Alexander Werth von der *Sunday Times* im September 1946 sagte Stalin, daß der Kommunismus auch in einem einzigen Land möglich sei, „vor allem in einem Land wie der Sowjetunion" – eine überraschende Feststellung, denn im klassischen marxistischen Sprachgebrauch hat Kommunismus eine ganz spezifische Bedeutung: er ist das letzte Ziel der sozialen Befreiung der Menschen; ein System, in dem jeder Mensch von der Gesellschaft gemäß *seinen Notwendigkeiten* empfängt, und vor allem eine Gesellschaft *ohne Staat*. Wie könnte nun der Staat – in einer Welt voller Staaten – in einem einzigen Land verschwinden? Stalin kannte diese Definitionen gut genug, um sie nicht fahrlässig zu verwenden. Am wahrscheinlichsten ist, daß als Folge der Vergötterung des militärischen Triumphes und des in ihm ständig verwurzelten Nationalismus – der bei verschiedenen Gelegenheiten zu Auseinandersetzungen mit Lenin geführt hatte und der nun mit unerhörter Gewalt hervorbrach – Stalin das Ideal des Kommunismus im marxistischen Sinn des Wortes aufgegeben hatte. Sein Interesse lag darin, die Regierungsmacht, die er in der UdSSR geschaffen hatte, zu stärken und zu verbessern und die russische Vorherrschaft wo immer nur möglich auszudehnen. Deshalb auch die Installierung ganz ähnlicher Regimes in den Nachbarländern, wo die sowjetische Armee präsent war: eine Partei mit dem absoluten Machtmonopol und innerhalb dieser Partei eine in einem engen Kreis (Sekretariat) oder im obersten Führer konzentrierte Entscheidungsgewalt; Verstaatlichung der Wirtschaft; abhängige Gewerkschaften, deren Tätigkeit darauf beschränkt ist, Proteste oder Beschwerden von geringem Gewicht zu kanalisieren; ein Polizeiapparat mit großer Machtbefugnis; die Identifizierung von Unzufriedenheit mit der Arbeit des Klassenfeindes; die Unterwerfung der kulturellen und politischen Arbeit unter die Orientierung und die Anweisungen der Partei.

Die Verwendung der marxistischen Kategorien, des kommunistischen Ideals wird nun immer häufiger und in einem zunehmend propagandistischen Sinn dazu verwendet, den Einflußbereich in der kapitalistischen Welt aufrechtzuerhalten und die eigene Macht als eine Art unmittelbarer historischer Notwendigkeit zu legitimieren. So entsteht ein ideologisches System der *doppelten Wahrheit* – eine tatsächlich bestehende und eine vorgegebene. Diese Entwicklung wird durch das Geheimnis erleichtert, das einen großen Teil der sowjetischen Wirklichkeit umgibt und das für die Bewahrung des weltweiten Prestiges der UdSSR entscheidend ist.

Sehr wahrscheinlich besaß Stalin am Anfang dieses Prozesses ein flexibleres Konzept. Bezeichnend dafür ist Finnland, wo er 1940 eine sehr negative Erfahrung machen mußte und dennoch die Entwicklung eines wirklich unabhängigen Weges des demokratischen Pluralismus, unter Beibehaltung eines kapitalistischen Wirtschaftssystems, mit bürgerlichen Parteien an der Macht usw., akzeptierte. Stalin wollte nur – und erreichte auch – einen Freundschaftsvertrag mit Finnland, um zu verhindern, daß sich dieses Land in eine internationale Phalanx antisowjetischer Politik eingliedere. Im Lichte späterer Erfahrungen scheint es, daß Lösungen dieser Art, mit einer stärkeren Widerspiegelung der nationalen politischen Realitäten, für die UdSSR wesentlich nützlicher gewesen wären. Sie hätten vielleicht weniger *Sozialismus* bedeutet, doch mehr Ruhe und weniger Probleme an den eigenen Grenzen. Unter den Faktoren, die auf einen *Export* der Revolution drängten, waren nicht alle sowjetischer Herkunft. Da gab es auch den Wunsch und den Ehrgeiz von Gruppen politischer Führer, die militärische Lage auszunützen, um den Sieg zu erringen und ihre Ideale zu verwirklichen. Der entscheidende Faktor war jedoch die grundlegende, wesentliche Überzeugung des Stalinismus, *alles* im Sinne eines starken Staates zu lösen. Angesichts der unvermeidlichen inneren Schwierigkeiten, angesichts der beginnenden Zuspitzung der internationalen Konflikte war die Antwort des Stalinismus die Stärkung des Staates und seiner Macht- und Zwangsmittel.

Dies führte zu einem militärischen und auch geographischen Vordringen des Sozialismus in der Welt. Doch um welchen Sozialismus handelte es sich? Wie sich später zeigte, war er mehr Schein als Wirklichkeit – auch wenn diese Ausbreitung bei den unterdrückten und ausgebeuteten Massen in der restlichen Welt Sympathien erweckte und einen enormen Einfluß ausübte.

Neue Wege im Westen

Mit dem Ende des Zweiten Weltkrieges beginnt in Westeuropa eine neue historische Epoche. Ein entscheidendes Merkmal dafür ist der beeindruckende Fortschritt bei der Eroberung der Natur durch den Menschen. Es setzt eine wissenschaftliche und technische Revolution ein, deren Ausmaß noch nicht absehbar ist. Dabei handelt es sich zu einem großen Teil um Erfindungen, die durch die Erfordernisse des Krieges hervorgerufen wurden. Als Folge davon tauchen das Radar auf, das Überschallflugzeug, Elektronik und Informatik, das Fernsehen. Die Produktionsmittel erfahren einen ungeheuren Aufschwung. Natürlich handelt es sich dabei nicht um ein rein europäisches Phänomen – vor allem die Rolle der USA und später Japans ist entscheidend. Doch es berührt zutiefst die Entwicklung in Europa und widerspricht in gewisser Hinsicht den Erwartungen der revolutionären Kräfte: der wissenschaftliche Fortschritt entwickelt sich am meisten in industriell fortgeschrittenen Ländern, wo die kapitalistische Struktur bewahrt worden ist. Die als sozialistisch bezeichneten Länder bleiben in dieser entscheidenden Etappe des menschlichen Fortschritts hintenan.

Die unmittelbare Aufgabe der Länder Westeuropas ist der Wiederaufbau. Die Kriegsschäden sind gewaltig – auch wenn sie zweifellos in Polen und der UdSSR noch schwerer waren. Das Wirtschaftsleben ist teilweise gelähmt, es mangelt an vielem.

In dieser Situation entstehen in der Regel Regierungen mit einem breiten Bündnis aller Parteien, die am Kampf gegen den Nationalsozialismus teilgenommen haben, auch unter Beteiligung der kommunistischen Parteien. Dies ist eine in der Geschichte noch nie dagewesene Tatsache (mit Ausnahme der spanischen republikanischen Regierung von 1936 bis 1939). Die kommunistische Regierungsbeteiligung erfolgt in zehn westeuropäischen Ländern: in Italien und Frankreich (die beiden Länder, die am meisten Interesse erregen),

Belgien, Holland, Luxemburg, Finnland, Dänemark, Island, Österreich und Griechenland (nur eine kurze Zeitspanne vor Ausbruch des vorhin erwähnten Bürgerkriegs). Und ebenso außerhalb Europas: kurzzeitig im Iran, in Kuba, Chile und Ecuador. Diese Beteiligung spiegelt die hervorragende Rolle wider, die die Kommunisten im Widerstand spielten - doch ist sie auch Ausdruck eines gewissen Linksschwenks der gesamten politischen Situation in Europa.

Das Wachsen der kommunistischen Parteien erfährt zu dieser Zeit seinen Höhepunkt. Gemäß dem sowjetischen Historiker B. M. Leibson zählten die kommunistischen Parteien in den kapitalistischen Ländern 1939 ungefähr 1,750.000 Mitglieder. 1946 waren es an die fünf Millionen. Es gab nur zwei Länder in Europa, in denen die kommunistischen Parteien noch illegal waren: Spanien und Portugal.[8]

Die Kommunistische Partei Frankreichs steigt von 300.000 Mitgliedern vor dem Krieg auf ungefähr eine Million im Jahr 1946 an. Die italienische KP, die im Untergrund in der Zeit des Faschismus etwa 5.000 Mitglieder zählte, erreicht 1946 zwei Millionen. Selbst eine Reihe von traditionell sehr kleinen kommunistischen Parteien - die später wieder auf diesen Stand zurückschrumpfen - umfassen in dieser Zeit eine große Zahl von Parteigängern: in Großbritannien 50.000, in Österreich 150.000, in Dänemark 75.000, in Belgien über 100.000 usw.[9]

Binnen weniger Monate nach Kriegsende werden in verschiedenen Ländern Wahlen abgehalten. Wir wollen uns hier auf die Fälle Italien und Frankreich beschränken, da diese beiden Länder in der Entwicklung der europäischen Linken eine hervorragende Bedeutung einnehmen.

Bei diesen ersten Wahlen nach Kriegsende fällt zuerst auf, daß - mit Ausnahme Frankreichs - sozialistische Parteien an der Spitze liegen. In Italien führt das zu einer tiefen Enttäuschung unter den Kommunisten, deren Rolle im antifaschistischen Kampf ungleich wichtiger und heroischer war. Doch bei den Wahlen, an denen die gesamte Bevölkerung teilnimmt, kommt es zu einer ganz anderen Kräfteverteilung als im Widerstand, der, so breit er auch gewesen sein mag, nur die aktivsten Teile der Bevölkerung umfaßt hatte.

In Italien finden am 2. Juni 1946 gleichzeitig Wahlen zur Verfassunggebenden Versammlung und eine Volksabstimmung über die Frage Monarchie oder Republik statt. Es kommt zu einer massiven Einmischung der Kirche. Das Gewicht der reaktionären konservativen Tradition ist im Süden, wo die Monarchie eine beträchtliche Mehrheit erhält, sehr stark. Im gesamten Land überwiegen jedoch die Anhänger der Republik mit einer Mehrheit von 54 gegen 45 Prozent. Die wichtigsten Parteien erhalten folgende Stimmenanteile: Kommunisten 18,9, Sozialisten 20,7, Christdemokraten 35,2 Prozent.

In den südlichen Regionen des Landes überschreiten jedoch weder Kommunisten noch Sozialisten 9 bis 10 Prozent. Die Liberalen, die Republikaner und eine Gruppierung namens „Uomo Qualunque" – die die antikommunistische Haltung des Faschismus fortsetzt – erreichen an die 5 Prozent.

So entsteht in Italien eine Art Dreiparteiensystem, doch mit einer gewaltigen Vormachtstellung der Christdemokraten. Diese wird von de Gasperi, dem Regierungschef dieser Periode, personifiziert.

In Frankreich verläuft die Entwicklung ziemlich unterschiedlich, vor allem, weil die Résistance in der Person General de Gaulles, der mit keiner bestimmten Partei verbunden ist, einen unbestrittenen Führer hat. Dieser empfindet keine besondere Wertschätzung für den Parlamentarismus und versucht, die Gewalten der Verfassunggebenden Versammlung zu beschneiden. Doch bei den Wahlen zu dieser ersten Nationalversammlung im Herbst 1945 erzielt die Kommunistische Partei mit mehr als fünf Millionen Stimmen und 151 Abgeordneten den ersten Platz. Die Sozialistische Partei erreicht aber – sehr zur Überraschung und Enttäuschung der Kommunisten – ein ähnliches Ergebnis: viereinhalb Millionen Stimmen und 133 Abgeordnete. Zusammen stellen Kommunisten und Sozialisten die Mehrheit dar – ein in der Geschichte Frankreichs einmaliger Fall, denn in der Volksfrontregierung von 1936 waren die Radikalen die bedeutendste Kraft. Ausgehend von dieser Mehrheit der zwei Arbeiterparteien, versuchen die Kommunisten eine Regierung zu bilden und die Probleme des Landes zu lösen. Doch die Sozialisten lehnen ab. Sie wollen nicht die Komparsen eines Prozesses revolutionärer Umwandlungen sein, von dem sie befürchten, daß er den Rahmen des für sie Möglichen verläßt. Diese Einstellung drückt sich in einer unklaren, schwankenden Position aus, was zu einem ständigen Schwund ihrer Wählerschaft führt. Ihre Rolle in der Regierung hingegen wächst.

Die Kommunistische Partei Frankreichs verfolgt in Wirklichkeit eine widersprüchliche Politik: einerseits unternimmt sie größte Anstrengungen, um *Ämter* in der Regierung einzunehmen und um ihre Rolle als *erste Partei* Frankreichs zu bestätigen, andererseits zeigt sie sich im *Inhalt* der von ihr vertretenen Politik sehr gemäßigt und entwickelt sich zu einer *reformistischen* Partei, deren Wirkungsbereich sich auf Themen wie soziale Sicherheit, Erziehung, Verwaltungsreform usw. erstreckt. Doch für General de Gaulle erweist sich nicht nur die Zusammenarbeit mit den Kommunisten als schwierig (schließlich hat er sie ja in die Regierung geholt), sondern vielmehr das ganze parlamentarische System. Im Jänner 1946 legt er sein Amt als Regierungschef zurück und beginnt sogar eine Kampagne gegen „die Regierung der Parteien". In dieser Lage ist der entscheidende Faktor für die Stabilität der neuen – noch nicht voll institutionalisierten – französischen Rechtsordnung das Übereinkommen zwischen der Kommunistischen und der Sozialistischen Partei und der MRP (Christdemokraten) über den Wiederaufbau eines demokratischen und parlamentarischen Staates. Im Oktober 1946 wird die Verfassung der IV. Republik angenommen. Im Jänner des darauffolgenden Jahres wird ein sozialistischer Führer, Vincent Auriol, zum Präsidenten der Republik gewählt. Die Sozialisten führen auch die Regierung an. Die Kommunisten besetzen hohe Ämter in mehreren Ministerien, vor allem in den Bereichen soziale Sicherheit, Arbeit und Transport.

Diese Entwicklung war Ausdruck einer Art radikaler Gabelung innerhalb der europäischen Arbeiterbewegung, wie sie sich am Ende des Krieges darstellte: in den Ländern des Ostens, wo sich die sowjetische Armee befand, übernahmen die kommunistischen Parteien die Macht und realisierten radikale Umwälzungen, wobei sie das sowjetische Modell kopierten; die Sozialisten wurden mehr oder weniger langsam liquidiert oder absorbiert. Im Westen erfolgte das Zusammentreffen von Kommunisten und Sozialisten (ohne bis zur Fusion zu kommen) im Rahmen reformistischer Regierungen des nationalen Wiederaufbaus.

Wenn man verschiedene, von den kommunistischen Parteien des Westens damals erlebte Erfahrungen zusammenfaßt, kann man sagen, daß sie die allgemeine Hoffnung hegten, ihre Vormachtstellung, die sie im antifaschistischen Widerstand erlangt hatten, auf den Kampf gegen den Kapitalismus in der Nachkriegszeit zu übertragen. Nachdem sie die Rückkehr zu einer neuen staatlichen Ordnung mit allgemeinen Wahlen akzeptiert hatten, fanden sie sich jedoch mit einer völlig anderen Situation konfrontiert: einerseits waren ihnen die Sozialisten voraus oder gleich stark, andererseits bestätigte sich nicht die Vorstellung, die die bürgerlichen Klassen vertretenden Parteien würden wegen ihrer breiten Zusammenarbeit mit dem Faschismus praktisch eliminiert. Im Gegenteil – ein neues politisches Phänomen tauchte auf: eine reformistische katholische Kraft, die – in verschiedenen Formen in Italien und Frankreich und später in Deutschland – schnell einen gewaltigen Einfluß gewann. In Wirklichkeit war die Kirche im politischen Bereich stets auf der Rechten angesiedelt gewesen. Ihre Komplizenschaft mit dem Faschismus, besonders jene von Papst Pius XII., war ganz deutlich. In Spanien definierte die katholische Kirche die Erhebung des von Hitler und Mussolini unterstützten Generals Franco gegen die demokratische Rechtsordnung sogar als *Kreuzzug*. Andererseits nahmen im Untergrundkampf gegen Hitlers Besatzungsmacht zahlreiche Gläubige, darunter auch katholische Priester und protestantische Pastoren, an der Seite der Nichtgläubigen einen hervorragenden Platz ein.

Alle anderen aus der Bourgeoisie hervorgehenden Ideologien hatten angesichts des Faschismus eine totale Inaktivität an den Tag gelegt. So entwickelte sich in der Nachkriegszeit, als der Antifaschismus und die Bezeichnung Widerstandskämpfer so etwas wie Mindesterfordernisse waren, ohne die man nicht auf der politischen Szene agieren konnte, eine Konzentration all der verschiedenartigen und gewaltigen Mittel, über die der Kapitalismus verfügt, um im Zeichen des Antifaschismus eine politische Kraft christlicher Inspiration zu schaffen, mit einem reformistischen Programm, um dem Aufschwung des Sozialismus und Kommunismus ein Gegengewicht entgegenzusetzen. Dieses Phänomen hatte in jedem Land verschiedene Merkmale und Folgen: In Italien, wo vor dem Krieg nur eine kleine katholische Bewegung bestanden hatte, schuf de Gasperi die Democrazia Cristiana, wobei er sich teilweise vom deutschen Zentrum der Weimarer Republik inspirieren ließ. Diese Partei wurde zur führenden politischen Kraft der italienischen Republik in den folgenden vier Jahrzehnten. Dieses Beispiel übte später einen großen Einfluß auf andere Länder aus, vor allem auf Deutschland. In Frankreich hingegen war das Mouvement Republicain Populaire (MRP) nur ein vorübergehendes Phänomen, das in dieser Etappe des sozialistischen und kommunistischen Aufschwungs eine entscheidende Rolle spielte. Doch später schuf sich der Kapitalismus andere, weniger an eine Ideologie gebundene politische Instrumente, nachdem er wieder seine Ruhe gefunden hatte.

Die Beziehungen zwischen Sozialisten und Kommunisten hatten damals den Punkt ihrer größten Annäherung erreicht. In der Praxis hatten die Kommunisten die Demokratie als politischen Weg zum Kampf für ihre Ideale bereits akzeptiert, auch wenn sie in der Theorie noch die These von der Diktatur des Proletariats verteidigten. Doch das taten viele Sozialisten ebenfalls. Andererseits wurden Sympathie und Bewunderung für die UdSSR auch von den Sozialisten geteilt. Das heißt, viele der entscheidenden Gründe für den Bruch von 1919 schienen sich verflüchtigt zu haben. In Italien mit seiner jungen Tradition legaler Parteien – nach der langen Periode der Illegalität unter dem Faschismus – fand der Einheitspakt zwischen Sozialisten und Kommunisten eine sehr lebendige und reale Basis in den beiden Parteien, vor allem im Süden (Mezzogiorno), wo das Gewicht der überkommenen Strukturen stärker ist und sich die Linke nur mit großen Schwierigkeiten einen Weg öffnen konnte.

In Frankreich waren die Strukturen von Wahlen und Bürokratie der Parteien durch das jahrelange Funktionieren des Parlamentarismus viel tiefer verwurzelt. Die in einem 1944 gebildeten *Koordinationskomitee* gefestigte Einheit war zu einem großen Teil an die Beziehungen zwischen den Parteispitzen gebunden. Doch innerhalb der unvermeidlichen Unterschiedlichkeiten und der logischen Widersprüche bestand eine ziemlich tiefe Übereinkunft zwischen Sozialisten und Kommunisten über ihre Aufgabe in den Regierungen, die jene Länder verwalteten, die soeben die Hölle des Krieges verlassen hatten.

Diese vor allem auf drei Eckpfeilern – Kommunisten, Sozialisten und Christen – aufgebauten Regierungen der antifaschistischen Einheit verwirklichten in den Jahren 1945 und 1946 vor allem *zwei* Ziele: eine tiefgreifende *Erneuerung der Demokratie* und einige *Strukturreformen* des kapitalistischen Wirtschaftssystems.

Zweifellos die weitreichendste und zukunftsträchtigste politische Veränderung ist die Anerkennung des Stimmrechtes und der politischen Rechte für die Frau – die es vorher nur in vereinzelten Ländern gab. Bis dahin war das sogenannte *allgemeine* Wahlrecht in Wirklichkeit ein Wahlrecht der Männer. Nur die Arbeiterbewegung hatte politische Rechte für die Frau gefordert. Die entscheidende Bedeutung dieser Reform ist, daß sie den Weg für die grundlegende Forderung nach der Befreiung der Frau öffnete, um eine jahrtausendealte, von der Hälfte der Menschheit erlittene Diskriminierung zu beenden, um mit der Herrschaft eines Geschlechtes über das andere aufzuräumen, mit einem System der Ungerechtigkeit und der Diskriminierung, das alle Sphären des menschlichen, familiären, sexuellen, kulturellen, wirtschaftlichen und politischen Lebens berührte. Das Bewußtsein um diese neue Dimension des Kampfes der Menschheit um Freiheit und Gerechtigkeit wurde durch die Einführung des Wahlrechtes für die Frauen außerordentlich erleichtert. Natürlich wurde dadurch das Problem an sich nicht gelöst, doch wurde es zumindest offengelegt. Eine neue Etappe in der Frauenbewegung setzte ein, und in gewisser Hinsicht wurde ein neuer Kontinent in der Geschichte der Menschheit entdeckt.

Die in dieser Periode der Nachkriegszeit ausgearbeiteten Verfassungen verankern im allgemeinen eine beträchtliche Ausweitung der politischen Demokratie. Die Einführung des Verhältniswahlrechtes ist mehr als eine kleine Änderung des Wahlmechanismus: es berührt und verändert direkt den Charakter der Parteien. Es hilft, das System der Lokalgrößen und der Günstlingswirtschaft zu überwinden, und fördert die Tendenz zu den großen Massenparteien und zum politischen Pluralismus. In diesen Verfassungen wird die Vorherrschaft der Wahlkammern über die Exekutivgewalt betont – die Tendenz zum Präsidialsystem kommt erst später. Die Menschenrechte erfahren eine beträchtliche Ausweitung. Eine Neuheit, die das von der Arbeiterbewegung gewonnene Gewicht deutlich unterstreicht, ist, daß den aus der Französischen Revolution hervorgegangenen klassischen politischen Rechten eine Reihe von sozialen Rechten hinzugefügt werden: das Recht auf Arbeit, auf Urlaub, auf den Schutz der Gesundheit, auf einen würdigen Ruhestand, auf Erziehung und Kultur.

Auf diese Weise wird in einem gewissen Sinn die herkömmliche liberale Demokratie überwunden: es geht nicht mehr darum, den Menschen mit seinen individuellen Rechten innerhalb eines kapitalistischen Wirtschaftssystems, das ihn eben durch die Gesetze des freien Marktes versklavt, allein zu lassen. Man beginnt, die Existenz menschlicher Gemeinschaften, großer Parteien, großer Gewerkschaften anzuerkennen und zu stärken und die Möglichkeit zu erfassen, daß sie den Staat beeinflussen und den Arbeitern ein bestimmtes Niveau zur Befriedigung ihrer Lebensinteressen garantieren können – natürlich im Rahmen der kapitalistischen Marktgesetze, doch in einer gewissen Weise die Auswirkungen dieser Gesetze verringernd und die ihnen wesenseigene Unmenschlichkeit und Blindheit regulierend.

Was die Strukturreformen im ökonomischen Bereich betrifft, so berühren sie vor allem zwei Gebiete: die Nationalisierungen und die staatliche Intervention in der Verteilung des Nationaleinkommens, vor allem, um bestimmte Zonen des sozialen Konsums zu fördern und zu erhöhen. In dieser Zeit herrscht in der Linken eine wahrhafte Begeisterung für Verstaatlichungen.

So wird zum Beispiel im Programm des „Französischen Komitees zur Nationalen Befreiung" in Frankreich dieses Thema folgendermaßen beschrieben: „Einführung einer echten ökonomischen und sozialen Demokratie, was bedeutet, den großen Finanz- und Wirtschaftsmonopolen die Leitung der Wirtschaft zu entreißen. Rückkehr zu einer Nation der großen monopolisierten Produktionsmittel als Frucht der gemeinsamen Arbeit, ebenso der Energiequellen, der Bodenschätze, der Versicherungen und der großen Banken."[10]

In Großbritannien zog die Labour Party ein ziemlich umfangreiches Programm von Verstaatlichungen durch, in Italien waren es die Regierungen der antifaschistischen Einheit. Die Verstaatlichungen waren also in dieser Zeit nicht ein ausschließliches Projekt der Kommunisten, auch wenn es stimmt, daß diese große Anstrengungen unternahmen, um sie in einem möglichst breiten Rahmen in die Praxis umzusetzen. Diese Maßnahmen fanden in der Bevölkerung aus verschiedenen Gründen Anklang: einerseits der verständliche Wunsch, die Großkapitalisten, die mit dem Nationalsozialismus zusammengearbeitet hatten, zu bestrafen, und andererseits eine – auf dem Fortschritt der marxistischen Ideen beruhende – zunehmende Tendenz, den früher geheiligten Begriff des Privateigentums zu relativieren, sowie der Einfluß der Theorien des britischen Ökonomen John Maynard Keynes, der die Notwendigkeit einer aktiven Intervention des Staates in die Wirtschaft nachgewiesen hatte, um angesichts der Krise und der Depression der zwanziger Jahre die Nachfrage zu steigern. Sowohl Roosevelts *New Deal* als auch der in Großbritannien von der Labour Party zur Sicherung der Vollbeschäftigung lancierte *Beveridge-Plan* genossen damals die Sympathie der nichtkommunistischen Linken. Was die Kommunisten betraf, so sahen sie in der Verstaatlichung vor allem eine Form zur Schwächung des Kapitalismus und zur Schaffung von planwirtschaftlichen Sektoren. Das bedeutete eine Annäherung an das sowjetische System, das die ganze wirtschaftliche Entwicklung auf der Anwendung von Fünfjahresplänen aufbaute. In den drei genannten Ländern und in einigen anderen westeuropäischen Staaten erreichten die Verstaatlichungen ein beträchtliches Ausmaß, vor allem in den Bereichen Bergbau, Elektrizität, Transport, bei einigen großen Unternehmen der Metallbranche und einem Teil des Bankwesens – mit nicht geringen Unterschieden zwischen den einzelnen Ländern. So entstand ein System privat-staatlich-gemischter kapitalistischer Wirtschaft, das bei der Linken außerordentliche Hoffnungen auf die Möglichkeit einer relativ leichten Entwicklung zu größerer sozialer Gerechtigkeit, zum Sozialismus entstehen ließ.

Parallel dazu konnte die Arbeiterschaft das System der Sozialversicherung wesentlich verbessern. Gleichzeitig verringerten neue Gesetze im Bereich der Erziehung die Klassenschranken in der Bildung, machte diese der Allgemeinheit zugänglich und gestattete selbst den Kindern der Arbeiterklasse den Zugang zum Universitätsstudium – auch wenn noch in einem skandalös geringen Ausmaß. Bei diesen Errungenschaften spielten die sozialistischen und kommunistischen Parteien und Gewerkschaften eine große Rolle. In Frankreich war es ein kommunistischer Minister, Ambroise Croizat, der einen umfassenden Plan zur sozialen Sicherheit ausarbeitete und dafür auch die Zustimmung im Parlament fand. Dieser Plan sah fortschrittliche Maßnahmen zum Schutz der Kinder und Jugendlichen und in den Bereichen Gesundheitsversorgung, Ruhestand, Arbeitsunfälle, Urlaub usw. vor und führte eine demokratische Struktur mit Wahlen ein, wodurch die in den Genuß der Sozialversicherung kommenden Arbeiter selbst einen beträchtlichen Einfluß auf die Verwaltung der Mittel und auf die Form, wie sie verwendet und angelegt werden, erhielten. Diese neuen Sozialsysteme haben die europäischen Arbeiter zweifellos in eine relativ neue Situation in für die Menschheit so entscheidenden Fragen wie Erziehung, Gesundheit, Wohnung und Ruhestand gebracht. Die aus dem Kapitalismus und dem Privateigentum entspringende radikale soziale Ungleichheit verschwand zwar nicht, wurde aber durch die nach dem Zweiten Weltkrieg eingeführten fortschrittlichen Gesetzgebungen wesentlich gemildert.

Andererseits änderte sich das Wesen des Staates selbst beträchtlich, was allerdings bereits etwas früher begonnen hatte. Die Definition des Staates als „Zwangsinstrument im Dienste einer Klasse" – wie sie Lenin in einigen seiner Werke vorlegt – erlaubt nicht, die Wirklichkeit zu verstehen, vor allem nicht unter den weiter oben beschriebenen neuen Bedingungen. Zweifellos *ist* der Staat ein Zwangsmittel, doch ist er gleichzeitig noch viel mehr. Die Anzahl seiner Bediensteten steigt in einem beträchtlichen Ausmaß, und das nicht nur bei Militär und Polizei allein; hohe Anteile des Staatshaushaltes dienen dazu, die Gehälter von Millionen von Arbeitnehmern in den Bereichen Erziehung und Gesundheit und das Leitungspersonal und die Arbeiter in den staatlichen Wirtschaftsbetrieben zu bezahlen. Es ist das, was ein offensichtlicher Euphemismus als *Wohlfahrtsstaat* bezeichnet, ein Ausdruck, der die Alleinvertreterrolle des Staates für das Wohl seiner Bürger unterstreicht.

Es ist natürlich, daß diese typisch reformistischen Änderungen in der Sozialstruktur nicht nur innerhalb der kommunistischen Parteien, sondern auch bei den Sozialisten eine Reihe von herkömmlichen Konzepten in Frage stellten. Es kommt zu keiner ernsthaften Anstrengung, die neuen Realitäten, die sich auftun, zu analysieren und zu verstehen, vielmehr nur zu eklektischen Haltungen, um den aus den Tatsachen abgeleiteten politischen Pragmatismus zu rechtfertigen. Der französische Sozialistenführer Léon Blum entwirft eine ziemlich interessante These über den Unterschied zwischen die Macht *einnehmen* und die Macht *erobern*. Er schreibt:

„Die Ausübung der Macht steht vor der Revolution. Der Ausdruck bezieht sich auf den Fall, daß eine x-beliebige sozialistische Partei sich durch die normalen Spielregeln der demokratischen Institutionen in den formal gleichen Bedingungen befindet, in denen sich an seiner Stelle irgendeine andere legal die Macht ausübende Partei befände. In diesem Fall wird die sozialistische Partei die legale Macht im gesetzlichen Rahmen des bestehenden sozialen Systems ausüben, das heißt im Rahmen des kapitalistischen Systems ... Eine ganz andere Sache ist die Eroberung der Macht. Das ist kein Akt, der vor der Revolution steht: es ist ein revolutionärer Akt . . .

Die Eroberung der politischen Macht durch die Arbeiterklasse ist ein revolutionärer Akt in dem Sinn, daß wir sie als unerläßliche Vorbedingung für die revolutionäre Umwandlung des Gesellschaftssystems betrachten. . . .

Der moderne Staat trennt sich zusehends vom Kapitalismus, und deshalb ist es einigen sozialistischen Parteien möglich, sich seiner zu bedienen, ohne sich zu unterwerfen und deshalb auch ohne vom Kapitalismus unterjocht zu werden. Sie erringen die Macht und machen aus ihr ein Instrument des Kampfes gegen den Kapitalismus, das heißt, sie nützen die Autorität des Staates, um günstige Bedingungen für die Ankunft des Sozialismus zu schaffen.“[11]

Blum geht von einer realen Tatsache aus – den Änderungen in den Funktionen des Staates – und gelangt zum Schluß, daß die Tatsache der Machtausübung für die sozialistische Partei „die notwendigen Bedingungen für die Ankunft des Sozialismus schafft“. Damit rechtfertigt er eine Politik, die darauf angelegt ist, möglichst viele Ministerämter einzunehmen – eine Politik, die von den Sozialisten auch verfolgt wurde. Allerdings war der Erfolg, wie wir jetzt sehen, keineswegs „die Ankunft des Sozialismus“.

Auch auf der Seite der Kommunisten war es nötig, eine Rechtfertigung für den Zwiespalt zwischen Regierungsbeteiligung und den eigenen theoretischen Positionen zu finden, die ja immer noch auf dem sowjetischen Modell beruhten. Die Definition eines eigenen Weges, eines neuen Konzepts wurde immer notwendiger. Die Erklärungen des Generalsekretärs der KPF und Vizepräsidenten der Regierung, Maurice Thorez, die dieser der konservativen englischen Zeitung *The Times* (18. November 1946) gegenüber abgab, verursachten nicht nur in Frankreich, sondern auch international eine Sensation:

„Die Fortschritte der Demokratie in der Welt – mit Ausnahme einiger weniger Ausnahmen, die die Regel bestätigen – machen es möglich, für den Weg zum Sozialismus *andere Wege* als die von den russischen Kommunisten verfolgten einzuschlagen. (. . .) Wir haben immer gedacht und auch erklärt, daß das an ruhmvoller Tradition reiche Volk von Frankreich seinen eigenen Weg zu mehr Demokratie, Fortschritt und sozialer Gerechtigkeit finden wird."

Thorez war stets einer jener kommunistischen Führer, die in ihrer Verehrung für Stalin und die Sowjetunion am weitesten gingen. Aus diesem Grund kam seinen Worten eine besondere Bedeutung zu. Offensichtlich war in dieser Etappe der Nachkriegszeit die Politik Stalins gegenüber Westeuropa darauf ausgerichtet, die kommunistischen Parteien sollten innerhalb der wiederhergestellten parlamentarischen Strukturen den größmöglichen Einfluß erringen. Sie könnten dadurch mit noch größerer Wirksamkeit die sowjetischen Positionen in den entscheidenden internationalen Fragen unterstützen. Dies sollte aber keinesfalls zu revolutionären Umwandlungen, zu einer Infragestellung der in Jalta beschlossenen Einflußzonen führen.

Die UdSSR versuchte wohl – wie wir später noch sehen werden –, ihre anerkannten Einflußzonen auszudehnen: Berlin, Österreich und sogar die Türkei. Es gibt jedoch keinen Hinweis auf irgendeine sowjetische Unterstützung für eine eventuelle Machtergreifung von Kommunisten in Westeuropa. Vielmehr das Gegenteil, wie es das Beispiel Griechenland beweist. All das bestätigt das in erster Linie nationalistisch ausgerichtete Konzept vom großen Staat, das die Politik der UdSSR in dieser entscheidenden Etappe kennzeichnet.

Das bedeutet aber nicht, daß sich die Sowjetunion nicht berechtigt gefühlt hätte, die Gesamtheit der kommunistischen Parteien zu leiten, zu überwachen und zu korrigieren – trotz der Auflösung der Kommunistischen Internationale. Es bestand jedoch kein institutionalisiertes Instrument, um diese Rolle auszuüben: die Intervention erfolgte über die direkten bilateralen Beziehungen zwischen der KPdSU und den betreffenden Parteien. Allein die Kommunistische Partei Frankreichs nahm in diesem Zeitabschnitt bis 1947 innerhalb der kommunistischen Parteien in den kapitalistischen Ländern eine privilegierte Rolle ein, etwa die eines größeren Bruders, der Ratschläge geben kann. Ihr oberster Führer Thorez war gegenüber jeglicher Anweisung aus Moskau höchst empfänglich und diszipliniert – im Unterschied zu Togliatti, dem Führer des italienischen Kommunismus, einer Persönlichkeit großen intellektuellen Kalibers, einem privilegierten politischen Kopf mit einem stärkeren Hang, eigene Lösungen auszuarbeiten. Das war einer der Gründe für den Vorzug, der der französischen KP gegeben wurde. Das war zum Beispiel auch der Grund, weshalb jener französische Kommunist, der während des Krieges im Untergrund die Führung der Partei sichergestellt hatte und der deshalb mit einem großen Prestige behaftet war, Jacques Duclos, beauftragt wurde, in aller Öffentlichkeit zu intervenieren, um die Änderungen, die der Generalsekretär der KP der Vereinigten Staaten, Earl Browder, in seiner Partei durchgeführt hatte, wieder rückgängig zu machen.

Browder hatte die KP in eine *politische Vereinigung* umgewandelt. Seine Idee war es, die herkömmliche kommunistische Partei aufzulösen, um sich in dieser Etappe des Friedens und der friedlichen Entwicklung, wie sie in den Konferenzen von Teheran und Jalta angekündigt wurde, besser an die Gewohnheiten der nordamerikanischen Arbeiter anzupassen. Die traditionelle Partei sollte durch eine einfache *Vereinigung* ersetzt werden, die fähig sein sollte, die Ideen des Marxismus-Leninismus in einer didaktischeren Form zu verbreiten und die ideologischen Einflußzonen des Kommunismus auszudehnen, wobei natürlich dem Problem der Machtergreifung keine Bedeutung zugemessen wurde.

Diese Auflösung der KP in den Vereinigten Staaten fand auch in den lateinamerikanischen Ländern großen Widerhall. Browder war in den Zeiten der Kommunistischen Internationale schließlich mit der Beratung anderer Parteien beauftragt gewesen, und diese Beziehungen dauerten weiter an. Das löste in Moskau tiefe Beunruhigung aus. Im April 1945 erschien in der Zeitschrift „Hefte des Kommunismus" der französischen KP ein Artikel von Jacques Duclos, in dem dieser das Auflösungskonzept von Browder verurteilt. Dieser Artikel führte zu schnellen Reaktionen. Bald wurde erkannt, daß dies nicht nur die Stellung der französischen, sondern auch der sowjetischen Kommunisten sei. Dies wiederum löste unter den nordamerikanischen Kommunisten eine Reaktion aus: Browder wurde abgesetzt und ausgeschlossen und die Kommunistische Partei der Vereinigten Staaten neu gegründet, wenngleich mit einem äußerst geringen Einfluß. Diese Episode gibt eine Vorstellung vom Rahmen, den die UdSSR den westlichen kommunistischen Parteien zugestand: ein Pragmatismus à la Thorez, um sich an die Erfordernisse der Wahlen anzupassen, doch auf keinen Fall eine Aufgabe des leninistischen oder besser stalinistischen *Typs der Partei*, der einen Teil des weltweiten Legitimierungs- und Einflußsystems der Sowjetmacht darstellt.

Trotzdem schufen das besondere Klima und die Situation der Nachkriegszeit besonders günstige Voraussetzungen für die Einheit der Linken nicht nur in den einzelnen Ländern, sondern auch auf der internationalen Ebene. Der bedeutungsvollste Akt in dieser Hinsicht war die Gründung des Weltgewerkschaftsbundes im Februar 1945 in London: zum erstenmal seit der Russischen Revolution 1917 entstand eine einheitliche Arbeiterorganisation, in der vor allem die Sozialisten und die Kommunisten vertreten waren, aber auch Gewerkschaftsverbände mit Arbeitern ohne Parteizugehörigkeit, die viele Millionen Mitglieder hatten. Die in einem engstirnigen Antikommunismus verfangene US-Gewerkschaft AFL weigerte sich trotz des gemeinsamen Kriegs gegen Hitlerdeutschland, in den Weltgewerkschaftsbund einzutreten. Die andere große Gewerkschaftszentrale der USA, der CIO, trat jedoch zusammen mit fast allen Gewerkschaften der Welt dem neuen Dachverband bei. Diese Tatsache erweckte große Hoffnungen auf einen darauffolgenden Einigungsprozeß, der auch die Arbeiterparteien umfassen sollte.

Diese Einheitswelle schlug sich in zwei weiteren Gründungen nieder: auf einem Kongreß in London im September 1946 wurde der Weltjugendbund ins Leben gerufen, in dem anfänglich die sozialistischen und kommunistischen Jugendverbände und zahlreiche christliche, liberale, humanistische und fortschrittliche Organisationen vertreten waren. Wenig später entstand unter ähnlichen Kennzeichen in Prag die Internationale Studentenvereinigung.

Die Kommunisten betrachteten mit Zufriedenheit und Begeisterung diese Fortschritte im Einheitsprozeß, die genau ihren Anweisungen zur Zeit der Volksfront und später im Krieg entsprachen. Innerhalb der sozialistischen Parteien schälten sich zwei ziemlich unterschiedliche Haltungen heraus: eine, die offen dafür war, und eine andere, die diesen Prozeß ablehnte oder ihm nur zögernd und argwöhnisch folgte.

Im Mai 1946 entstand auf einem Treffen in London das Internationale Sozialistische Büro, doch mit äußerst bescheidenen Absichten und Mitteln. Ziel ist vor allem die Kontaktaufnahme und der Informationsaustausch unter den sozialistischen Parteien. In dieser Zeit vertritt zweifellos der italienische Sozialismus mit Pietro Nenni an der Spitze die Linksposition. Nenni hatte im Spanischen Bürgerkrieg mit den Internationalen Brigaden gekämpft und verfügte über eine große Erfahrung in der Zusammenarbeit mit den Kommunisten. In dieser Periode zeichnet sich eine interessante Perspektive ab: eine Annäherung zwischen britischem Laboursozialismus (der im Juli 1945 nach einem überwältigenden Wahlsieg an die Macht kam) und russischem Kommunismus. Beide Bewegungen waren höchst repräsentative Vertreter der zwei großen Lager, in die die weltweite Arbeiterbewegung gespalten war. Diese Annäherung zwischen Labourismus und Bolschewismus sollte den Weg der Wiedergewinnung der Einheit aller Arbeiterparteien in der ganzen Welt vorwegnehmen. Hoffnungen dieser Art waren in dieser historischen Phase in verschiedenen Sektoren der europäischen Linken weit verbreitet.

Das zwingt zum Nachdenken über folgende Frage: Hätten diese in verschiedenen Ländern Europas gegründeten demokratischen und antifaschistischen Einheitsregierungen mit ihren Strukturreformen auf politischer, wirtschaftlicher und sozialer Ebene, mit dem Entstehen des *Wohlfahrtsstaates*, einen neuen Ausgangspunkt und ein mögliches Modell für eine sozialistische Revolution bilden können, das heißt für eine Umwandlung der Gesellschaft, die dem kapitalistischen System ein Ende setzt und neue Produktionsverhältnisse schafft, die auf Gemeineigentum, Verschwinden der Klassenschranken und größtmöglicher sozialer Gerechtigkeit beruht?

Wenn man die Bedingungen untersucht, die in den wichtigsten europäischen Industrieländern herrschten, so erscheint es nicht übertrieben, wenn man auf diese Frage eine eher positive Antwort gibt. Ja, im allgemeinen ging die Entwicklung in diese Richtung: ein ziemlich umfassender Prozeß von Reformen, verstärkt durch ein wachsendes Gewicht der Massen im politischen Leben.

Dennoch konkretisierten sich diese Möglichkeiten nicht in tiefgreifenden Umwandlungen der kapitalistischen Gesellschaften. Dieses Ziel konnte im wesentlichen aus den folgenden drei Gründen nicht verwirklicht werden:

1. Die Rolle und der Einfluß der Vereinigten Staaten, die sich als größte Wirtschaftsmacht der Welt etabliert hatten.

2. Die Sowjetisierung in den von der sowjetischen Armee besetzten Ländern des Ostens, die zu diesem Einheitsprozeß nicht nur nichts beitrug, sondern sehr bald eine Reihe von Faktoren hervorbrachte, die eine mögliche demokratische Entwicklung zum Sozialismus erschwerten.

3. Der *Eurozentrismus* der europäischen Arbeiterbewegung selbst, sowohl im sozialistischen als auch im kommunistischen Lager. Diese Haltung stellte sich gegen die wichtigste historische Umwälzung, die soeben begonnen hatte: das Ende des Kolonialismus. Es handelt sich nicht nur darum, daß – wie im Fall Frankreichs – Regierungen mit sozialistischer und kommunistischer Regierungsbeteiligung Kolonialvölker, die sich auf ihre eigenen Füße zu stellen begannen, auf verbrecherische Weise unterdrückten. Es handelt sich um etwas Tiefergehendes: die Unfähigkeit zu einer universalen Sicht der geschichtlichen Entwicklung, das Eingeschlossensein in eine europäische Engstirnigkeit im Gefolge einer jahrhundertelangen Trägheit, in der Europa tatsächlich den Lauf der Geschichte bestimmte. Daraus folgt auch das Verkennen oder Unterschätzen der außereuropäischen Wer-

te, die für die Befreiung der Menschheit möglicherweise entscheidend sind.

Auf jeden Fall ist der Zeitabschnitt, in dem man in Westeuropa vom Entstehen eines neuen Weges zum Sozialismus sprechen kann, sehr kurz. Bereits 1947 änderte sich die Lage.

Kapitel 4

Die geteilte Welt

Die Entscheidung zum Abwurf der Atombombe auf Japan wurde am 22. Juli 1945 getroffen, während gerade die Potsdamer Konferenz tagte. Gemäß Anthony Eden, dem damaligen britischen Außenminister, entschloß man sich in einem Gespräch zwischen Churchill, Truman, Byrnes (US-Außenminister) und ihm selbst, „eine Atombombe über Japan abzuwerfen, wenn dieses nicht die bedingungslose Kapitulation akzeptiere".[1] Nach reiflichem Überlegen teilte Truman diesen Entschluß am 24. Juli Stalin mit, doch schien dieser der Angelegenheit keine besondere Bedeutung zu schenken. Obwohl die diesbezüglichen sowjetischen Unterlagen nicht übereinstimmen: einige bestätigen den Eindruck relativer Gleichgültigkeit, den die Angelsachsen vermittelt bekamen; andere wiederum sagen, daß Stalin unverzüglich Kurwatschow, dem leitenden sowjetischen Atomwissenschafter, Anweisungen gab, seine Forschungen zu beschleunigen.[2] Die erste Atombombe wurde am 6. August auf Hiroshima abgeworfen (die Potsdamer Konferenz war vier Tage vorher zu Ende gegangen), die zweite auf Nagasaki am 9. August. Mit diesem furchtbaren Instrument der Zerstörung begann in gewisser Hinsicht eine radikal neue Situation in der Geschichte der Menschheit: die Existenz einer Waffe, mit der im Laufe von Jahrhunderten gewachsene Zivilisationen, vielleicht sogar die ganze Menschheit ausgelöscht werden konnten.

Obwohl viele Folgen der Atombombe erst viel später offenkundig wurden, so veränderte ihre Anwendung dennoch das internationale Kräfteverhältnis in diesem entscheidenden Moment grundlegend.

Es steht außer Frage, daß die – in gewisser Hinsicht von Churchill mitgetragene – Entscheidung zum Abwurf der Atombombe nicht nur von dem Wunsch ausgelöst wurde, die Kapitulation Japans zu beschleunigen, sondern vielleicht noch mehr als ein Mittel, um der Sowjetunion zu zeigen, daß die Vereinigten Staaten in diesem Moment die *erste* Weltmacht waren. Bei der Potsdamer Konferenz waren die westlichen Alliierten zutiefst besorgt über die sowjetische Unnachgiebigkeit in der polnischen Frage und in anderen Punkten bezüglich der Länder des Ostens. In militärischer Hinsicht überwog die entscheidende Rolle der sowjetischen Armee beim Sturz des Hitlerregimes. Mit der Atombombe dachte man, die Sowjetunion zu einer weniger ehrgeizigen Haltung zwingen zu können. Churchill drückte es in aller Deutlichkeit aus: „Nun haben wir etwas in der Hand, um das Gleichgewicht mit den Russen wiederherzustellen."[3] Zweifellos setzt in diesem Augenblick der Prozeß ein, der zum Bruch der Anti-Hitler-Koalition und zur Bildung von zwei militärischen Blöcken führen sollte, der eine angeführt von den USA und der andere von der Sowjetunion.

Wir wollen gleich eingangs betonen, daß dieser Prozeß einer ausgesprochen rechten Politik entsprach, auch wenn später die europäische Sozialdemokratie darin einbezogen wurde. Truman war sehr verschieden von Roosevelt: es fehlte ihm völlig dessen Weitsicht, dessen humanistisches und in vieler Hinsicht fortschrittliches Weltbild. Er war ein engstirniger Konservativer, ein Lokalpolitiker, durch und durch antisozialistisch und antikommunistisch eingestellt. Zu Beginn des Krieges hatte er einmal die Idee geäußert, die Vereinigten Staaten sollten sich so verhalten, daß sich Deutschland und die Sowjetunion gegenseitig ausbluten.[4]

Auf der anderen Seite war Churchill der große Architekt dieser Politik. Seine unbestreitbare Größe im Sieg gegen Hitlerdeutschland reduzierte sich später auf eine zutiefst reaktionäre Einstellung. Die Erbitterung über die schwere Wahlniederlage, die er einige Monate nach Kriegsende erlitt, die Frustration darüber, daß seine Träume, die Vormachtstellung des britischen Imperiums aufrechtzuerhalten, in sich zusammenfielen, all das erfüllte ihn schnell mit einer antikommunistischen Besessenheit. In einer Ansprache in Fulton am 5. März 1946 erklärte Churchill in Gegenwart von Präsident Truman:

„Ein Schatten fiel auf den Schauplatz, der in jüngster Zeit vom Sieg der Alliierten erleuchtet wurde. Niemand weiß, was das sowjetische Rußland und ihre internationale kommunistische Organisation in unmittelbarer Zukunft vorhaben oder wo die Grenzen für ihre expansionistischen und missionarischen Bestrebungen liegen, falls es überhaupt solche Grenzen gibt . . . Von Stettin im Baltikum bis Triest an der Adria ist ein eiserner Vorhang niedergefallen, der den Kontinent teilt. Hinter dieser Linie befinden sich alle Hauptstädte der alten Staaten des mittleren und östlichen Europa: Warschau, Berlin, Prag, Wien, Budapest, Belgrad, Bukarest und Sofia; alle diese berühmten Städte und die Bevölkerungen dieser Länder liegen in der sowjetischen Einflußsphäre . . . Das ist sicher nicht das befreite Europa, für dessen Errichtung wir gekämpft haben, und auch nicht eine Situation, die die wesentlichen Bedingungen für einen dauerhaften Frieden enthält."[5]

Churchill fügte hinzu, daß die Sowjets nur die Sprache der Gewalt verstünden. Diese Rede rief einen wahrhaften Skandal hervor – das vorherrschende Denken in der Welt stand damals noch ganz im Zeichen des Krieges gegen den Faschismus. Truman mußte erklären, daß er den Text vorher nicht gekannt hatte, was sicher nicht der Wahrheit entsprach. Die Rede von Fulton sprach schließlich in aller Öffentlichkeit das aus, was bereits damals die grundlegende Ausrichtung der Außenpolitik der USA zu werden begann.

Tatsächlich hatte einen Monat vor der Rede von Fulton George Kennan, damals Sekretär an der US-Botschaft in Moskau, dem State Departement einen Bericht geschickt, in dem er eine Neuorientierung der gesamten US-amerikanischen Außenpolitik in dem Sinne empfahl, sie *gegen* den Expansionismus der UdSSR zu konzentrieren und diese auf internationaler Ebene zu konzentrieren und zu schwächen. Dieser Bericht skizzierte bereits jene Ausrichtung, die später als Truman-Doktrin und als *Containment*-Politik bekannt wurde. Der Kennan-Bericht wurde allen Ministern und Botschaftern der Vereinigten Staaten als – noch geheime – Grundlage der US-Politik zugestellt.

Im Verlauf des Zweiten Weltkrieges waren die Vereinigten Staaten zweifellos zur mächtigsten Nation der Welt geworden. Die UdSSR hatte, wie wir bereits festgestellt haben, Verluste in schwer vorstellbarem Ausmaß erlitten: nach verschiedenen Schätzungen 20 bis 25 Millionen Tote (zum Vergleich: die USA 405.000, Großbritannien 375.000); 25 Millionen Obdachlose, viele ihrer großen Städte waren Trümmerhaufen; 32.000 Industrieunternehmen waren mehr oder weniger zerstört; die – damals entscheidende – landwirtschaftliche Produktion war auf 60 Prozent des Vorkriegsstandes gefallen. In den Vereinigten Staaten hingegen verhielt es sich grundlegend anders: kein einziger Quadratzentimeter ihres Staatsgebietes wurde vom Feind besetzt. Als Financier und Waffenlieferant des Anti-Hitler-Bündnisses hatten die USA von 1939 bis 1945 einen außerordentlichen wirtschaftlichen Aufschwung erlebt: ihr industrielles Potential war um 50 Prozent gestiegen und die industrielle Produktion auf das Zweieinhalbfache.

Gemäß dem italienischen Historiker Giuseppe Boffa betrug das Verhältnis zwischen sowjetischer und US-amerikanischer Industrie eins zu fünf.[6] Doch es handelt sich nicht nur um das Verhältnis zwischen den USA und der UdSSR. Die Vereinigten Staaten waren allen anderen Ländern der Welt, deren Wirtschaft durch den Krieg zu einem mehr oder weniger großen Teil am Boden lag, in hohem Maße überlegen. Die Produktion der Vereinigten Staaten war höher als die der gesamten restlichen Welt. Wenn man in bezug auf diese Zeit den Ausdruck *Großmacht* verwendet, so ist es offensichtlich – wie Boffa in dem erwähnten Buch schreibt –, daß es nur eine gab: die USA. Der Besitz der Atombombe gab der wirtschaftlichen und wissenschaftlichen Überlegenheit des nordamerikanischen Kolosses noch eine neue und entscheidende Dimension.

Diese Überlegenheit beginnt sich bald in einer Politik der Weltvorherrschaft niederzuschlagen. Agnes Heller meint in einer kürzlich erschienenen Arbeit, das Konzept des Imperialismus wäre nicht geeignet, um diese Politik der nordamerikanischen Vorherrschaft zu beschreiben.[7] Zweifellos hat sie zum Teil in dem Sinn recht, daß es nicht darum geht, das frühere britische und französische Imperium durch die neue nordamerikanische Macht zu ersetzen. Doch gibt es sehr wohl eine Reihe von imperialistischen Elementen im Inhalt und in der Form, wie die Vereinigten Staaten in einem großen Teil der Welt ein System der Vorherrschaft und der Ausbeutung zu installieren beginnen (Rolle der Multinationalen, Zusammenspiel zwischen politischer und wirtschaftlicher Einmischung, Integrierung von Geheimdiensten und Streitkräften usw.). Außerdem erfolgt eine deutliche Fortsetzung und sogar noch ehrgeizigere Ausrichtung des herkömmlichen nordamerikanischen Imperialismus, der im Krieg gegen Spanien Ende des 19. Jahrhunderts seinen Ausgang nahm und dann in der Kanonenbootpolitik, dem Eingreifen der Marines und der *Big-stick*-Politik seinen klassischen Ausdruck fand.

Stalin hatte sich für die Nachkriegszeit die Rückkehr zu einer kapitalistischen Welt vorgestellt, die durch die Widersprüche zwischen den verschiedenen kapitalistischen Staaten gekennzeichnet wäre. Er erweiterte damit eine Sichtweise, die schon bei Lenin eine große Rolle gespielt hatte: die Vorstellung von einer Art gesetzmäßigem Widerspruch, der dem kapitalistischen System innewohne. Die tatsächliche Entwicklung folgte jedoch nicht diesen theoretischen Pfaden. Obwohl Großbritannien und Frankreich als Sieger aus dem Krieg hervorgingen, waren sie in einem gewissen Sinn doch die großen historischen Verlierer des Zweiten Weltkrieges. Denn sie waren die zwei großen Kolonialmächte, und dieser Krieg bedeutete, ganz allgemein gesprochen, das Ende des Kolonialsystems. Großbritannien, das zwischen den beiden Weltkriegen in der Völkergemeinschaft und in der Weltpolitik eine führende Rolle gespielt hatte, wurde auf ein Land mittleren Einflusses reduziert. Ähnlich erging es Frankreich.

Die Vereinigten Staaten beobachteten mit Freude diesen Prozeß der Zerstörung des Kolonialsystems und förderten ihn manchmal sogar mehr oder weniger offen, wobei sie sich auf die demokratischen Prinzipien der Atlantikcharta beriefen. Das Kräfteverhältnis in der kapitalistischen Welt der Nachkriegszeit zeigte eine in der Geschichte noch nie dagewesene *Überlegenheit einer einzigen Macht* – der USA – über alle anderen. Dieses Verhältnis erlaubte auch nicht die Herausbildung eigentlicher Widersprüche. Im Gegenteil, die anderen Länder waren zum Großteil abhängig von der Hilfe, die ihnen die Vereinigten Staaten zukommen ließen. So bildete sich eine Polarität heraus, die in kurzer Zeit zur Zweiteilung der Welt führte.

Was die Sowjetunion betrifft, so beginnt der Konflikt (gemeint ist: mit den USA) mit der Vertiefung jener Probleme, die bereits während des Krieges aufgetaucht waren: die Regierung, die es für Polen zu bilden galt, der Umfang der Reparationszahlungen, die die UdSSR von Deutschland fordern wollte, die Art der Verwaltung, die man für das deutsche Staatsgebiet suchte, und die politischen Systeme in den vom sowjetischen Heer besetzten osteuropäischen Ländern. Es handelt sich um einen Konflikt über Einflußzonen, vermischt mit oder verkleidet in politischer und ideologischer Auseinandersetzung. Dazu kommt bald noch ein anderer entscheidender Faktor: Die Vereinigten Staaten versuchen logischerweise – wenn man ihre Mentalität und vor allem ihre objektive Situation betrachtet –, das Monopol, das sie zu dieser Zeit auf die Atombombe (und auf die Atomenergie im allgemeinen) besitzen, in ein internationales Verwaltungssystem dieser phantastischen Zerstörungswaffe zu verwandeln. Das ist der Kern des Baruch-Planes, so benannt nach der nordamerikanischen Persönlichkeit, die damit beauftragt war, diesen Plan im Sommer 1946, wenige Monate vor der berühmten Rede Churchills in Fulton, vor den Vereinten Nationen zu präsentieren und zu verteidigen.

Dieser Plan wurde von Bernard Baruch in dramatischen Tönen vorgestellt, die wohl gut zu einer Realität paßten, die damals noch weit entfernt schien, die wir aber heute als schrecklich nah und bedrohlich empfinden:

„Die Wissenschaft hat der Natur ein Geheimnis entrissen, das so große Möglichkeiten enthält, daß unser Geist sich zusammenkrümmt angesichts des Schreckens, den diese hervorrufen. . . . Wir müssen einen Mechanismus schaffen, der sicherstellt, daß die Atomenergie für friedliche Zwecke verwendet und ihre Anwendung im Krieg verhindert wird.“[8]

Der Vorschlag der USA ging dahin, eine internationale Atombehörde zu schaffen, der man alle Angelegenheiten hinsichtlich Atomenergie anvertrauen würde: Herstellung, Forschung usw. Diese Behörde sollte jeden Versuch, Atomwaffen zu erzeugen und anzuwenden, verbieten und möglicherweise bestrafen. Auf den ersten Blick lief der Baruch-Plan auf dasselbe hinaus, was einige der wichtigsten Wissenschafter der Zeit, wie Albert Einstein, verkündet hatten, nämlich die Notwendigkeit, eine *Weltregierung* zu entwickeln. Mit einem tiefen Gespür für eine neue Epoche, in die die Menschheit gerade eintrat, erfaßten sie die innere Unvereinbarkeit des Bestehens souveräner Einzelstaaten und des Aufkommens von Zerstörungsinstrumenten, die die ganze Zivilisation vernichten konnten. Doch diese Ähnlichkeit war nur oberflächlich: der Baruch-Plan bedeutete keinen Vorschlag für eine Weltregierung, sondern für einen *amerikanischen*

Frieden. Es war eine Formel, um das nordamerikanische Monopol auf die Atomwaffe im Rahmen der Vereinten Nationen zu legitimieren und somit die Vorherrschaft der Vereinigten Staaten auf internatinaler Ebene, eingeschlossen die wissenschaftliche, technologische und industrielle Entwicklung, zu sichern.

Man muß sich vor Augen halten, daß die USA aus vorhin schon erwähnten Gründen in den Vereinten Nationen über eine breite und systematische Mehrheit verfügten. Der Baruch-Plan sah vor, im Bereich der Atomenergie das Vetorecht aufzuheben. Die Annahme dieses Plans hätte also für die Sowjetunion bedeutet, sich in entscheidenden Aspekten ihrer wirtschaftlichen und wissenschaftlichen Entwicklung Mehrheitsbeschlüssen zu beugen, hinter denen die Hand Washingtons steckte. Die UdSSR vertraute darauf, bald über eigene Atombomben zu verfügen, und wollte nicht darauf verzichten. Andererseits sah der Plan vor, daß die Vereinigten Staaten für einen Zeitraum von fünf Jahren ihre Atombomben behalten könnten und sie nur dann zerstören müßten, wenn sich herausgestellt hätte, daß die neue Behörde wirksam – das heißt ihren Wünschen gemäß – arbeite. Der Baruch-Plan wurde von der UdSSR nicht angenommen.

Ihr Vertreter in der UNO, Andrej Gromyko, der damals am Beginn einer langen diplomatischen Laufbahn stand, schlug im Gegenzug ein Abkommen vor, das jegliche militärische Nutzung der Atomenergie verbot und die Vernichtung der bestehenden Bomben in einem Zeitraum von drei Monaten vorsah. Logischerweise wurde dieser Plan von den USA zurückgewiesen. Das war wahrscheinlich einer der entscheidenden Momente für die kommenden Jahrzehnte: der Ausgangspunkt für die Teilung der Welt in zwei Militärblöcke und für die Aufrüstung mit Atomwaffen, die sich heute zu einer schrecklichen Gefahr für die Menschheit entwickelt hat.

Die sowjetische Antwort

Angesichts der entsetzlichen Zerstörungen, die eine einzige Bombe in wenigen Minuten in Hiroshima und Nagasaki verursachte, bestand die Reaktion der UdSSR und in der Folge der gesamten kommunistischen Parteien vor allem darin, die Bedeutung der Entdeckung dieser neuen Energie mit ihrem gigantischen Zerstörungspotential herunterzuspielen. Das taktische, propagandistische Ziel lag auf der Hand: es drehte sich darum, nach aller Möglichkeit die politische und moralische Wirkung zu verringern, die darin bestand, daß die Vereinigten

Staaten das Monopol auf diese Waffe besaßen. Stalin gab im September 1946 eine Reihe von Erklärungen in diesem Sinn ab: die Atombombe sei nicht eine so ernste Angelegenheit, wie es einige Politiker darstellen, „sie kann das Schicksal eines Krieges nicht bestimmen", sie werde eher dazu benutzt, um „nervenschwache Personen zu erschrecken" usw.[9]

Und als ob er diese Haltung an die Grenze der Karikatur treiben wollte, verwendete Mao Zedong in dieser Zeit erstmals - in einem Gespräch mit der nordamerikanischen Schriftstellerin Anna Louise Strong - den Ausdruck „Papiertiger" für die Atombombe.

Obwohl Stalin nach außen hin die Bedeutung der Nuklearwaffen heruntersetzt, sind seine Anstrengungen in dieser Periode vor allem darauf gerichtet, die sowjetischen Vorarbeiten zur Herstellung einer eigenen Atombombe aufs höchste zu beschleunigen. Gleichzeitig wurde die Sowjetunion durch ihre eigene Schwäche notwendigerweise in eine Haltung der Unnachgiebigkeit gedrängt.

In den Verhandlungen über die Zukunft von Deutschland, über die Friedensverträge usw. äußert sich der Bruch des Bündnisses immer stärker in Auseinandersetzungen und Zusammenstößen. Die Tendenz geht dahin, die jeweiligen „Einflußzonen" immer dichter abzuriegeln. Die UdSSR hatte die Hoffnung gehabt, daß im Ruhrgebiet, der industriell reichsten Region Deutschlands, eine Vielparteienkontrolle errichtet werde und daß sie aus diesem Teil Deutschlands Wiedergutmachungen für die schrecklichen Zerstörungen, die sie im Krieg erlitten hatte, erhielte. Doch der Westen lehnte kategorisch ab. Schließlich mußte die UdSSR die Schadenszahlungen, die sie forderte, ausschließlich aus der östlichen Zone Deutschlands herausholen, der unterentwickelteren Region, in der die sowjetische Armee stand. Gemeinsame Verwaltungen der Alliierten wurden nur dort errichtet, wo die verschiedenen Armeen in physischem Kontakt zueinander standen: in Berlin, das innerhalb des sowjetisch besetzten Gebietes lag und das in je eine Zone für die vier Alliierten aufgeteilt wurde, und in Wien beziehungsweise in Österreich überhaupt.

Ein anderer Faktor, der auf grundlegende und vielleicht entscheidende Weise zum Bruch des Bündnisses führte, war das Ende des Krieges im Fernen Osten. Die UdSSR hatte entsprechend der Verpflichtung, die sie in Jalta und später noch einmal in Potsdam eingegangen war, am 9. August, dem Tag des Abwurfs der zweiten Atombombe, Japan den Krieg erklärt. Mit einer Offensive, an der eineinhalb Millionen Soldaten teilnahmen, zerstörte sie in wenigen Tagen die mächtige japanische Kuantung-Armee.

Trotzdem weigerten sich die USA, den Sowjets auch nur einen geringen Anteil aus der japanischen Kapitulation zuzuerkennen. Dasselbe bezüglich der Besetzung Japans. Die Vereinigten Staaten ernannten General MacArthur zum Chef der Besatzungsarmee, der sich wie ein souveräner Herrscher aufführte. Die Sowjets erhielten aber wohl die in der Konferenz von Jalta festgelegten Gebiete.

In Wirklichkeit ist es ein absurdes und sogar lächerliches intellektuelles Spiel, Verantwortliche für die *Schuld* am Bruch der antifaschistischen Allianz, die Hitlerdeutschland und den japanischen Militarismus besiegte, zu suchen – obwohl nicht wenige Autoren sich dieser Suche verschrieben haben. Der Bruch war logisch und in den Tatsachen schon festgeschrieben. Man braucht sich nur die verschiedenen Staaten dieses Bündnisses anzusehen, um zu verstehen, daß sie sich nach dem Sieg über den gemeinsamen Feind notwendigerweise trennen und miteinander zusammenstoßen mußten. Im Grunde genommen war dieser Sieg das einzige Ziel der Allianz, der einzige Zement, der sie mehr oder weniger zusammenhielt.

Es wäre jedoch möglich gewesen, daß der Bruch des Bündnisses in der internationalen Arena zu anderen Gruppierungen, zu anderen Kräfteverhältnissen geführt hätte. Die Zweiteilung war ja nicht eine Art historischer Vorbestimmtheit, auch wenn als Folge des Krieges viele Faktoren die Entwicklung in diese Richtung lenkten.

Nach der Schaffung ihrer eigenen *Herrschaftszone* und nach dem Export der Revolution oder besser gesagt des sowjetischen Staatsmodells drängen die Reaktionen des Westens Stalin zu einer typisch *defensiven* Haltung: Sich-stark-Zeigen im eigenen Herrschaftsbereich und Zurückweisen der nordamerikanischen Versuche, mittels des Baruch-Planes eine Art internationale Kontrolle auszuüben. Diese ablehnende Haltung war gar nicht so leicht – die nordamerikanische Überlegenheit war schließlich eine Tatsache. Die Vereinigten Staaten stellten auch sehr bald die Lieferung nichtmilitärischer Güter ein, die sie während des Krieges der Sowjetunion hatten zukommen lassen. Das war ein sehr starkes Druckmittel, denn es verschlimmerte die schreckliche Mangelsituation, in der sich die sowjetische Bevölkerung in ihrem ruinierten Land befand. Vor allem aus seinem russischen Nationalismus heraus und vielleicht, weil ihm auch noch ein bißchen revolutionäre, antikapitalistische Überzeugung verblieben war, stellte sich Stalin mit Entschlossenheit gegen diese *Pax Americana*, die eine der Folgen des Zweiten Weltkrieges hätte sein können.

Es handelt sich dabei um die Ablehnung des Führers einer Großmacht, der versucht, eine Bedeutung von internationalem Rang zu erlangen. Die UdSSR verbleibt in den Vereinten Nationen, obwohl sie sich in einer Situation völliger Unterlegenheit befindet. Sie verwendet das *Vetorecht* im Sicherheitsrat, um sich in ihren Positionen einzuigeln, was ihr selbst in demokratischen Sektoren Prestige kostet.

Die diplomatischen Initiativen der UdSSR in dieser Zeit sind bezeichnend für eine nationalistische Politik. Die Sowjetunion erhebt gegenüber der Türkei und dem Iran Gebietsansprüche auf Grenzzonen, wobei sie – gestützt auf ihre erdrückende militärische Überlegenheit in diesen Regionen – mit kaum verhüllten Drohungen arbeitet.

Das erleichtert den westlichen Ländern und vor allem den USA eine breit angelegte ideologische Offensive, die sich lange Zeit nicht unwesentlich auf das Denken der Linken auswirkt: Die Vereinigten Staaten als Bannerträger der Prinzipien der Vereinten Nationen, als Verteidiger der kleinen und mittleren Staaten angesichts der Gebietsansprüche der UdSSR.

Es hat wenig Sinn, sich heute auszumalen, was ein sowjetischer Staat hätte machen können, wenn er anders gewesen wäre als die Stalin-Diktatur. Doch wollen wir hier zwei Bemerkungen anbringen, die den späteren Lauf der Dinge besser verständlich machen: einerseits schlittern die kommunistischen Parteien, die alles verteidigen müssen, was die Sowjetunion macht, in eine zunehmend unbequeme und unglaubwürdige Situation. Es ist so gut wie unmöglich, in einer durch und durch internationalistischen Theorie Anhaltspunkte zu finden, die die sowjetischen Gebietsansprüche rechtfertigen. So werden die Äußerungen des Prosowjetismus immer wesensloser, immer mechanischer; der blinde Glaube muß sich über die mehr oder weniger vernunftmäßigen Haltungen stellen. Das drückt sich im Innern der Parteien in einem Prozeß der geistigen Verarmung aus. Ein Beispiel dafür ist die Förderung der Kader: es werden eben solche ausgesucht, die mit diesem Verhalten einverstanden sind und nicht mit ihrem eigenen Kopf denken. Doch am schwerwiegendsten sind die Auswirkungen in der demokratischen und revolutionären Öffentlichkeit, die die kommunistischen Parteien umgibt, und in den Beziehungen zu den sozialistischen Parteien, und zwar nicht zwischen den Führungsgremien, sondern zwischen den Arbeitern, dem Mann von der Straße.

Das ungeheure Prestige der UdSSR beginnt zu sinken. Auf breitester Ebene entstehen tiefe Meinungsunterschiede, die später in formellen Trennungen ihren Niederschlag finden. Die Außenpolitik der Sowjetunion verliert immer mehr das Verständnis und die Sympathie, die ihr große Teile des demokratischen Spektrums, Arbeiter und Sozialisten, entgegenbrachten. Churchill äußerte in Fulton die Ideen eines reaktionären Konservativen, aber nun beginnen ähnliche Gedanken in der allgemeinen Öffentlichkeit Widerhall zu finden, und nicht nur in Kreisen der Rechten.

Die zweite Anmerkung bezieht sich auf die außerordentliche Armseligkeit des theoretischen Instrumentariums, mit dem die UdSSR, Stalin und die Kommunisten im allgemeinen sich mit den gigantischen Umwälzungen auseinandersetzen, die die Welt nach dem Zweiten Weltkrieg erlebt. Stalin ist davon überzeugt, daß das kapitalistische System eine Vertiefung seiner Wirtschaftskrise erfahren werde. Er glaubt – wie er es ausführlich in seinem im Februar 1952 erschienenen Werk *Ökonomische Probleme des Sozialismus* darstellt –, daß die einzelnen kapitalistischen Länder, sowohl die Sieger als auch die Verlierer des Krieges, aufeinanderprallen werden und daß sogar der Ausbruch von Kriegen zwischen ihnen unvermeidlich sei. Er überträgt mechanisch die Phänomene, die sich in früheren Jahrzehnten im Licht der Theorien Lenins über den Imperialismus gezeigt hatten, auf die Nachkriegszeit. Gleichzeitig kann man an ihm eine fast völlige Blindheit angesichts von zwei ungeheuren Entwicklungen feststellen, die dann in der zweiten Hälfte des 20. Jahrhunderts enorme Folgen nach sich ziehen: 1. Die Zerstörung der Kolonialwelt und das Ende der Rolle Europas als Mittelpunkt der Welt. 2. Die neuen wissenschaftlichen Fortschritte, beginnend mit der Atomenergie und ihren Folgen im politischen Bereich.

Was den ersten Punkt betrifft, so erstaunt und beeindruckt heute die völlige Fehleinschätzung Stalins hinsichtlich des Befreiungskampfes in China. In zwei Fällen, in Jugoslawien und in China, intervenierte Stalin bei der Parteiführung, sie solle dem Druck der Bourgeoisie und der Imperialisten nachgeben. Und in beiden Fällen stellten sich die Parteien taub gegenüber den *Ratschlägen* oder Anweisungen des sowjetischen Führers – und führten schließlich und endlich die Revolution erfolgreich durch. Bei der Außenministerkonferenz der *großen Vier* im Dezember 1945 in Moskau faßte man für China eine Lösung ins Auge, die auf der Aufnahme „demokratischer Elemente“ in die Regierung Tschiang Kai-schek basierte. Mit diesem Ausdruck spielte man auf die Kommunisten an. Die Leitung der Kommunistischen Partei Chinas verteidigte jedoch ihre eigene Politik; sie wußte, daß Tschiang Kai-schek versuchen würde, die Kommunisten zu vernichten, und bereitete sich auf die Auseinandersetzung vor. 1946 erfolgte dann mit nordamerikanischer Unterstützung die Offensive gegen die chinesischen Kommunisten. Stalin übte weiterhin Druck aus; er hielt einen Sieg der Revolution nicht für möglich – oder er wollte ihn nicht. Doch diese Haltung war Teil eines viel umfassenderen Konzepts: eine Unterschätzung der Befreiungsbewegungen, die in weiten Zonen der Welt entstanden, die noch unter Formen kolonialer oder halbkolonialer Sklaverei lebten.

Was den zweiten Punkt betrifft, so haben wir bereits die Haltung Stalins erwähnt, die Rolle der Atomenergie aus propagandistischen Gründen herunterzusetzen. Das verhinderte zwar nicht ernsthafte – und relativ schnell erfolgreiche – Anstrengungen, um auch die Sowjetunion mit Atombomben zu versehen: es war jedoch etwas mehr als eine schlechte Übereinstimmung zwischen Wirksamkeit und militärischem Pragmatismus auf der einen und Propaganda auf der anderen Seite. Die Umwandlung des Marxismus in offizielle Ideologie, seine dogmatische und mechanische Anwendung, die Sozialisierung der klassischen Texte, all das hatte in einer entscheidenden Etappe der

Menschheit äußerst schädliche Auswirkungen, denn es führte nicht nur dazu, die Bedeutung der Atomenergie zu verkennen, sondern auch die vieler anderer wissenschaftlicher Änderungen, die die Entwicklungen der Produktivkräfte stark beeinflußten. Die UdSSR setzte sich in dieser Zeit an die Spitze dieses Prozesses, was bei allen anderen kommunistischen Parteien ebenfalls rückschrittliche Haltungen hervorrief. So begann sich in der kommunistischen Kultur eine Komponente breitzumachen, die dem historischen Wesen dieser Ideologie genau widersprach: Zusammen mit dem Stalinkult, der in gewisser Hinsicht auch ein Kult des Vertrauens und des blinden Glaubens war, wurden der Mythos der absoluten Wahrheiten und ein Mißtrauen gegen wissenschaftliche Entdeckungen, die geheiligte Ideen antasteten, aufgebaut. Man betrachtete diese Entdeckungen als charakteristisch für die *bürgerliche Welt*, somit festigte sich eine konservative Haltung, die für den Kommunismus typisch wurde. Die revolutionäre Wahrheit war ein unverrückbar feststehendes, sicheres, in der Sowjetunion und in den Gesetzen des dialektischen und des historischen Materialismus verankertes Faktum. Kommunist zu sein, bedeutete, die Wahrheit zu *besitzen*, ein überlegener Mensch zu sein. Was nicht innerhalb des Kommunismus entstand (wie zum Beispiel der Großteil der wissenschaftlichen Neuerungen), war etwas Negatives, Bürgerliches. Auf diese Weise entstand (nicht bei allen, doch bei einem Teil der kommunistischen Aktivisten) eine Art *ideologischer Primitivismus*, der zwangsläufig zu einem inneren Widerspruch führen mußte: dem Widerspruch zwischen diesem dogmatischen Primitivismus und dem Ruf nach dem Neuen, nach Veränderung, nach einer forschenden, wissenschaftlichen Einstellung zum Leben, die ja der Marxismus in sich trägt. Viele der späteren Abspaltungen in den kommunistischen Parteien haben ihre Wurzeln in dieser kulturellen Dichotomie, die sich in der Nachkriegszeit durchzusetzen begann, und zwar gerade in der Zeit, als sich die UdSSR am Höhepunkt ihres Prestiges befand. Die Außergewöhnlichkeit der Kommunistischen Partei Italiens rührt zu einem Teil daher, daß sie nie in diesen Primitivismus verfiel.

Der Marshallplan

Die Bedeutung des Marshallplans ist oft vereinfachend dargestellt worden, so, als ob die Vereinigten Staaten den Regierungen der westeuropäischen Länder eine beträchtliche Wirtschaftshilfe angeboten hätten, wobei diese im Austausch dafür die Kommunisten aus der Regierung ausschließen mußten. Bei dieser Darstellung wird einer Interpretation, die man die *Verschwörungstheorie* der Geschichte nennen könnte, zu großes Gewicht beigemessen: als ob es geheime Mächte und Netze gäbe, mit einem allmächtigen Zentralhirn, das die Fäden der Ereignisse zieht – manchmal in Washington der CIA, manchmal in Moskau der KGB, in anderen Zeiten die Freimaurer, das internationale Judentum . . .

In Wirklichkeit begann die Krise der Regierungen der antifaschistischen Einheit in Westeuropa schon vor dem Marshallplan und aus Gründen, die nicht ausschließlich mit der Politik der Truman-Administration verbunden waren, auch wenn dessen immer stärker antisowjetisch und antikommunistisch ausgerichtete Politik unleugbar eine wichtige Rolle dabei spielte, die Krise und den Bruch heraufzubeschwören.

Einerseits waren die Entwicklungen in den einzelnen Ländern nicht gleich. In Italien litt die von de Gasperi angeführte Dreiparteienregierung Anfang 1947 unter verschiedenen Spannungen: im wirtschaftlichen Bereich wollte das Bürgertum den Wiederaufbau in seine Hände nehmen, ohne durch die staatliche Einmischung, hinter der wiederum teilweise die Arbeiterorganisationen standen, gebremst zu werden. Im besonderen griffen sie die Planungsvorhaben des sozialistischen Ministers Rodolfo Morandi an. Breite Schichten der Arbeiterklasse fühlten sich durch die Inflation geschädigt und radikalisierten sich. Andererseits übte der Vatikan einen grundlegenden Einfluß aus. Dieser forderte von de Gasperi den Bruch mit der Kommunistischen Partei. Ein entscheidender Faktor war schließlich die Spaltung in der Sozialistischen Partei: unter Führung von Giuseppe Saragat gründeten die gemäßigten Sozialisten im Jänner 1947, beim Kongreß im Barberini-Palast, die „Unabhängige Sozialdemokratische Partei" (PSDI). Diese neue Partei beschuldigte Nenni, sich dem kommunistischen Einfluß zu unterwerfen, und stellte sich hinter die internationale Politik Trumans. Im Jänner 1947 besuchte de Gasperi Washington. Es steht außer Zweifel, daß man dort auf ihn Druck ausübte, die Kommunisten aus der Regierung zu entlassen. Ende Mai vollzog sich dann der Bruch: Kommunisten und Sozialisten wurden aus der Regierung entfernt. Dessenungeachtet wurde die Ausarbeitung der neuen italienischen Verfassung auf Basis der Zusammenarbeit aller politischen Kräfte fortgesetzt. Daraus erklärt sich, daß der normative Teil dieser Verfassung weniger fortschrittlich ist als ihr programmatischer, ideologischer Teil, in dem der antifaschistische Geist des Widerstandes noch sichtbar ist.

Die Kommunistische Partei Italiens vermied es, wegen ihres Regierungsaustritts in eine Katastrophenstimmung zu verfallen. Sie richtete sich nunmehr darauf aus, eine Oppositionstätigkeit im Rahmen der legalen Möglichkeiten auszuüben, und konnte so die Regierung beeinflussen. Die Einheit zwischen den Kommunisten und den Sozialisten vertiefte sich noch beträchtlich. Beide Parteien beschlossen sogar, eine gemeinsame „Demokratische Front" aufzubauen, in die auch aus dem Widerstand kommende Volksorganisationen eingebaut wurden, und bei den nächsten Wahlen mit Einheitskandidaten aufzutreten. Doch bei den Wahlen im April 1948 erlitt die Linke eine klare Niederlage: sie erhielt nur mehr 31 Prozent der Stimmen (gegenüber 41 Prozent zwei Jahre zuvor), die PSDI kam auf 7 Prozent (der höchste Prozentsatz in ihrer Geschichte); die „Democrazia Cristiana" erhielt 49 Prozent der Stimmen und die absolute Mehrheit der Abgeordneten. Das hieß, daß die Kampagne gegen die Kommunisten und Sozialisten in breiten Kreisen der Bevölkerung Widerhall gefunden hatte.

In Frankreich entzündete sich der Bruch an zwei Problemen: Im Bereich der Außenpolitik lehnte sich die vom Sozialisten Ramadier geführte Regierung in der Deutschlandfrage und im Anti-UdSSR-Kurs immer mehr an die Positionen der Vereinigten Staaten und Großbritanniens an. Im Wirtschaftsbereich nahmen – mit Unterstützung der Kommunisten – die Proteste der Arbeiter gegen die Unzulänglichkeit der Löhne immer mehr zu. Die wirtschaftliche Situation wurde zusehends schlechter und auswegloser. Ende April brach in der Renault-Fabrik in der Nähe von Paris, der größten Fabrik Frankreichs, ein Streik aus. Am 4. Mai 1947 wurden per Dekret die kommunistischen Minister aus der Regierung ausgeschlossen. Zweifellos verlor die Sozialistische Partei durch ihre Vorreiterrolle beim Bruch der Arbeiter- und der antifaschistischen Einheit an Einfluß auf die Bevölkerung. Bei den Gemeindewahlen vom Oktober 1947 büßte sie Stimmen ein und schrumpfte auf 16 Prozent, während die Kommunistische Partei mit 30 Prozent der Stimmen ihren Stand halten konnte. Doch auf der Seite der Rechten kam es zu bemerkenswerten Veränderungen: Die von General de Gaulle ins Leben gerufene „Neuformierung des französischen Volkes" (Reagrouppement du Peuple Français, RPF), mit einer offen reaktionären Plattform und einer klaren Tendenz zum Autoritarismus, erntete mit fast 30 Prozent der Stimmen einen großen Triumph. Die MRP war für die Politik der Bourgeoisie nicht mehr nötig; die 15 Prozent der Stimmen, die sie bei den Wahlen erhielt, leiteten gleichzeitig ihren Niedergang ein.

Auch in Belgien war es ein sozialistischer Führer, Charles Spaak, der – am 19. März 1947 – die Kommunisten aus der Regierung ausschloß. Mit Ausnahme Italiens begann sich im Frühjahr des Jahres 1947 eine neue Trennung der europäischen Arbeiterbewegung zu verfestigen, die sich dann in den nächsten zwei Jahren noch vertiefte. Der entscheidende Faktor dafür war die internationale Lage.

Präsident Truman traf sehr weitreichende Maßnahmen, um die

neue Rolle der USA in der Welt zu betonen. Im Februar hatte Großbritannien die US-amerikanische Regierung davon benachrichtigt, sich außerstande zu sehen, angesichts eines von den Kommunisten angeführten und von breiten Teilen der Bevölkerung unterstützten Aufstandes, die Militärregierung von Griechenland weiter zu unterstützen. Am 12. März kündigte Truman in einer Rede vor dem Kongreß nicht nur an, daß er der griechischen und auch der türkischen Regierung (die Türkei befand sich damals wegen Grenzstreitigkeiten in einer scharfen diplomatischen Auseinandersetzung mit der UdSSR) wirtschaftliche und militärische Hilfe leisten werde, sondern er formulierte auch eine allgemeine *Doktrin*, die für lange Zeit die Haltung der Vereinigten Staaten bestimmen sollte, die sogenannte *Truman-Doktrin*. In dieser Rede führte Truman aus, daß sich jedes Land zwischen zwei Wegen zu entscheiden habe: zwischen dem freien und auf der Grundlage des Mehrheitsprinzips beruhenden demokratischen Weg und dem der Unterdrückung durch eine kommunistische Minderheit. Der US-Präsident beschuldigte die UdSSR, eine Reihe von Ländern zu diesem zweiten Weg gezwungen zu haben und entsprechende Versuche auszudehnen, und erklärte: „Ich finde, die Politik der Vereinigten Staaten muß darin bestehen, die freien Völker, die der Unterjochung durch bewaffnete Minderheiten oder durch Druck von außen widerstehen, zu unterstützen."[10]

Es handelte sich um eine Verpflichtung, die weit über Griechenland oder die Türkei hinausging – sie betraf die gesamte Welt. Truman wurde wegen dieser Rede von einigen seiner engsten Mitarbeiter, wie zum Beispiel von George F. Kennan, kritisiert. In weiten Teilen Europas wurde die nordamerikanische Hilfe an Griechenland wohl mit Erleichterung aufgenommen, doch beunruhigte man sich wegen des unbegrenzten Rechtes zur militärischen Intervention, das sich die USA gewissermaßen selbst zugeschrieben hatten. Das war wahrscheinlich einer der Gründe, weshalb Truman und sein Außenminister General George Marshall nun einen *weiteren* Vorstoß im Rahmen ihrer Politik zur Eindämmung und Schwächung des sowjetischen Einflusses unternahmen.

Das grundlegende Problem war, daß die vom Krieg zerstörten Länder den Wiederaufbau nicht aus eigener Kraft durchführen konnten. Diese Tatsache markierte die Grenzen (und bildete in einem gewissen Grund auch die Ursache ihres Scheiterns) der Strukturreformen und der Versuche einer wirtschaftlichen Planung, worin die Sozialisten und Kommunisten über ihre Teilnahme an den Regierungen der antifaschistischen Einheit in Westeuropa ihre Hoffnungen gesetzt hatten. Andererseits verfügten die Vereinigten Staaten über einen akkumulierten Reichtum, der ihnen eine riesige und in der ganzen Welt einmalige Investitionsfähigkeit verlieh. Eine Politik der *Wirtschaftshilfe* durch die USA war also logisch und objektiv notwendig. In wirtschaftlicher Hinsicht war diese Hilfe für die USA sogar von Vorteil, um einen Neubeginn des Welthandels zu finanzieren und ihre Ausfuhren zu fördern.

Diese Hilfe konnte verschiedene Formen annehmen. Die Wirksamkeit und Intelligenz dieses später als Marshallplan bezeichneten Projekts lag darin, daß diese Hilfe als *politisches* Instrument eingesetzt wurde, um eine neue, gegen die Sowjetunion gerichtete Ordnung von Staaten unter der Hegemonie der USA zu schaffen. So grob und selbst zynisch die Truman-Doktrin war, so geschliffen und intelligent war der Marshallplan. Er wurde von einem Team äußerst fähiger Fachleute ausgearbeitet, angeführt von dem schon erwähnten George F. Kennan.[11] Dieser Plan bildete zweifellos das Grundelement zur Trennung der europäischen Linken und zur Herausbildung der geteilten Welt, wie wir sie auch noch in den achtziger Jahren kennen.

Der Grundgedanke wurde erstmals in einer Rede des Generals Marshall in Harvard am 5. Juni 1947 vorgestellt, nur wenige Tage nach dem Austritt der Kommunisten aus der italienischen Regierung – der letzten westeuropäischen Regierung, in der Kommunisten noch vertreten waren. Nach einer Beschreibung der katastrophalen wirtschaftlichen und sozialen Lage in Europa gab Marshall die großzügige Bereitschaft der USA bekannt, eine umfassende Wirtschaftshilfe zu leisten. Es wäre jedoch notwendig, so Marshall, daß die Länder Europas vorher ein Übereinkommen über die erforderlichen Maßnahmen treffen. „Die Initiative muß von Europa ausgehen. Das gesamte Programm muß von einer gewissen Zahl europäischer Nationen, wenn nicht von allen, gebilligt werden."[12]

Zu dieser Zeit befand sich die UdSSR in einer beklemmenden Wirtschaftslage. Sie hatte den USA durch Stalin persönlich ihre Hoffnung auf einen bedeutenden Kredit mitgeteilt. An und für sich schloß der von General Marshall vorgeschlagene Plan die UdSSR nicht aus und natürlich noch weniger die osteuropäischen Länder, doch er stellte eine sehr ernste Bedingung: er verpflichtete die Sowjetunion, sich mit den anderen europäischen Ländern zusammenzutun, als gleiches unter gleichen, um einen *gemeinsamen* Plan des wirtschaftlichen Wiederaufbaus zu erstellen. Damit hätte sie sich deutlich den USA unterlegen gezeigt. Nach einer Serie von Verhandlungen wies die UdSSR den Plan aus zwei zweifellos berechtigten Gründen zurück: einmal, weil der Vorschlag einen Angriff auf die Souveränität der europäischen Staaten darstelle, und zum zweiten, weil er die Sonderbehandlung für Deutschland aufhebe, welches der Sowjetunion noch nicht den geringsten Teil der Reparationszahlungen, die es aufgrund der Kriegszerstörungen schuldete, bezahlt hatte. Wirtschaftlich betrachtet war diese Option Moskaus sehr hart: sie bedeutete für die UdSSR, ohne Hilfe und ohne deutsche Wiedergutmachungsleistungen zu bleiben, mit Ausnahme dessen, was sie aus der von ihr besetzten Ostzone holen konnte – um den offenkundigen politischen Preis, dort ein prosowjetisches Regime zu etablieren. In politischer Hinsicht bestätigte diese Entscheidung jedoch den Willen er UdSSR, mit den USA als Weltmacht in Wettstreit zu treten und ihre Einflußzone von äußeren Einmischungen abzuschirmen.

Das war aber nicht leicht. Der Marshallplan fand bei beträchtlichen Teilen der westeuropäischen Bevölkerung eine sehr positive Aufnahme, eingeschlossen große Teile der Arbeiterklasse. Er bestätigte das Bild des *Befreiers* Westeuropas von der Hitlerherrschaft, das die Vereinigten Staaten in der letzten Etappe des Krieges vermittelt hatten. Die sozialistischen Parteien (mit Ausnahme der italienischen) unterstützten vorbehaltlos diese Initiative und fanden eine noch stärkere Basis der Zusammenarbeit mit den jeweiligen Regierungen.

Die kommunistischen Parteien schwankten zwischen verschiedenen Positionen. Die Notwendigkeit einer wirtschaftlichen Hilfe war klar. In wessen Namen sollte man sich gegen sie aussprechen? Selbst in der Tschechoslowakei entschied die vom Kommunisten Gottwald geleitete Regierung einstimmig, den Marshallplan im Prinzip anzunehmen. Polen ebenfalls; die Rumänen schwankten noch. Das veranlaßte Moskau zu drastischen Interventionen, um in allen Ländern ihrer Einflußzone eine Ablehnung des Marshallplanes durchzusetzen. Die UdSSR verstärkte nunmehr ihre Maßnahmen zu einer *Homogenisierung* dieser Länder mit dem sowjetischen Modell.

Die Notwendigkeit, die Politik der UdSSR zu rechtfertigen und zu unterstützen, zwang die kommunistischen Parteien Westeuropas, gegen den Strom zu schwimmen. Die sowjetischen Argumente hatten ihre Begründung in der Vergangenheit: Deutschland nicht gleich behandeln wie die anderen Länder, absolute Respektierung der Souveränität von jedem Staat usw. Sie berücksichtigten jedoch nicht die neuen Realitäten in Europa. So begann eine gewisse – je nach Land mehr oder weniger stark ausgeprägte – Isolierung der Kommunisten. Die Trennung zwischen Sozialisten und Kommunisten spitzte sich zu; die Distanz der Kommunisten zu den aktuellen Problemen wurde größer.

Vom Marshallplan ausgehend, wird eine Reihe von Entwicklungen in Gang gesetzt, die die neue Struktur Europas bestimmen. Im Juli 1947 findet in Paris eine Konferenz europäischer Staaten statt (ohne Spanien, das wegen seiner faschistischen Regierung verurteilt wurde), um die Erfordernisse des Marshallplans zu erfüllen.

Als Folge dieser Konferenz wird die „Europäische Organisation für wirtschaftliche Zusammenarbeit“ (OEEC) ins Leben gerufen, die 1961 in die gegenwärtig noch bestehende „Organisation für wirtschaftliche Zusammenarbeit und Entwicklung“ (OECD) umgewandelt wird.

Ab der zweiten Jahreshälfte 1947 faßten die britische und nordamerikanische Diplomatie die Schaffung eines eigenen westdeutschen Staates ins Auge. Im März 1948 stellt die Kontrollkommission der vier Alliierten für Deutschland ihre Tätigkeit ein. Im Juni 1948 wird in den drei von den USA, Großbritannien und Frankreich besetzten Zonen Deutschlands eine Währungsreform durchgeführt, ebenso in den von diesen drei Ländern kontrollierten Zonen Berlins. Die Antwort der Sowjetunion ist die Blockade Berlins, das sich ja in der sowjetischen Besatzungszone befindet – eine Antwort, die zweifellos auf der Verblendung durch das fehlende Verständnis der neuen Wirklichkeit beruht. Es handelt sich dabei deutlich um eine Kraftprobe zwischen der UdSSR und den Westmächten. Moskau will diese zu gemeinsamen Verhandlungen über Deutschland verpflichten und sie zum Verlassen Berlins zwingen, um so ihre Schwäche in Mitteleuropa aufzuzeigen. Die Antwort der USA und ihrer Verbündeten ist die Errichtung einer *Luftbrücke* zur Versorgung Berlins. Diese Situation dauert von Juni 1948 bis Mai 1949. Sie ermöglicht den USA eine große Propagandakampagne zur Verteidigung Berlins als Vorhut des Westens. Das Gefühl der Kriegsgefahr ist ständig präsent. Der Ausdruck *Kalter Krieg* kommt in Mode, um diesen Zustand höchster Spannung zwischen Ost und West, bei der allerdings keine Schüsse fallen, zu bezeichnen. Die Blockade wird im Mai 1949 abgebrochen. Die politischen Kosten für die UdSSR sind beträchtlich: sie bot den USA Gelegenheit, einen Beweis ihrer politischen und militärischen Standfestigkeit abzulegen und den Europäern vor Augen zu halten, daß die militärische Präsenz der Vereinigten Staaten unerläßlich ist, um Westeuropa vor möglichen sowjetischen Angriffen zu *verteidigen*. Im April 1949 wird in Washington der Nordatlantikpakt unterzeichnet, die Wiege der künftigen NATO, in dem die USA, Kanada, Großbritannien, Frankreich, Belgien, Holland, Dänemark, Italien, Portugal, Norwegen, Island und Luxemburg vertreten sind. Im Mai 1949 wird die Verfassung des neuen westdeutschen Staates (der BRD) beschlossen, und im Oktober desselben Jahres erfolgt – als erzwungene Antwort – in der Besatzungszone der Sowjetunion die Gründung der Deutschen Demokratischen Republik.

Deutschland war geteilt. Europa war geteilt. Dabei muß man anmerken, daß die Vereinigten Staaten nicht erst auf dieser Stufe der zugespitzten Auseinandersetzung mit der UdSSR, sondern bereits zum Zeitpunkt der deutschen Kapitulation bemüht waren, vom Hitlerregime geschaffene Instrumente des Antisowjetismus beizubehalten und zu verwenden. Das führte sogar bis zur Beschützung und Rettung von offenkundigen Kriegsverbrechern. Der Nachrichtendienst des Nazi-Generals Gehlen wurde geschützt und in gewisser Weise von den Amerikanern übernommen und später wieder in die Deutsche Bundesrepublik überstellt. Dessenungeachtet war in den Augen eines Großteils der westeuropäischen Öffentlichkeit, einschließlich der Sozialisten, die Sache der Demokratie viel besser bei den Vereinigten Staaten aufgehoben, was einerseits eine Folge des Marshallplans war und andererseits eine Folge der Berlin-Blockade und anderer brutaler Aspekte der sowjetischen Politik (die zu großen Flüchtlingsströmen aus dem Osten nach Westeuropa führten). Die Vorstellung von der UdSSR als dem Feind der Freiheit war allgemein verbreitet.

Das Aufgeben des Pazifismus

Dem Machtgedanken der Freiheit, den die Vereinigten Staaten und der Westen zum Mittelpunkt ihrer propagandistischen und in einem gewissen Sinn auch weltanschaulichen Kampagne machten, stellten die UdSSR und die kommunistische Bewegung den Machtgedanken des Friedens entgegen. Gerade am Höhepunkt der Berlin-Blockade wurde in Breslau, Polen, eine Weltkonferenz von Intellektuellen für den Frieden einberufen. An ihr nahmen Persönlichkeiten von unbestreitbarem Format teil, die den streng gezogenen Begriff vom Kommunisten übersteigen: Pablo Neruda, Jorge Amado, Nicolás Guillén, Pablo Picasso, Fernand Léger, Renato Guttuso, David Siqueiros, Aimé Césaire, Joliot Curie, Julian Huxley (Direktor der UNESCO) und andere. Trotz einiger durch den sowjetischen Dogmatismus in künstlerischen Angelegenheiten hervorgerufenen Zusammenstöße wurde diese Konferenz der Beginn einer internationalen Bewegung, die eine beträchtliche Breite erreichte. 1949 fanden weitere Konferenzen in Paris und Prag statt sowie eine Kampagne gegen die Atombombe, die 400.000 Unterschriften erzielte. Die sowjetische Politik war damals daran interessiert, sehr populäre Forderungen zu verteidigen: die Wiederaufnahme von Verhandlungen unter den *großen Vier*, die Nichtbewaffnung von Deutschland, das Verbot der Atomwaffe usw., während die nordamerikanische Politik um den Aufbau des westlichen Blocks bemüht war. Diese Kampagnen vermochten die Isolierung der Kommunisten in einem beträchtlichen Ausmaß zu verringern. Auf organisatorischer Ebene wurde der Weltfriedensrat mit Sitz in Paris und später in Helsinki geschaffen. In ihm sind kommunistische Führer vertreten, typische „Reisegefährten“, die aus dem einen oder anderen Grund die Politik der UdSSR unterstützen wollen, und Intellektuelle von mehr oder weniger großem Prestige.

Das Charakteristische an dieser Friedensbewegung ist ihre wachsende Instrumentalisierung nicht bloß im Dienst der Kommunisten, sondern ganz direkt im Sinne der Politik der UdSSR. Obwohl wir damit der Zeit etwas vorauseilen, scheint an dieser Stelle der Hinweis darauf angebracht, daß die Sowjetunion bei aufkommender Kritik an ihrer Politik von seiten kommunistischer Parteien des Westens den Weltfriedensrat dazu benützte, um kommunistische Führer und Gruppen hervorzuheben und zu finanzieren, die der Sache der UdSSR in voller Treue bis hin zu völligem Gehorsam ergeben waren. So geschehen zum Beispiel im Fall von Enrique Lister, einem Führer der Kommunistischen Partei Spaniens und Mitglied des Weltfriedensrates, der sich in seiner Partei der Verurteilung der Besetzung der Tschechoslowakei 1968 widersetzte – und schließlich aus der Partei ausgeschlossen wurde. So verwandelte sich die Friedensbewegung immer mehr in das Sprachrohr (mit immer weniger Widerhall in der westlichen Welt) der Positionen der UdSSR in der internationalen Politik.

In dieser Beziehung erscheint es uns unerläßlich, eine grundlegende Überlegung anzustellen, die die Gesamtheit der Linken und der Arbeiterbewegung betrifft und die man als Aufgeben des Pazifismus bezeichnen kann.

Seit dem 19. Jahrhundert war sich die Arbeiterbewegung – trotz ideologischer Differenzen – in der Ablehnung und der Verurteilung des Krieges einig. Sie ging in dieser Haltung mit anderen Strömungen humanistischen und christlichen Ursprungs konform. Im Pazifismus treffen sich alle jene, die es ablehnen, die Staatsraison über die Vernunft des Menschen zu stellen. Der Krieg erscheint ja an und für sich als Legalisierung des Mordens unter Brüdern, als die barbarischste und unmenschlichste Form, in der sich die tierischen Spuren im Verhalten des Menschen zeigen. Und so schien es logisch, wenn die Fortschritte der Zivilisation nicht nur zu individuellen, sondern auch zu kollektiven Maßnahmen zur Verbannung der Kriege aus der Geschichte führten. Auf der anderen Seite förderten die Fortschritte der Industrie und der Wissenschaft die Möglichkeit zur Herstellung noch mehr unheilbringenderer Vernichtungswaffen und Kriege mit zunehmend schrecklicherem Gemetzel.

Die marxistische Kapitalismuskritik fand im Krieg eines ihrer zutreffendsten Argumente. Nach einem Ausspruch des französischen Sozialisten Jean Jaurès „trägt der Kapitalismus den Krieg in sich wie die Wolke den Regen". Die Kapitalisten brachten die Arbeiter mit falschen Argumenten dazu, sich gegenseitig umzubringen, während sie selbst nichts riskierten und sich sogar im Gegenteil durch den Waffenhandel noch bereicherten. Diese schon vor 1914 weitverbreitete Haltung gewann (wie wir in einem früheren Kapitel gesehen haben) nach dem Ersten Weltkrieg noch mehr an Stärke. Dieser hatte Millionen von Todesopfern und Invaliden gefordert. Die Bolschewiken hatten den Krieg in eine Revolution verwandelt. Es war jedoch die einmütige Haltung der Arbeiterklasse, alles zu unternehmen, daß sich so etwas Schreckliches wie der Krieg nie mehr wiederhole. Diese Stimmung erfaßte auch große Teile der Bourgeoisie und der Regierungen. Der Völkerbund wurde mit genau diesem Ziel gegründet. Im August 1928 wurde in Paris der berühmte Briand-Kellogg-Pakt unterzeichnet (so benannt nach seinen wichtigsten Förderern, dem französischen Außenminister Briand und dem US-Außenminister Kellogg). Dieser Vertrag schloß die Anwendung der Gewalt, also den Krieg, in den Beziehungen zwischen den Staaten aus. 1932 wurde in Genf die Weltabrüstungskonferenz eröffnet, an der auch Nichtmitglieder des Völkerbundes wie die USA und die Sowjetunion teilnahmen. Ziel dieser Konferenz war eine Rüstungsbeschränkung und ein Verbot der Anwendung der inhumansten Waffensysteme. Es gab einen Vorschlag für eine Konvention zum Verbot der Militärluftfahrt, die beinahe unterzeichnet worden wäre. (Einzige Ausnahme wäre der Einsatz der Luftwaffe zu militärischen Zwecken im Falle von Aufständen in den Kolonien gewesen, was die Vorherrschaft Großbritanniens und Frankreichs, den damals größten Kolonialmächten, unter Beweis stellt.) Diese Projekte zerfielen jedoch schon bald, vor allem wegen des Aufschwungs des Nationalsozialismus. Dennoch ist es unbestreitbar, daß die Völker und vor allem die Linke aus dem Ersten Weltkrieg voller Abscheu gegen Krieg, gegen Aufrüstung und Militarismus hervorgingen, mit einer radikalen und tief verwurzelten pazifistischen Haltung, die, wie wir gerade gesehen haben, entsprechende Regierungsinitiativen beeinflußte.

Das Ende des Zweiten Weltkrieges ist völlig anders. Die Freude am Sieg über den Faschismus überwiegt den Schrecken über die vielen Toten und die Zerstörungen. Selbst das Schreckensgespenst der beiden über Japan abgeworfenen Atombomben wird durch die Tatsache des definitiven Sieges relativiert.

Es war ein Krieg, in dem die Guten die Bösen besiegten. Der Nürnberger Prozeß verlieh dem Krieg eine Art Legitimation als Form zur Bestrafung eines Verbrechens. Die Tatsache, daß in diesem Tribunal sowjetische Richter neben britischen und US-amerikanischen Richtern saßen, verstärkte noch dieses Gefühl in allen Sektoren der Linken.

Die elementarsten Werte und Wahrheiten des Pazifismus, der Schrecken vor dem Krieg an sich, wurden sowohl bei Sozialisten als auch bei Kommunisten aus ihren Überlegungen und überhaupt aus der politischen Kultur der Nachkriegszeit völlig verbannt. Die Instrumentalisierung dieses Problems erfolgte später, als die Sowjets die sogenannte Friedensbewegung gründeten; sie widersprach jedoch nicht im geringsten dem allgemeinen Aufgeben pazifistischer Traditionen seitens der europäischen Linken in der Nachkriegszeit.

Mit der neuen Spaltung der Linken ab 1947 fixieren sich sowohl Kommunisten als auch Sozialisten auf eine Unterstützung der beiden großen Militärmächte, die das internationale Leben bestimmen. Die Teilung der Welt in zwei Militärblöcke zieht in der Praxis ein Wettrüsten und ein ungeheures Ansteigen der Rüstungsausgaben mit sich; der Erfindungsgeist des Menschen ist immer mehr auf die Entwicklung noch raffinierterer Waffen ausgerichtet. Dieser Prozeß führt sowohl in den USA als auch in der Sowjetunion (wenn auch dort das Bewußtsein für diesen Vorgang erst später eintritt) zu einer steigenden Einflußnahme der hochrangigen Militärs in den Bereichen Finanz, Industrie und Wissenschaft, in den Entscheidungen der internationalen Politik und überhaupt im allgemeinen politischen Leben. Dieser gigantische Prozeß der Militarisierung bedeutet gleichzeitig eine intellektuelle und moralische Degenerierung, denn er bedeutet in allen Bereichen die Unterordnung der Vernunft, der Suche nach friedlichen Lösungen unter die Gewalt, unter die Bedrohung. Doch die Kräfte der Linken stehen in dieser Zeit ab 1947 diesem Phänomen der Militarisierung des internationalen Lebens wie blind gegenüber. Es dominiert die Unterstützung der Argumentation einer der beiden Seiten: entweder ist man für die USA oder für die UdSSR.

So kommt es, aus den vorhin erwähnten historischen Gründen, zu einem Aufgeben des Pazifismus, der radikalen Opposition gegen Krieg, gegen Rüstung, gegen alles Militärische. Diese Entwicklung zieht äußerst schwerwiegende Folgen mit sich: sie hindert die Linke am Ausdenken, am Ausarbeiten von Alternativen, um die Menschheit vor einem Schicksal zu erretten, das in die Dialektik von Staatsraison und Gegnerschaft zwischen zwei Blöcken eingebettet ist. Das Aufgeben des Pazifismus bedeutet auch das Aufgeben von ideellen, utopischen Werten, die einer revolutionären Haltung zum Leben eigen sind. Das ist einer der Gründe für die zunehmende Abwendung der neuen Generation von den kommunistischen und sozialistischen Parteien.

Die Kominform

Die Kommunistische Partei der Sowjetunion (KPdSU) berief für den 22. September 1947 unter völliger Geheimhaltung die kommunistischen Parteien der sogenannten Volksdemokratien (Polen, Tschechoslowakei, Ungarn, Rumänien, Jugoslawien und Bulgarien) sowie von Frankreich und Italien in die kleine polnische Stadt Szklarska Poreba. Die Konferenz, auf der die *Kominform* (russische Abkürzung für „Informationsbüro der kommunistischen Parteien") gegründet wurde, hatte eine außergewöhnliche Zusammensetzung: auf der einen Seite waren alle Parteien anwesend, die sich damals an der Macht befanden (mit Ausnahme Albaniens, zweifellos, weil man diese KP als Partei ohne genügend Reife betrachtete), auf der anderen Seite zwei Parteien, die italienische und die französische KP, die soeben aus der Regierung ihres Landes ausgeschlossen worden waren. Die meisten Teilnehmer an dieser Konferenz glaubten, man werde in irgendeiner Form die Kommunistische Internationale neu gründen; eine gewisse Koordination unter den kommunistischen Parteien schien logisch und notwendig. Auch die sozialistischen Parteien unternahmen im selben Jahr einen ähnlichen Schritt bei einer Konferenz in Antwerpen. Zahlreiche Zeugen bestätigen, daß Stalin ganz aus der Nähe persönlich den Gründungsvorgang der Kominform verfolgte.

Die Erklärung für die auf den ersten Blick seltsame Zusammensetzung des neuen Organs liegt in den *Zielen*, die die UdSSR damit verband. Man darf nicht vergessen, daß die Weltmachtpolitik der USA zu diesem Zeitpunkt mit dem Marshallplan in ihrer höchsten Blüte stand.

In dieser Situation schwankten die kommunistischen Parteien des Westens und auch der Volksdemokratien in ihrer Haltung. Es ging nun darum, die Länder des Ostens zu einer beschleunigten Annahme des sowjetischen Modells des Einparteiensystems zu bewegen, diese Länder noch stärker entsprechend den Interessen und Anweisungen der UdSSR zu *disziplinieren* und die Funktion der kommunistischen Parteien des Westens als Verteidiger der sowjetischen Politik zu verstärken, auch als Verteidiger jener Änderungen, die die UdSSR den sogenannten Volksdemokratien aufzwang. Zu diesem Zweck mußten die italienische und die französische Partei in einem gewissen Sinn zu Komplizen, zu Mitverantwortlichen für die zwangsweise Sowjetisierung der osteuropäischen Länder gemacht werden.

Historisch betrachtet ist die Gründung der Kominform offenkundig ein *defensiver* Schritt angesichts der politischen und wirtschaftlichen Fortschritte des nordamerikanischen Imperialismus. Doch nach außen hin präsentiert er sich als eine Anstrengung, in den kommunistischen Parteien *revolutionäre* Haltungen durchzusetzen, um die Offenheit aus der Zeit der Volksfront und der Nationalen Einheitsregierungen zu überwinden. Die Absicht geht dahin, diese Parteien völlig in die Blockpolitik einzubinden; die westlichen kommunistischen Parteien sollen nicht in erster Linie Vorreiter des revolutionären Kampfes in ihren Ländern sein – was zu dieser Zeit ohnehin unmöglich gewesen wäre –, sondern Kämpfer gegen den Einfluß der USA. Es handelt sich um eine Neudefinition des Revolutionären, das dem Zwei-Block-Manichäismus untergeordnet wird: totale und blinde Unterstützung der UdSSR; totale Opposition gegen alles, was auf einen Einfluß der USA hinweist.

Stalin hatte sicher genau überlegt, wie er durch diesen neuen, aus neun Parteien zusammengesetzten Organismus auch alle anderen nicht teilnehmenden Parteien dazu bringen könnte, die Anweisungen der UdSSR zu befolgen. Der offensichtlich kollektive Charakter des Gremiums verhalf dazu, dessen Entscheidungen Prestige zu verleihen, obwohl die Tatsache, an den Rand gestellt, diskriminiert worden zu sein, in vielen Parteien einen gewissen Unmut auslöste.

Um zu verstehen, wie zahlreiche kommunistische Parteien Entscheidungen eines Organs annehmen konnten, in dem sie gar nicht vertreten waren, genügt es nicht, auf das Prestige Stalins und den Kult um seine Person hinzuweisen. Man muß sich dazu in die Stimmung des Kalten Krieges zurückversetzen, in jene Atmosphäre der Verfolgung, in der sich die Parteien befanden. Es war das geeignetste Klima für ein klischeehaftes Gut-Böse-Denken, für die Akzeptanz von Anweisungen und Disziplinierungen, denen durch die Zusammenarbeit der KPdSU mit anderen, von ihrem Kampf im Widerstand her ruhmvollen kommunistischen Parteien ein besonderer Nimbus anhaftete.

In den drei Jahren ihres tatsächlichen Bestehens, von 1947 bis 1950, kann man die wichtigsten Orientierungen der Kominform für die Gesamtheit der kommunistischen Parteien in folgende drei Gruppen zusammenfassen: die Zwei-Lager-Theorie, die Teilung in Rechts- und Linkssozialisten und die Reinigung der kommunistischen Parteien von angeblichen fremden Elementen, den Agenten des Feindes.

Der Schwerpunkt des Berichtes, den Andrej Schdanow – damals wichtigster Mitarbeiter Stalins in ideologischen Fragen – bei der Gründungskonferenz 1947 vorlegte, war die *Zwei-Lager-Theorie*. Die Welt war in zwei Lager geteilt: eines war das demokratische, antiimperialistische, den Frieden verteidigende Lager, angeführt von der UdSSR. Ihm gehörten die Länder der Volksdemokratien, einige vom Kolonialismus befreite Länder, die mit der UdSSR gute Beziehungen unterhielten, wie Indien, Indonesien, Ägypten, Syrien, sowie die internationale demokratische und Arbeiter-Bewegung und die antikoloniale Befreiungsbewegung an. Das andere Lager war das imperialistische, antidemokratische, friedensfeindliche, angeführt von den USA. Es bestand aus den kapitalistischen Staaten Europas und anderer Kontinente einschließlich Chinas (wo sich zu diesem Zeitpunkt gerade der von den Kommunisten angeführte revolutionäre Kampf auf dem Weg zum Sieg befand). Die wesentlichste Folge dieser Theorie war die totale Unterordnung der Strategie der Arbeiterklasse in jedem Land unter die Interessen und Erfordernisse des *Lagers* und natürlich auch der Führungskraft, der UdSSR. Die Kominform wandelte die Ziele der sowjetischen Außenpolitik in marxistisch-leninistische Orthodoxie um, diktiert von einem mit großem Prestige beladenen Kollektivorgan.

Auf zwei Anormalitäten der Kominform wollen wir besonders hinweisen: einmal das Ausklammern des griechischen Problems zu einem Zeitpunkt, als die Kommunisten dieses Landes einen mächtigen Volksaufstand gegen ein reaktionäres Regime anführten. Die Kommunistische Partei Jugoslawiens forderte auf der Konferenz von 1947 Maßnahmen, um die internationale Solidarität mit den griechischen Kommunisten zu wecken und zu mobilisieren. Doch diese Forderung blieb unberücksichtigt. Die UdSSR umging dieses Problem aus Gründen, die wir schon früher angeführt haben.

Zum zweiten die Abwesenheit der Kommunistischen Partei Chinas, zweifellos nach der sowjetischen die stärkste KP der Welt. Doch nicht nur das: in der gesamten Arbeit der Kominform nahm die (1949 siegreiche) chinesische Revolution überhaupt keinen Platz ein, obwohl es sich dabei um ein Phänomen handelte, das allein mit der Russischen Revolution von 1917 vergleichbar wäre.

Es handelte sich in diesem Fall nicht nur um den schon erwähnten Eurozentrismus, der das Denken der europäischen Linken schwerstens belastete. Die Fälle Griechenland und China beweisen, daß die Rolle der Kominform nicht im mindesten darin bestand, der kommunistischen Bewegung eine revolutionäre Vision zu vermitteln. Ihre Aufgabe lag vielmehr darin, die Einflußzone der UdSSR zu „legitimieren“ und alle kommunistischen Parteien auf eine Unterstützung dieser Politik festzulegen.

Das wichtigste Instrument der Kominform war ihre Wochenzeitschrift mit dem von Stalin persönlich ausgesuchten Titel *Für einen dauerhaften Frieden, für eine Volksdemokratie*, in der die bedeutendsten kommunistischen Führer schrieben. Die Redaktion der Zeitschrift – zuerst in Belgrad, dann in Bukarest – war de facto die organisatorische Zentrale der Kominform; sie bestand aus Vertretern der neun Mitgliedsparteien (nach dem Ausschluß der Jugoslawen 1948 acht). Es gab jedoch nicht nur Ausgaben in den Sprachen der Mitgliedsländer, sondern auch spanisch, deutsch und englisch. Die Zeitschrift wurde auf der ganzen Welt verbreitet. Sie war das tatsächliche Orientierungsorgan für die Gesamtheit der kommunistischen Parteien (natürlich mit Ausnahme der chinesischen KP). Wenn man die einzelnen Nummern der Zeitschrift analysiert, so stößt man auf eine immer stärker zutage tretende Tendenz zur Orthodoxie, zur Anklage und Verurteilung von allem, was auf der Seite der Linken, in revolutionären Kreisen, selbst innerhalb der kommunistischen Parteien, die sowjetische Führung nicht akzeptieren wollte oder die Überlegenheit der UdSSR auf allen Gebieten nicht mit genügend Begeisterung verherrlichte.

Neben der richtungweisenden Rolle der Zeitschrift hielt die Kominform noch drei Konferenzen unter Beteiligung aller Führer der Mitgliedsparteien ab, ausgenommen Stalin, Tito, Dimitroff und Thorez, die nie an den Treffen teilnahmen. Togliatti war zweimal anwesend. Die erste Konferenz war die bereits erwähnte im September 1947 in Polen; die zweite trat im Juni 1948 in Bukarest zusammen. Dabei wurde eine Resolution zum Ausschluß der Kommunistischen Partei Jugoslawiens gebilligt, die ihre Teilnahme verweigert hatte. Diese Entschließung wiederholte zusammenfassend die Anschuldigungen der – damals noch geheimen – Briefe, die Stalin an die kommunistischen Führer Jugoslawiens gesandt hatte. Die dritte Konferenz wurde in der Matra in Ungarn im November 1949 abgehalten. Auf ihr wurden drei Berichte vorgelegt: einer von Michail Suslow im Namen der KPdSU, einer von Togliatti und einer von dem Rumänen Gheorghiu Det über die jugoslawische Frage.

Das Neue am Bericht Suslows, der im wesentlichen die Zwei-Lager-Theorie wiederholte und aktualisierte, war der verstärkte Akzent auf der Rolle der Kominform als echtes Zentrum der Orientierung und der *Führung* der gesamten kommunistischen Bewegung im politischen, aber auch im ideologischen Bereich.

Während ihrer Anfangsphase wurde die Kominform viel bescheidener präsentiert. In Erklärungen gegenüber dem britischen Labour-Abgeordneten Zilliacus im Oktober 1947 hatte Stalin sogar davon gesprochen, die Kominform habe nichts mit einem Wiederaufbau der Kommunistischen Internationale zu tun, da es in der neuen Situation utopisch wäre, die kommunistischen Parteien „von irgendeiner gemeinsamen Zentrale“ aus zu führen, und die Kommunisten wären keine Utopisten. Zur selben Zeit, während Stalin seine Einflußzone *disziplinierte*, verzichtete er aber nicht darauf, seine Beziehungen zu den USA und Großbritannien zu verbessern.

Später kam es jedoch zur Verschärfung des Kalten Krieges, zur Berlin-Blockade und vor allem zum Konflikt mit Jugoslawien, womit die Notwendigkeit wuchs, die Kominform zur Homogenisierung der kommunistischen Parteien einzusetzen.

Die Haltung der Sozialisten. Die „Comisco“

Die Haltung der sozialistischen oder sozialdemokratischen Parteien in dieser Übergangsphase zwischen der Einheit mit den Kommunisten und der neuen Spaltung, die vor allem aus der Teilung der Welt in zwei Blöcke herrührte, war ziemlich verwickelt und sogar widersprüchlich.

Wir haben schon gesehen, wie der Ministerpräsident Frankreichs, der Sozialist Ramadier, im Mai 1947 die Eliminierung der kommunistischen Minister aus seiner Regierung betrieb. Das ging jedoch nicht so leicht vor sich: das Leitungsgremium der Sozialistischen Partei widersetzte sich Ramadier und verlangte sogar seinen Rücktritt; ein Teil der Sozialisten befürchtete, sich „in den linken Flügel einer Mehrheit, die sich nach rechts hin bewegt“,[14] zu verwandeln.

Diese Spaltung der Sozialisten wird am Kongreß der Sozialistischen Partei Frankreichs in Lyon im selben Jahr deutlich. In einer Reihe von Texten aus dieser Zeit scheint die Theorie von der dritten Kraft auf, die von antikommunistischen Sozialistenführern wie Léon Blum und Guy Mollet verteidigt wurde. Dieser schreibt zum Beispiel in einem Kommentar zur Gründung der Kominform: „Wir werden diese Konferenz in Polen nicht zum Vorwand nehmen, um in eine reaktionäre und antisowjetische Kampagne einzusteigen; das würde bedeuten, daß auch wir zwischen den beiden Blöcken gewählt hätten, und das lehnen wir kategorisch ab“.[15]

Léon Blum erklärt auf einer großen politischen Versammlung im Oktober 1947 in Paris, daß die Sozialisten sowohl die Sowjetisierung als auch die Amerikanisierung zurückweisen und für eine dritte Kraft eintreten, die „als Mittel der Annäherung, der gegenseitigen Verständigung und Versöhnung zwischen den verfeindeten Blöcken“ dienen soll, „deren Gegnerschaft die moralische Ruhe der Welt stört und langfristig eine Bedrohung des Friedens darstellt“.[16]

Diese Haltung war zweifellos nicht so ernst gemeint, denn in Wirklichkeit unterstützten die sozialistischen Parteien immer mehr die Politik der USA. Doch die kommunistische Haltung des bedingungslosen Prosowjetismus ermöglichte ihnen diesen Freiraum einer Anti-Block-Position. Und es gibt keinen Zweifel darüber, daß diese Haltung den Ansichten großer Teile der Arbeiterschaft entsprach.

In Italien zum Beispiel repräsentierte die klar proamerikanische Haltung der neuen, von Saragat geführten Partei eine kleine Minderheit. Die Sozialistische Partei hingegen setzte außerhalb der Regierung eine enge Zusammenarbeit mit der Kommunistischen Partei fort. Auf dem Kongreß in Genua im Juli 1948 wurden in den höchsten Leitungsgremien die typischen Linken wie Pietro Nenni und Lelio Basso durch mehr dem Zentrum zugeneigte Personen wie Sandro Pertini und Ricardo Lombardi ausgetauscht, doch der Pakt der Einheitsaktion mit der Kommunistischen Partei wurde aufrechterhalten.

Dennoch herrschte in den sozialistischen Parteien Europas eindeutig die Tendenz zur Rechten, zur Unterstützung der Politik der USA vor.

Die Möglichkeit, die Einheit der Linken aufrechtzuerhalten, ging durch den zunehmenden nordamerikanischen Druck auf die europäische Politik verloren. Zu dieser Entwicklung trug auch die kommunistische Haltung bei, die Einstellung zur UdSSR als Kriterium für eine eventuelle Zusammenarbeit zu nehmen. Einen anderen Faktor stellten die Ereignisse in den Ländern des Ostens, in der sowjetischen Einflußzone dar.

Im November 1947 trafen sich die europäischen sozialistischen Parteien in Antwerpen. Die allgemeine Ansicht war, gegenwärtig bestünden nicht die entsprechenden Bedingungen, um die Sozialistische Internationale wieder aufzubauen, doch man gründete zum Zweck der Koordination das „Komitee der Internationalen Sozialistischen Konferenz“ (Comisco). Das war zweifellos eine Antwort auf die Kominform, obwohl diese in der Gründungsresolution nicht erwähnt wird. Der Comisco traten nicht nur die westlichen Parteien bei, sondern auch die sozialistischen Parteien Polens, Ungarns und der Tschechoslowakei. Letztere beabsichtigten, unbedingt innerhalb des offiziell proklamierten Pluralismus in den Ländern der Volksdemokratien zu überleben. Diese Absicht widersprach jedoch den Notwendigkeiten der UdSSR in ihren Satellitenländern.

Dort besaßen die neuen Regierungen nur eine schwache politische Basis. Historisch gesehen hatten in den meisten osteuropäischen Ländern die kommunistischen Parteien eine schwache Position, nunmehr hatten sie nur die Gewalt, die die Macht verleiht. Es war für die Sowjets einfach nicht zu tolerieren, daß es in diesen Ländern weiterhin sozialistische Parteien gab, die den Anspruch erhoben, *ebenfalls* im Namen der Arbeiter zu sprechen, und die Verbindungen zu Bruderparteien anderer Länder pflegten, die den Marshallplan unterstützten. Daraus ist die Entscheidung zu verstehen, die sozialistischen Parteien auszuhöhlen und schließlich aufzulösen. Die dafür gewählte Form war die, Fusionen mit den kommunistischen Parteien zu erzwingen und die sozialistischen Führer dahin zu bringen, die von der UdSSR vorgegebene Ausrichtung zu akzeptieren. Sozialistische Führer, die sich dieser Fusion widersetzten, wurden von ihren Posten entfernt und polizeilich und gerichtlich verfolgt.

Ein entscheidender Augenblick in dieser Entwicklung war der Putsch von Prag im Februar 1948. Die Kommunistische Partei war in der Regierung und im Parlament auf ernsthafte Schwierigkeiten gestoßen und ließ die von ihr kontrollierten *Arbeitermilizen* aufmarschieren. Mit deren Hilfe setzte sich der Sozialistenführer Fierlinger an die Spitze der Sozialistischen Partei. Auf diese Weise wurde eine Veränderung des internen Kräfteverhältnisses erzwungen – wobei im Falle der Tschechoslowakei die Kommunisten ohnehin in der Arbeiterklasse eine beträchtliche Macht darstellten und diese Aktion den Charakter einer gewissen Volksbewegung geben konnten. Das wiederum ermöglichte den Kommunisten das auf internationaler Ebene verwendete Argument, es wäre angemessen, eine exklusive Sichtweise der *Formaldemokratie* zu überwinden und die direkte Intervention der *Arbeiterklasse* als positiven Schritt darzustellen. In den anderen Ländern wurden die Fusionen weniger spektakulär und tumultös durchgeführt und fanden in der Öffentlichkeit kaum Widerhall – nur die sozialistischen Parteien des Westens zeigten sich logischerweise entrüstet.

Die *Fusionskongresse* wurden alle noch im Lauf des Jahres 1948 abgehalten, was deutlich die Existenz eines den konkreten Prozessen im jeweiligen Land übergeordneten Plans aufzeigt. Im Februar fand ein derartiger Kongreß in Rumänien statt, im Juni in Ungarn und in der Tschechoslowakei, im August in Bulgarien und im Dezember in Polen. Ein bezeichnendes Beispiel für den Ton, der bei diesen Fusionsvorgängen herrschte, ist der folgende Ausspruch des ungarischen Kommunistenführers Mátyás Rákosi beim Vereinigungsprozeß in Ungarn: „Eine der Bedingungen für die Vereinigung ist, daß die sozialdemokratischen Genossen die Lehren des Marxismus-Leninismus annehmen müssen . . . Die von der Sozialdemokratischen Partei kommenden Genossen müssen die marxistisch-leninistische Theorie und die feste Parteidisziplin schnellstens lernen.“[17]

Auf internationaler Ebene führte die Kominform die Attacke gegen die sozialistischen Parteien, indem sie die Unterscheidung zwischen *Rechtssozialisten* (die den Marshallplan annahmen) und *Linkssozialisten* (die das Friedenslager unterstützten) in den Vordergrund stellte. Gleichzeitig differenzierte sie zwischen sozialistischen Führern, die es anzuklagen und auszuschalten galt (natürlich die *Rechtssozialisten*), und „sozialistischen Arbeitern“ und „sozialistischer Basis“, die man überzeugen und gewinnen mußte.

Im März 1948, während des Prager Putsches, kommt es auf der sozialistischen Konferenz in London bereits zu einer Verurteilung der sowjetischen Politik. Die Sozialistische Partei Italiens zieht sich aus der Comisco zurück, ebenso die sozialistischen Parteien Polens, Ungarns und der Tschechoslowakei (mit ihren neuen Parteiführungen). Diese Austritte werden von der Kominform als einzigartige Tatsache, als Fortschritt der *Linkssozialisten* präsentiert. In Wirklichkeit ist es die Bestätigung der Spaltung. Der Prozeß der Fusion und somit Auflösung der sozialistischen Parteien im Osten beschleunigt sich noch mehr. Auf einer weiteren sozialistischen Konferenz im Juni 1948 in Wien, die zur Untersuchung der Lage in den Volksdemokratien einberufen wurde, wird die Kominform zur Zielscheibe der Angriffe. Sie wird für die Angriffe gegen die sozialistischen Parteien verantwortlich gemacht, die in einigen Fällen sogar zur Verfolgung von Sozialisten führten, von denen einige im Westen Asyl suchten.

In Wirklichkeit vollzieht sich in diesem Prozeß eine Entwicklung – mit wenigen Ausnahmen, wie etwa in Italien – hin zu einer klaren

Unterstützung der Politik der Vereinigten Staaten. Das zeigt sich besonders deutlich in der Haltung der Labour Party in der britischen Regierung, wo Ernest Bevin den Außenminister stellt und im April 1949 den Nordatlantikpakt unterzeichnet. Auch in der Sozialistischen Partei Frankreichs geht die These von der *dritten Kraft* in Luft auf; sehr schnell gewinnen plumpe antisowjetische und antikommunistische Parolen die Oberhand. Das bringt die Sozialisten mit der Arbeiterschaft in Konfrontation, die Ende der vierziger Jahre eine breite Protestbewegung auf die Beine stellt. Die Kommunisten unterstützen diese Bewegungen und bemühen sich, ihnen auch den Anstrich eines Protests gegen die Politik der USA zu geben.

In der Kominform-Konferenz vom November 1949 ist ein besonderer Bericht von Palmiro Togliatti den Beziehungen zu den Sozialisten gewidmet. Dieser zeichnet sich durch extremes Sektierertum aus: die Rechtssozialisten werden als Agenten der Bourgeoisie und des Imperialismus dargestellt. „Der Haß auf die Sowjetunion . . . ist der wesentlichste Charakterzug aller rechten Sozialdemokraten", heißt es darin. In den Ländern des Ostens hingegen hätten sich „entscheidende Erfolge in der Einheit der Arbeiterklasse" ergeben. Die einzige mögliche Einheit sei jene, die die Billigung und Unterstützung der sowjetischen Politik und die Verurteilung aller Kritiker als Agenten des Imperialismus zur Grundlage habe.

Der Ausnahmefall Jugoslawien

Nach all dem, was wir bis jetzt erörtert haben, kann es nicht besonders schwer fallen, die Gründe für den Konflikt zwischen der UdSSR und Jugoslawien ausfindig zu machen. Jugoslawien war das einzige Land in Europa, das sich aus eigener Kraft befreit hatte. Die Kommunistische Partei Jugoslawiens hatte die Macht ergriffen und die zwischen Churchill und Stalin vereinbarte Aufteilung der Einflußzonen nicht anerkannt. Dabei kam ihr die enorme politische und militärische Macht zugute, die sie in dem von ihr angeführten Kampf gegen den Nationalsozialismus erworben hatte. Tito hatte nicht nur eine soziale Revolution verwirklicht, indem er die Kapitalisten und Grundbesitzer ihrer großen Produktionsmittel beraubte, sondern er schuf auch eine föderative Struktur, in der die verschiedenen Völker Jugoslawiens – deren Feindschaft sich während des Zweiten Weltkrieges bis zu blutigen Auseinandersetzungen gesteigert hatte – zusammenlebten. Das Ansehen der Kommunistischen Partei Jugoslawiens, ihrer Führung und besonders Titos war außerordentlich groß. In der politischen und militärischen Führung des Widerstandskampfes war der Anteil jener jugoslawischen Kommunisten, die in den Internationalen Brigaden in Spanien gekämpft hatten, besonders hoch.

Der Konflikt wächst in dem Maße, in dem die UdSSR versucht, im wirtschaftlichen Bereich – mit gemischten Gesellschaften –, im staatlichen Sektor, bei den Geheimdiensten, bei der politischen Überwachung usw. jene Methoden einzuführen, die sie in den anderen Ländern des Ostens schon durchgesetzt hat. Kurz und gut, die Jugoslawen widersetzen sich dem Prozeß, ein Satellit Moskaus zu werden. Im März 1948 beginnt der berühmte Briefwechsel. Um die Jugoslawen anzugreifen, verwendet Stalin in seinen Botschaften vor allem ideologische Argumente: er tadelt sie zum Beispiel wegen ihrer abweichenden Linie in der Agrarpolitik der Partei. Es war damals klar, daß auf ideologischer Ebene kein Kommunist die Rechtmäßigkeit dessen bezweifelte, was Stalin sagte. Die Jugoslawen antworten, indem sie vor allem die Fragen des Staates in den Vordergrund stellen: sie wollen Entscheidungen garantiert sehen, die die Souveränität und Unabhängigkeit Jugoslawiens respektieren. Sie schlagen vor, Lösungen auf bilateraler Ebene zu suchen. Doch Stalin entscheidet, die Frage vor das einzige damals bestehende internationale Forum der Kommunisten zu bringen, die Kominform, da er sicher ist, daß diese die sowjetischen Anschuldigungen gegen Jugoslawien kollektiv billigt und absegnet. So geschieht es auch bei der Konferenz der Kominform im Juni 1948 in Bukarest. Die Jugoslawen entschließen sich, an dem Treffen nicht teilzunehmen, werden verurteilt und ausgeschlossen.

Ein anderer Aspekt dieses Themas verdient ebenfalls, erwähnt zu werden. Es war schon eine alte Idee der kommunistischen Bewegung, eine Föderation der Balkanländer zu bilden. Sobald die Kommunisten in einigen dieser Staaten regieren, beginnt man nun, diese Perspektive aufs neue zu studieren.

Eine vernünftige Möglichkeit wäre gewesen, Bulgarien als achte Teilrepublik der jugoslawischen Föderation einzugliedern. In einer ersten Phase tritt die UdSSR für diese Option ein, doch zieht sie dann logischerweise vor, isolierte, schwächere Länder zu Satelliten zu machen. Im Februar 1948 beruft Stalin plötzlich die jugoslawischen und bulgarischen Führer in den Kreml. Er eröffnet ihnen, daß andere Projekte des Zusammenschlusses noch warten können, daß man aber unverzüglich eine Föderation auf Basis der Gleichstellung von Bulgarien und Jugoslawien bilden müsse. Die Absicht ist offensichtlich: der Konflikt mit Jugoslawien war bereits angelaufen – die Föderation sollte es ermöglichen, den Jugoslawen die Hände zu binden. Tito legt die Frage dem Zentralkomitee der Kommunistischen Partei Jugoslawiens vor. Dieses weist die Forderung Stalins zurück. Die sowjetische Reaktion erfolgt schnell und auf brutale Weise. Verschiedene Zeugen bestätigen Ausspruch Stalins, er könne Tito einfach mit dem kleinen Finger zermalmen.

In der Resolution der Kominform vom Juni 1948 sind die Angriffe auf die jugoslawischen Kommunisten bereits ungeheuerlich: Aufgabe des Marxismus-Leninismus in der Innen- und Außenpolitik, Rückfall in den Nationalismus, Verrat an der internationalen Solidarität der Arbeiter . . . Der entscheidende Punkt ist jedoch die Ablehnung der Führungsrolle der UdSSR, der Antisowjetismus der Jugoslawen. Daher ein Aufruf der Kominform an die *gesunden Kräfte* der Kommunistischen Partei Jugoslawiens, sich an die Seite der Sowjetunion zu stellen. Ein derartiger Aufruf konnte den Beginn einer militärischen Intervention darstellen, doch er findet in der jugoslawischen Partei nur geringen Widerhall. Der Sprachgebrauch, der viele Jahre später, 1968, der sowjetischen Intervention in der Tschechoslowakei vorangehen sollte, war in vieler Hinsicht sehr ähnlich. Doch was Breschnew 1968 tut, gelingt Stalin 1948 nicht. Die jugoslawische Führung versteht genau den Ernst der Lage und richtet ihr Kommandozentrum in einer Gebirgszone ein. Sie läßt die Sowjets wissen, daß man die Armee und die Bevölkerung zur Verteidigung des Vaterlandes aufrufen werde, wenn sowjetische Truppen eindringen würden. So entsteht eine völlig außergewöhnliche Situation: ein sozialistisches Regime, das seinen Weg auf der Linie des sowjetischen Modells beginnt, dann aber mit der *Selbstverwaltung* neue Formen der Arbeiterbeteiligung im wirtschaftlichen und politischen Leben sucht. Wie Edvard Kardelj in seinem letzten Werk erklärt, suchen die Jugoslawen mit der Selbstverwaltung neue Formen des politischen und kulturellen Pluralismus im Rahmen des Sozialismus, doch außerhalb eines Parteiensystems.[18]

Auf internationaler Ebene konnte die Kommunistische Partei Jugoslawiens (die wenig später ihren Namen in „Bund der Kommunisten Jugoslawiens“ abänderte) in der in zwei Lager geteilten Welt ihre Unabhängigkeit bewahren und ausbauen. Der Bruch mit der Sowjetunion bedeutete nicht den Eintritt in das andere Lager. Jugoslawien bewies die Möglichkeit eines echten *dritten Weges.* Die Genialität von Tito zeigte sich auch in der Ausarbeitung und Verwirklichung einer Politik der Blockfreiheit, die später von vielen revolutionären Kräften – und selbst von kommunistischen Parteien – als einziger Weg anerkannt wurde, um in einer in zwei Militärblöcke geteilten Welt den Frieden und den Fortschritt der Menschheit voranzutreiben. Tito wußte vor allem den Eurozentrismus zu überwinden, der auf der gesamten Linken, Sozialisten und Kommunisten, lastete. Er begriff die neue historische Rolle der Massen, die sich vom

Kolonialjoch in den heute als Dritte Welt bezeichneten Regionen befreiten, und verknüpfte die jugoslawische Außenpolitik mit dieser großen Strömung der gegenwärtigen Epoche.

Die jugoslawische Erfahrung brach eines der fundamentalen Prinzipien der kommunistischen Bewegung: die Vorstellung, daß *Kommunist sein* gleichbedeutend ist mit Treue und Anhänglichkeit an die Sowjetunion. Es ist deshalb angebracht, diese Erfahrung mit der Tradition, die die romantische Figur der Kommunistin Rosa Luxemburg symbolisiert, zu verbinden. Wie wir gesehen haben, hatte sie schon 1920 die Gefahren der *Russifizierung* des Weltkommunismus, des Widerspruchs zwischen dem sowjetischen Staat und den Notwendigkeiten einer revolutionären Strategie begriffen. Die Jugoslawen blieben auch in Konfrontation mit der Sowjetunion Kommunisten, in einer Auseinandersetzung, die sie nicht gesucht hatten, die jedoch in der Geschichte festschrieb, daß die Sowjetunion und die Revolution, der Kommunismus, zwei verschiedene Sachen sind.

Es sollte viel Zeit vergehen, bis diese objektive Realität von einigen kommunistischen Parteien subjektiv akzeptiert wurde.

Die Verurteilung der Jugoslawen war mit der Resolution von 1948 nicht abgeschlossen. Bei der Kominform-Konferenz in Matra, Ungarn, im November 1949 wurde eine weitere Resolution verabschiedet, die im Ton und auch im Inhalt ganz anders war. Es handelte sich nun nicht mehr um Politik: die Anklage lautete auf Verbrechertum, auf Kriminalität; die Tito-Bande sei auf die Seite des Faschismus übergelaufen und habe sich in den Dienst des Imperialismus gestellt: „In Ausführung des Willens der Imperialisten haben es sich die jugoslawischen Verräter zur Aufgabe gestellt, in den Ländern der Volksdemokratie aus reaktionären, nationalistischen, klerikalen und faschistischen Elementen zusammengesetzte politische Banden zu bilden, um mit deren Unterstützung in diesen Ländern Staatsstreiche durchzuführen, damit sie von der Sowjetunion und dem ganzen sozialistischen Lager losgelöst werden . . .“[19]

Der jugoslawische Fall diente der Sowjetunion als Vorwand, in den osteuropäischen Ländern eine Reihe von Prozessen in Gang zu setzen, die zu Entlassungen und zur Einkerkerung und Hinrichtung von einigen der hervorragendsten Kommunisten sowie in den kommunistischen Parteien des Westens zu mehr oder weniger brutalen Säuberungen von zahlreichen Führern und Kadern führten. Auch wenn wir damit etwas verallgemeinern, so kann man doch als gemeinsames Merkmal der Verfolgten herausstreichen, daß sie sich im Kampf gegen den Faschismus ausgezeichnet hatten. In den Ländern der Volksdemokratien wurden fast alle alten Kämpfer der Internationalen Brigaden in Spanien Opfer von Verfolgungen. Die Erklärung ist ziemlich einfach: seit 1933 bedeutete für viele Kommunisten der Kampf gegen den Faschismus den Kernpunkt ihrer Militanz, den

Prüfstein für eine revolutionäre Haltung. Dieser Kampf hatte eine Bedeutung erreicht, die den politischen Bereich überstieg: er erwarb einen ethischen und kulturellen Inhalt mit einem starken Akzent auf den Werten Freiheit und Demokratie. Er hatte auch bestimmte Gepflogenheiten in den Beziehungen mit den Sozialisten geschaffen. Die Kominform ging nun daran, all das auszulöschen und als einzig gültiges Kriterium die Treue zur UdSSR aufzustellen. Vor allem in den Ländern des Ostens mußten die kommunistischen Parteien erst in völlig unterwürfige Instrumente für die Pläne der UdSSR umgewandelt werden – wenn nötig, auch mittels Repression und Terror.

Diese – in gewisser Hinsicht systemimmanente – politische Notwendigkeit des Stalinismus ergibt sich zu einer Zeit, in der die Persönlichkeit Stalins bereits vom Verfall gekennzeichnet ist. Es zeigen sich bei ihm eindeutig pathologische Züge, vielleicht eine Art Verfolgungswahn. Das führt in allen Ländern der Volksdemokratie zu einer Reihe von monströsen Prozessen gegen kommunistische Führer, die sich im Kampf gegen den Faschismus und in der Verteidigung der Interessen der Arbeiterschaft ausgezeichnet hatten. Zum Großteil werden diese Prozesse über die Fäden, die die Polizeiapparate dieser Länder mit dem sowjetischen KGB verbinden, vorbereitet. In einigen Fällen interessiert sich Stalin persönlich für deren Fortgang.

Die wichtigsten Prozesse waren die folgenden: in Ungarn im September 1949 gegen Laszlo Raik; in Bulgarien im Juli desselben Jahres gegen Traitcho Kostoff; zur selben Zeit in Albanien gegen Kotchi Dzodze. In Rumänien wurde Lucretiu Patrascanu 1948 festgenommen, auch wenn das Verfahren gegen ihn und seine Hinrichtung erst 1954 erfolgten. In Polen liefen die Dinge etwas anders: Wladislaw Gomułka wurde von seinen Führungspositionen entfernt, später aus der Partei ausgeschlossen und von 1951 bis 1954 eingesperrt, doch wurde gegen ihn kein Prozeß geführt. Das Verfahren gegen Rudolf Slansky und seine Genossen in der Tschechoslowakei fand 1952 statt.

Neben den erwähnten Fällen wurden in allen diesen Ländern noch zahlreiche andere angesehenste kommunistische Führer angeklagt und hingerichtet. Weiters wurden Hunderte Kader wegen ihren mehr oder weniger wirklichen Beziehungen zu den Angeklagten verfolgt. Die Beschuldigung lautete anfangs auf Nationalismus und *Titoismus*, das heißt auf fehlende Anhänglichkeit zur Sowjetunion, wurde aber später auf „Agent des Imperialismus“ ausgeweitet. Während der Prozesse wurde das Leben beispielhafter Kommunisten in schauerlicher Form entstellt, um zu *beweisen*, daß die Angeklagten seit ihrer Jugend Verräter waren. In den fünfziger Jahren, vor allem im *Slansky-Prozeß*, tauchte eine neue Anschuldigung auf: die des Zionisten, des Agenten für Israel, was mit einer Welle von Antisemitismus zusammenfiel, die sich in der UdSSR kurz zuvor ausgebreitet hatte.

Einer der wenigen Überlebenden des Slansky-Prozesses, Artur

London, Kommunist sein ganzes Leben lang, Kämpfer in den Internationalen Brigaden in Spanien und in der Résistance in Frankreich, der schließlich im Konzentrationslager Mauthausen landete, schrieb mit seinem Buch *Ich gestehe* eine schaurige Zeugenaussage über die Foltermethoden, die angewendet wurden, um die Kommunisten zu erlogenen Geständnissen zu zwingen. Dieses Buch hat Abertausenden Kommunisten die Augen über die Terrormethoden der Stalindiktatur geöffnet. Doch das geschah erst Jahre später.

Stalins Götterdämmerung

Es besteht kein Zweifel, daß die Kominform – die sich, ohne viel Aufhebens zu machen, kurz nach dem XX. Parteitag der KPdSU auflöste – eine verhängnisvolle Rolle für die Entwicklung der kommunistischen Parteien und der Linken in Westeuropa im allgemeinen gespielt hat.

Ihre Existenz fiel in eine Zeit, in der große Möglichkeiten für die Ausweitung der Arbeiter- und Volksbewegung in Westeuropa bestanden hätten. In den Jahren 1947 bis 1950, noch vor dem großen Wirtschaftsaufschwung, erreichten die Arbeitskämpfe in Europa ihr größtes Ausmaß. Das Beispiel Italiens, wo die Einheit zwischen Sozialisten und Kommunisten beibehalten wurde, ist sehr bezeichnend: als im Juli 1948 ein Attentat auf den Generalsekretär der KPI, Palmiro Togliatti, verübt wird, kommt es zu einer eindrucksvollen, spontanen Reaktion. Die Arbeitermassen besetzen die Straßen; in einigen Städten steht man am Rande des Aufstands. Es war eine Demonstration der proletarischen Macht, die sich auf die ganze politische Situation auswirkte. Als einige Jahre später, 1953, die Christdemokraten mit einem Mehrheitswahlgesetz (das sogenannte *Legge Truffa*, das *Betrugsgesetz*) das Gewicht der Linken verringern wollen, verhindert neuerlich eine starke und gemeinsame Reaktion der Bevölkerung diesen Versuch.

Gleichzeitig ereigneten sich im internationalen Bereich Vorfälle von höchster Bedeutsamkeit, die die von der US-Großmacht erworbene Überlegenheit beträchtlich reduzierten. Im September 1949 gab die UdSSR bekannt, nun verfüge auch sie über Atomwaffen. Das war das Ende des Monopols der USA in einem sowohl militärisch als auch wissenschaftlich entscheidenden Bereich. Im Oktober 1949 eroberten die chinesischen Kommunisten die Macht. Das geschlagene Nationalistenheer Tschiang Kai-scheks flüchtete sich auf die Insel Taiwan, von wo aus es – mit Unterstützung der USA und anderer westlicher Staaten – die Fiktion aufrechterhielt, weiterhin die *legale* Regierung Chinas darzustellen. Doch in China selbst, dem volksreichsten Land der Erde, wurde die Volksrepublik ausgerufen und unter Führung der Kommunistischen Partei eine neue Macht, die *Volksdemokratie*, etabliert.

Diese Veränderung des internationalen Kräfteverhältnisses führte aber in der Strategie der kommunistischen Bewegung keineswegs zu mehr Offenheit, mehr Flexibilität und mehr Ehrgeiz, neue Einflußzonen und Verbündete zu gewinnen. Im Gegenteil, die Strategie der Kommunisten blieb weiterhin defensiv, sektiererisch und dogmatisch verschlossen. Die *wesentliche Rolle* der Kominform bestand darin, das Ansehen und die Legitimierungskraft der westlichen kommunistischen Parteien und der kommunistischen Bewegung im allgemeinen dazu auszunützen, um den Prozeß der Satellitisierung der volksdemokratischen Länder durch die UdSSR zu unterstützen. Das ging so weit, daß niemand als wirklicher *Verteidiger des Friedens* betrachtet wurde, wenn er nicht zur gleichen Zeit den *Verrat Titos* verurteilte. So erlitt die beginnende Friedensbewegung, die, wie wir schon gesehen haben, von der Konferenz in Breslau ausging, empfindliche Rückschläge und tiefe Spaltungen.

Die andere Rolle der Kominform bestand darin, die kommunistischen Parteien in der ganzen Welt im Dienste der sowjetischen Außenpolitik zu instrumentalisieren. Den *heißesten* Punkt in diesem Sinn formulierte Maurice Thorez, Generalsekretär der Kommunistischen Partei Frankreichs, in einer Erklärung vor dem Zentralkomitee dieser Partei am 22. Februar 1949: „Wenn unser Volk gegen seinen Willen in einen Krieg mit der Sowjetunion hineingezogen würde und wenn unter diesen Umständen die sowjetische Armee in Verteidigung der Sache der Völker und der Sache des Sozialismus die Angreifer bis auf unser Staatsgebiet verfolgte: sollten sich dann die Arbeiter, das Volk von Frankreich, vor der sowjetischen Armee anders verhalten als die Völker von Polen, Rumänien, Jugoslawien usw.?“[20]

Kurze Zeit darauf gaben auch die Generalsekretäre anderer kommunistischer Parteien Erklärungen dieser Art ab: Harry Pollitt in Großbritannien, William Foster in den USA und selbst Palmiro Togliatti in Italien.

Diese Fragestellungen hatten den Zweck, die Kommunisten darauf vorzubereiten, den Triumph ihrer Ideen als Folge eines militärischen Triumphes der UdSSR zu erwarten. Das publizistische Organ der Kominform beharrte auf der Idee, daß bei einem Ausbruch des Krieges dieser in die sozialistische Revolution verwandelt werden müßte. Im Editorial der Kominform-Zeitschrift vom 15. Mai 1949 hieß es, wenn die angloamerikanischen Imperialisten die Menschheit in den Krieg stürzten, so würde sich nicht nur das sowjetische Volk gegen sie erheben, „sondern auch die Millionen Arbeiter in der Welt, die alle Anstrengungen unternehmen werden, diesen imperialistischen Krieg in einen Krieg für die soziale Befreiung und für den Sozialismus umzuwandeln. Und wenn nach dem Zweiten Weltkrieg nicht mehr so viele Länder unter dem kapitalistischen System leben wie vorher, so wird sich der neue Weltkrieg überhaupt für das ganze kapitalistische System fatal auswirken".[21]

Es wäre absurd, von dieser Einstellung auf eine tatsächliche Absicht zu schließen, über den militärischen Weg eines Krieges den weltweiten Triumph der Revolution zu suchen, auch nicht in Westeuropa. Während Erklärungen dieser Art abgegeben wurden, suchte die UdSSR bei ihren Konflikten mit den USA eine Verhandlungslösung, wobei Momente großer Spannung mit solchen größerer Annäherung abwechselten. Das Ziel dieser Propaganda war es, die Verankerung der kommunistischen Parteien im Lager der UdSSR im höchsten Maße zu sichern. Denn es war ein geschlossenes Lager. Und es war eine defensive Politik. Die Kommunisten igelten sich in einer Art Gegenkultur ein, die sie immer mehr von der Mehrheit der Bevölkerung entfernte.

Ein sehr deutlicher Hinweis auf den defensiven Charakter der kommunistischen Strategie in dieser Periode ist der Vorschlag Stalins an Togliatti, dieser möge sich in Prag niederlassen und von dort aus die Kominform leiten. Eines der von Stalin verwendeten Argumente war, man müsse das Leben des italienischen Kommunistenführers retten, falls er angesichts des wahrscheinlichen Vormarsches der Reaktion in Italien in den Untergrund gehen müßte. Togliatti wies das Angebot natürlich zurück, und das Vorhaben wurde nie verwirklicht. Die Argumentation Stalins in diesem Fall zeigt aber besonders ausdrücklich den im wesentlichen defensiven Charakter seiner Politik und seiner Haltung auf.

Im Innern der Sowjetunion sind die letzten Lebensjahre Stalins gekennzeichnet durch eine furchtbare Verschlimmerung einiger seiner negativen Wesenszüge, die schon früher angeklungen sind. Verschiedene Autoren sprechen von einer gewissen Geisteskrankheit, die Stalin befallen haben könnte, um seinen Verfolgungswahn und seine Neigung, sich immer mehr in eine Datscha in der Umgebung Moskaus zurückzuziehen, zu erklären. Ohne die Folgen zu verleugnen, die aus der persönlichen Haltung eines allmächtigen und unbestrittenen Führers entspringen können, ist es notwendig zu untersuchen, wie eine Reihe von Eigentümlichkeiten eines autoritären, totalitären Systems und einer reaktionären nationalistischen Ideologie, die ja eine vorherrschende Rolle übernommen hatte, zu dermaßen entwürdigenden Extremen führen konnten, die durch die pathologische Selbstverherrlichung, Brutalität und Grausamkeit Stalins noch potenziert wurden.

Die Repression nahm schreckliche Ausmaße an. Millionen von sowjetischen Staatsbürgern (über die genaue Ziffer herrscht unter den verschiedenen Historikern keine Übereinstimmung) wurden unter schwer vorstellbaren, unmenschlichen Bedingungen in Verbannungslagern (Gulags) eingesperrt. Der Terror wütete bis hinauf in die Parteispitze. Der wichtigste Führer der Partei in Leningrad, Woznesenski – der die sowjetische Wirtschaft in der Kriegszeit geleitet hatte –, und viele andere wurden hingerichtet.

Der Nationalismus erreichte den Gipfelpunkt an Dummheit. Alle Erfindungen (Flugzeug, Telefon, Elektrizität usw.) wurden unbekannten russischen Gelehrten zugeschrieben. Wenn jemand etwas anderes sagte oder schrieb, so wurde er als von westlichen, bürgerlichen Einflüssen befallene Person betrachtet. Die Geschichte wurde in dem Sinn umgeschrieben, daß die Russen immer die Vorhut des Fortschritts waren; die Eroberungskriege der Zarenzeit wurden in gerechte und fortschrittliche Kriege umgedeutet.

Von dieser grotesken nationalistischen Ideologie ausgehend, machte sich die KPdSU daran, in immer strengerer Form alle kulturellen Aktivitäten zu lenken. Andrej Schdanow, Mitglied des Politbüros und des Sekretariats und engster Mitarbeiter Stalins, war bis zu seinem Tod 1948 der oberste Scharfmacher auf diesem Gebiet. Die Literatur, das Kino, das Theater (selbst die bekanntesten Künstler und überzeugtesten Kommunisten) wurden kritisiert, sich von *westlichen* und *kosmopolitischen* Tendenzen beeinflussen zu lassen. Schdanow schleuderte seine Bannflüche auch gegen die wichtigsten Musiker – Prokofjew, Chatschaturjan, Schostakowitsch und andere –, obwohl die musikalische Sprache wohl am allerwenigsten vereinfachenden politischen oder soziologischen Interpretationen dienen kann.

Die Vorstellung, die Partei besitze in allem die Wahrheit, erstreckte sich nicht nur auf die Kunst, sondern auch auf die Wissenschaft. Stalin selbst schrieb 1950 einen Text, in dem er sich als Spezialist für Probleme der Linguistik ausgibt. Auch in der Physik und den Naturwissenschaften intervenierte die Partei. Trofim Lyssenko baute sich mit Unterstützung des Zentralkomitees der Partei in den Bereichen Biologie und Genetik als eine Art Diktator auf. Er setzte die Entlassung und Verfolgung von erstrangigen Wissenschaftern durch und fügte obendrein mit seinen antiwissenschaftlichen Vorstellungen der Landwirtschaft und der Viehzucht großen Schaden zu.

Man verkündete die Überlegenheit der *sozialistischen Wissenschaft* gegenüber der *bürgerlichen Wissenschaft*, eine Überlegenheit, die nicht der Praxis und dem empirischen Wissen entspringe, sondern durch die Übereinstimmung mit den von der Partei festgesetzten marxistisch-leninistisch-stalinistischen Prinzipien entstehe. Wissenschaftliche Objektivität wurde zu einer Sünde erklärt. Selbst der

Leiter der Parteipropaganda, der Philosoph Georgij Alexandrow, mußte wegen der *Irrtümer*, die in seiner *Geschichte der westlichen Philosophie* entdeckt wurden, strenge Selbstkritik üben. In dieser Selbstkritik gestand er seine Schuld ein, seine Analyse sei vom *objektiven Geist* geprägt und weise nicht genügend *Parteigeist* auf. Die ganze Kultur mußte sich in einen einfachen Propagandaapparat verwandeln, um die Ideen der Parteileitung zu verbreiten.

Der Nationalismus nahm sehr bald auch eine antisemitische Dimension an, wie es schon in früheren dunklen Zeiten der russischen Geschichte geschehen war. Alle jüdischen kulturellen Aktivitäten wurden verboten. Mehrere jüdische Schriftsteller wurden eingekerkert und hingerichtet. Die Juden wurden systematisch aus allen Stellen in der Verwaltung und im kulturellen Leben ausgeschlossen, und ihr Eintritt in die Universitäten und andere Institutionen wurde mit brutal diskriminierenden Methoden verhindert.

Das kommunistische Ideal hatte sich in eine groteske und tragische Karikatur verwandelt. Ein großer Druck lastete auf dem gesamten kulturellen Leben. Am 13. Jänner 1953 wurde von den Agenturen eine erschütternde Nachricht verbreitet: die Verhaftung einer Gruppe von hochangesehenen Ärzten, alle Juden, die der Verschwörung im Dienste der US-Amerikaner und einer internationalen hebräischen Organisation angeklagt wurden. Sie hätten durch Verabreichung kontraproduktiver Heilmittel mehrere sowjetische Führer ermordet, darunter auch Schdanow, und würden noch weitere Morde planen . . . Panikstimmung machte sich breit.

Auch wenn nur ein sehr deformiertes Bild der Vorgänge in der Sowjetunion zu ihnen kam, so wurde es für die westlichen kommunistischen Parteien doch immer schwieriger, die Vorfälle zu verteidigen und zu rechtfertigen.

Am 5. März 1953 stirbt Stalin. Eine neue Periode bricht an. Die jüdischen Ärzte werden schnell wieder freigelassen; man gesteht ein, sie irrtümlich festgenommen zu haben. Bereits vor dem XX. Parteitag der KPdSU 1956 treten Anzeichen von Tauwetter auf.

Dennoch: im Hintergrund der – in der Folge teilweise korrigierten – Mißbräuche wurde deutlich, daß Stalin ein sehr stark verwurzeltes soziales und politisches, auf einer Person aufgebautes System geschaffen hatte, eine Regierungsform mit einer allmächtigen Bürokratie und einer vom Machtzentrum aus gelenkten Kultur ohne Freiheit und kritischen Sinn. Die Zukunft sollte die Stärke dieser Wurzeln beweisen.

Kapitel 5

Revolutionen in der Revolution

In den fünfziger Jahren und zu Beginn der sechziger Jahre erlebt die Welt zwei tiefgreifende Veränderungen: einerseits einen phantastischen Aufschwung des Kapitalismus, gekoppelt mit dem Beginn einer neuen wissenschaftlichen und technischen Revolution. Der Ausgangspunkt dafür liegt zum Großteil darin, daß während des Zweiten Weltkrieges gemachte Erfindungen nun in der zivilen Produktion Einsatz finden. Die Produktivkräfte werden umgewandelt. Man bereitet schon die zivile Nutzung der Atomenergie vor. Mit dem Fernsehen verändert sich die Kommunikation zwischen den Menschen und den Völkern. Die Eroberung des Weltraums beginnt. In der industrialisierten Welt steigt das Lebensniveau für große Teile der arbeitenden Bevölkerung. Die kapitalistische Ausbeutung wird durch das Ansteigen des Konsums verdeckt. Man beginnt, von der *Überflußgesellschaft* und vom *Neokapitalismus* zu sprechen. Diese Entwicklung trägt gleichzeitig zur Konsolidierung der Vorherrschaft der Vereinigten Staaten in der kapitalistischen Welt bei, die ja schon in den Auswirkungen des 1945 zu Ende gegangenen Krieges angelegt war.

Die zweite große Veränderung ist der Zusammenbruch des Kolonialsystems. Zahlreiche Völker, die gestern noch Sklaven waren, erlangen – oft durch einen bewaffneten Kampf – ihre Freiheit. Neue, unabhängige Staaten entstehen. Hunderte Millionen von Frauen und Männern sind nicht mehr bloße Objekte, sondern verwandeln sich in Subjekte der Geschichte. Die Rolle Europas in der Geschichte der Menschheit erfährt eine grundlegende Wandlung – auch wenn es noch nicht klar erscheint, wo sein zukünftiger Platz ist.

Ganz allgemein gesprochen kann man sagen, daß die Linken in Europa, sowohl Sozialisten als auch Kommunisten, diese zwei gigantischen Veränderungen nicht erfaßt haben. Die Sozialisten ließen sich – wie wir später noch sehen werden – in einem gewissen Sinn vom kapitalistischen Aufschwung absorbieren und verloren dabei ihre eigene Identität als eine Kraft, deren Ziel eine neue sozialistische Gesellschaft ist. Die Kommunisten verneinten einfach durch lange Zeit hindurch eine offenkundige Wirklichkeit. Sie blieben dem Mythos verhaftet, die sowjetische Realität weise den einzigen Weg zum Fortschritt. Die Auflösung dieses Mythos vollzog sich nur langsam und unvollständig, was das Verständnis der neuen wirtschaftlichen Prozesse, die sich auf der internationalen Ebene abspielten, sehr erschwerte.

Was die Befreiung der alten Kolonialvölker betrifft, so erfaßten weder Sozialisten noch Kommunisten die Größe eines Vorgangs, der in der Tat radikal alle Prognosen über den Kampf für den menschlichen Fortschritt änderte. Die Sozialisten blieben zum Großteil in ihrer alten prokolonialen Politik verfangen und in einer Strategie der Unterstützung des von den USA angeführten atlantischen Blocks. Die Kommunisten waren durch ihre leninistische Bildung viel besser darauf vorbereitet, eine Politik der vollen Unterstützung der nationalen Befreiungskämpfe durchzuführen, doch stellten sich zwei Faktoren dagegen. Erstens ihre Unterwerfung unter die Politik der UdSSR, die eine Staatspolitik betrieb, auch wenn sie das marxistisch-leninistische Vokabular verwendete. Die KPdSU erfand die neue Theorie der *nationalen Demokratie*, die von den internationalen Konferenzen der kommunistischen Parteien abgesegnet wurde. Diese Theorie besagt, daß in den neuen unabhängigen Staaten alle jene Kräfte fortschrittlich seien, die die Beziehungen zur Sowjetunion unterstützen - auch wenn sie im eigenen Land reaktionär sind. Das Kriterium bestand allein in außenpolitischen Elementen (Haltung zur UdSSR) und ließ die Einstellung dieser Kräfte zum Klassenkampf unberücksichtigt. Das führte - wie im Fall Ägyptens - zu furchtbaren Fehlschlägen. Die Kommunisten blieben praktisch abseits der meisten Befreiungsbewegungen, vor allem in Afrika.

Der zweite negative Faktor war der belastende Einfluß des Nationalismus auf die Kommunisten. Das zeigte sich besonders deutlich im Fall der Kommunistischen Partei Frankreichs, die nicht nur während der Zeit ihrer Regierungsbeteiligung die kolonialistische Politik unterstützte, sondern auch später, in der Opposition, vor allem den Algeriern und Marokkanern Lösungen im Sinne Frankreichs aufdrängen wollte. So widersetzte sich die KPF der elementaren Forderung nach nationaler Unabhängigkeit in diesen Ländern.

Diese beiden epochalen Phänomene, der Aufschwung der kapitalistischen Wirtschaft und die Befreiung der Kolonien, beeinflußten und belasteten hintergründig die Linke in Europa. Vor allem in dem Maße, in dem sie in ihrer ganzen Tragweite nicht verstanden wurden, sind sie die Ursache für Widersprüche und Probleme, die später in verschiedenen Situationen aufbrechen werden.

Der XX. Parteitag der KPdSU

Der Tod Stalins im März 1953 ruft eine Erschütterung innerhalb der sowjetischen Führung hervor, von der man angesichts der zahlreichen Geheimnisse, die die zeitgenössische Geschichte der UdSSR umgeben, immer noch nicht viele Details weiß. Auf jeden Fall ist es offensichtlich, daß niemand für die Nachfolge des obersten Führers vorbereitet war. Die Empfindungen des Schmerzes, das Gefühl der Verwaisung in den breiten Schichten der sowjetischen Bevölkerung sind zweifellos echt: trotz des massiven Terrors herrscht das Bild des im Krieg gegen den nationalsozialistischen Eindringling siegreichen Führers vor. Doch zur selben Zeit zeigen sich sehr schnell zwei Dinge: unter der engsten Führungsmannschaft Stalins bestehen ernsthafte Differenzen über die Politik, die dieser angewendet hat, und sogar ernsthafte Zweifel über die *Theorien*, die Stalin in seinen letzten Arbeiten entwickelt hat. Andererseits erreicht in der Bevölkerung das Gefühl der Angst vor der Repression, der damals schon viele der in den Verbannungslagern eingesperrten Millionen Menschen zum Opfer gefallen waren, unerträgliche Ausmaße. In der übrigen Welt herrscht in den kommunistischen Parteien neben dem Gefühl der Erschütterung und der Trauer die Bestürzung vor: wer kann Stalins Platz einnehmen? Was soll nun ohne diese große Persönlichkeit geschehen, um die Kommunisten der Welt zu lenken?

Die drei Jahre, die zwischen dem Tod Stalins und dem XX. Parteitag der KPdSU im Februar 1956 vergehen, sind vom Kampf zwischen zwei Gruppen gekennzeichnet, die sich im Politbüro herausgebildet haben: die *Bewahrer*, die so getreu wie möglich die Politik und die Methoden Stalins beibehalten und fortführen möchten (angeführt von Wjatscheslaw Molotow), und die *Reformisten*, die es – um das Grundlegende des sowjetischen Systems, so wie es Stalin entworfen hatte, zu bewahren – für unerläßlich erachten, den Mißbräuchen ein Ende zu setzen, vor allem der Repression, und ein gewisses *Tauwetter* einzuleiten, wie man damals in der Literatur und im Film sagte.

Ein besonders wichtiger Augenblick in dieser Entwicklung war die Ausschaltung von Lavrenti Berija, dem allmächtigen Chef der Polizei- und Spionagedienste. Seine Festnahme im Verlauf einer Sitzung des Politbüros wurde durch höchstrangige Militärs durchgeführt; er wurde in einem Geheimprozeß zum Tode verurteilt und hingerichtet. Tatsächlich konnte nur die Armee die Sicherheitskräfte, die unter Berijas Befehl standen, neutralisieren. Diese Aktion wurde aufgrund eines Abkommens zwischen dem Generalstab der Armee und dem reformistischen Sektor der Partei möglich, der von Nikita Chruschtschow angeführt wurde. Diese Übereinkunft stellte auch einen wichtigen und vielleicht entscheidenden Schritt bei der Entwicklung dar, daß die Streitkräfte nicht nur bei den Machtmechanismen in militärischen Angelegenheiten, sondern auch bei den anderen großen Problemen des Landes eine zentrale Rolle spielen.

1955 gelingt es Chruschtschow durch seine Ernennung zum Ersten Sekretär der KPdSU, seine Macht zu festigen. Georgij Malenkow, bisher als wichtigster Erbe Stalins betrachtet, wird als Regierungschef entlassen. Seine Stelle nimmt nun Nikolaj Bulganin, ein Spezialist in Wirtschaftsfragen, jedoch mit wenig Persönlichkeit, ein. Man beginnt, zahlreiche Gefangene aus den Lagern zu entlassen. Eine besondere Anstrengung wird auf die Förderung der Konsumgüterindustrie zur Anhebung des Lebensstandards der Bevölkerung gelenkt.

Im außenpolitischen Bereich richtet sich die neue sowjetische Führung auf eine Entspannungspolitik aus, was sich in einer Reihe von Abkommen mit westlichen Ländern niederschlägt. Im Juli 1953 beendet ein Waffenstillstandsvertrag den Koreakrieg, auch wenn die Spaltung in zwei nicht durch eine Grenze, sondern durch eine Militärfront getrennte Staaten noch bis heute anhält. In einer Konferenz in Genf 1954, bei der China erstmals an einem internationalen Treffen teilnimmt, wird der Kolonialkrieg Frankreichs gegen Vietnam beendet – was allerdings noch nicht den Frieden bedeutete: kurze Zeit später beginnt die nordamerikanische Aggression. 1955 kommt es in dem bis dahin von sowjetischen und von westlichen Truppen besetzten Österreich zu einer Regelung: ein Staatsvertrag wird unterzeichnet, der die Neutralität Österreichs festlegt und ein Ende der militärischen Besetzung des Landes mit sich bringt. Gleichzeitig entschließt sich die UdSSR, die bereits vollzogene Teilung Deutschlands anzuerkennen: es wird die Deutsche Demokratische Republik geschaffen, was die Umwandlung Deutschlands in zwei Staaten institutionalisiert. Im selben Jahr wird der Warschauer Pakt unterzeichnet, was dem als Gegengewicht zum Nordatlantikpakt um die Sowjetunion herum gebildeten militärischen Block nun auch einen diplomatischen Rahmen gibt.

Vom Gesichtspunkt der Theorie der internationalen Arbeiterbewegung her gesehen war ein Ereignis von größter Bedeutung: die Reise Chruschtschows nach Belgrad im Mai 1955. Er reiste in seiner Eigenschaft als Erster Sekretär der KPdSU, das heißt, es war kein *Staatsbesuch*, sondern ein politischer Akt des wichtigsten Führers der *Partei.* Diesem Besuch waren in der sowjetischen Führung lange und angespannte Diskussionen vorausgegangen. Molotow und seine Freunde wollten im gleichen Zug von Tito eine Erklärung über die von beiden Seiten begangenen Fehler. Doch die Jugoslawen weigerten sich. Chruschtschow setzte der Diskussion kurz entschlossen ein

Ende. Mit seiner Rede in Belgrad schuf er eine vollendete Tatsache, die von der prostalinistischen Minderheit im Politbüro der KPdSU geschluckt werden mußte. Chruschtschow anerkannte, daß die Anschuldigungen gegen Jugoslawien ungerecht waren, auch wenn er den Kunstgriff benützte (um noch nicht mit der Anklage gegen den Stalinismus zu beginnen), alle Schuld auf die Schultern Berijas, des damals bereits hingerichteten Leiters der Geheim- und Spionagedienste, zu laden. Das Wichtigste der Reise war jedoch, daß in dem gemeinsamen Schlußkommuniqué einige allgemeine Thesen festgelegt wurden, deren Inhalt den Rahmen der Beziehungen zwischen der UdSSR und Jugoslawien überstieg. Darin wurden neue Ideen eingeführt, die für die internationale kommunistische Bewegung in gewisser Hinsicht revolutionär waren.

Wir wollen im folgenden die wichtigsten Thesen anführen, die von der KPdSU in Belgrad akzeptiert worden sind:

1. Das Recht der jugoslawischen Kommunisten, eine eigene, autonome Innen- und Außenpolitik zu führen, Freundschaften auch in westlichen Ländern zu suchen und von den Sowjets als gleichgestellte Gesprächspartner behandelt zu werden. Dieses Zugeständnis bedeutete – vor allem, wenn man die vorangegangenen Tatsachen betrachtet – den formellen Verzicht der UdSSR auf ihre Rolle als Führer aller kommunistischen Parteien.

2. Die Beziehungen zwischen den beiden Staaten müssen auf den Prinzipien der Souveränität, der Unabhängigkeit und der gleichen Rechte beruhen, die mit der friedlichen Koexistenz untrennbar verbunden sind und die die Charta der Vereinten Nationen als Grundlage für den Frieden in der Welt formuliert hat.

3. Der gegenseitige Respekt und die absolute Nichteinmischung in die inneren Angelegenheiten eines anderen Landes, sei es in wirtschaftlicher, politischer oder ideologischer Hinsicht, denn die Unterschiede in den sozialen Systemen und selbst die Verschiedenheit in den verschiedenen konkreten Entwicklungsformen des Sozialismus sind Angelegenheiten, für die ausschließlich die Bevölkerung in den jeweiligen Ländern zuständig ist.

Das waren Thesen und Prinzipien, die de facto der ganzen Praxis widersprachen, die die UdSSR zur Schaffung ihres Hegemoniebereiches in den Ostblockländern angewendet hatte. Es war der Sowjetunion aber nicht gelungen, Jugoslawien ihre Herrschaftsmethoden aufzuzwingen. Nunmehr anerkannten die Sowjets theoretisch das Recht der Kommunisten, die sowjetischen Auflagen und das sowjetische Modell zurückzuweisen und ihren eigenen Weg zu suchen. *In der Theorie* zumindest, denn in der Wirklichkeit kam es später zu zahlreichen Verletzungen der Prinzipien, die die UdSSR in Belgrad aufgestellt hatte. Auf jeden Fall kann man ohne Übertreibung sagen, daß in dieser Reise nach Belgrad im großen und ganzen bereits all das

Revolutionäre und Überraschende, das der XX. Parteitag bringen sollte, enthalten war. Der wesentlichste Unterschied war nur die Anklage gegen Stalin. Doch wurde die ja nicht in den offiziellen, öffentlichen Sitzungen des XX. Parteitages erhoben. In Wirklichkeit war der von Chruschtschow in Belgrad verwendete Trick, die ganze Schuld auf Berija zu schieben, unmöglich zu vertreten. Er rief in den informierten Kreisen nur Gelächter und Sarkasmus hervor.

Zum Thema Stalin waren die Zusammenstöße in der sowjetischen Führung besonders hart. Trotz der Atmosphäre der Widersprüche und Kompromisse, die im Politbüro der KPdSU herrschte, beinhaltete der in dessen Namen von Chruschtschow dem XX. Parteitag vorgelegte offizielle Bericht eine Reihe von neuen Ideen, die die Gesamtheit der kommunistischen Parteien bewegten und die in der Weltöffentlichkeit eine Sensation hervorriefen. Man kann sie in den folgenden Punkten zusammenfassen:

1. Die These von der friedlichen Koexistenz zwischen den kapitalistischen und den sozialistischen Staaten und der *Nichtunvermeidbarkeit* des Krieges. Damit eröffnete sich eine völlig neue internationale Perspektive: nicht die einer sich zuspitzenden Krise des Kapitalismus mit dem unvermeidbaren Ausbrechen von Kriegen und in der Folge dem Aufbrechen mehr oder weniger unvermittelter, unvorhergesehener revolutionärer Situationen, wie es die Theorie der Kommunistischen Internationale seit dem Ende des Ersten Weltkrieges war, sondern die wünschenswerte Möglichkeit einer Zukunft in Frieden, zumindest unter den wichtigsten Staaten der Welt.

2. Die These von der Möglichkeit des friedlichen Übergangs zum Sozialismus auf parlamentarischem Weg. In der Praxis bedeutete die Botschaft des XX. Parteitages an die kommunistischen Parteien der Welt, daß sie sich anstrengen müßten, um in den jeweiligen Parlamenten möglichst stark vertreten zu sein, um über Reformen auf friedliche Weise dem Übergang zum Sozialismus den Weg zu ebnen und nicht, wie es bis jetzt die Daseinsberechtigung der kommunistischen Parteien gewesen war, auf allen Ebenen die Bedingungen für eine Revolution zur Zerstörung des Kapitalismus vorzubereiten.

3. Die These, daß auf dem Weg dieses parlamentarischen Übergangs die Möglichkeiten der Einheit zwischen Kommunisten und Sozialisten sowie Sozialdemokraten wieder beträchtlich anstiegen. Diese Einheit wurde in den Mittelpunkt der kommunistischen Strategie gestellt.

Der andere zentrale Punkt des Parteitages – in seiner öffentlichen und offiziellen Phase – bestand in der Kritik am *Personenkult* und an den Verletzungen des Rechtssystems und der *leninistischen Normen* durch die Partei, ohne dabei den Namen Stalins zu erwähnen. Diese unklaren Ausdrücke zur Bezeichnung des Despotismus und des Terrors von Stalin waren das Ergebnis eines Kompromisses zwischen

Chruschtschow und der Gruppe um Molotow in der Führung der KPdSU. Chruschtschow bemerkte jedoch, daß, wenn die Entwicklung auf dieser Stufe stehenbliebe, er selbst bald von einem Parteiapparat ausgeschaltet werden würde, der noch zur Gänze vom Stalinismus geschaffen worden war. So wagte er mit außergewöhnlicher Kühnheit – vor allem für eine Person, die völlig in der Ideologie des Stalinismus aufgewachsen war – einen gefährlichen und entscheidenden Schritt: direkt vor dem Kongreß die Irrtümer und Verbrechen Stalins zu enthüllen. Entsprechende Daten waren von einer nach der Eliminierung Berijas geschaffenen Kommission unter dem Vorsitz von Popelow gesammelt worden. Die Delegierten erhielten in ihren Hotels die Benachrichtigung, daß sie sich am Tag nach der feierlichen Schließung des Kongresses noch einmal zusammensetzen sollten. Vor diesem Forum entrollte nun Chruschtschow seine in der Folge als *Geheimbericht* bezeichnete schonungslose Enthüllung einer Reihe von schrecklichen, monströsen, skandalösen und teils sogar lächerlichen Aspekten im Verhalten Stalins. Nur so konnten im Moskau des Jahres 1956 die erwarteten Angriffe des Apparats und eines Teils der Parteiführung gegen Chruschtschow paralysiert werden. Es war eine Form, sich über den Apparat hinweg direkt an die Aktivisten der Parteibasis zu wenden. Chruschtschow hoffte, daß sein *Geheimbericht* eine größtmögliche Verbreitung finden würde, doch in diesem Punkt besaß die Gruppe um Molotow eine Mehrheit, um das zu verhindern. Der Bericht wurde wohl in Mitgliederversammlungen der KPdSU vorgelesen, doch er wurde nicht gedruckt. Als sich die westliche Presse eine Kopie des Berichts verschaffte und diese abdruckte, wurde die Authentizität des Papiers geleugnet. Nur die höchsten Führer der ausländischen kommunistischen Parteien, die am XX. Parteitag teilnahmen, wurden von dem Text informiert, doch immer mit der Verpflichtung, ihn geheimzuhalten. Es war ein absurder Vorgang, der die Anormalität und die Zerbrechlichkeit des Übergangs aufzeigte. In der Folge kam es in den Führungsgremien vieler Parteien zu gespannten Situationen. Dennoch begriff ein beträchtlicher Prozentsatz der Kommunisten in den kapitalistischen Ländern, daß dieser *Geheimbericht* authentisch sein mußte. Hier lag nun die deutliche Erklärung über diese Ausdrücke wie „Personenkult", „Verletzung der leninistischen Normen", übermäßiger Zentralismus usw. vor, die in den offiziellen Texten der KPdSU für den Parteitag enthalten waren.

Man kann wohl ohne Übertreibung feststellen, daß die Anklage gegen den Stalinismus eine neue Etappe in der Geschichte der internationalen kommunistischen Bewegung einleitete. Der *Geheimbericht* brachte das ganze Ausmaß der schrecklichen Repression ans Tageslicht, die Stalin selbst gegen die Kommunisten entfesselt hatte – auch wenn Chruschtschow die Vorfälle vor 1934 gar nicht erwähnte.

Der despotische und personalistische Charakter der Macht Stalins wurde angeklagt: wie die Kollektivorgane der Partei (Parteitag, Zentralkomitee usw.) ihre Arbeit einstellten oder entmachtet wurden; die schweren Fehler Stalins in der Kriegsführung, vor allem aufgrund seiner willkürlichen persönlichen Entscheidungen; der von ihm selbst geförderte Kult um seine Person, den er auch den Geschichtsbüchern, der Presse usw. aufzwang, im besonderen in der *Biographie Stalins* und in der *Geschichte der KPdSU*, den wichtigsten Instrumenten für die ideologische Erziehung der Jugend.

Die Kühnheit und der unbestreitbare Wille zu einer Änderung, die Chruschtschow beflügelten, bedeuteten für die kommunistische und revolutionäre Bewegung einen außerordentlich positiven Schritt. Sie stellten vor allem eine Annäherung an die Wahrheit dar, und die Wahrheit ist immer revolutionär, wie Gramsci gesagt hat. Trotzdem muß man die Grenzen untersuchen, innerhalb derer sich die Kritik Chruschtschows am Stalinismus bewegte. Das hilft nämlich, die Relativität ihrer Auswirkungen zu verstehen, die Tatsache, daß auch nach dem XX. Parteitag in der Geschichte der UdSSR die wichtigsten organischen und geistigen Strukturen des Stalinismus weiterlebten.

Wir haben schon erwähnt, daß Chruschtschows Kritik an Stalin erst ab 1934 einsetzt, das heißt, daß er jenen Stalin akzeptierte (und das war fast unvermeidlich, wenn man sich seinen eigenen Werdegang ansieht), der vor 1934 Trotzki, Bucharin, Kamenew, Sinowjew hinrichten bzw. ermorden ließ, jenen Stalin, der praktisch die ganze bolschewistische Partei liquidierte, die die Revolution von 1917 durchgeführt hatte.

Propagandistisch und ideologisch wurde die Anklage gegen Stalin von einem übertriebenen und widerlichen Leninkult begleitet. Lenin wurde ohne Grund und Anlaß verherrlicht. Alles war leninistisch. In Wahrheit jedoch blieb Chruschtschows Kritik vor dem *Typ von Partei* stehen, den Stalin – in Bruch mit der leninistischen Tradition – geschmiedet hatte. Lenin hatte sein ganzes Leben lang für eine Partei mit interner Diskussion, mit Mehrheiten und Minderheiten gekämpft; mit der Möglichkeit, innerhalb der Partei die Änderungen der objektiven Situation, die Fortschritte der Philosophie und der wissenschaftlichen Analyse sowie der sozialen Wirklichkeiten zu reflektieren. Das Fraktionierungsverbot auf dem X. Parteitag 1920 war eine für Lenins Vorstellungen außergewöhnliche, provisorische und sehr nuancierte Maßnahme. Stalin schuf einen anderen Typ von Partei, wobei er den Meinungsunterschied dem Verbrechen gleichstellte und die Wahrheit an der Spitze ansiedelte, beim Generalsekretär, und nicht in der Diskussion. Die Wahrheit wird nicht durch die Erfahrung, die wissenschaftliche Analyse, die Diskussion gesucht – sie ist ein vorgefertigtes Dogma im Kopf des höchsten Führers. Dieser übt logischweise die höchste Gewalt aus. Die Kollektivorgane verlieren ihre Daseinsberechtigung und fungieren höchstens noch als Transmissionsriemen für die von oben kommende Wahrheit.

Dieser Typ von Partei wird von Chruschtschow weder in Frage gestellt noch kritisiert. Im Gegenteil, er lobt ihn sogar noch mit dem Argument, zum ersten Mal in der Geschichte sei eine Partei an der Macht fähig gewesen, die Irrtümer ihrer Führer und selbst einer Person vom Weltruhm Stalins anzuklagen. Gemäß dem *Geheimbericht* hat eine Person, Stalin, schreckliche Irrtümer begangen. Die *Partei* jedoch bleibt über jede Schuld erhaben; sie ist eine Art höhere Instanz, die immer recht gehabt hat, immer recht hat und auch in Zukunft immer recht haben wird. Dieser für Stalin so bezeichnende, irrationale, idealistische, autoritäre, dogmatische Begriff von der Partei (der überhaupt nichts mit dem Materialismus oder dem Marxismus zu tun hat) wird von Chruschtschow und dem XX. Parteitag aufrechterhalten.

Dasselbe geschah hinsichtlich des Staates. Chruschtschow setzte den schrecklichen Formen des Terrors ein Ende. Die Verbannungslager wurden geöffnet. Doch der Typ des bürokratischen, autoritären Staates ohne Demokratie und ohne Mitbeteiligung der Bürger blieb beibehalten. In Wirklichkeit ist die stalinistische Partei nur ein Bestandteil dieses absoluten Staates.

Auch wenn Chruschtschow den besonderen Mut gehabt hatte, die von der UdSSR gegenüber Jugoslawien begangenen Fehler anzuerkennen und feierlich die Prinzipien der gleichen Rechte unter den sozialistischen Ländern und des Rechts jedes einzelnen Landes auf einen eigenen Weg verkündete, so bewies die Erfahrung doch sehr schnell, daß es sich vor allem um eine taktische, konjunkturelle Korrektur handelte. Der stalinistische Begriff vom *sozialistischen Lager* oder von der *sozialistischen Gemeinschaft* als eines Gefüges von Staaten, in dem die UdSSR *befiehlt* und entscheidet und die anderen gehorchen müssen, wurde von Chruschtschow in seinem wesentlichen Inhalt nicht geändert und von seinen Nachfolgern sogar noch verstärkt. Die Haltung einer hegemonialen Großmacht und somit die Idee, die Souveränität der anderen Länder des *sozialistischen Lagers* müßte gemäß den – ausschließlich von der UdSSR definierten – Interessen des *Sozialismus* beschnitten und beschränkt werden, ist eine konstante Grundvorstellung der sowjetischen Politik.

Gerade in der Beziehung zu Jugoslawien bieten die Memoiren des jugoslawischen Botschafters in Moskau, Veljko Miciunovič, aus der Zeit unmittelbar nach dem XX. Parteitag die wohl direkteste, spontanste, lebendigste und lehrreichste Zeugenaussage von dem immer noch stalinistischen ideologischen Rahmen, in dem sich Chruschtschow trotz seiner Anstrengungen, die Dinge zu verbessern, bewegte. „Niemand kann aus seiner eigenen Haut heraus", schreibt Miciunovič in den letzten Seiten seines Tagebuchs, „nicht einmal

Chruschtschow. Deshalb leben in ihm das Alte und das Neue nebeneinander ... Chruschtschow stützt sich auf die Normen der Vergangenheit, auf den sowjetischen Begriff vom sozialistischen Lager, zu dem seiner Meinung nach Jugoslawien als sozialistisches und europäisches Land, in dem die Kommunisten an der Macht sind, gehören muß."[1]

Nach der ersten emotionellen und ideologischen Aufregung durch die Anklage gegen den Stalinismus und dem Gefühl der Verwaisung durch den Verlust des *Großen Meisters* wurden die grundlegenden Ideen des XX. Parteitages von den kommunistischen Parteien des Westens durchaus günstig aufgenommen – besonders von der italienischen und der spanischen KP, weniger von der französischen, die von einem besonders dogmatischen Klima geprägt war. In Wirklichkeit entsprach ja die Idee vom Kampf für den Sozialismus auf parlamentarischem Weg und im Rahmen der friedlichen Koexistenz viel mehr einer vom Wirtschaftsaufschwung und von der Verbesserung des Lebensniveaus der Arbeiter gekennzeichneten objektiven Situation, das heißt Bedingungen, die auf keinen Fall die Prämissen für eine Revolution oder für revolutionäre Bewegungen hervorbringen konnten.

Diese neue Ausrichtung bedeutete nun, die kommunistischen Parteien in der kapitalistischen Welt völlig umzuwandeln, da ja nun nicht mehr die Vorbereitung und Verwirklichung einer sozialistischen Revolution ihre unmittelbare Aufgabe war. In der Praxis fielen nun als Folge dieser viel realistischeren Auffassung den kommunistischen Parteien in Westeuropa – mit Ausnahme jener in Diktaturen – in der kommenden historischen Entwicklung folgende zwei Funktionen zu:

1. Als Druckmittel im Rahmen des (zum Großteil von den Sozialisten verwalteten) keynesianischen Systems, um der Arbeiterklasse (oder einigen Teilen von ihr) bei der Umverteilung des Nationaleinkommens einen größeren Anteil zukommen zu lassen. Das stellte eine objektive Quelle für steigenden Einfluß bei den Wahlen dar, die nicht immer ausgeschöpft wurde.

2. Als Instrument der Verteidigung und Propaganda für die sowjetische Politik auf internationaler Ebene. Das bedeutete, die sehr unpopuläre Großmachtstellung zu verteidigen. In anderen Fällen aber trieb es die Solidarität mit Völkern im Kampf gegen den Kolonialismus und den Imperialismus voran, was die Sympathie für die Kommunisten über die Arbeiterschaft hinaustragen konnte.

Bedeutete nun – wie so oft gesagt wird – die Orientierung des XX. Parteitages ein völliges Aufgeben jeglicher revolutionärer Perspektive, vor allem seitens seines wichtigsten Architekten Nikita Chruschtschow? Das einfach so zu behaupten, wäre wohl eine übermäßige Vereinfachung. Chruschtschow wurde vor allem von seinem Pragmatismus, von einem gewissen *Hausverstand* – der normalerweise nicht unter die Oberfläche der Dinge dringt – geleitet. Die Zweiteilung der Welt spiegelte sich auch in seiner Auffassung von den weltweiten Problemen. Im Grunde glaubte er, daß sich alles im Rahmen der Beziehungen zwischen der UdSSR und den USA regeln und entscheiden würde. In seinen Reisen ins Ausland war Chruschtschow ein hitziger Verfechter der Überlegenheit des Sozialismus. Seine Nachfolger brachten nichts Entsprechendes zustande. Der Hintergrund seiner revolutionären Überzeugung bestand in der Illusion, in dem – zweifellos naiven, unbegründeten – Glauben, daß die Sowjetunion in einem Zeitraum von zwanzig Jahren die USA im wirtschaftlichen Bereich überholen würde. Diese wirtschaftliche Überlegenheit würde dann ein Umschwenken in den Sympathien der Arbeiter der ganzen Welt hervorrufen, die sich nun davon überzeugen könnten, daß der Sozialismus eine positive ökonomische Entwicklung und somit bessere Lebensbedingungen als der Kapitalismus ermöglichte. Es war in gewisser Hinsicht die Vorstellung vom „Buttersozialismus". Dieses Konzept wurde – mit genauen Zahlen- und Zeitangaben – in dem 1961 von der KPdSU verabschiedeten Programm formuliert. Gemäß diesem Programm würde 1980 das Jahr des großen Umschwungs sein: das Jahr, in dem das Pro-Kopf-Produkt der wichtigsten Erzeugnisse in der UdSSR höher wäre als in den USA. Wäre dieses Programm verwirklicht worden, so lebten wir heute sicherlich in einer anderen Welt als der, die wir kennen. Doch es wurde nicht verwirklicht. Was sich in diesen mehr als zwanzig Jahren gezeigt hat, ist die Unfähigkeit des sowjetischen Systems, den Wirtschaftsstandard der USA und anderer kapitalistischer Länder zu erreichen, und ihre Rückständigkeit beim Steigern der Produktivität, beim Erfinden wissenschaftlicher und technologischer Neuheiten und bei deren Anwendung im Produktionsprozeß. Auch wenn das Verteilungssystem in der UdSSR weniger ungerecht ist (zwar nicht in jeder Hinsicht) und mehr dem Gleichheitsprinzip entspricht: da es sich im Rahmen eines niederen Produktions- und Produktivitätsniveaus vollzieht, ist die Anziehungskraft, die das sowjetische Regime auf die Arbeiterschaft in der kapitalistischen Welt ausüben könnte, gleich Null – auch wenn diese sich mit Krisensituationen und Arbeitslosigkeit konfrontiert sieht.

Eine der Folgen dieser Konzeption von der zweigeteilten Welt ist, daß sie im Namen höchster revolutionärer Interessen dazu diente, die Instrumentalisierung der kommunistischen Parteien des Westens zu rechtfertigen. Im Grunde sollten diese nichts als ihre parlamentarischen Positionen ausbauen, alles Sowjetische lobpreisen und darauf warten, daß die Änderung mit dem Wind aus dem Osten kommt, das heißt, daß die UdSSR mit ihren eindrucksvollen Erfolgen die Veränderung der Welt erreicht. Deshalb wurde – trotz der Anklage gegen Stalin und mit einer anderen Argumentationskette – die Treue zur

Sowjetunion neuerlich zum Prüfstein, zu einer unangreifbaren Tatsache für die Kommunisten. Alles würde aus der Sowjetunion kommen, man mußte nur daran glauben, es erwarten und vorbereiten.

Die andere katastrophale Folge der Konzeption von der zweigeteilten Welt war, daß sie unweigerlich zum Eurozentrismus führte. Alles außerhalb von Europa oder den USA war zweitrangig. Zweifellos schätzte Chruschtschow viel mehr als Stalin und Schdanow das Entstehen neuer unabhängiger Staaten in Indien, Burma, Indonesien, Ägypten usw., doch das änderte nicht seine Vorstellung von der Teilung der Welt in zwei Supermächte, die als solche aus dem Zweiten Weltkrieg hervorgingen. Das führte Chruschtschow dazu, die Rolle des revolutionären China überheblich und falsch zu bewerten: China wäre für ihn sehr wichtig und wesentlich gewesen, doch nur unter der Bedingung, daß es sich in das von der UdSSR angeführte sozialistische Lager *eingliedere.* Außerhalb dieses Lagers könnte es unmöglich vorankommen. Jenes später mit dem wenig zutreffenden Ausdruck „Dritte Welt" bezeichnete Phänomen, das die Struktur der ganzen Welt und der Geschichte der Menschheit verändern sollte, entging Chruschtschow vollkommen. In Wirklichkeit waren es im kommunistischen Bereich nur die Jugoslawen, die in dieser Hinsicht eine weitsichtige und langfristige Politik verfolgten. Aus der eigenen Notwendigkeit heraus, einen Weg außerhalb der beiden Militärblöcke zu finden, wußte Tito viel stärker als irgendein anderer europäischer führender Politiker sein Land mit dieser gigantischen Befreiungsbewegung der gestern noch kolonisierten Länder zu verbinden. Die Jugoslawen wurden zur Avantgarde in der Überwindung des Eurozentrismus und in der Definition der Blockfreiheit.

Die am XX. Parteitag der KPdSU aufgeworfenen Probleme und vor allem die Verurteilung der Irrtümer und Verbrechen des Stalinismus durch Chruschtschow und andererseits die Unfähigkeit, diese Verurteilung in einen echten und tiefen Erneuerungsprozeß des marxistischen Denkens zu verwandeln, also die Beibehaltung des stalinistischen Rahmens in grundlegenden Fragen, sollten in der Folge eine Reihe von tiefen Widersprüchen hervorrufen, die die Geschichte der zweiten Hälfte des 20. Jahrhunderts prägen – Widersprüche, die man in die folgenden drei Gruppen zusammenfassen kann:

1. Widersprüche zwischen der UdSSR und den anderen Ländern des sowjetischen Blocks, in denen logischerweise Bewegungen entstehen, die das am XX. Parteitag proklamierte Recht jedes Volkes auf seinen eigenen Weg zum Sozialismus in die Realität umsetzen wollen. Das war der erste Widerspruch, der offen ausbrach.

2. Widersprüche zwischen der UdSSR und China, teilweise aus dem angeführten Grund, vor allem aber wegen der Unfähigkeit der UdSSR, die gigantische Bewegung der Völker der Dritten Welt zu erfassen.

3. Widersprüche zwischen der KPdSU und den kommunistischen Parteien der kapitalistischen Länder, die sich einerseits durch den XX. Parteitag dazu ermutigt sahen, mit ihrem eigenen Kopf zu denken, und die Moskau nun nicht mehr als Sitz der einzigen revolutionären Wahrheit betrachten konnten, die aber andererseits weiterhin in entscheidenden Fragen von der UdSSR instrumentalisiert und an ihre Politik gebunden wurden.

Die ungarische Revolution

Mit dem Tod Stalins und vor allem mit der Verurteilung seiner Irrtümer und Verbrechen am XX. Parteitag der KPdSU entsteht in den Volksdemokratien eine Situation der Unsicherheit. Strömungen, die durch die erbarmungslose Härte des stalinistischen Systems unterdrückt waren, kommen nun wieder an die Oberfläche; innerhalb der kommunistischen Parteien treten Spaltungstendenzen auf. Alle diese Ereignisse werden später in der kommunistischen Bewegung Westeuropas zu tiefgreifenden Auswirkungen führen, in gewisser Hinsicht ihre Zukunft formen. Das Ereignis von größter Tragweite ist zweifellos die ungarische Revolution vom Oktober 1956.

Fast alle kommunistischen Parteien, selbst die mit kritischen Positionen, haben in dieser Hinsicht die sowjetische Darstellung übernommen. Diese Version ist auch heute noch gültig. Es erscheint uns deshalb unerläßlich zu versuchen, die Vorgänge näher zu beleuchten.[2]

Drei Monate nach dem Tod Stalins brechen in einigen tschechoslowakischen Städten eine Reihe von Streiks aus: in Prag, in Pilsen, in den Minen von Ostrau. Das Motiv ist wirtschaftlicher Natur, doch in einem Land mit starken demokratischen Traditionen drückte es sich gleichzeitig als Wille der Arbeiter aus, ihre Interessen gegenüber einer autoritären und unerreichbar fernen Macht zu verteidigen. Die Antwort darauf ist eine sehr harte Unterdrückung.

Im Juni desselben Jahres treten die Bauarbeiter in Ostberlin in den Streik, um gegen einige besonders harte Arbeitsbedingungen zu protestieren. Es kommt zu großen Demonstrationen in der Stadt. Das sowjetische Oberkommando verhängt den Ausnahmezustand. Die Proteste weiten sich auf Leipzig, Dresden und andere Städte der DDR aus. Die Repression ist brutal, nicht nur mit Schüssen gegen die Massen auf den Straßen, sondern auch mit späteren Verurteilungen und in einigen Fällen Hinrichtungen.

In Polen und Ungarn wird die Forderung nach einem Ende der

stalinistischen Mißstände besonders stark von intellektuellen Kreisen erhoben, selbst von gewissen Teilen der kommunistischen Partei. Schriftstellervereinigungen tauchen auf (zum Beispiel die in Budapest, die den Namen eines berühmten Dichters aus dem 19. Jahrhundert, Petöfi, annimmt) und beginnen, eine schonungslose Kritik an der offiziellen Politik zu formulieren.

Das Hin und Her und die internen Auseinandersetzungen im Politbüro der KPdSU strahlen auch aufs Ausland aus, was sich vor allem bei den Ereignissen in Ungarn zeigt. Dort hat der Stalinismus unter der Leitung von Mátyás Rákosi besonders grobe und brutale Züge. Dennoch gibt es in der Parteiführung eine Gruppe von Männern mit einer weitaus offeneren Geisteshaltung. Die Existenz eines marxistischen Theoretikers von der Größe eines Georg Lukács konnte nicht ohne Folgen bleiben.

Im Juli 1953, als Berija in Moskau hingerichtet wird, drängt die sowjetische Parteiführung darauf, daß Rákosi als Regierungschef durch einen flexibleren Kommunisten ersetzt werde, durch Imre Nagy. Rákosi bleibt aber weiterhin Generalsekretär der Partei. So entsteht praktisch eine offene Auseinandersezung zwischen zwei kommunistischen Haltungen: eine, die sich hinter dem Parteiapparat und dem Geheimdienst verschanzt und die entschlossen ist, die Barbarei der Stalinzeit fortzuführen, und eine andere, von Regierungschef Nagy angeführte, die sich – lange vor dem XX. Parteitag – die Überwindung des Stalinismus und eine tiefgreifende Reform des bisher als *Sozialismus* bezeichneten diktatorischen Systems zum Ziel gesetzt hat – in einem demokratischen Sinn, mit Beteiligung der Bevölkerung. Nagy beginnt sogar – zweifellos unter dem Einfluß der jugoslawischen Erfahrung – Konzepte auszuarbeiten, die die Rückgewinnung der Unabhängigkeit Ungarns vorsehen, also die Möglichkeit einer sozialistischen Entwicklung außerhalb des von der UdSSR angeführten Militärblocks.

Die zwei Positionen, die in Budapest aufeinanderstoßen, haben beide in gewisser Hinsicht in Moskau ihre Förderer: Molotow unterstützt Rákosi, Chruschtschow Nagy. Trotzdem wird Nagy im April 1955 abgesetzt und wenig später aus der Partei ausgeschlossen. Er schickt aber weiterhin private Botschaften an das Zentralkomitee, worin er seine Erneuerungsvorstellungen entwickelt, Vorstellungen, die dem Empfinden breiter Kreise der Kommunisten und der Arbeiterschaft überhaupt entsprechen. Rákosi hingegen hat jegliches Prestige verloren; sein Weiterverbleib radikalisiert die kritischen Einstellungen in der Gesellschaft und selbst innerhalb der Kommunistischen Partei. In diesem Klima explodieren die Nachrichten über den XX. Parteitag der KPdSU wie eine Bombe. In einer ersten Etappe sind die Auswirkungen ziemlich gleich wie in Polen, auch wenn das Ende ein radikal anderes sein wird.

Im Juni 1956 kam es in der polnischen Stadt Posen zu einer Volkserhebung. Die beiden Forderungen der Bevölkerung waren die der Abhaltung freier Wahlen (das heißt eine tatsächliche Demokratie) und des Rückzugs der sowjetischen Truppen (das heißt eine tatsächliche nationale Unabhängigkeit). Diese beiden Forderungen sind der Kern der Forderungen, die nun, in der Endzeit des Stalinismus, in allen gewaltsam in das Sowjetsystem integrierten Ländern erhoben werden. Der Aufstand in Posen wurde mit Gewalt niedergeworfen, doch die Welle der Erhebungen breitete sich aus: die große Fabrik Zeran in Warschau und die Universität in der Hauptstadt wurden zu Zentren des Widerstandes. Das Charakteristische an der polnischen Entwicklung im Jahre 1956 war, daß innerhalb der Partei eine Lösung gefunden wurde, besser gesagt, daß sich ein Mann fand, der genügend Charisma hatte, um die Sehnsüchte der Bevölkerung zu kanalisieren. Es handelte sich um Władysław Gomułka, den kommunistischen Führer, der während des Zweiten Weltkrieges im Inneren des Landes den Widerstand angeführt hatte. Im Augenblick der Befreiung 1945 war Gomułka Generalsekretär der Partei, wurde aber 1948 abgesetzt und unter der Anschuldigung des Nationalismus und *titoistischer* Tendenzen eingekerkert. 1955 wurde er aus dem Gefängnis entlassen und befand sich zum Zeitpunkt der Volkserhebungen praktisch unter Hausarrest.

Im Oktober 1956 befand eine Mehrheit des Zentralkomitees der Partei, die einzige Lösung zur Vermeidung eines Bürgerkrieges wäre es, Gomułka an die Spitze der Partei und der Macht zu setzen. Währenddessen nahmen die Sowjets Truppenbewegungen vor. Man darf nicht vergessen, daß in dieser Zeit ein sowjetischer Marschall, Rokossowski – Pole von Geburt –, der von Moskau entsandte Verteidigungsminister Polens war. Eine aus Chruschtschow, Mikojan, Molotow und Kaganowitsch (das heißt zwei von jeder Fraktion) zusammengesetzte Delegation der KPdSU traf uneingeladen in Warschau ein. Das Zentralkomitee der polnischen Partei beschloß, Gomułka wieder in ihre Reihen aufzunehmen, und billigte seine Kandidatur zum Generalsekretär. Somit führte Gomułka die Delegation an, die mit den Sowjets verhandelte. Diese verzichteten auf eine militärische Invasion, die sehr kostspielig gewesen wäre, und gestanden Gomułka – trotz ihres Mißtrauens – einen gewissen Zeitraum zu, um zu sehen, ob er Polen wieder in das kommunistische System integrieren könne. Gomułka wurde zum Volkshelden. Er nahm einige wichtige Veränderungen vor, wie die Entkollektivierung des Bodenbesitzes (der zum Großteil in private Hände überging). Die Abhängigkeit von der UdSSR und das System der ausschließlichen Herrschaft der Kommunistischen Partei blieben jedoch aufrecht.

In Ungarn ist die politische Entwicklung weiter fortgeschritten, sowohl im Bewußtsein der Bevölkerung als auch innerhalb der Kommunistischen Partei. Am 6. Oktober kommt es zur ersten Massendemonstration von mehr als 200.000 Menschen in den Straßen von Budapest. Anlaß ist ein ehrendes Gedenken an Rajk, den Kommunistenführer, der einige Jahre zuvor nach einem die Fakten verfälschenden Prozeß hingerichtet worden war. Die Sowjets haben mittlerweile Rákosi an der Spitze der Partei durch Gerö abgelöst, doch ist das nur ein weiterer Stalinist, der nicht begreift, worum es geht. Am 23. Oktober kommt es zu einer noch größeren Demonstration aus Solidarität mit dem polnischen Volk. Eine Rede Gerös im Radio, in der er die Bevölkerung beschimpft, wirkt wie ein Funken im Pulverfaß. Die Massen erobern die Stadt. Es beginnt eine Zeit von zwölf oder dreizehn Tagen, in der man von einer echten revolutionären Periode sprechen kann, wie Agnes Heller mit vollem Recht in einem kürzlich erschienenen Buch argumentiert.[3]

Die spontane Bewegung der Bevölkerung, die sich auf zahlreiche Städte und Dörfer ausbreitet, artikuliert sich in Arbeiterräten. Sie sind der Keim einer zweiten Gewalt, einer echten Volksmacht. Kurz darauf wird der Arbeiterrat von Budapest gebildet, und am 31. Oktober tritt das „Parlament der Arbeiterräte“ des Landes zusammen. Selbst nach der Niederschlagung des Volksaufstandes durch die sowjetische Armee gelingt es den Arbeiterräten, noch zwei Monate lang, bis zum Dezember, weiterzubestehen, wobei sie eine beträchtliche Verhandlungskapazität entwickeln. Dieses Merkmal bringt Agnes Heller dazu, vom „einzigen Fall einer spontanen Massenrevolution, wie sie in den Träumen von Rosa Luxemburg erschien“, zu sprechen. Es war tatsächlich eine *Luxemburgsche* Revolution, niedergeschlagen von den sowjetischen Truppen. In gewisser Hinsicht handelte es sich dabei – bis zu den letzten Folgen, bis zur Tragödie – um die Entwicklung jenes Widerspruchs, von dem wir schon in den ersten Seiten dieses Buches gesprochen haben: dem von Rosa Luxemburg erkannten Widerspruch zwischen dem Streben nach dem Kommunismus und der Unterwerfung der kommunistischen Parteien unter die Interessen des sowjetischen Staates.

Unterdessen haben die Parteiorgane in der Nacht zum 23. Oktober Nagy gerufen, damit er sich an die Spitze der neuen ungarischen Regierung setzt. Dieser akzeptiert und beginnt mit einer Reihe von Maßnahmen, die in das geheiligte sowjetische Modell tiefe Sprünge schlagen, ja es sogar zerbrechen.

Folgende drei Merkmale charakterisieren die ungarische Revolution:

1. Die Geburt einer neuen Legalität, die der Massenbewegung vom 23. Oktober entspringt.

2. Die Anerkennung des Parteienpluralismus, die mit dem Einzug von Vertretern anderer Parteien in die Regierung Nagy am 26. Oktober Wirklichkeit wird – auch wenn mit Nagy die Führung in Händen der Kommunistischen Partei bleibt.

3. Die Einführung einer neuen Außenpolitik außerhalb des Warschauer Paktes auf der Basis der Neutralität und unter Wahrung freundschaftlicher Beziehungen zu der UdSSR. Man muß sich in jene Zeit zurückversetzen, um zu begreifen, daß dieser Vorschlag weder verrückt noch unmöglich, noch ein *imperialistisches Manöver* war. Ein Jahr zuvor, 1955, hatte die UdSSR Jugoslawien das Recht auf einen eigenen Weg außerhalb der Blöcke zugestanden. Es gibt sogar Zeitzeugen, die davon sprechen, Chruschtschow hätte in der Nacht des 29. Oktober 1956 ein internationales Statut für Ungarn, ähnlich wie jenes für Finnland, als eine Möglichkeit angedeutet oder sie zumindest nicht *a priori* zurückgewiesen.[4]

Tatsächlich vermitteln die Sowjets zwischen dem 26. und dem 30. Oktober den Eindruck, die verschiedenen Positionen der Regierung Nagy einschließlich des Parteienpluralismus und der Neutralitätspolitik zu akzeptieren. Am 30. Oktober veröffentlicht die *Prawda* eine feierliche Erklärung der sowjetischen Regierung, in welcher diese die Prinzipien der Erklärung von Belgrad vom Vorjahr bestätigt und auf der Notwendigkeit beharrt, die verschiedenen Wege zum Sozialismus und das Recht jedes Landes, seinen eigenen Weg zu wählen, zu respektieren.

Es steht wohl außer Zweifel, daß in diesen Tagen in der sowjetischen Führungsspitze zwei Linien aufeinanderprallen. Der sowjetische Botschafter in Budapest ist Juri Andropow. Da trifft eine Sonderdelegation mit Suslow und Mikojan in der ungarischen Hauptstadt ein. In Wirklichkeit war die sowjetische Militärintervention eine permanente, auch wenn sich die Truppen nach einem ersten Eingriff aus der Hauptstadt wieder zurückzogen. Doch am 4. November kommt es zum Einmarsch der sowjetischen Truppen, um die Regierung Nagy zu stürzen (er selbst flüchtet in die jugoslawische Botschaft), die Bevölkerung niederzuwerfen und eine neue Regierung unter Kádár einzusetzen. Dieser war Minister im Kabinett Nagy und hatte alle dessen Positionen (einschließlich des Austritts aus dem Warschauer Pakt) unterstützt, war aber auf unerklärliche Weise aus Budapest verschwunden. Nun tauchte er wieder an der Spitze einer neuen Regierung auf, die mit den sowjetischen Truppen in die Hauptstadt einzog. Sie brauchte lange, um die Verwaltung des Landes wieder in geordnete Bahnen zu bringen.

Die wirkliche Erklärung für den Schwenk in der Politik Moskaus ist auch heute noch schwer zu finden. Natürlich war der Kampf zwischen den Gruppen um Molotow und um Chruschtschow voll entbrannt, doch letzterer nahm schließlich die Entscheidungen auf sich. Ein anderer Faktor, den man nicht vergessen darf, ist die Tatsache, daß am 30. Oktober die anglo-französische Operation zur Rückeroberung des Suezkanals begann, was in Moskau die Furcht vor einem internationalen Konflikt großen Ausmaßes genährt und die UdSSR zum Entschluß gebracht haben könnte, die – wie wir schon sagten – ohnehin permanente militärische Intervention in Ungarn mit einem Schlag zu radikalisieren.

Auf jeden Fall lautet die offizielle sowjetische Erklärung, die von fast ausnahmslos allen kommunistischen Parteien akzeptiert wird, folgendermaßen: die Ermordung von Kommunisten in Budapest und das Wiederauftauchen des Kardinals Mindszenty kündigten die Schaffung einer faschistischen Macht an, und die Sowjets hätten intervenieren müssen, um den konterrevolutionären und faschistischen Triumph zu verhindern. Diese ideologische und propagandistische Aktion hat der kommunistischen Bewegung großen Schaden zugefügt. Zweifellos kam es im Rahmen des spontanen Massenaufstandes gegen den Staatsapparat zu schlimmen Verbrechen an einigen Kommunisten, vor allem an Mitgliedern der politischen Polizei, die nach der langen repressiven Periode unter Rákosi völlig verhaßt war. Das ist ein schwarzer Fleck in der ungarischen Revolution. Doch es ist falsch zu behaupten, die Regierung Nagy und die Arbeiterräte hätten diese Ausschreitungen nicht in den Griff bekommen können. Und was den Kardinal betrifft, so war sein Einfluß nur gering. Die katholische Kirche hat in Ungarn nie eine vorherrschende Stellung eingenommen. Es handelte sich also um Probleme, die eine andere Lösung hätten finden können als die einer militärischen Intervention der Sowjetunion.

Es ist wichtig, darauf hinzuweisen, daß die Westmächte und allen voran die USA den Kampf des ungarischen Volkes dazu benützten, eine gigantische Propagandawelle gegen die UdSSR und gegen die Kommunisten zu entfesseln, doch daß sie nichts taten, um Ungarn zu helfen. Es gab nicht einmal Versuche, zu sondieren, ob die Sowjets eventuell einer Veränderung der internationalen Position, die Ungarn seit dem Kriegsende einnahm, zustimmen würden. Währenddessen kam es gerade in diesen Tagen zu einem gemeinsamen Schritt der USA und der UdSSR auf internationaler Ebene, um den von Großbritannien und Frankreich gegen Ägypten angezettelten Krieg zu beenden. Dieser Vorstoß der beiden Großmächte war äußerst wirksam: die Kämpfe wurden innerhalb weniger Stunden eingestellt. In Wirklichkeit war die Teilung der Welt in zwei Blöcke noch nicht so umfassend wie heute oder, besser gesagt, noch nicht so starr. Sicher wurde die Aufteilung in die zwei Blöcke in Jalta festgelegt, wie wir ja schon gesehen haben. Doch die tatsächliche Bildung dieser Lager war ein komplexer Prozeß – auch andere internationale Entwicklungen lagen im Bereich der Möglichkeit. Der Fall Ungarn beweist, daß die US-amerikanische Politik wohl darauf ausgerichtet war, in den Ländern des Ostens Gärung und Unruhen zu provozieren, die Unzufriedenheit zu fördern und dann aus diesen Problemen möglichst viel Kapital zu schlagen, um die UdSSR zu schwächen und auf internationaler Ebene um ihr Ansehen zu bringen. Es gab jedoch keine ernsthafte Politik der USA, um die gegen Ende des Zweiten Weltkrieges vereinbarte Aufteilung in Einflußzonen zu verändern. Es handelte sich dabei nicht mehr um ein Problem der *Treue zum Übereinkommen von Jalta:* es war sicherlich eine Frage der Rangordnung und der Prioritäten in den imperialistischen Projekten der USA zur Ausdehnung ihres Herrschaftsbereiches. Das Bild von einer Politik der USA, die auf eine *Befreiung der Völker des Ostens* ausgerichtet ist – was die sowjetische Propaganda selbst intensiv verbreitet hat –, entspricht überhaupt nicht der Wirklichkeit. Hier ist die Kluft zwischen der Propaganda und den historischen Tatsachen besonders tief.

Auf jeden Fall hatte die ungarische Revolution auf die öffentliche Meinung in Westeuropa schwer beschreibbare Auswirkungen. Es war vielleicht zum ersten Mal, daß man auf den Fernsehschirmen Kampfpanzer sah, die den Schrei eines Volkes nach Freiheit niederwalzten. Eine richtige antikommunistische Hysterie brach aus. Alle vereinigten sich gegen die Kommunisten, von der Rechten bis zu den Sozialisten. In Italien zerbrach die Einheit zwischen der Sozialistischen und der Kommunistischen Partei. Budapest löschte auch das Bild eines offeneren Kommunismus aus, das Chruschtschow mit seinen Anklagen gegen Stalin vermittelt hatte. Hinsichtlich der öffentlichen Meinung ereignete sich etwas Ähnliches erst zwölf Jahre später, während der sowjetischen Invasion in der Tschechoslowakei. Mit einem großen Unterschied jedoch: Im Fall Ungarn rechtfertigten und verteidigten die kommunistischen Parteien die militärische Intervention der Sowjetunion, die die ungarische Revolution niederwarf und die von dem Kommunisten Imre Nagy angeführte Regierung stürzte.

Vom heutigen Standpunkt aus ist es schwierig zu verstehen, warum die kommunistischen Parteien so leicht und unbekümmert die sowjetische Erklärung akzeptierten. Die historische Figur des Imre Nagy, der in gewisser Hinsicht als Vorläufer des Eurokommunismus betrachtet werden kann, war ihnen unbekannt; sie hatten von ihm nur einen schlechten Eindruck. Es ist keine Anekdote, daß Nagy in seinen kommunistischen Anfängen direkter Mitarbeiter von Bucharin war, der zweifellos die kommunistische Theorie sehr bereichert hat. Daraus mußte zwangsläufig eine oppositionelle Haltung zur Umwandlung der Theorie des sogenannten Marxismus-Leninismus in ein bloßes Instrument der Staatsinteressen der sowjetischen Großmacht entspringen. Nagy hatte eine pluralistische Vorstellung vom Sozialismus. Auf internationaler Ebene trat er für eine Konföderation der Donaustaaten ein, die es ermöglicht hätte, Ungarn in ein Staatensystem einzubinden, das mit der sowjetischen Großmacht zusammenarbeiten, aber gleichzeitig auch ein Gegengewicht bilden hätte können. Tatsächlich hatten mehrere kommunistische Führer – Tito, Dimitroff, Nagy – in der Nachkriegszeit Vorstellungen von der

Gründung einer Staatengruppe (der Balkan-Bund, die Donau-Konföderation) mit dem Ziel, effektivere, gleichgewichtigere und sozialistischere Formen der Zusammenarbeit zwischen den Staaten, die den Kapitalismus abgeschafft hatten, zu erlauben. Die UdSSR verhinderte alle diese Projekte. Dabei ging es nicht um die Frage nach mehr oder weniger Sozialismus, sondern um mehr oder weniger Macht für den Sowjetstaat. Es ist wohl nicht zu gewagt, sich vorzustellen, mehr Pluralismus und Gleichgewicht in den Beziehungen zwischen den Staaten, die gerade den Sozialismus aufbauen wollten, hätten auf internationaler Ebene eine viel größere Ausstrahlung des neuen Systems erlaubt. Doch die UdSSR setzte ihre Hegemonie, ihre Herrschaft und die Einförmigkeit durch. Darin liegt einer der Faktoren, die zum gegenwärtigen System der Militärblöcke führten.

Unter den Verhältnissen von 1956, erst wenige Monate nach der Verurteilung des Stalinismus, waren die kommunistischen Parteien – sowohl die Führungen als auch die Mitglieder – noch völlig den Anweisungen aus Moskau unterworfen. Mit Ausnahme einiger weniger individueller Fälle war niemand fähig, die Vorgänge in Ungarn zu analysieren. Man erkannte wohl die von Rákosi begangenen Fehler und sah in ihnen die Ursache für die Volkserhebung. Doch über all dem hatte die Sowjetunion ein weiteres Mal recht: ihre Intervention hatte eine faschistische Konterrevolution verhindert.

Selbst als im Juni 1958, in einer Zeit der politischen Ruhe, Nagy und seine Mitarbeiter hingerichtet wurden, rechtfertigten die westlichen kommunistischen Parteien diesen wahrhaft kriminellen Akt.

Dieses Unverständnis der wirklichen Bedeutung der ungarischen Revolution und der Rolle Imre Nagys war ein Fehler mit tragischen Folgen, denn er verzögerte bis 1968, also um zwölf Jahre, die notwendige Rückkehr zu einem politischen Denken in den westlichen kommunistischen Parteien. Eine andere Haltung der wichtigsten kommunistischen Parteien des Westens im Jahre 1956 hätte auf Moskau vielleicht einen wichtigen Einfluß ausüben und beachtliche Folgen haben können. Zu jenem Zeitpunkt gab es in Chruschtschows Politik noch beträchtliche Schwankungen. Er stand inmitten einer harten Auseinandersetzung mit der stalinistischen Gruppe um Molotow. Chruschtschow selbst war zunächst, wie wir schon erwähnt haben, unsicher, ob es zweckmäßig sei, für Ungarn ein internationales Statut wie das Finnlands in Betracht zu ziehen. Was sich dann in Ungarn abspielte, war praktisch das Begräbnis jener Möglichkeiten der Veränderung und der Erneuerung, die der XX. Parteitag eröffnet hatte. Es stimmt, daß 1957 die Gruppe um Molotow von der Macht entfernt und ausgeschlossen wurde, doch war es in gewisser Hinsicht für Chruschtschow ein Pyrrhussieg. Die Überwindung des Stalinismus erforderte, dem Kommunismus seinen Reichtum und seine innere Vielfalt wiederzugeben, im Sinne nicht nur von Lenin (und zwar nicht als lebloses Bild, sondern in seinem Denken), sondern auch von Trotzki, Bucharin und vielen anderen wie Rosa Luxemburg und Antonio Gramsci. Weder der XX. Parteitag noch Chruschtschow waren fähig, diesen Weg einzuschlagen, deshalb scheiterte die Wiedergeburt. Mit Breschnew und seinen Nachfolgern triumphierte wieder der Neostalinismus.

Trotz dieser schwerwiegenden Beschränkungen steht außer Frage, daß der XX. Parteitag einen Bruch mit der Vergangenheit bedeutete. Er zwang dazu, viele historische Ereignisse nun unter einem neuen Blickwinkel zu betrachten, er brach mit Dogmen und erlaubte den Beginn eines eigenständigen Denkens in den Reihen einiger kommunistischer Parteien.

Der bemerkenswerteste Fall war der der Kommunistischen Partei Italiens. In einem berühmten Interview mit der Zeitschrift *Nuovi Argumenti* sagte Togliatti über den Stalinismus, „es haben sich Erscheinungsformen der Bürokratisierung, der Verletzung der Rechtmäßigkeit, der Stagnation und selbst der Degeneration in verschiedenen Punkten der Gesellschaft ergeben". Vor allem der Ausdruck *Degeneration* rief einen Skandal und Proteste der Sowjets hervor. Die französischen Kommunisten schleuderten sofort heftige Angriffe gegen diese Interpretation Togliattis. Damit begann ein langer Zeitraum, in dem die KPI an der Spitze eines Erneuerungsprozesses innerhalb der westlichen kommunistischen Parteien stand, der sogar eine gewisse kritische Analyse der sowjetischen Realität beinhaltete.

Die Wende der Sozialdemokraten

Auf den ersten Blick könnte es scheinen, in dem Jahrzehnt zwischen 1950 und 1960 wäre die Annäherung zwischen Sozialisten und Kommunisten die logische Entwicklung gewesen. Diese begannen ja tatsächlich, sich von einigen Vorurteilen oder Entfremdungen – Folgen ihres Ursprungs und ihrer Geschichte – zu befreien, die es ihnen bis dahin erschwert hatten, die Realität der Arbeiterschaft, die sie ja zu vertreten vorgaben, zu verstehen. Vor allem die Ablehnung des Stalinismus entfernte sie von einigen Dogmen, die bisher die Beziehungen innerhalb der Arbeiterschaft behindert hatten. Doch die Wirklichkeit war völlig anders: In diesem Zeitraum gingen die Auseinandersetzungen und die Spaltung zwischen Sozialisten und Kommunisten weiter und vertieften sich sogar noch. Ein entscheidender Faktor dabei war, daß in dieser Zeit die Einflußnahme der beiden Großmächte USA und UdSSR zur Einbindung der politischen Parteien und der Gewerkschaften Europas in ihre Hegemoniebestrebungen ihr höchstes Ausmaß erreichte. Der Kalte Krieg stand in voller Blüte, auch wenn mit dem XX. Parteitag eine gewisse Beruhigung eintrat. Doch erst 1962, nach der Kubakrise, kann man vom Beginn einer Periode der Koexistenz sprechen.

Wir haben schon vorhin gesehen, wie die Entwicklung der sozialistischen Parteien Westeuropas in der Nachkriegszeit, als sie sich zu koordinieren versuchten, sehr stark von den Vorgängen in den Ländern des Ostens beeinflußt war. Dort wurden mittels der von oben und in letzter Konsequenz von der Sowjetunion eingesetzten *Fusionsprozesse* die sozialistischen Parteien ausgeschaltet. 1951 entstand auf einem Gründungskongreß in Frankfurt die Sozialistische Internationale aufs neue. Die Konferenz verabschiedete ein programmatisches Dokument mit dem Titel *Ziele und Aufgaben des demokratischen Sozialismus*, das gewissermaßen die erste theoretische Stufe der tiefgehenden Wende darstellte, die sich im Innern der europäischen Sozialdemokratie zu manifestieren begann (wobei hier Sozialdemokratie in ihrem allgemeinsten Sinn, als Gesamtheit der sozialistisch oder sozialdemokratisch genannten Parteien, aufgefaßt ist).

Was ist nun der Inhalt dieser Wende? Der Gegensatz zwischen Sozialisten und Kommunisten war bis dahin – auf den einfachsten Nenner gebracht – als jener zwischen *Reformisten* und *Revolutionären* definiert worden. Doch im letzten Ziel, der Notwendigkeit der Abschaffung des Kapitalismus und der Schaffung einer neuen, der sozialistischen Gesellschaft, war man sich einig. Die Differenz lag im einzuschlagenden Weg. Selbst unter den Sozialisten, die am härtesten die Kommunisten angriffen, wie Kautsky in Deutschland, Blum in Frankreich oder Besteiro in Spanien, war dieser Aspekt völlig klar.

Im Laufe der fünfziger Jahre orientierte sich die Sozialistische Internationale völlig neu – wenn auch mit Nuancen und Ausnahmen, vor allem in den sozialistischen Parteien Südeuropas. Es ging nicht mehr darum, den Kapitalismus abzuschaffen. Man war der Meinung, der Kapitalismus existiere gewissermaßen gar nicht mehr, er sei „etwas anderes", er sei „gezähmt" worden, wie Willy Brandt sagte.[5] Und noch bezeichnender sein späterer Ausdruck: „Die Pest wurde überwunden." Das letzte, historische, endgültige Ziel (man spricht nicht mehr von Stufen oder Wegen) der sozialistischen Parteien konnte also nicht mehr die Abschaffung des Kapitalimus sein – es bestand nun vielmehr einfach darin, seitens des Staates, seitens der Regierung in die Wirtschaft eine bestimmte Dosis an Planung einzuführen durch Investitionen der öffentlichen Hand, eine weniger ungerechte Einkommensverteilung, Anreize für die Nachfrage usw. Keynes nahm in gewisser Hinsicht den Platz von Marx ein.

Zweifellos konnte dieser Wechsel nicht schlagartig erfolgen. In dem erwähnten Dokument der Sozialistischen Internationale von 1951 ist eine klare Kritik am Kapitalismus enthalten, auch wenn man in vielen Ländern den Übergang von einem *unkontrollierten Kapitalismus* zu einer „Wirtschaft, in der die staatliche Intervention und das Gemeineigentum den Raum der privaten Kapitalisten beschränken", zu erkennen glaubt. Deshalb heißt es, „der Sozialismus will den Kapitalismus durch ein System ersetzen, in dem das Gemeininteresse über dem privaten Nutzen steht". Doch in den folgenden Jahren geht das sozialistische Denken noch weiter in diese Richtung. 1959 verzichtet die Sozialdemokratische Partei Deutschlands (SPD) auf ihrem berühmten Parteitag in Bad Godesberg feierlich auf den Marxismus als theoretische Grundlage ihres Handelns und ihres Selbstverständnisses. Auf einem Treffen in Oslo 1962 verabschiedet die SI ein zweites theoretisches Dokument mit dem Titel *Die Welt heute: die sozialistische Perspektive.* Darin ist die Wendung praktisch vollzogen: Der Ausdruck Kapitalismus wird für die Industriegesellschaften gar nicht mehr verwendet. In diesen hätten sich „neue Formen des Eigentums und der Produktionskontrolle" entwickelt. Die massive Arbeitslosigkeit sei ausgerottet worden. Es sei nicht mehr die Zeit, um „die Übel mit einer einzigen Methode zu heilen". Verschiedene Maßnahmen wie ein „gerechtes Lohnschema" usw. werden vorgeschlagen. Angesichts der „gewandelten Gesellschaft der sechziger Jahre" müsse man Wege finden, um „die bereits begonnene Aufgabe zu vollenden". Der Ausdruck *Kapitalismus* wird nur noch im ideologischen Sinn verwendet, wenn es zum Beispiel heißt, daß die aus dem Kolonialismus hervorgehenden neuen Staaten gleichzeitig „den Übeln des Kommunismus und des Kapitalismus" entgehen könnten, denn die Zukunft gehört „weder dem Kommunismus noch dem Kapitalismus". Obwohl es nicht klar und ausdrücklich gesagt wird, kommt man doch zu dem Schluß, daß die industrialisierten Länder nicht mehr ein Teil des Kapitalismus sind, sondern bereits „eine gewandelte Gesellschaft".

In dieser Entwicklung war der außerordentliche Parteitag der SPD in Bad Godesberg 1959 ein entscheidender Augenblick. In anderen Ländern – in Großbritannien zum Beispiel – war der Marxismus nie die theoretische Grundlage der Arbeiterbewegung. Im Falle Deutschlands verhielt es sich jedoch anders. Die Entscheidung des Parteitages, den „Marxismus aufzugeben", hatte historische Bedeutung: Sie bedeutete in der Praxis, einen bestimmten Typ von Partei zu begraben, der geschaffen worden war, um die Interessen der Industriearbeiter zu verteidigen, den Klassenkampf zu entwickeln und die kapitalistische Klasse zu schwächen, und statt dessen eine Partei aufzubauen, deren zentrale Ziele die ökonomische Rationalität und die Verteidigung der nationalen Interessen sind. Hinter dem Ausdruck *Marxismus* hatte sich nicht eine Wirtschaftstheorie oder eine philosophische Weltanschauung verborgen, sondern eine Form, die wichtigsten Elemente des gesellschaftlichen und politischen Lebens zu untersuchen, den Fortschritt der Gesellschaft zu erfassen. Die SPD stellte nun in Bad Godesberg drei grundsätzliche Veränderungen fest: 1. Was ihre ideologischen Grundlagen betrifft, so verkündet sie: „Der demokratische Sozialismus hat in Europa seine Wurzeln in der christlichen Ethik, im Humanismus und in der klassischen Philosophie . . ."; 2. Bezüglich der sozialen Basis erklärt sie: „Von einer Partei der Arbeiterklasse hat sich die sozialdemokratische Partei in eine Volkspartei verwandelt"; und 3. bekräftigt die Erklärung von Bad Godesberg hinsichtlich des Wirtschaftssystems die Anerkennung des freien Unternehmertums und schlägt eine Reihe von Reformen vor, um es zu rationalisieren und seine sozialen Auswirkungen zu verbessern.[6]

Der frühere Wirtschaftsminister der Regierung Mitterrand, Jacques Delors, meinte dazu: „Es tut mir leid, daß wir von einer Zeit, in der die Sozialdemokratie eine Kultur, eine Atmosphäre und eine Diskussionsform hatte, die ich als marxistisch bezeichnen würde, zu einer Sozialdemokratie der technizistischen, technokratischen und keynesianischen Kultur gekommen sind."[7]

Diese grundlegende Wende auf ideologischem Gebiet ist Ausdruck einer neuen politischen Rolle der sozialistischen Parteien im staatlichen System der wichtigsten westeuropäischen Länder. Zweifellos war es auch schon früher zu solchen Entwicklungen gekommen, etwa als in Großbritannien der Laboursozialismus den Liberalismus ersetzte. Doch diesmal verhält es sich anders: seit den fünfziger Jahren verwandeln sich die sozialistischen Parteien in die Eckpfeiler des Wiederaufbaus und der Stabilität der westeuropäischen Staaten. Ob sie sich nun in der Regierung oder in der Opposition befinden, ob sie nun kürzere oder längere Zeit die Regierungsgewalt innehaben oder daran beteiligt sind – die wesentliche Tatsache ist, daß die Existenz der sozialistischen Parteien mit ihrem großen Einfluß in den Gewerkschaften zu einer der grundlegenden Bedingungen für die kapitalistischen wirtschaftlichen, politischen und staatlichen Strukturen wird, die die Entwicklung der westeuropäischen Länder bestimmen.

Darin liegt der große Unterschied in der politischen Kräfteverteilung zwischen den USA und Kanada auf der einen und Westeuropa auf der anderen Seite.

Es ist bemerkenswert, wie ausgesprochen armselig sich diese Umwandlung der sozialistischen Parteien in Schlüsselelemente des westlichen Systems vollzieht – ohne theoretische Verarbeitung oder Reflexion. Die Wende wird vielmehr mit rein politischen, pragmatischen, taktischen Entscheidungen vollzogen; mehr aufgrund einer Praxis, die wiederum neue moralische, kulturelle und sogar philosophische

Haltungen hervorbringt, als infolge eines Minimums an theoretischer Analyse. Die wichtigsten in der Vorkriegszeit veröffentlichten Werke wie die von Keynes und Beveridge und selbst der zweischneidige Planismus eines de Man zielen zweifellos auf eine Entwicklung des Sozialismus ab, wie sie sich dann auch in den fünfziger Jahren ergeben hat. Doch sie finden keinen Nachfolger, und auch diese Theoretiker wurden praktisch vergessen – mit Ausnahme Keynes'. Selbst eine so entscheidende Behauptung wie die, die westlichen Gesellschaften wären nicht mehr kapitalistisch, sondern *gewandelte Gesellschaften*, beruht auf keinerlei ernsthafter theoretischer Argumentation. Es ist vielmehr ein bequemer Ausdruck, der im Grunde nichts besagt.

Tatsächlich bestehen zwischen verschiedenen sozialistischen Parteien auch über diesen Punkt enorme Differenzen. Die französische, die italienische Partei und andere Parteien betrachten sich weiterhin als marxistisch und halten die Forderung nach der notwendigen Abschaffung des Kapitalismus aufrecht. Doch die – für dieses Jahrzehnt so charakteristische – Rechtsentwicklung zeigt sich auch deutlich in Italien und Frankreich. Kurz nach dem XX. Parteitag der KPdSU beginnen sich die Beziehungen zwischen der PSI und der KPI, die – einzigartiger Fall in Westeuropa – in einer Aktionseinheit zusammengeschlossen sind, zu verschlechtern. Geschickt schlägt Togliatti Nenni im Oktober 1956 vor, den Pakt, der offensichtlich nicht mehr funktionsfähig ist, durch ein flexibleres System gegenseitiger Konsultationen zu ersetzen. Doch nicht einmal diese Formel kann die Trennung vermeiden. Auf dem 33. Kongreß der PSI, auf dem die Kritik an den Kommunisten vorherrscht, wird der Bruch offiziell vollzogen. Die PSI beginnt sich sogar der von Saragat geführten Sozialdemokratischen Partei anzunähern. Es ist eine Bewegung hin zur Aufgabe des traditionell stark linksgeprägten italienischen Sozialismus und eine Rückkehr zu den von der Sozialistischen Internationale vorgegebenen Bahnen. In Frankreich hingegen ist neben der Auswirkung der Verurteilung des Stalinismus das Kolonialproblem der entscheidende Faktor bei der Rechtsentwicklung der französischen Sozialisten.

Die neue Rolle, die die sozialistischen Parteien in den westlichen Staaten einnehmen, kann man im wesentlichen in den folgenden zwei Punkten zusammenfassen:

1. Eine verstärkte Präsenz des Staates im gesamten gesellschaftlichen Leben, sowohl für die sozialen Einrichtungen (Gesundheit, Erziehung, Sozialversicherung) als auch über eine zunehmende staatliche Intervention in der Wirtschaft bis hin zu Verstaatlichungen und zur Einrichtung von Unternehmen der öffentlichen Hand. Diese Entwicklung unterstreicht einen Begriff vom Staat in der Politik, der den grundlegenden Ideen von Marx sicher ziemlich fern steht. Und sie führt zu einer Art Staatskult: „Je mehr Staat, desto mehr Zweck-

mäßigkeit in der Wirtschaft und desto weniger Ungerechtigkeit." Der Staat wird mit dem demokratischen Willen der Arbeiter, mehr soziale Gerechtigkeit zu erlangen, identifiziert.

Tatsächlich sind die fünfziger Jahre die Dekade einer ziemlich grundlegenden Veränderung der Situation der Arbeiterschaft: Sie bringen eine Erhöhung des Erziehungsniveaus, leichteren Zugang zu Bildung und Kultur und Verbesserungen im Gesundheitswesen, bei Urlaubs- und Pensionsregelungen sowie andere soziale Errungenschaften. Das Konsumniveau steigt auf allen Ebenen an, bei Wohnungen, Kleidung, Transportmitteln usw. Das Auto, elektrische Haushaltsgeräte, das Fernsehen werden allgemeine Konsumgüter.

Diese Veränderungen in den Lebensbedingungen, die eine logische Folge des – durch den Marshallplan geförderten – europäischen Wirtschaftsaufschwungs in der Nachkriegszeit sind, schaffen eine außerordentlich solide und breite Grundlage für die Politik der Sozialdemokratie. Die Kommunisten – in ihrer Besessenheit, zu beweisen, daß die UdSSR die *einzige* vorteilhafte Lösung für die Arbeiter anbietet – weigern sich lange Zeit, die offensichtliche Tatsache einer Verbesserung der Lebensbedingungen der Arbeiterschaft im Westen anzuerkennen. Noch 1955 beginnt der Generalsekretär der französischen KP, Thorez, eine scharfe Polemik, um zu beweisen, daß die Arbeiter in Frankreich nicht nur relativ, sondern auch *absolut* verarmen, eine Verschlechterung ihrer physischen Lebensbedingungen erfahren. Es handelte sich dabei um blinden Dogmatismus, nicht mehr.

Die sozialistische Politik erzielte also eine Reihe von sozialen Verbesserungen. Zur selben Zeit machte sich in der Bevölkerung eine Einstellung breit, die das Wohl primär in quantitativen Forderungen sieht. Das Eigentum und die kapitalistische Ausbeutung an und für sich wurden nicht mehr in Frage gestellt, auch nicht der Charakter des Staates, der sich ja als Garant für die Verbesserung des Lebensstandards präsentierte.

2. Der zweite zentrale Punkt im Handeln der sozialistischen Parteien bestand in der Verteidigung und Sicherung des parlamentarischen Systems mit Wahlen, Legalität der Parteien, Mehrheitsrecht. Das war eine entscheidende Bedingung dafür, daß sich die Arbeiter als Teil des Staates und von diesem Staat vertreten fühlen konnten. Wahlen wurden völlig mit Demokratie gleichgesetzt. Das war wesentlich für die verurteilende Haltung gegenüber den in Europa noch existierenden Diktaturen, vor allem in Spanien und Portugal. Gleichzeitig war das der wesentlichste Punkt in der Auseinandersetzung mit der Sowjetunion und den von ihr geschaffenen Regimen in Osteuropa. Der Kommunismus war *ein neuer Imperialismus*, der die elementaren Freiheiten verweigerte, eine neue Tyrannei.

Die sozialistischen Parteien spielten also in den westeuropäischen

Staaten vor allem eine *reformierende* und *demokratisierende* Rolle. Sie gingen von einem grenzenlos übertriebenen Vertrauen in die Fähigkeiten des Staates zur *Veränderung der Gesellschaft* aus und verbreiteten diese Art von Vertrauen in einem großen Teil der Bevölkerung. Sie trugen vor allem zum gesellschaftlichen Konsens und zur Stabilität der politisch-ökonomischen Systeme im Westen bei.

Wenn wir uns daran erinnern, was wir früher über die Entwicklung der westlichen kommunistischen Parteien nach dem XX. Parteitag der KPdSU und seinen Thesen über „den parlamentarischen Weg zum Sozialismus" ausführten, so erscheint es klar, daß sich die entsprechenden Positionen der Kommunisten und Sozialisten einander annähern mußten. Es gab jedoch einen großen Unterschied: Erstere akzeptierten nun den Reformismus als *einen* Weg zur Erreichung einer anderen Gesellschaft, mochte dies auch in einer undeutlich umrissenen Zukunft sein; letztere neigten hingegen dazu, ihre historische Mission auf die Rationalisierung und Verbesserung der bestehenden Realität auszurichten.

Doch war dieser Unterschied in den fünfziger Jahren gar nicht so wesentlich für das Aufrechterhalten der Spaltung zwischen Sozialisten und Kommunisten. Da gab es andere Gründe, wie die Einstellung zu den Befreiungsbewegungen in den Kolonien und vor allem die Verknüpfung mit den beiden Militärblöcken der geteilten Welt: die Kommunisten mit dem sowjetischen Lager und die Sozialisten mit der NATO.

In der Frage der kolonialen Befreiung gab es enorme Differenzen zwischen den einzelnen sozialistischen Parteien. Die britische Labour Party nahm eine intelligentere, flexiblere, kompromißbereitere Haltung ein, was es ihr erlaubte, im Auflösungsprozeß des größten Kolonialimperiums der Welt einen wesentlichen politischen Faktor darzustellen und eine im Licht des historischen Fortschritts höchst positive Rolle zu spielen. Es gab zweifellos widersprüchliche Augenblicke, Momente der Engstirnigkeit und der schrecklichen Gewalttätigkeit, doch der allgemeine Wesenszug war der Kompromiß, diese für eine andere Seite der britischen Kultur bezeichnende Haltung, die weit über das Umfeld des Laboursozialismus hinausreicht.

Die Rolle des französischen Sozialismus gegenüber den nationalen Befreiungsbewegungen war hingegen eine völlig andere als die der britischen Labour Party. Selbst die radikalste, von Guy Mollet angeführte Strömung der Sozialistischen Partei wurde von der *Militärpolitik* absorbiert und vertrat den bewaffneten Kampf als Mittel, um die Völker, die sich gegen den Kolonialismus auflehnten, niederzuwerfen. In diesem Degenerationsprozeß der Sozialistischen Partei (der in letzter Folge zu ihrer Auflösung und zur Gründung einer *neuen* Sozialistischen Partei durch François Mitterrand führte) spielten mehrere Faktoren mit: Erstens der Nationalismus, der in der Mentalität der Franzosen zutiefst verankert ist und der gerade in Krisenmomenten ausbricht. Von diesem Gesichtspunkt aus betrachtet, erforderte die Rolle Frankreichs als Großmacht die Bewahrung kolonialer Positionen, vor allem in Algerien. Außerdem führte die Furcht vor einem Sinken des Lebensstandards selbst die französischen Arbeiter dazu, die Kolonialpolitik zu unterstützen. Diese beiden Haltungen, der Nationalismus und die Furcht vor einem wirtschaftlichen Nachteil, hatten eine breite Massenbasis. Außerdem spielte die enge Beziehung von führenden Kreisen der Sozialistischen Partei (und der SI überhaupt) zu Israel eine Rolle bei der negativen Einstellung zur arabischen Welt. Man darf nicht vergessen, daß damals die allgemeine Überzeugung von der militärischen Überlegenheit Frankreichs vorherrschte, die es mit relativer Leichtigkeit gestatten würde, *die Ordnung wiederherzustellen*. Aus diesen Gründen unterstützte die Sozialistische Partei Frankreichs (die damals gewöhnlich die Abkürzung SFIO verwendete, das heißt Französische Sektion der Arbeiterinternationale) die französischen Kriege zur Bewahrung der Kolonien. Im Krieg gegen Algerien spielte die Partei sogar eine Hauptrolle, mehrere Sozialisten waren daran entscheidend beteiligt. Als 1956 Israel, Großbritannien und Frankreich den Krieg gegen Ägypten inszenierten, um den Suezkanal zurückzuerobern (Ägypten hatte nämlich gewagt, den bisherigen Besitzer des Kanals, die superkapitalistische „Suezkanalgesellschaft", zu verstaatlichen), wurde die französische Regierung von dem Sozialisten Guy Mollet geleitet.

Wie wir schon erwähnt haben, fiel dieser Krieg gegen Ägypten zeitlich mit der Unterwerfung der ungarischen Revolution durch die UdSSR zusammen. Er wurde in kürzester Zeit durch die übereinstimmende Haltung der Vereinigten Staaten und der Sowjetunion beendet, die ihre überwältigende militärische Überlegenheit einsetzten, um Frankreich und Großbritannien zu einem Truppenrückzug zu bewegen. Das war der einzige Fall in der Nachkriegszeit, in dem es in einer so wichtigen Angelegenheit zwischen den beiden Großmächten Übereinstimmung gab – und obendrein gegen zwei führende Länder der Anti-Hitler-Koalition. Die Gründe für die UdSSR waren offensichtlich: Sie unterstützte den Nationalismus Nassers gegenüber den kolonialen Überbleibseln wie der Suezkanalgesellschaft, deren Rechte Frankreich und Großbritannien gewaltsam wiederherstellen wollten. Die Gründe für die USA waren auf den ersten Blick nicht so offenkundig, doch nichtsdestoweniger ernsthaft: Sie wollten die traditionelle britisch-französische Vorherrschaft im Nahen Osten zerstören, um dort eine eigene Vormachtstellung aufzubauen. Der Suezkrieg war ein entscheidender Moment im Niedergang der herkömmlichen Kolonialsysteme. Diese Vorgänge zeigten für die europäische Linke folgende zwei Dinge auf: Einmal die Unrichtigkeit der sowjetischen These, die militärische Intervention in Ungarn mit einem erfundenen Komplott des internationalen Imperialismus (der zur Genüge gespalten und in andere Angelegenheiten verwickelt war) zu rechtfertigen, und zum zweiten das völlige Fehlen von Perspektiven für eine Politik in der Kolonialfrage, etwa der französischen Sozialisten. Die Labour Party zum Beispiel widersetzte sich dem Krieg der konservativen Regierung Eden. Seit damals ist die Gegnerschaft zahlreicher sozialistischer Parteien zu einer kolonialistischen Politik viel klarer und deutlicher ausgeprägt. Innerhalb der Sozialistischen Partei Frankreichs kam es in dieser Frage zu harten Auseinandersetzungen.

Unterdessen nähert sich die Politik der Sozialistischen Internationale immer deutlicher der des Militärblocks der NATO an, oder genauer gesagt, sie identifiziert sich mit der von den USA vorgegebenen strategischen Ausrichtung. Diese Entwicklung wird ganz offensichtlich, wenn man die vorhin erwähnten beiden Dokumente der Sozialistischen Internationale, das von 1951 und das von 1962, auf diesen Aspekt hin vergleicht. Im ersten wird die NATO gar nicht erwähnt, es heißt dort bloß, „der Friede kann nur durch ein System der gemeinsamen Sicherheit gewährleistet werden". Das SI-Dokument von 1962 hingegen drückt die Unterstützung der NATO klar aus. Es heißt dort: „Die sozialdemokratischen Parteien in den Ländern des Atlantikpaktes halten diesen für ein mächtiges Bollwerk des Friedens und erklären ihre feste Entschlossenheit, ihn zu unterstützen." Wenn man dazu die wenige Jahre zuvor geäußerte These von Léon Blum vergleicht, in der dieser die Rolle des demokratischen Sozialismus zur Überwindung der Spaltung der Welt in zwei Militärblöcke betonte, so ist der Sprung gewaltig. Die SI tritt in eine Etappe ein, in der sie in der einen oder anderen Form die Hegemoniestellung der USA im Lauf der Geschichte anerkennt. Die Sozialisten können wohl in ihren Ländern ihre eigenen Zielvorstellungen einbringen (in den USA gibt es keine sozialistische Partei), doch ohne die Vorherrschaft der Vereinigten Staaten in Frage zu stellen. Diese Etappe dauert etwa bis zur Niederlage der USA in Vietnam.

Noch eine wichtige Änderung vollzieht sich in der Sozialistischen Internationale in dieser Zeit: die Anerkennung der Befreiungsbewegungen in den kolonialisierten Ländern. Die Konferenz in Oslo von 1962 findet statt, nachdem das algerische Volk bereits seinen Befreiungskrieg gewonnen hat. In einer in Oslo verabschiedeten Erklärung heißt es, die SI stellte fest, daß „die Mehrheit der Länder Afrikas und Asiens bereits ihre Unabhängigkeit erobert hat", und verkündet „das Recht aller Nationen auf die Selbstbestimmung". Das ist der Beginn eines wachsenden Engagements für die Probleme der sogenannten Dritten Welt, das später in der Sozialistischen Internationale immer größer werden wird; sie beginnt soeben, ihren traditionellen Eurozentrismus zu überwinden, der in der Haltung der meisten sozialistischen Parteien immer noch vorherrscht. Trotzdem bleibt diese neue, positivere Einstellung zu den um ihre Unabhängigkeit kämpfenden Völkern in der Linientreue zum atlantischen Bündnis befangen, in dem ja die wichtigsten kolonialistischen und neokolonialen Länder, vor allem die USA, vertreten sind. Während letztere sich weigern, die Überbleibsel des französischen und britischen Imperiums zu unterstützen, bauen sie schon neue Herrschafts- und Ausbeutungsformen über zahlreiche Völker der Erde auf. So gesehen ist die Haltung der SI gegenüber dem Krieg der Vereinigten Staaten gegen Vietnam außerordentlich bezeichnend: Sie hat diese Aggression kein einziges Mal verurteilt. Im Osloer Dokument von 1962 wird sie nicht einmal erwähnt. Berndt Carlsson, Generalsekretär der SI, bekennt später, „zur Zeit des amerikanischen Krieges gegen das vietnamesische Volk blieb die Sozialistische Internationale stumm".[8]

In der Praxis hat die SI erst viel später eine solidarische Haltung gegenüber den Befreiungsbewegungen der Dritten Welt an den Tag gelegt; in der hier behandelten Zeit unterstützt sie sogar noch mehr oder weniger offen in zahlreichen Fällen neokoloniale Vorhaben.

Neue kommunistische Heterodoxien: China und Kuba

Zu Beginn der sechziger Jahre werden die europäische Linke und im besonderen außerhalb Europas die Kommunisten in ideologischer Hinsicht mit zwei Ereignissen konfrontiert, die eine entscheidende Rolle für ihre politische und theoretische Entwicklung spielen: der Bruch zwischen China und der UdSSR mit dem späteren revolutionären Prozeß in China und der Triumph der kubanischen Revolution. Obwohl es sich dabei um zwei völlig verschiedene Phänomene handelt, haben sie doch einiges gemeinsam: Sie zeigen auf, daß in dieser Etappe der Geschichte die wirklich neuen, interessanten Entwicklungen außerhalb Europas ablaufen. Der alte Kontinent wird immer mehr zu einem Resonanzkasten dessen, was sich in anderen Erdteilen abspielt. Selbst die marxistische Diskussion in Europa wird nun mehr oder weniger von Ereignissen bestimmt, die außerhalb stattfinden. Das ist eine historische Neuheit, die keine Eintagsfliege bleibt.

An der Wurzel der Entfremdung und des späteren Bruches zwischen China und der UdSSR steht ganz offensichtlich ein objektiver

Widerspruch in den Staatsinteressen, der seinen Ursprung bereits im 19. Jahrhundert hat und der dann mit Ende des Zweiten Weltkrieges sichtbar wird: Die Kommunistische Partei Chinas legte einen sehr entschlossenen Widerstand gegen die Pläne *Stalins* an den Tag, nach der Niederlage Japans die chinesischen Kommunisten in ein Bündnis mit dem reaktionären General Tschiang Kai-schek einzubinden. Die chinesische Revolution 1949 siegt ungeachtet der Strategie und des Drucks Stalins. Trotzdem akzeptieren die Chinesen für einen Zeitraum von etwa zehn Jahren die sowjetische Hegemonie; sie betrachten sich als *einen Teil* dieses von der UdSSR angeführten *sozialistischen Lagers*, das bereits ein Drittel des Erdballs umfaßt. Sie übernehmen das sowjetische Modell der Organisation und der wirtschaftlichen Entwicklung und bekommen aus der UdSSR Investitionen und eine große Zahl von Technikern, um ihre Industrialisierung voranzutreiben.

Aus der Praxis dieser Beziehungen lernten die Chinesen, daß für die Politik der Sowjetunion in erster Linie ein Faktor entscheidend war: ihr Großmachtinteresse, die Festigung von ungleichen Beziehungen und die Benützung Chinas im Rahmen der globalen Politik der UdSSR. Diese Erkenntnis verursachte einen Schock, der weite Bevölkerungsschichten erfaßte. In dem von den Entwürdigungen eines halbkolonialen Systems geprägten Volk machte die anfängliche Hoffnung, daß die Sowjets andere *Weiße* wären, Brüder, einer tiefen Enttäuschung Platz. Daraus erklärt sich zweifellos die Heftigkeit der Gefühle, die sich nun gegen die UdSSR wendeten. In Anbetracht der Bemühungen Maos um eine unabhängige Position beim Aufbau des Sozialismus (die These des Großen Sprungs und der Volkskommunen) und vor allem in der Außenpolitik (Zurückweisung der friedlichen Koexistenz und der These von der Vermeidbarkeit der Kriege sowie einer Annäherung zwischen Chruschtschow und den USA) war die Antwort der Sowjetunion brutal, bezeichnend für die Geringschätzung einer Großmacht gegenüber einem schwächeren Land und für die Überzeugung, dieses auf die Knie zwingen zu können: Einstellung der Wirtschaftshilfe und totaler Rückzug aller Berater einschließlich der bereits ausgearbeiteten Pläne zur Schaffung einer Reihe von Industrien, um die chinesische Produktionsstruktur zu modernisieren. Mao sah China plötzlich vom Zusammenbruch bedroht: auf der einen Seite von den USA und gleichzeitig von der UdSSR bedrängt.

Bei der Reaktion der Kommunistischen Partei Chinas auf diese Situation zeichnen sich drei grundlegende Strömungen ab, die sich später weltweit stark auswirken und in gewisser Hinsicht das künftige Schicksal der chinesischen Revolution entscheiden:

1. Ein entschlossener Wille zur Unabhängigkeit, zur bedingungslosen Zurückweisung der wirtschaftlichen Aggressionen und der Dro-

hungen der UdSSR; in diesem Punkt stimmen alle Teile der Kommunistischen Partei Chinas überein, von den pragmatischen und rationalen – verkörpert durch Tschou En-lai und Deng Hsiao-ping – bis hin zu den utopistischen Gruppen, die sich um Mao scharen und später die Kulturrevolution anführen.

2. Die Überzeugung, daß es den Chinesen zusteht, auf internationaler Ebene die marxistisch-leninistische Orthodoxie der Russischen Revolution von 1917 zu verteidigen. Diese Haltung führt zum Versuch, neben den von der „sowjetischen Verseuchung degenerierten" kommunistischen Parteien andere, authentisch revolutionäre Parteien zu bilden. Die Rechtfertigung dazu entnehmen die Chinesen dem XX. Parteitag der KPdSU, den sie als Verrat an der Revolution betrachten. Am 14. Juni 1963 veröffentlichen sie den Vorschlag einer *Generallinie* für die internationale kommunistische Bewegung, die berühmten *25 Punkte*. Die zentrale Idee darin ist, daß es an Parteien fehlt, die entschlossen sind, *die Revolution durchzuführen*. Die Begriffe *friedlicher Wettstreit* und *friedlicher Übergang* vom Kapitalismus zum Sozialismus werden widerlegt. Der Kampf der unterdrückten Völker in Asien, Afrika und Lateinamerika als „der wichtigsten Zonen der Stürme der Weltrevolution" wird hervorgehoben; eine Unterstützung dieses Kampfes stellt eine entscheidende Bedingung für den Fortschritt der Revolution dar. In dem Dokument ist auch eine deutliche Kritik an den von Ungleichheit geprägten Beziehungen der UdSSR zu den anderen sozialistischen Ländern enthalten. Diese Plattform führt in zahlreichen kommunistischen Parteien zu *prochinesischen* Abspaltungen, doch im allgemeinen bleibt sie von geringem Einfluß. Auch bei dieser Verteidigung der kommunistischen Orthodoxie gegenüber dem Verlassen der Doktrin durch Chruschtschow und den XX. Parteitag gab es innerhalb der verschiedenen Führer und Richtungen der Kommunistischen Partei Chinas Übereinstimmung.

3. Die Idee der *Kulturrevolution*, an der sich innerhalb der chinesischen Führungsspitze Auseinandersetzungen entzünden, die zu einem tiefen Bruch führen. Mit Ausnahme Maos, der diesen Prozeß anführt oder ihm zumindest seinen Namen und sein Prestige verleiht, werden die wichtigsten Führer des chinesischen Kommunismus von der Kulturrevolution an den Rand gedrängt und ausgeschaltet, andere werden das Opfer harter Unterdrückung. Es handelt sich dabei um den illusorischen Versuch riesiger Massen, vor allem Jugendlicher, den wirtschaftlichen Rückstand und das Elend in Gleichheit und Kommunismus zu verwandeln – eine Flucht nach vorne zu einer freien, egalitären, fast spontanen Organisation des Lebens; eine Revolution auch gegen die Wirtschaft: ein Versuch, mit einfachen Ideen das eiserne Gesetz der Ökonomie zu besiegen: lieber weniger haben, doch das in Gleichheit und ohne äußeren Zwang. Es wäre absurd, das enorme Ausmaß an revolutionärer Utopie und an Idealismus – und

gleichzeitig an Unkultur, Ignoranz und Primitivismus –, das die Kulturrevolution belebte, zu verleugnen. Es kann nicht überraschen, daß dieser Zusammenprall von einer erdrückenden und kurz- bis mittelfristig unüberwindbaren materiellen Armut und den durch den revolutionären Triumph geweckten Träumen von Glückseligkeit zu dieser konfusen Sehnsucht führt, die sich dann – vor allem unter den jugendlichen Massen – in der Kulturrevolution niederschlägt. Noch weniger überrascht es, wenn man bedenkt, daß der sichere Kompaß, den das sowjetische Modell darstellte, abhandengekommen war.

Ein anderer Aspekt der Kulturrevolution ist, daß eine Bewegung dieser Art natürlich einen guten Nährboden für Manipulation, für Intrigen, für persönliche Abrechnungen an der Spitze und auf verschiedenen Stufen des Staats- und Parteiapparats bildet. Wahrscheinlich hat Mao sich anfänglich für den utopischen, antiautoritären Schwung der Bewegung begeistert – er selbst gab ja die Losung aus: „Bombardiert den Generalstab". Doch zweifellos wurde auch er Opfer von Intrigen und wurde sein Name dazu verwendet, um eine massive Repression und Verirrungen, die einen Teil der Wirtschaft des Landes zerstörten und lähmten, zu decken. Im Namen der *proletarischen Kultur* drohte eine Welle von Primitivismus, Irrationalität und Barbarei das Bildungswesen und das kulturelle Leben zu ersticken.

Die für unsere Untersuchung vielleicht überraschendste Tatsache dabei ist die Auswirkung der chinesischen Kulturrevolution auf große Teile der Intellektuellen und der Jugend in Europa (was zu der zuvor getroffenen Feststellung über die ziemlich geringe Tragweite der von den Chinesen geförderten Spaltungen der kommunistischen Parteien nicht in Widerspruch steht).

Aus völlig anderen Gründen (im chinesischen Fall die Rückständigkeit und im Westen eine Sättigung und Auslaugung eines Modells) zeichnete sich in einem Punkt eine gewisse Gemeinsamkeit ab: in der Zurückweisung oder im Willen zur Überwindung eines auf die wirtschaftliche Entwicklung konzentrierten Gesellschaftskonzepts, in dem die Entwicklung der Ökonomie oberstes Ziel ist (von dem aus dann alles andere gelöst werden könnte) und in dem obendrein die Schwerindustrie absoluten Vorrang hat. Das war zweifellos eine ideologische Übereinstimmung, Ergebnis einer verfälschten Wahrnehmung der Realität. Doch half diese Auswirkung der chinesischen Kulturrevolution auf Europa (trotz ihrer Barbarei in einigen Aspekten), einige der *neuen* Forderungen deutlich zu machen, die in den Gesellschaften des reifen Kapitalismus an die Oberfläche gekommen waren – Forderungen angesichts eines Staates, der immer mehr seine Fühler in alle Bereiche des persönlichen Lebens hineinstreckt, gegen seinen Autoritarismus, gegen seine Hierarchien; gleichzeitig aber auch Forderungen in Verbindung zur klassischen Arbeiterbewegung: gegen das sowjetische Modell, gegen den Bürokratismus, die Disziplin, die ausschließlich ökonomische und parteipolitische Ausrichtung (Wahlen gewinnen, im Parlament vertreten sein). So widersprüchlich es auch scheinen mag: Aus China kam die Anregung, die Taktik des Reformismus, des stufenweisen langsamen Voranschreitens zu überwinden, mit der bürgerlichen Gesellschaft insgesamt zu brechen, die anarchistische Ader wieder freizulegen, die Spontanität, die Vorstellungskraft, die Freiheit, die Jugend in den Mittelpunkt des revolutionären Strebens zu stellen, kurz und gut, die *radikale* Forderung nach einer *anderen* Lebensqualität und nicht nach quantitativen Verbesserungen.

Im Fall Kubas verhält es sich zwar völlig anders, dennoch werden ganz neuartige Elemente der Heterodoxie eingeführt, ohne die spätere Entwicklungen nicht möglich wären. Die kubanische Revolution ist an und für sich eine Widerlegung aller marxistischen Konzepte und Vorhersagen über die Wege zum Sieg des Sozialismus: die Rolle der Arbeiterklasse ist äußerst gering; die Führung wird von einer Gruppe von Studenten mit nur spärlicher marxistischer Bildung übernommen. Der Triumph der Revolution ist sogar zum Großteil nur deshalb möglich, weil auf den ersten Blick in ihrer Entwicklung kein Hinweis auf eine spätere marxistische, kommunistische Ausrichtung und somit auf ein Bündnis mit der Sowjetunion enthalten ist. Als Fidel Castro Anfang 1959 die Macht übernimmt (zehn Jahre nach dem Triumph Mao Zedongs), sind es nicht gerade die Kommunisten, die in Europa seinen Sieg begrüßen; diese zeigen sich skeptisch gegenüber einer *kleinbürgerlichen* Revolution, die wahrscheinlich in der Zukunft vom nordamerikanischen Imperialismus wieder absorbiert werden würde, wie es in anderen Fällen geschehen war. Andererseits hatte die UdSSR nicht das geringste Interesse an dieser Revolution; es kam ihr nicht im mindesten in den Sinn, daß ein sozialistisches Kuba entstehen und in ihrer Globalstrategie einen wichtigen Faktor darstellen könnte. Die begeisterten Anhänger Fidel Castros in Europa kommen, zumindest am Anfang, vielmehr aus den Reihen der nicht-kommunistischen, linkssozialistischen Gruppen mit radikaler, undogmatischer Einstellung, die im Gefolge der antikolonialen Kriege vor allem in intellektuellen Kreisen entstanden sind.

Die Revolution in Kuba ist das Ergebnis einer Reihe von Faktoren, von denen folgende die wichtigsten sind: Die USA verhängten einige Wirtschaftsmaßnahmen, die praktisch das Leben auf der Insel (die keine eigenen Energiequellen hat) zu ersticken drohten. Das Ziel war, die radikaleren Elemente in der von Fidel Castro angeführten „Bewegung 16. Juli“ auszuschalten und diese zu zwingen, diejenigen an die Macht zu bringen, die eine Zusammenarbeit mit den USA befürworteten. Das Ergebnis war genau das Gegenteil der von Washington gewünschten Reaktion. In der Führungsschichte, besonders von Fidel und Raúl Castro und Ernesto Che Guevara, wurde der marxistische, kommunistische Weg verstärkt betont. Die Annäherung an die Sowjetunion vollzog sich aus objektiver ökonomischer Notwendigkeit. Sehr bald begannen die Vereinigten Staaten militärische Operationen, Bombardierungen und einen *schmutzigen Krieg* gegen Kuba. 1961 fand das mißglückte Landemanöver in der Schweinebucht statt. Das bedeutete eine strategische Niederlage der Hegemonialpolitik der USA, deren Auswirkung in den folgenden Jahrzehnten nicht nur in Kuba, sondern in ganz Lateinamerika spürbar wurde. Die Antwort darauf war die klare Definierung Kubas als sozialistisches Land und die Herstellung nicht nur ökonomischer, sondern auch militärischer und politischer Bindungen mit der Sowjetunion und den Ländern des Ostblocks.

Im Laufe dieser Entwicklung stiegen die Bedeutung und der Einfluß der kommunistischen Partei (mit dem offiziellen Namen „Sozialistische Volkspartei Kubas") beträchtlich an. Die verschiedenen Bewegungen, die am Kampf gegen den Diktator Batistá teilgenommen hatten, vereinigten sich und bildeten schließlich die Kommunistische Partei Kubas. Die Führungsposten dieser neuen kommunistischen Partei konzentrierten sich jedoch in den Händen von Fidel und Raúl Castro (Generalsekretär bzw. Vizegeneralsekretär) und ihrer engsten Mitarbeiter aus dem Kampf in der Sierra Maestra, auch wenn die Rolle der klassischen Kommunisten der alten Partei in Hinkunft beträchtlich wuchs.

Sehr bald nahmen die Widersprüche zwischen der UdSSR und Kuba enorme Ausmaße an, was besonders während der Raketenkrise 1962 sichtbar wurde. Die Entscheidung Chruschtschows, die Raketen zurückzuziehen, war sicherlich richtig. Obwohl einige Aspekte noch nicht öffentlich bekannt sind (zum Beispiel der gleichzeitige Abzug US-amerikanischer Raketen aus der Türkei), so beweisen die späteren Ereignisse, daß Chruschtschow und Kennedy am Rande eines Atomkrieges zu einer vernünftigen Übereinkunft auf der Grundlage einer Entscheidung für den Weltfrieden und des Rechts jedes einzelnen Landes, seinen eigenen Weg zu bestimmen, gekommen waren: Die Vereinigten Staaten verpflichteten sich – und haben es auch eingehalten –, das so nahe vor ihrer Küste gelegene Kuba militärisch nicht anzugreifen, zum Austausch wurden die sowjetischen Raketen unter Kontrolle der Nordamerikaner wieder abgezogen.

Die UdSSR traf diese Regelung jedoch ohne Absprache mit der kubanischen Regierung und sogar gegen deren Willen. Der Unterschied lag nicht in der Vorgangsweise, in der Form, ob nun die Kubaner zu konsultieren wären oder nicht. Er berührte grundlegende strategische Konzeptionen: Für die UdSSR wurde Kuba zu einem wichtigen Bestandteil ihrer globalen Großmachtstrategie, deren zentrale Frage die Konfrontation oder die Koexistenz mit den USA war. Das bedeutete, in die kubanische Führung Leute hineinzusetzen, die bereit waren, folgendes Prinzip anzuerkennen und anzuwenden: die Sowjetunion hat immer recht; *Kommunist sein* bedingt, die Führungsrolle der UdSSR zu akzeptieren. Andererseits möchte die Führungsgruppe der kubanischen Revolution – nunmehr umgewandelt in die Leitung der Kommunistischen Partei Kubas – nicht mehr aus mehr oder wenigen sentimentalen Sehnsüchten, sondern aus derselben historischen Dialektik heraus, die sie zum Triumph geführt hat, aus Kuba das „erste freie Territorium Amerikas" machen. Das heißt unter anderem, eine Außenpolitik zu verfolgen, in deren Mittelpunkt die Unterstützung aller antiimperialistischen Kräfte in Lateinamerika wie in der gesamten Dritten Welt steht. Und las erforderte, die Unversöhnlichkeit mit den Vereinigten Staaten a ıfs höchste zu steigern, auch in der Sprache und in der Form; und im Inneren ein eigenes Modell des Sozialismus aufzubauen, das das Streben nach Freiheit, Pluralismus und Demokratie, das während des Kampfes gegen die Batistá-Diktatur entscheidend war, verwirklichen kann.

Dieser Widerspruch zwischen der UdSSR und Kuba spitzte sich dramatisch zu, als eine Gruppe alter kommunistischer Führer unter Leitung von Anibal Escalante eine richtige Verschwörung gegen Fidel Castro anzettelte, um diesen von der Macht zu verdrängen. Escalante zählte auf die Unterstützung der sowjetischen Geheimdienste; die UdSSR wollte in Kuba eine ihr völlig ergebene Regierung. Doch Castro entdeckt und zerschlägt diese Fraktion. Es folgt nun eine Zeit – bis 1968 – schwieriger und gespannter Beziehungen zwischen der UdSSR und Kuba, auch wenn die Sowjetunion angesichts der strategischen Bedeutung, die für sie ein sozialistisches Kuba darstellt, in diesem Fall einiges tolerieren muß, was sie bei den Satellitenländern in Europa nicht toleriert hat.

Das schuf Raum für ein sozialistisches Experiment, das auf die westeuropäische Linke eine große Anziehungskraft ausübte. Besonders hervorzuhebende Merkmale dieses beginnenden kubanischen Sozialismus sind: eine grundlegende nichtkonformistische Haltung, die das Schema der strengen Orthodoxie der mit der Sowjetunion verbündeten Regimes aufbricht, und ein Klima ungezwungener Kritik an der Sowjetunion und an den kommunistischen Parteien im allgemeinen. Es existiert keine ausgesprochene politische Freiheit – die verschiedenen Bewegungen sind einfach in der Kommunistischen Partei verschmolzen. Es existiert auch keine Pressefreiheit – doch die innere Flexibilität der Organisationen und der Presse gewährleisten eine Meinungsvielfalt. Vor allem auf künstlerischem und kulturellem Gebiet besteht ein Pluralismus, der dem geheiligten *sozialistischen Realismus*, der in der Chruschtschow-Ära offiziellen und verpflichtenden Kunstform, diametral entgegengesetzt ist. Doch noch überraschender sind die Freiheit und der Pluralismus auf dem Gebiet der marxistischen Theorie, die von Castro selbst mit seiner sarkastischen Kritik an den sowjetischen Handbüchern des Marxismus-Leninismus gefördert wird.

Diese Tendenzen verstärken sich nach der Entdeckung und Zerschlagung der Escalante-Fraktion. Kuba wird unter den nichtkonformistischen Intellektuellen Westeuropas zur Mode. 1965 wird in Havanna ein Kulturkongreß veranstaltet, an dem zahlreiche europäische Linksintellektuelle teilnehmen, darunter auch Exkommunisten, die aus ihren Parteien ausgeschlossen wurden oder mit diesen gravierende Meinungsunterschiede hatten.

In dieser Zeit wird – nach Jugoslawien und China – das Kuba des Fidel Castro zum *dritten* dissenten Pol gegenüber dem sowjetischen Modell und der von der KPdSU ausgeübten Vorherrschaft. Der größte Konfliktpunkt im Fall Kubas ist die Strategie der kommunistischen Parteien in Lateinamerika. Nach Auffassung von Fidel Castro und seinen Compañeros hat Kuba „den Anstoß zur bewaffneten Revolution in Lateinamerika" gegeben.[9]

Das siegreiche Beispiel der Antilleninsel – ein Guerillaherd im Gebirge entwickelt sich zur *politischen* und militärischen Führung des gesamten Kampfes, im Land und in der Stadt, um den Staat und den Imperialismus zu zerschlagen – wird zum *einzigen* revolutionären, marxistischen Weg in Lateinamerika erhoben. Kuba nimmt sich in der Folge auch vor, derartige Herde in den verschiedenen Ländern schaffen zu helfen. Diese Ausrichtung prallt natürlich frontal mit der Linie der offiziellen kommunistischen Parteien zusammen, die die Theorien und Orientierungen der Sowjetunion vertreten. Das führt in vielen Fällen zu direkten Auseinandersetzungen und zu Abspaltungen.

Gleichzeitig unterscheidet sich die kubanische Abweichung radikal von der Linie Chinas und der *prochinesischen* Parteien, die in den verschiedenen Ländern entstehen. Die Kubaner werfen diesen Gruppen oder Parteien vor, mit *verbalem Revolutionsgetue* ihre Unentschlossenheit, im entscheidenden Moment zu den Waffen zu greifen, kompensieren zu wollen. Und sie bekämpfen auch die chinesische These von der Unterordnung des Gewehrs unter die Politik, der Guerilla unter die Partei. In Lateinamerika muß es anders sein: Das Beispiel Fidel Castros beweist, daß die politische Führung direkt im bewaffneten Kampf, in der Guerilla, geschaffen wird.

Mit den Jugoslawen ist die Meinungsverschiedenheit anderer Art. Aus offenkundigen Gründen geht die kubanische Strategie von einer äußerst harten und unversöhnlichen Konfrontation mit den USA aus. Die Jugoslawen hingegen sind gezwungen, aufgrund ihrer geographischen Lage und ihrer Strategie der Blockfreiheit eine geschickte Politik auszuarbeiten, die die Beziehungen zu den Großmächten berücksichtigt, eine Politik, die von den Kubanern als *opportunistisch* klassifiziert wird.

Als Anfang 1968 in Budapest die kommunistischen Parteien zu einer kollektiven Diskussionsrunde zusammentreffen, um die für 1969 in Moskau geplante „Weltkonferenz der Kommunistischen Parteien“ (die letzte dieser Art) vorzubereiten, fehlen unter anderem die Parteien Kubas, Chinas und Jugoslawiens.

Die eigenständige Haltung Kubas hatte eine besondere Bedeutung bei dem Prozeß, den in großen Teilen der europäischen Linken tief verwurzelten Mythos von der Sowjetunion als der Verkörperung der revolutionären Sehnsüchte der ganzen Welt zu brechen. Das kulturelle Ambiente der kubanischen Revolution stand dem Westeuropas sehr nahe. In bezug auf Spanien kam noch der Faktor Sprache hinzu: Kuba war die erste sozialistische Revolution in der spanischsprachigen Welt, was die Möglichkeit für eine direkte Kommunikation schuf, die in anderen Fällen nicht gegeben war. Gleichzeitig wurde eine bestimmte Anzahl spanischer Flüchtlinge, die sich in der Sowjetunion auf verschiedenen Gebieten spezialisiert hatten (und auch in die UdSSR exilierte militärische Führer des Spanischen Bürgerkrieges), von den Sowjets im Rahmen ihrer Hilfspläne nach Kuba geschickt. In der Zeit, als Fidel Castro und die Kubaner an den sowjetischen Führern Kritik übten – in einigen Fällen öffentlich, in anderen privat vorgetragen, aber immer allseits bekannt –, ist die Auswirkung dieser Haltung auf die europäischen Kommunisten beträchtlich. Im Fall der Kommunistischen Partei Spaniens zum Beispiel, in der die Bewunderung für die Sowjetunion eine tief verwurzelte, auf den Bürgerkrieg von 1936 bis 1939 zurückgehende Tradition hatte, ist es schwierig, die spätere Entwicklung ab 1968 ohne die Berücksichtigung der kubanischen Erfahrung zu verstehen. Durch diese wurden den spanischen Kommunisten mehrfach Beweise geliefert, wie die UdSSR mit einem totalen Zynismus, mit Druck und Erpressungen aller Art die Hegemonialpolitik einer Großmacht für ihre eigenen Interessen anwendete und ein ums andere Mal die Interessen der sozialistischen und revolutionären Sache mißachtete und verletzte.

Was die Kommunistische Partei Kubas betrifft, so beschränkte sie sich nicht darauf, die Einladungen der KPdSU zur Teilnahme an den internationalen kommunistischen Konferenzen zurückzuweisen, sondern sie begann sogar, eine eigene internationale Organisation aufzubauen, um die revolutionären Kräfte, die mehr oder weniger mit ihrer Ausrichtung einverstanden waren, zusammenzubringen. Im Juli 1967 fand in Havanna die „Konferenz der Lateinamerikanischen Solidarität“ (OLAS) statt, deren zentrale Aussage war, daß der einzig echte Weg zur Überwindung der wirtschaftlichen und sozialen Probleme der revolutionäre Kampf der Völker ist.

Doch es ging nicht nur um Konferenzen und ideologische Debatten. In dieser Zeit war Che Guevara von der öffentlichen Bildfläche verschwunden: Er setzte bereits sein Vorhaben einer bewaffneten lateinamerikanischen Revolution in Gang. Wie Débray in dem schon erwähnten Buch schreibt: „Als der Compañero Che Guevara die Arbeit in der Aufständischenbewegung wieder aufnahm, hat er damit auf internationaler Ebene die vom kubanischen Revolutionsführer Fidel Castro verkörperte Aktionslinie fortgesetzt." Und er fügt hinzu: „Wenn Che Guevara wieder auftaucht, so wäre es nicht verwunderlich, wenn er als *unbestrittener politischer und militärischer Führer* einer Guerillabewegung auftaucht."[10]

Schon in der Zeit vor seiner *Aufständischenarbeit*, als er noch Minister der kubanischen Regierung war, hat Che Guevara Beweise seiner strengen Ablehnung jeglicher Realitätshörigkeit, wie sie einer Staatspolitik nun einmal eigen ist, abgegeben. In seiner berühmten Rede in Algier 1965, anläßlich einer Konferenz von Ländern aus der Dritten Welt, klagte Che Guevara mit wenig diplomatischer Rücksicht die UdSSR und die anderen sogenannten sozialistischen Länder an: „Wir müssen eingestehen, daß die sozialistischen Länder in einer gewissen Hinsicht Komplizen der imperialistischen Ausbeutung sind. . . . Die sozialistischen Länder haben die moralische Pflicht, ihre schweigende Komplizenschaft mit den westlichen Ausbeuterländern zu beenden." In dieser Rede scheint eine pessimistische, tragische Überzeugung durch, daß das Netzwerk der internationalen staatlichen und wirtschaftlichen Verbindungen die neue Vorstellung von Gerechtigkeit, Fortschritt und Erneuerung aushöhlt, die in jenen Ländern vorhanden sein sollte, die in irgendeinem Moment ihrer Geschichte eine sozialistische Revolution durchgeführt haben.

„Es kann keinen Sozialismus geben", erklärte Che Guevara in dieser Rede, „wenn sich nicht im Bewußtsein ein Wechsel einstellt, der eine neue brüderliche Haltung zur Menschheit hervorruft. Diese neue Haltung soll sowohl den individuellen Bereich in der Gesellschaft, in der der Sozialismus gerade aufgebaut wird, als auch weltweit die Beziehungen aller Völker, die unter der imperialistischen Unterdrückung leiden, betreffen."[11]

Welch großartige Beschreibung dessen, was in den Jahrzehnten nach dieser Geste des Che Guevara genau *nicht* stattgefunden hat! Offensichtlich hat dieser erfaßt, daß eine neue revolutionäre Erschütterung großen Ausmaßes unerläßlich war, um diese Art der Anpassung an die Gebote der *Realität* in einer vom Kapitalismus beherrschten Welt zu vermeiden, um diesen Prozeß des Abwürgens der revolutionären Sehnsüchte, so wie er sich in den sogenannten sozialistischen Ländern und in der kommunistischen Bewegung insgesamt zeigte, zu verhindern.

Che Guevaras Versuch einer revolutionären Erhebung in Bolivien war zweifellos ein Aufleuchten eines echten revolutionären Romantizismus. Seitens der Sowjetunion und eines Großteils der kommunistischen Parteien wurde jedoch sein Scheitern mit hochmütiger Freude verzeichnet, als ein neuer Beweis dafür, daß heterodoxe Wege nur zum Fiasko führen. In den Augen der westeuropäischen linken Jugend hingegen wurde die Figur des Che Guevara immer bedeutungsvoller. Seine Botschaft war ja nicht die Frage der passendsten Taktik im revolutionären Kampf – die Botschaft, die er mit seinem ganzen Leben vermittelte, war die Notwendigkeit, den Weg für einen *Bruch* mit der bürgerlichen Gesellschaft, mit dem Imperialismus, mit dem Neokolonialismus zu suchen. Nicht die Reformen um eine bessere Einkommensverteilung *innerhalb* der neokapitalistischen Gesellschaften sollen oberste Priorität haben, sondern die Suche nach einer anderen Lebensqualität, nach Änderungen, die die *Gesamtheit* des Lebens betreffen und ein Ende der Hierarchien, der Gebote und der Tabus herbeiführen. Was wir schon zuvor bezüglich der chinesischen Revolution ausgeführt haben, gilt auch hier: Die kubanische Erfahrung und als ihr Symbol die Figur des Che Guevara haben in einem nicht geringen Teil der europäischen Linken eine tiefe Erschütterung ausgelöst. Bisher geheiligte Ideen konnten nun angezweifelt, in Frage gestellt werden; die ausgetretenen Wege, die die einzigen sicheren auf dem Voranschreiten zur Revolution zu sein schienen, verloren ihren guten Ruf; am Dogma, die Sowjetunion sei Modell und Wegweiser des Sozialismus, wurden starke Zweifel wach. So wie der XX. Parteitag der KPdSU die Annäherung an den Reformismus, an den Parlamentarismus repräsentierte, so stellten China und Kuba eine Art Mahnung dar, daß Kommunist-Sein bedeutete, die gewaltsame Revolution nicht zu fürchten und für ein *Ende* der bürgerlichen Gesellschaft zu kämpfen und nicht für deren Reformierung.

Bleibt noch die Frage, warum die kubanische Heterodoxie von der Sowjetunion (in dem hier noch nicht berücksichtigten Zeitraum nach 1968) aufgesaugt werden konnte, während in Jugoslawien und China eher das Gegenteil passierte. Dabei muß man bedenken, daß die UdSSR ohne Skrupel alle möglichen Formen des Druckes ausübte – bis hin zu absichtlichen Verzögerungen bei der Lieferung von Waffenbestandteilen. Die wirtschaftliche Abhängigkeit Kubas von der UdSSR war total. Als Fidel Castro 1968 die Welt damit überraschte, daß er der militärischen Intervention des Warschauer Paktes in der Tschechoslowakei seine Zustimmung gab, tat er dies vor allem mit einem Ziel: sich von dem würgenden sowjetischen Druck zu erleichtern. Er befand sich praktisch in einer ausweglosen Situation. Andererseits ließ das Verhalten der USA Kuba keinen Bewegungsspielraum. In Wirklichkeit weist die engstirnige Politik Washingtons, die von den verschiedenen Präsidenten fortgesetzt wurde, deutlich auf ein strategisches Ziel des US-amerikanischen Imperialismus hin: Lieber die sowjetische Vorherrschaft in Kuba und dessen Eingliederung in das Zweiblocksystem zu akzeptieren, auch wenn dies noch so lästig ist, als einem revolutionären und unabhängigen Kuba die Türen zu öffnen, das durch seine Existenz die revolutionären Kämpfe in anderen lateinamerikanischen Ländern stimulieren könnte. Schließlich ist die Eingliederung in das Zweilagersystem ein bekanntes und kontrollierbares Übel, das den revolutionären Einfluß auf die unterentwickelten Länder der Dritten Welt verringert und abschwächt.

Wir finden hier teilweise eine Antwort auf die Frage, was der grundlegende Widerspruch in der heutigen Welt ist. Wenn es der Widerspruch zwischen der UdSSR und den USA wäre, zwischen Ost und West, so wäre es unlogisch, daß die Vereinigten Staaten den eigenwilligen Weg Kubas gegenüber der Sowjetunion nicht beschützt und gefördert hätten. Wenn jedoch der Hauptwiderspruch jener zwischen dem Norden und dem Süden ist, zwischen industrialisierter Welt und der Unterentwicklung, so findet die Haltung der USA, die Eingliederung Kubas in das sowjetische System vorzuziehen, eine logische Erklärung.

Der Schwenk Kubas von 1968 hin zum Akzeptieren des sowjetischen Drucks war anfänglich vielleicht eine Taktik, doch vertiefte sich im Laufe der Entwicklung ihr Ausmaß. Diese spätere Gebundenheit Kubas an den sowjetischen Block darf jedoch nicht vergessen lassen, welchen belebenden Einfluß die kubanische Revolution auf die unorthodoxen Bewegungen der europäischen Linken ausgeübt hat.

Die ersten Schritte zu einem westlichen Kommunismus

Nach der Auflösung der Kominform bemühen sich die Sowjets, eine neue Regelung der Beziehungen zwischen den kommunistischen Parteien einzuführen: die der internationalen Konferenzen. Zwei solcher Konferenzen finden, in relativ kurzem zeitlichen Abstand, 1957 und 1960 statt, die nächste erst wieder 1969. Dabei spielt sich neben der eigentlichen Konferenztagung (alle drei finden in Moskau statt) ein langwieriger und ziemlich arbeitsintensiver Vorbereitungsprozeß ab: Es werden eigene Treffen einberufen, auf denen die Dokumente für die große Konferenz diskutiert werden, wodurch sich ein fast permanenter Meinungsaustausch zwischen den Parteien ergibt und die KPdSU ihre Vorherrschaft über die Gesamtheit der kommunistischen Parteien ausüben kann – oder es zumindest versucht.

Bei diesen Konferenzen spielten logischerweise einige der Phänomene, die wir hier untersucht haben, eine Rolle. Die Auseinandersetzung zwischen den Chinesen und den Sowjets stand – in indirekter und noch nicht deutlich ausgesprochener Form – im Mittelpunkt der Konferenz von 1957 und dann – ganz klar formuliert – jener von 1960. Bei letzterem Treffen gab es große Schwierigkeiten bei der Ausarbeitung eines gemeinsamen chinesisch-sowjetischen Kompromißdokuments. Einer der Punkte dieses Kompromisses war die Verurteilung des *jugoslawischen Revisionismus.* Die jugoslawischen Kommunisten hatten nach der Aussöhnung durch die Reise Chruschtschows nach Belgrad 1955 ihre eigene unabhängige politische Linie weiterverfolgt und jeden sowjetischen Druck zur Wiedereingliederung in das sogenannte *sozialistische Lager* zurückgewiesen. Dabei bekräftigten sie immer wieder nicht nur ihr Recht auf einen eigenen Weg zum Sozialismus, sondern auch auf eine internationale Politik jenseits der Blöcke, also der Blockfreiheit. Diese Haltung entrüstete die Sowjets. Wie wir gesehen haben, hatte die Verurteilung Stalins durch Chruschtschow nicht zu einer echten Kursänderung in der Großmachtpolitik der UdSSR und im System der ungleichen Beziehungen zu den anderen sozialistischen Ländern geführt. Andererseits waren die Chinesen besonders an einer Verurteilung der Jugoslawen interessiert, da sie darin eine Möglichkeit sahen, in indirekter Form den Angriff auf Chruschtschows Revisionismus zu starten, auf seinen Verzicht einer standhaften Haltung gegenüber dem Imperialismus und all das, was die Chinesen als verbindliche Prinzipien des Marxismus-Leninismus betrachteten, wie die Notwendigkeit einer gewaltsamen Revolution, die Diktatur des Proletariats usw.

Gleichzeitig gaben die Konferenzen von 1957 und 1960 einen ziemlich deutlichen Hinweis auf die Existenz zweier voneinander abweichender Haltungen im westlichen Kommunismus: die der Kommunistischen Partei Italiens und der Kommunistischen Partei Frankreichs. In deren Meinungsdifferenz lag bereits der Keim dessen, was ein Jahrzehnt später als Eurokommunismus bekannt wurde.

Nach dem XX. Parteitag und noch mehr nach den Vorfällen in Polen und Ungarn wurde sich der Generalsekretär der KPI, Togliatti, der Notwendigkeit tiefgreifender Änderungen in der kommunistischen Bewegung bewußt: Änderungen in der Politik und in gewisser Hinsicht auch in der Theorie seiner eigenen Partei; Änderungen in der Einstellung gegenüber der sowjetischen Realität; Änderungen im System der Beziehungen zwischen den kommunistischen Parteien. Ein erster Schritt war sein Interview mit der Zeitschrift *Nuovi Argumenti*, das wir bereits erwähnt haben. Togliatti sprach darin von der „Degeneration“ im sozialistischen System der UdSSR zur Zeit Stalins. Was heute als Binsenwahrheit erscheint, bedeutete damals, die These der KPdSU, die alle Schuld auf Stalin, auf den *Personenkult* konzentrierte und das sowjetische System und *die Partei* intakt ließ, in Abrede zu stellen. Im Laufe des Jahres 1956 gelangte Togliatti zu einer Befürwortung des *Polyzentrismus* in der kommunistischen Bewegung. Er erklärte nicht, auf welche diversen *Zentren* und Parteien die Hegemonie Moskaus aufgeteilt werden sollte, doch war es offensichtlich, daß Togliatti dabei für Westeuropa an Rom dachte. Und der italienische Generalsekretär begann auch schnell, in dieser Hinsicht praktische Maßnahmen zu ergreifen. Im Mai 1956 fand in San Remo ein geheimes Treffen von Delegierten der kommunistischen Parteien Frankreichs und Italiens statt. Es wurde ein Dokument über die spezifischen Probleme der Kommunisten in den kapitalistischen Ländern ausgearbeitet. Doch wenige Monate später, bei einem zweiten Treffen in Paris, fielen alle entsprechenden Vorhaben ins Wasser, da sich die KP Frankreichs entschieden weigerte, eine Zusammenarbeit in diesem Sinn fortzuführen.[12]

Der VIII. Parteitag der Kommunistischen Partei Italiens im Dezember 1956 war ein wichtiger Markstein auf dem Weg zu einer kommunistischen Politik für den Westen. Er setzte den Akzent auf die Autonomie jeder Partei, ihre eigene Politik auszuarbeiten, und darauf, daß es keine *Führungspartei* geben sollte. Zu diesem Zeitpunkt stellte die KPI die Beziehung Demokratie – Sozialismus auf eine neue Grundlage, wobei die Bedeutung der politischen Demokratie, des Parlaments, des *Rechtsstaates* im Vordergrund stand. Der Fortschritt zum Sozialismus wurde mit Übergangs-, mit Etappenzielen in Verbindung gebracht, die im Rahmen des verfassungsmäßigen demokratischen politischen Systems erreicht werden können. Das traditionelle Leninsche Konzept von der Gewerkschaft als „Transmissionsriemen der Partei“ wurde überwunden, was den späteren fruchtbaren Erfahrungen der gewerkschaftlichen Einheit den Weg öffnete. Diese Politik brachte eine grundlegende theoretische Neuheit: Die Erkenntnis, daß es neben der Arbeiterklasse noch andere gesellschaftliche Kräfte im Kampf um den Sozialismus gibt, und zwar nicht nur die Bauern, sondern auch unter den Intellektuellen und den Mittelschichten.

Diese Position der italienischen Kommunisten beinhaltete – auf der internationalen Ebene – einen tiefen Widerspruch: Einerseits bedeutete sie, Chruschtschow und die KPdSU in allem zu unterstützen, was der XX. Parteitag an Neuerungen gebracht hatte, und ihnen gegen den enormen dogmatischen Widerstand der Chinesen und anderer beizustehen. Andererseits mußten gleichzeitig alle Versuche der KPdSU, ihre Rolle als *Führungspartei* zu bewahren und die kommunistische Bewegung gegen die Chinesen zu gruppieren, zurückgewiesen werden. Der *Polyzentrismus* setzte ja den Respekt vor der *Vielfalt* in der Bewegung voraus. Wahrscheinlich hat Togliatti bis zu seinem Tod in Jalta die Hoffnung bewahrt, Chruschtschow zur

Änderung der sowjetischen Haltung und zu einer Fortsetzung jenes Weges, den der XX. Parteitag geöffnet hatte, bewegen zu können.

Die Kommunistische Partei Frankreichs verfolgte einen völlig anderen Weg. Ihre Reaktion war, nach Möglichkeit alle *revisionistischen* Auswirkungen, die der XX. Parteitag auslösen konnte und die von Thorez als eine Gefahr betrachtet wurden, zu verringern. In Wirklichkeit vertraten zu diesem Zeitpunkt die französische und die italienische Partei, auch wenn sie sich beide kommunistisch nannten, bereits zwei ziemlich verschiedene Realitäten. Die KPF war wohl durch die Erfahrung der Résistance gegangen, doch in ihren wichtigsten Kadern, in ihrer Denkungsart, in ihrem Selbstverständnis herrschten in erdrückendem Ausmaß die Prinzipien der Kommunistischen Internationale vor: die Disziplin, die Hierarchie, die geringe Transparenz und die Tendenz zu einer starren dogmatischen Gegenkultur, die – von außen kommend – auf dem Mythos von einer Sowjetunion beruhte, die den Weg zur Wahrheit und zur Zukunft weist. Die KPI hatte nicht nur Gramsci gehabt, der damals schon sehr bekannt war, sondern war 1944 praktisch als *neue Partei* vor allem auf der Grundlage des Antifaschismus entstanden. Was aus ihren früheren Phasen der Illegalität überlebte, war zweifellos ein ruhmreicher, doch kein entscheidender Bestandteil ihrer Geschichte. Das ermöglichte, daß sich ein Typ vom außergewöhnlichen intellektuellen Kaliber Togliattis durchsetzen konnte, der sich mit einer Gruppe von starken Führerpersönlichkeiten umgab. Gerade das Gegenteil dessen, was sich in Frankreich abspielte.

Bei einer Sitzung des Zentralkomitees im November 1956 hatte Thorez die Versuche zur Flexibilisierung der Ideologie verurteilt. „Die Verschiedenheit der Formen", so der Generalsekretär der KPF, „hat nichts zu tun mit dem Inhalt der Diktatur des Proletariats. Dieser Inhalt ist für alle verpflichtend. Er ändert sich nicht von einer Nation zur anderen. Sein Modell wurde und wird vom Land der Oktoberrevolution festgelegt . . . Wenn man nicht die Aufsplitterung der internationalen Arbeiterbewegung will, so kann es unserer Meinung nach in dieser Bewegung nicht verschiedene Zentren geben."[13]

Auf der internationalen Konferenz in Moskau 1957 bezichtigte der französische KP-Führer Duclos offen Togliatti des Revisionismus. Die Franzosen setzten eine unverhüllte Polemik gegen die aus dem VIII. Parteitag der KPI hervorgegangenen Reformideen in Gang. Die KPF übernahm die Funktion eines Bewachers der Orthodoxie. 1961 säuberte Thorez seine eigene Partei von einigen Führern, die im antifaschistischen Widerstand eine bedeutende Rolle gespielt hatten, wie Laurent Casanova, Kriegel-Valrimont, Michel Servin. Sie waren dafür eingetreten, die sich in der Welt und vor allem in den westlichen Gesellschaften abspielenden Veränderungen stärker zu berücksichtigen.

Aus einer Reihe von Gründen bekam die flexiblere Position der KPI immer mehr Ausstrahlung, während die unbewegliche Haltung der französischen Kommunisten immer anachronistischer anmutete. 1964 fanden in kürzester Zeit zwei Ereignisse von großer Bedeutung statt. Im August veröffentlichte die KPI anläßlich des Todes von Togliatti in Jalta ein Memorandum des Generalsekretärs, das dieser für ein Gespräch mit Chruschtschow vorbereitet hatte. Darin faßte Togliatti die wichtigsten Neuerungen zusammen, mit denen sich die Kommunisten in den westlichen Gesellschaften auseinandersetzen müßten, wobei die herkömmlichen Meinungen über Demokratie, über die Beziehungen zu den Sozialisten und anderen Gruppierungen, über Kultur und die Rolle der Intellektuellen zu überwinden wären. Togliatti drückte deutlich seine Kritik an der chinesischen Position aus, wies aber gleichzeitig jede Verurteilung der Kommunistischen Partei Chinas durch die kommunistische Bewegung zurück. Er unterstrich, daß man mit den Bannflüchen aufhören, die Vielfalt akzeptieren und die Lösungen in einem Klima des Dialogs und des gegenseitigen Respekts suchen müsse. Die Veröffentlichung des *Memorandums von Jalta* – in gewisser Hinsicht Togliattis Vermächtnis – war eine mutige Entscheidung der KPI. Die Sowjets versuchten sie zu verhindern, und die französische KP zauderte nicht, ihre Mißbilligung über dessen Inhalt zum Ausdruck zu bringen.

Wenige Monate später wurde Chruschtschow nach einer Verschwörung im Politbüro von seinem Posten als Generalsekretär der KPdSU abgesetzt, wobei man für diesen Schritt seine Abwesenheit aus Moskau ausnützte. Er wurde nicht angeklagt und auch nicht eingesperrt; man ließ ihn als einen Pensionisten besonderer Art ohne irgendeine öffentliche Funktion. Das war sicher ein positiver Unterschied gegenüber der Zeit des Stalinismus. Dennoch war die Absetzung Chruschtschows durch Breschnew der beste Beweis dafür, daß der XX. Parteitag die Mindestbedingungen für öffentliche Diskussion, für Demokratie in Partei und Staat nicht wiederhergestellt hatte. Die Putsche der Machtcliquen gingen weiter, wie es eben einem autoritären System eigen ist. Breschnew repräsentierte die Rückkehr eines klassischen *Apparatschiks* an die höchste Stelle der Macht, den Sieg der hierarchischen, autoritären, konservativen und erstickenden Bürokratie über die Erneuerungen, die die Zeit Chruschtschows charakterisiert hatten. In ideologischer Hinsicht wurde die marxistisch-leninistische Terminologie immer stärker Ausdruck eines Großmachtnationalismus mit einem zunehmenden Anteil des militärischen Faktors in der Außenpolitik und bei den ökonomischen, finanziellen und kulturellen Entscheidungen.

Auf eine gewisse Weise – allerdings nicht offiziell – bedeutete Breschnew einen Schritt zurück – zur Beerdigung des XX. Parteitages. Aber der Widerhall dieses Parteitages im Ausland war nicht mehr zu stoppen, genausowenig wie das Aufkommen einer distanzierteren Haltung zur UdSSR seitens der kommunistischen Parteien Westeuropas. Dieser Prozeß ging in den einzelnen Parteien mit verschiedener Intensität vor sich. Er erfaßte sogar die KPF.

1965 und 1966 werden in der Sowjetunion zwei Schriftsteller, Daniel und Sinjawski, eingesperrt und zu hohen Kerkerstrafen verurteilt. Die Anschuldigung lautet, unter einem Pseudonym antisowjetische literarische Texte geschrieben und veröffentlicht zu haben. Diese Verurteilung prallt mit den Positionen, die die Kommunisten im Westen zum künstlerischen Schaffen einnehmen, frontal zusammen. Sie zerstört zugleich die Hoffnung auf ein Tauwetter in der Kulturpolitik, wie sie zur Zeit Chruschtschows aufgekommen war. Das führt zum erstenmal dazu, daß verschiedene kommunistische Parteien Europas (die italienische, die spanische, die britische und, in indirekter Form, die französische) eine Vorgangsweise der UdSSR öffentlich kritisieren und tadeln.

Die eigenständige Haltung Chinas und Kubas, die wir im vorigen Kapitel untersucht haben, beeinflußt logischerweise diese Entwicklung. Die Anstrengungen Breschnews, eine neue Weltkonferenz der kommunistischen Parteien einzuberufen, um China zu verurteilen, stoßen auf immer größeren Widerstand. Wenn es auch noch zu keinem Polyzentrismus kommt, so werden doch die Keime für einen Pluralismus gelegt. So ist es zum Beispiel nicht mehr möglich, die klassischen Kategorien wie *Verräter, Renegat* usw. gegenüber Parteien und selbst Staaten, die mit der sowjetischen Politik nicht einverstanden sind, anzuwenden.

Verschiedene Ereignisse auf der internationalen Bühne bewiesen die Notwendigkeit, die *Einheit in der Vielfalt* zu suchen, die Togliatti ins Auge gefaßt hatte. Dieses Konzept verstieß gegen die Absicht der Sowjetunion, einen auf der bedingungslosen Annahme ihrer Politik beruhenden absoluten Zusammenhalt aufrechtzuerhalten. Der Aggressionskrieg der USA gegen Vietnam nahm 1965 mit der Entscheidung Präsident Johnsons, Nordvietnam zu bombardieren, ein außerordentlich gravierendes Ausmaß an. Alle revolutionären und fortschrittlichen Kräfte der Welt stellten die Solidarität mit dem vietnamesischen Volk in den Mittelpunkt ihrer Bemühungen. Im Falle Vietnams ergab sich zum letzten Mal in der Geschichte der verschiedenen fortschrittlichen Strömungen eine Einheit – zweifellos mit den Kommunisten an erster Stelle –, um eine Sache von weltweiter Tragweite zu verteidigen. Doch diese Botschaft der Einheit, die aus dem Kampf des vietnamesischen Volkes gegen die USA hervorging, bedeutete für die europäischen Kommunisten auch eine Anregung, den sowjetischen Druck zur Verurteilung Chinas zurückzuweisen, denn der Kampf Vietnams wurde gleichzeitig von der UdSSR und von China unterstützt. Vietnam war ein Beispiel unabhängiger Politik.

Gleichzeitig brachte die Entwicklung in zahlreichen europäischen Ländern eine Reihe neuer Probleme aufs Tapet der Geschichte, die dazu zwangen, von den abgedroschenen Formeln – das, was als die kommunistische *Tradition* galt – abzugehen und selbst zu denken.

In Italien beginnt 1963 mit dem Gespann Moro–Nenni eine neue Erfahrung: eine Mitte-Links-Regierung, das heißt die Zusammenarbeit der Sozialistischen Partei mit den Christdemokraten auf Regierungsebene. Obwohl dieses Konzept die Kommunisten ausschließt, bedeutet es dennoch eine Überwindung der früheren Rechtstendenzen der Democrazia Cristiana und eine Hinwendung nach links. Das Gewicht der Arbeiterklasse im politischen Leben nimmt zu. 1962 beginnt mit einem Streik im größten Unternehmen Italiens, bei Fiat, eine Periode des Aufschwungs der Arbeitskämpfe. 1964 bricht – wegen der Zusammenarbeit mit den Christdemokraten – die Linke in der PSI mit der Partei und gründet die „Sozialistische Partei Italiens der Proletarischen Einheit" (PSIUP). Während die Sozialisten bei den Wahlen verlieren, steigert die KPI ihren Stimmenanteil von 25 Prozent 1963 auf 27 Prozent 1968. Diese Ereignisse fördern natürlich die Entwicklung des italienischen Kommunismus zu einer flexibleren, unabhängigeren Politik der Öffnung gegenüber anderen fortschrittlichen Sektoren der Gesellschaft.

Auch in Frankreich tragen, trotz völlig unterschiedlicher Bedingungen, gewisse einschneidende Ereignisse dazu bei, die Spannungen und Reibereien in der Linken zu vermindern. Als 1958 de Gaulle nach einem Staatsstreich die Macht übernimmt, bezeichnet ihn die KPF als faschistisch und zieht sich auf eine Position zurück, die wenig mit der Realität des Landes zu tun hat. Der Algerienkrieg ist ein weiterer Dauerbrenner, der den politischen Kampf im Lande verhärtet. Das algerische Volk erobert seine Unabhängigkeit. Die schweren Niederlagen der französischen Armee fördern die *Ultra*-Tendenzen bei den Offizieren. Die Kommunistische Partei sieht sich von zwei Seiten attackiert: Einmal von der Linken, von Gruppen innerhalb und außerhalb der Partei, die sie der Schwäche bei der Verteidigung des Rechtes des algerischen Volkes auf Unabhängigkeit beschuldigen, und zum zweiten von breiten Kreisen der Bevölkerung, auch innerhalb der Arbeiterschaft, die durch die kolonialistische Ideologie beeinflußt sind und die fehlende Unterstützung für die französische Armee im Krieg gegen die Algerier als *Verrat am Vaterland* betrachten. 1962 sieht sich de Gaulle schließlich gezwungen, die Niederlage des französischen Kolonialismus anzuerkennen. Er muß sich daraufhin mit militärischen Meutereien extremistischen, faschistischen Charakters auseinandersetzen, die in Algerien ausbrechen. Doch der Kampf um die algerische Unabhängigkeit triumphiert. Die französische Politik tritt in eine neue Phase ohne die Hypothek des Kolonialismus ein. Dieser Wechsel entkrampft zweifellos viele der Reibereien, denen die KPF unterworfen war und die im Innern der Partei die Vorherrschaft sektiererischer, rückwärtsgewandter Haltungen begünstigt hatten.

In diesem Zeitabschnitt bekommt der Wunsch nach Erneuerung innerhalb der katholischen Kirche durch die Ernennung von Papst Johannes XXIII. einen außerordentlichen Impuls. Dieser beruft 1962 das Zweite Vatikanische Konzil ein, das sich ernsthaft den Problemen der zeitgenössischen Welt nähert. Es entsteht ein neues Verhältnis in den Beziehungen zwischen jenen beiden Doktrinen, die den größten Einfluß auf die breiten Bevölkerungsschichten ausüben und die traditionellerweise in völliger Opposition zueinanderstanden: dem Christentum und dem Marxismus. Das führt zu weitreichenden Folgen, vor allem in den südeuropäischen Ländern mit ihrer starken katholischen Tradition. In der Enzyklika *Pacem in Terris* erkennt Johannes XXIII. die Möglichkeit der Zusammenarbeit von Katholiken mit Personen an, die trotz ihrer Verankerung in „irrigen“ philosophischen Lehren auf dieser Welt positive Ziele von Gerechtigkeit und menschlicher Befreiung anstreben, also Ziele, die die Katholiken ebenfalls teilen. So beginnt der Dialog – und sogar eine Zusammenarbeit – zwischen Kommunisten und Katholiken.

Obwohl Togliatti schon 1954 die Aktionseinheit zwischen Katholiken und Kommunisten zur Vermeidung des Atomkriegs und damit der Rettung der Menschheit vorgeschlagen hatte, sollte sich die stärkste Auswirkung des neuen Dialogs zwischen Christen und Marxisten in Spanien ergeben, und zwar gerade in der Kommunistischen Partei.

Diese hatte nach einer Zeit des Guerillakampfes – etwa bis 1950 – gegen die blutige Diktatur des Generals Franco eine ziemlich weit tragende Veränderung mitgemacht, wobei ihr der XX. Parteitag der KPdSU wesentlich geholfen hatte. Dadurch konnte sie die Gefahr vermeiden, sich dogmatisch zu verschließen und in einem Veteranenverein des Bürgerkriegs von 1936 bis 1939 zu versteinern. Gegenüber dem Faschismus verkörperte die spanische KP die Ideale der Freiheit, der Demokratie und des Fortschritts, die von den jungen Generationen der spanischen Bevölkerung, selbst den Söhnen und Töchtern der Mitkämpfer Francos, zutiefst als ihre Ideale empfunden wurden. Ende der fünfziger und Anfang der sechziger Jahre knüpfte die KP im Untergrund Kontakte zu kämpferischen Gruppen junger Arbeiter, Studenten und Intellektuellen und nahm diese sogar in ihren eigenen Reihen auf. Die Kommunistische Partei schrieb nun die *nationale Versöhnung* der Spanier auf ihre Fahnen und schloß die vom Bürgerkrieg gezogenen Gräben. Das oberste Ziel war der Kampf für die Demokratie, ausgehend von den neuen Bedingungen, die sich in Spanien und in Europa herausbildeten.

Dieser Zustrom junger Aktivisten rief logischerweise tiefgreifende Widersprüche in einem Organisationsschema hervor, das sich vor allem auf alte Veteranen stützte, die in einem strengen Zentralismus und mit autoritären Methoden groß geworden waren. In gewisser Hinsicht rechtfertigte die Illegalität diese Methoden, und der Generalsekretär der Partei, Santiago Carrillo, nützte diese Umstände aus, um ein sehr persönliches Regime auszuüben. So wurden 1964 zwei kommunistische Führer mit Erneuerungspositionen, Fernando Claudin und Jorge Semprun, vor allem deswegen aus der Partei ausgeschlossen, weil sie den personalistischen Führungsstil des Generalsekretärs kritisiert hatten. Dieser konnte jedoch nicht vermeiden, daß die jungen Kräfte in der Partei eine Entwicklung einleiteten und Veränderungen hervorriefen, die die spanische Partei der KPI annäherte. Wenn auch die harten Bedingungen der Illegalität auf der einen Seite eine Diskussion und eine demokratische Funktionsweise erschwerten, so ermöglichten sie andererseits eine besonders gewagte Haltung, um die kommunistische Politik den neuen Wirklichkeiten, die sich in der Gesellschaft abzuzeichnen begannen, anzupassen. In diesem Sinn trieb die spanische KP die Schaffung der „Arbeiterkommissionen“ (Comisiones Obreras) an den Arbeitsplätzen voran, was zum Entstehen einer neuen Gewerkschaftsbewegung beitrug, die nicht nur ausgesprochen materielle Forderungen stellte, sondern sich zu einer sozioökonomischen Bewegung entwickelte. Die KP gewann auch einen großen Einfluß unter Studenten und jungen Intellektuellen und Freiberuflern. Das führte sie 1967 zur These, daß es notwendig wäre, die Formel Lenins von der „Allianz der Arbeiter und Bauern“ durch die neue Formel von der „Allianz der Kräfte aus Arbeit und Kultur“ zu ersetzen. Auf diese Weise anerkannte sie, daß neben der Arbeiterklasse und der ausgebeuteten Bauernschaft auch die Studenten, Intellektuellen und Freiberuflichen in der entwickelten kapitalistischen Gesellschaft zu einer bewegenden Kraft im Kampf um den Sozialismus geworden waren.[14]

Was die neuen Beziehungen zwischen Katholiken und Kommunisten betrifft, so erleichterte die Praxis der ständigen Auseinandersetzung der immer stärker werdenden fortschrittlichen Kreise in der Kirche mit der Franco-Diktatur (die sich ideologisch auf den Nationalkatholizismus stützte) eine Annäherung in der unmittelbaren Aktion, am Arbeitsplatz, in der Universität, aber auch eine ideelle Annäherung. In einem 1967 ausgearbeiteten Bericht des Generalsekretärs an das Zentralkomitee wurde bereits die pragmatische Haltung einer möglichen kurzfristigen, punktuellen Zusammenarbeit mit den Katholiken im Kampf gegen den Faschismus eingenommen und die Möglichkeit der Gemeinsamkeiten auf ideologischer Ebene (ausgenommen den offensichtlichen Unterschied im philosophischen Bereich) anerkannt. Es wurde in diesem Bericht festgestellt, daß der fortschrittliche Katholizismus „nicht mehr die Funktion von Opium hat und objektiv ein Element des Fortschritts darstellt“.[15]

Die Gemeinsamkeit mit der KPI war offenkundig. Diese hatte 1962 auf dem X. Parteitag in einer ihrer Resolutionen erklärt: „Das Streben nach einer sozialistischen Gesellschaft kann nicht nur bei Personen mit einem religiösen Glauben bestehen, sondern es kann auch im religiösen Gewissen einen Ansporn finden, wenn dieses sich mit den dramatischen Problemen der Gegenwart auseinandersetzt."[16]

Was die Überwindung der bedingungslosen Unterstützung der UdSSR betrifft, so nahm die KP Spaniens auch in dieser Hinsicht eine immer kritischere Haltung ein. Die Tatsache, daß das vorrangigste Ziel die Erlangung der Befreiung von der Franco-Diktatur war, machte es schwierig, gegenüber den Freiheitsverletzungen in der Sowjetunion noch länger zu schweigen. Wie wir schon erwähnt haben, kam es zur ersten öffentlichen Kritik anläßlich des Prozesses gegen Sinjawski und Daniel. Andererseits war es das oberste Ziel der Außenpolitik der UdSSR in den sechziger Jahren, dem im Westen beginnenden Prozeß der europäischen Integration entgegenzuarbeiten. Die DDR hatte noch keine internationale Anerkennung gefunden. Die UdSSR fürchtete, daß die Rolle der BRD in der europäischen Politik zu einer Nichtanerkennung der beim Ende des Zweiten Weltkrieges geschaffenen Grenzen führen könnte. Die Bildung der *Großen Koalition* zwischen SPD und Christdemokraten in Bonn 1966 eröffnete zwar weniger düstere Perspektiven, doch wollte die UdSSR auf internationaler Ebene den Kampf gegen den *deutschen Revanchismus* zum Mittelpunkt für die Mobilisierung der kommunistischen Parteien machen. Zu diesem Zweck organisierte sie im April 1967 in Karlsbad in der Tschechoslowakei eine Konferenz der kommunistischen Parteien ganz Europas. Die Rumänen und natürlich auch die Jugoslawen blieben der Konferenz fern. Die spanische KP nahm – wie alle anderen Parteien – daran teil und stimmte auch der Schlußresolution zu. Sie hatte jedoch in der Vorbereitungsphase ernsthafte Zusammenstöße mit den Sowjets, denn diese weigerten sich anzuerkennen, daß der internationale Kampf gegen die Franco-Diktatur in Spanien eine vorrangige Pflicht und eine wesentliche Aufgabe der linken Kräfte und somit auch der kommunistischen Parteien wäre. Juri Andropow – der kurze Zeit später zum Leiter des Geheimdienstes KGB ernannt wurde – war einer der sowjetischen Delegationsführer bei der genannten Konferenz. In Wirklichkeit beabsichtigten die UdSSR und andere Länder des Ostens schon damals, die konsularischen und diplomatischen Beziehungen zu Franco wiederherzustellen. Das rief unter den spanischen Kommunisten enorme Entrüstung hervor. Es half ihnen aber auch zu verstehen, daß die Politik der UdSSR auf der Staatsräson basierte und daß sie der Internationalismus wenig oder gar nicht kümmerte.

Zusammengefaßt kann man sagen, daß im Laufe der sechziger Jahre der italienische Kommunismus – mit immer entschlossenerer

Unterstützung der Spanier und der französischen Opposition (die allerdings durch den Tod von Thorez 1964 geschwächt wurde) – sich zu einem *neuen Zentrum* wirklichkeitsnaher kommunistischer Konzepte in Westeuropa wandelte.

Zu diesem Prozeß trägt auch eine tiefgreifende Änderung in der Entwicklung der marxistischen Theorie bei. Es ist die Zeit, in der der Marxismus einen großen Einfluß im ideologischen Leben des Westens erreicht. Gleichzeitig blühen – im Rahmen des Marxismus oder von ihm ausgehend – eine Reihe von Schulen auf, die die von Marx und Engels in ihrer Zeit ausgearbeiteten Begriffe aktualisieren und modernisieren. So wird es immer schwieriger, den Marxismus als Dogma aufrechtzuerhalten, als ein Gebäude von unabänderlichen Prinzipien, die die Revolutionäre kennen, lernen und später in der Praxis ihres politischen Kampfes anwenden müssen. Diese primitive, kirchliche Auffassung vom Marxismus war ja bei der Bildung der kommunistischen Parteien von grundlegender Bedeutung gewesen, vor allem in der Zeit Stalins, und der XX. Parteitag hatte sie nicht überwunden. Die *Handbücher* des Marxismus-Leninismus (nunmehr gereinigt von den Aussagen Stalins und dafür zum Überfluß angereichert mit Lenin-Zitaten) bildeten in der Sowjetunion weiterhin einen verpflichtenden Bestandteil des Unterrichts an Schulen und Universitäten. Die Orthodoxie war überhaupt im ganzen geistigen Leben ein Muß. Auf denselben *Handbüchern* basierte die Ausbildung der kommunistischen Kader in fast der ganzen Welt. So führte beginnende offene marxistische Diskussion in Westeuropa, die sich am Rande der kommunistischen Parteien abspielte, zu weitreichenden Folgen in deren Reihen; sie kam einer Heilung durch Entmythologisierung gleich.

Jean Paul Sartre faßt in seiner 1960 erschienenen *Kritik der dialektischen Vernunft* in gewisser Hinsicht diesen Stand der theoretischen Debatte in Europa zusammen, wenn er sagt, daß der Marxismus zum obligatorischen Ausgangs- oder Bezugspunkt der verschiedenen Denkrichtungen geworden ist. Es herrscht die Tendenz vor, nicht so sehr den Existentialismus oder die Psychoanalyse oder den Strukturalismus usw. dem Marxismus entgegenzusetzen, sondern diesen vielmehr als eine Plattform der Begegnung zu verstehen, die es ermöglicht, die verschiedenen Lehren über den Menschen und seine Geschichte zusammenzufassen, und die gleichzeitig den Marxismus selbst mit Beiträgen anderer konkreter Wissenschaften bereichert. Es wird vor allem darauf Wert gelegt, den Marxismus als *Methode* zu begreifen, die der Forschung auf verschiedenen Gebieten die wirksamsten Instrumente zur Entdeckung der Wahrheit – oder der Wahrheiten – geben kann.

Dieser Prozeß wird von einer Neubewertung und in gewissen Fällen einer Entdeckung von Bereichen in den Werken von Marx begleitet, die bis jetzt ausgespart geblieben waren, da sie sich nicht gut mit der früher vorherrschenden restriktiven, dogmatischen Sichtweise vertrugen. Vor allem die *Grundrisse*, die Marx in der Vorbereitungszeit für das *Kapital* schrieb, helfen, durch ihre kühnen Visionen über die Beziehung des Menschen zur Produktion, die Rolle der Wissenschaft im Produktionsprozeß usw., den Marxismus zu entschematisieren. Gleichzeitig werden mehr oder weniger vergessene marxistische Autoren – wie Rosa Luxemburg, Nikolai Bucharin, Karl Korsch, Wilhelm Reich – wieder studiert, werden zur Mode. In gewisser Hinsicht setzt eine Vorherrschaft von Gramsci ein: eine Gramsci-Renaissance nicht nur in Italien, sondern in der ganzen europäischen Linken. Und in der Kunst dominieren Brecht und Theoretiker wie Benjamin und Goldmann.

Dieses marxistische Aufblühen vollzieht sich vor allem im Bereich der Philosophie oder von Wissenschaftszweigen, die nicht direkt mit der Wirtschaft und der Definition einer politischen Linie verbunden sind. Das führt zu einer Aufspaltung der Haltung zahlreicher kommunistischer Parteien: Unnachgiebigkeit gegenüber Intellektuellen, die kritische Positionen bezüglich der Alltagspolitik der Partei einnehmen, und andererseits eine flexible Haltung gegenüber anderen Intellektuellen, auch wenn diese auf theoretischem Gebiet abweichende Positionen einnehmen – solange diese Abweichung nicht die *Parteilinie* betrifft. Das führt zu ständigen Widersprüchen – im Fall der französischen Partei zum Beispiel zum Ausschluß von erstrangigen marxistischen Intellektuellen wie Henri Lefèvre oder von Roger Garaudy, der eine Zeitlang Mitglied des Politbüros der KPF war. Die Haltung der italienischen KP ist hingegen völlig anders: Sie kann im allgemeinen den Dialog mit ihren Intellektuellen aufrechterhalten, auch wenn das politische Schwierigkeiten mit sich bringt.

Einige der theoretischen Diskussionen dieser Zeit wirken sich unmittelbar auf die Entwicklung der Linken in Westeuropa aus. Es mag überraschen, daß wir hier an erster Stelle die Diskussion über den „asiatischen Despotismus" nennen, die bereits 1951 in Indien begann und die sich in späteren Studien vor allem an der marxistischen Analyse der Geschichte Chinas entzündete. Diese Diskussion steht 1962 derart im Vordergrund, daß sie in der Praxis zu einer politischen Frage wird. Es geht darum, daß die traditionelle marxistische Kultur die Gliederung der menschlichen Geschichte in folgende fünf Perioden zum Dogma erhoben hatte: primitive Gemeinde, Sklaverei, Feudalismus, Kapitalismus, Sozialismus (der dann in den Kommunismus mündet). Diese Sichtweise ist Grundlage für einen blinden Glauben in den unvermeidlichen Triumph des Sozialismus, als wäre dieser eine historisch bedingte Notwendigkeit. Doch die Geschichtsstudien über bestimmte Gesellschaften paßten nicht in dieses Schema: Es schien keine Periode der Sklaverei auf. Andererseits hatte sich Marx in einigen seiner Schriften über Geschichte auf Gesellschaften – gerade in Asien – bezogen, die weder die Sklavenhalter- noch die Feudalstufe kannten. Er hatte dafür den Ausdruck „asiatischer Despotismus" oder „asiatische Produktionsweise" geprägt. Es entstand also die Debatte darüber, ob man die berühmten „fünf Perioden" nicht relativieren, ob man der Marxschen Kategorie vom „asiatischen Despotismus" nicht mehr Bedeutung zumessen solle. Offensichtlich handelte es sich dabei nicht um ein einfaches Problem der zeitlichen Festlegung oder der geschichtlichen Definition. Einerseits bedeutete das Infragestellen der „fünf Perioden" ein Infragestellen der Gültigkeit des Marxismus, so wie ihn die KPdSU definierte. Andererseits bedeutete es – und hier lag der wahre Bruch mit der Vergangenheit – das Zurückweisen einer deterministischen Konzeption, die (wenn auch nicht offen eingestanden) dieser geschichtlichen Geometrie der fünf Perioden zugrunde lag: Wenn sich herausstellte, daß die Vergangenheit nicht immer so abgelaufen war, wie man gedacht hatte, könnte vielleicht – und mit noch mehr Grund – auch die Zukunft anders sein.

Einige der theoretischen Probleme, die durch die Entwicklung des westlichen Marxismus aufgeworfen wurden, fanden einen direkten Niederschlag in der Politik, besonders die über die Triebkräfte der Revolution. Die Vorstellung, daß die Arbeiterklasse durch ihre materielle Situation im Produktionsprozeß *der* Faktor im Kampf für den Sozialismus ist, war im Marxismus immer schon grundlegend und wesentlich. Doch bewies eine lange Erfahrung die Hinwendung einer großen Mehrheit der Arbeiter zu reformistischen Positionen und ihre Abwendung von der Revolution. 1964 veröffentlichte Herbert Marcuse ein Buch, das sehr schnell enorme Verbreitung fand: *Der eindimensionale Mensch*. Seine zentrale These ist, daß es dem reifen Kapitalismus in materieller und ideologischer Hinsicht gelang, die Arbeiterklasse zu integrieren. Somit war es notwendig, in marginalen Sektoren des Produktionsprozesses andere Antriebskräfte für die Revolution zu suchen. Marcuse wies dabei im besonderen auf die Jugend hin, auf die Studenten, auf die diskriminierten Minderheiten der Gastarbeiter und auch auf die Frauenbewegung – in dem Maß, in dem sich Frauen bewußt werden, daß die machistische Gesellschaft sie zu einem *Status* der Unterlegenheit verdammt hat.

Einen anderen Beitrag zur selben Problematik – obwohl von einem völlig anderen Blickwinkel aus betrachtet – stellte das 1961 erschienene Werk *Die Verdammten dieser Erde* von Frantz Fanon dar. Darin wird ausgeführt, daß der grundlegende Widerspruch dieser Welt nicht der ist, der den Westen vom Osten trennt, sondern der zwischen Dritter Welt und entwickelten Ländern. Der ganze Reichtum Europas sei das Ergebnis der maßlosen Ausplünderung der Völker Afrikas, Asiens und Lateinamerikas. Die neue Unabhängigkeit, die viele dieser Länder erlangt haben, beende nicht die wirtschaftliche Abhängigkeit. Deshalb sei es die *oberste* Aufgabe der Bevölkerung Europas, die Lage der Dritten Welt radikal zu ändern. Die Errichtung des Sozialismus in Europa von der Befreiung im weltweiten Maßstab zu trennen, würde bedeuten, „einen Luxussozialismus auf den Früchten des imperialen Raubes" aufzubauen. Der Vietnamkrieg, die Unabhängigkeit Algeriens und die Geste Che Guevaras verliehen den Thesen von Frantz Fanon einen starken Aktualitätswert und erweckten in breiten Kreisen der europäischen Linken Sympathie.

Eine theoretische Diskussion mit unmittelbarer politischer Auswirkung entzündete sich an der Gegenüberstellung einer humanistischeren Interpretation des Marxismus mit der mehr positivistischen, strukturalistischen Konzeption. In dem in Polen geschriebenen und 1965 verlegten Werk *Das menschliche Individuum* von Adam Schaff wird die universale und nicht nur ökonomische Dimension betont, die Marx der notwendigen Befreiung des Menschen beimißt: Das in der UdSSR marginalisierte Problem der Entfremdung des Menschen rückt wieder in den Mittelpunkt des Marxismus. Die antihumanistische Reaktion findet ihren hauptsächlichen Ausdruck in den Werken von Louis Althusser *Für Marx*, 1965 erschienen, und *Das Kapital lesen* von 1966. Althusser möchte einen streng wissenschaftlichen Marxismus wiederherstellen, ohne die ideologische Dimension des jungen Marx zu berücksichtigen; er verteidigt die Strukturen und die Gesetze der Geschichte, die den Triumph des Sozialismus zwangsläufig herbeiführen, und reduziert die Rolle des Menschen selbst auf ein Minimum. Beide Haltungen tragen dazu bei, das Wissen über Marx zu bereichern. Sie überwinden die theoretische Armut des in Moskau katechisierten offiziellen *Marxismus-Leninismus* und fördern gleichzeitig verschiedene politische Haltungen: die eine zu einer höheren Bewertung von Freiheit und Demokratie und die andere zu einem neuen Dogmatismus, der in einigen Fällen mit Begeisterung die chinesische Politik in der Zeit der „Kulturrevolution" begrüßt.

Ein beträchtlicher Teil der marxistischen Intellektuellen Westeuropas lehnte sich gegen die sowjetische Orthodoxie auf, vor allem nach den Versuchen der Partei und der Regierung der UdSSR, den Kunstschaffenden, Malern, Regisseuren und Schriftstellern den sogenannten „sozialistischen Realismus" aufzuzwingen. Dieser verneinte den Wert des Kunstwerkes an sich; dieses wurde allein nach seiner propagandistischen Wirksamkeit bewertet. Zahlreiche westliche Kommunisten drückten ihre Ablehnung dieser ungeschickten „Politisierung" der Kunst und vor allem der sich daraus ergebenden Verfolgungen und Diskriminierungen aus. Dieses Erwachen eines kritischen und somit pluralistischen, orthodoxiefeindlichen Marxismus zeigte sich nicht nur im Westen: auch in Polen, Ungarn und der Tschechoslowakei erreichte es ein beträchtliches Ausmaß. Es würde zu weit gehen, alle entsprechenden Arbeiten hier anzuführen; wir wollen uns auf die Aufzählung einiger weniger bedeutender Beispiele beschränken:

In der Tschechoslowakei ist es das Werk *Zivilisation am Kreuzweg* von Radovan Richta, oder genauer gesagt von einem interdisziplinären Kollektiv unter der Leitung des Genannten. Darin wird der Versuch unternommen, von einem marxistischen Gesichtspunkt aus die Veränderungen, die die wissenschaftlich-technische Revolution im Produktionssystem hervorruft, zu untersuchen: vor allem die neue Beziehung Mensch - Produktion; die Marginalisierung des Menschen als Instrument oder Verlängerung der Maschine; seine demgegenüber wachsende Bedeutung als schöpferischer Geist; die Bewertung der Freizeit, der Muße; die Zunahme der Rolle des Subjektivismus in der Geschichte mit ihren Folgen auf der politischen Ebene, vor allem für den Sozialismus: Eine postindustrielle Gesellschaft kann und muß der Freiheit der Menschen, der Demokratie, der Beteiligung einen größeren Stellenwert einräumen als bisher. Dieses Buch ist vielleicht die radikalste Kritik am sowjetischen Modell, gerade weil es nicht nur die Auswirkungen auf politischer Ebene beschreibt, sondern weil es dem Problem auf den Grund geht. Das Erscheinen der Erstauflage des Buches 1966 ist ein einschneidendes Datum, auch wenn sein Erfolg im Westen erst mit dem *Prager Frühling* eintrat.

In Ungarn arbeitet die sogenannte Budapester Schule - ausgehend von einer Gruppe von Mitarbeitern und Schülern von Lukács - auf wissenschaftlicher Ebene, vor allem im Bereich der Soziologie, mit einer kritischen und unabhängigen Ausrichtung. Trotz des politischen Drucks, der die Publikations- und Lehrmöglichkeit der Wissenschafter erschwert, entwickeln Personen wie Agnes Heller, Markus, András Hegedüs und andere eine beachtenswerte theoretische Arbeit.

In Polen erregt neben dem schon erwähnten Werk von Schaff der gewagte Schritt von zwei jungen Marxisten, Jacek Kuron und Karol Modzelewski, Aufsehen. 1965 formulieren sie in einem *offenen Brief an die polnische Arbeiterpartei* bereits eine neue Analyse von vielen der negativen Aspekte, die dem als *sozialistisch* eingestuften Regime Polens eigen waren.

Es ist wichtig darauf hinzuweisen, daß alle diese Entwicklungen noch vor 1968 stattfanden. Doch sie kündigten an, daß etwas reifte. Etwas lag in der Luft.

Kapitel 6

1968: neue Probleme, neue Wege

Im Jahr 1968 fließen mehrere Entwicklungen zusammen, die aus der Niederlage des Faschismus im Zweiten Weltkrieg herrühren. An der Wurzel des tiefen Bedürfnisses nach Auflehnung, das breite Bevölkerungsschichten in verschiedenen Ländern Europas erfaßte, stand der Wunsch, eine neue Gesellschaft zu schaffen, die auf den Prinzipien der Freiheit und Gleichheit zwischen den Menschen beruht, auf einer neuen Beziehung zwischen Regierenden und Regierten, um der liberalen Demokratie einen echteren und dynamischeren Inhalt zu geben. All das fiel - vor allem im Westen - mit dem Auftauchen neuer Forderungen nach menschlicher Befreiung im Zeichen einer Erschöpfung der Ideologie und des Modells des Neokapitalismus und den ersten Auswirkungen einer wissenschaftlich-technischen Revolution zusammen, die sich gerade im Produktionssystem zu zeigen begannen.

Der Prager Frühling

Von diesem Jahr kann man sagen, daß der Frühling in Prag im Jänner begann: Das Zentralkomitee der Kommunistischen Partei der Tschechoslowakei entließ seinen obersten Führer, Novotný, der - obwohl zwölf Jahre seit dem XX. Parteitag vergangen waren - eine zutiefst stalinistische Tradition verkörperte, und wählte Alexander Dubček zum Generalsekretär, einen Vollblutkommunisten, der seine Jugend in der Sowjetunion verbracht hatte und der das Vertrauen derjenigen besaß, die eine grundlegende Erneuerung des herrschenden Sozialismus anstrebten. Es war keine Überraschung, daß sich die Krise des *sowjetischen Modells* gerade in der Tschechoslowakei deutlicher und tiefer zeigte als in anderen Ländern des Ostblocks. Es handelt sich um ein hochentwickeltes Land mit einer Industrie, die am europäischen und am Weltmarkt ein besonderes Gewicht besaß; mit einer relativ zahlreichen Arbeiterschaft mit starker gewerkschaftlicher Tradition. Die Tschechoslowakei hatte Jahrzehnte parlamentarischer Regierungen erlebt; die Bevölkerung war an Demokratie und Pluralismus gewöhnt. Die – von Novotný noch verschärften – diktatorischen Methoden sowjetischen Stils stießen auf eine tief verwurzelte liberale politische Kultur. Gleichzeitig verschlechterte sich die wirtschaftliche Situation durch die Methoden des bürokratischen Zentralismus sehr. So führte der in der ganzen Bevölkerung außerordentlich stark verbreitete Wille nach Veränderung, der sich bereits öffentlich in verschiedenen Formen Luft machte, dazu, daß – ein außergewöhnlicher Fall – das Zentralkomitee der Partei mit einem Mehrheitsbeschluß Dubček an die Spitze setzte.

Der Reform- und Erneuerungsprozeß, der nun einsetzte, dauerte nur sechs Monate, von Jänner bis August. Er enthielt drei grundlegende Merkmale: 1. eine Flexibilisierung des Wirtschaftssystems, die – ohne im geringsten den staatlichen Sektor zu berühren – darauf ausgerichtet war, in den Unternehmen stärkere materielle Anreize sowie Bereiche des Wettbewerbs und des freien Marktes zur Belohnung der besten Leistungen, des technologischen Fortschritts und der Steigerung der Produktion einzuführen; 2. eine Demokratisierung des staatlichen politischen Systems (wobei den Wahlen wieder mehr Bedeutung zugestanden werden sollte) mit einer freieren Diskussion und einem offeneren kulturellen Leben; 3. eine demokratischere, weniger hierarchische Funktionsweise im Innern der Partei, in deren Rahmen die Basisorganisationen ohne Einschränkung diskutieren und selbst die Führung kritisieren sowie nach eigenem Wunsch die Komitees und die Delegierten für die Kongresse bestellen konnten.

In Wirklichkeit waren die Grenzen für die tschechoslowakische Reform ziemlich eng gesteckt. Sie stellte die grundlegenden Prinzipien des orthodoxen Marxismus-Leninismus nicht in Frage: Die beginnende Demokratisierung blieb im Rahmen des Sozialismus und umfaßte nicht das Recht auf Schaffung neuer Parteien. Was die Partei betrifft, so wurde weder das Dogma ihrer *Führungsrolle* diskutiert noch der demokratische Zentralismus angerührt.

Das Ziel war nicht, ein neues Modell des Sozialismus zu suchen, sondern ihn vom Ballast, der die sozialistische Entwicklung gebremst und geschwächt hatte, zu befreien.

Auf internationaler Ebene bekräftigte die neue Parteiführung unermüdlich ihr Verbleiben im Warschauer Pakt und ihren Willen, die UdSSR weiterhin weltweit als Bollwerk und Vorhut des Sozialismus zu betrachten.

Trotzdem erweckte im Land selbst die Tatsache, daß die neue Führung Irrtümer zugab und in Presse, Radio und Fernsehen eine gewisse öffentliche Diskussion zuließ, in der Bevölkerung sehr schnell eine große Begeisterung. Die neue Art, Kritik anzunehmen und anzuhören, auf die unerbittliche Zensur jeder neuen Idee zu verzichten, die Beziehung zwischen Regierenden und Regierten zu demokratisieren, ließ in breiten Schichten der Bevölkerung eine neue Hoffnung entstehen, daß der Sozialismus etwas anderes sein könnte als bisher. Auf die Passivität, die Routine, die Resignation angesichts eines autoritären Regimes folgte eine – oftmals kritische – Begeisterung der Massen, eine noch nie dagewesene Politisierung in den Fabriken und Universitäten.

Den anderen kommunistischen Parteien der Welt diente der *Prager Frühling* dazu, mehr oder weniger festgelegte Positionen abzuklären. Im allgemeinen empfanden die westeuropäischen Parteien tiefe Sympathie und Hoffnung für dieses Experiment: Endlich schien es die Möglichkeit eines volkstümlichen, demokratischen Sozialismus mit echter Unterstützung der Bevölkerung zu geben, der Freiheit und soziale Gerechtigkeit in sich vereinen konnte.

In den Reihen des Warschauer Paktes hingegen herrschten angesichts der Vorgänge in Prag bei den Parteiführungen die Mißbilligung, die Entrüstung, der Skandal vor. Die Reaktionen sprachen für sich: Die Ostdeutschen und die Polen standen an der Spitze der Kritiker. In Polen kam es zu gewaltigen Sympathiekundgebungen der Bevölkerung für den *neuen Kurs* in Prag. Gomułka begann, darauf mit repressiven Maßnahmen gegen die Intellektuellen und Studenten zu reagieren, was ihn so weit brachte, in den internationalen Gesprächen über den tschechoslowakischen Fall am unnachgiebigsten aufzutreten. In der DDR war die kommunistische Führung besessen von der Angst einer Annäherung Bonn – Moskau als Folge der neuen Politik, die sich in der BRD abzeichnete. Willy Brandt war damals Außenminister der Regierung der *Großen Koalition* mit den Christdemokraten. Seine *Ostpolitik* nahm gerade Profil an. Ulbricht, der alte Kommunistenführer aus der DDR, fürchtete, die größere Flexibilität der neuen tschechoslowakischen Führung könnte die *Ostpolitik* Brandts erleichtern und ihn mit seiner engstirnigen und unbeweglichen Innen- und Außenpolitik in die Ecke drängen.

Die Ungarn nahmen Dubček gegenüber eine verständnisvolle Haltung ein. Sie bemühten sich bis zum äußersten, die Tschechen davon zu überzeugen, daß ihnen nichts anderes übrig bliebe, als die ultimativen Forderungen der UdSSR zu erfüllen. Eine besondere Erwähnung verdient Rumänien, das die Haltung der Kommunistischen Partei der Tschechoslowakei öffentlich unterstützte und so das Recht jedes Landes und jeder Partei auf Unabhängigkeit verteidigte.

Was Jugoslawien anbelangt, so zeigte Tito größtes Verständnis und befürwortete die Notwendigkeit einer Demokratisierung der sozialistischen Systeme.

Die Intervention der UdSSR, um das in der Tschechoslowakei entstehende neue sozialistische Experiment zu beenden, erfolgte mit großer Schnelligkeit. Die später ziemlich verbreitete Version, die die militärische Intervention des August auf einen zeitlichen Zufall zurückführt, nämlich, daß zu diesem Zeitpunkt Dschelest, ein entschiedener Hardliner im Politbüro der KPdSU, allein in Moskau weilte und so den Einsatz der Truppen anordnen konnte, ist einfach lächerlich. Die militärische Intervention erforderte eine monatelange Vorbereitung. Außerdem rollte gleichzeitig eine politische Intervention ab, die darauf ausgerichtet war, die reformfreudige Führung in Prag auszuschalten. Seit Mai 1968 hielt der Warschauer Pakt in der Tschechoslowakei Militärmanöver ab: Unter dem Vorwand, ein solches Manöver abzuhalten, drangen sowjetische Truppen auf tschechoslowakisches Staatsgebiet vor, um es dann nie wieder zu verlassen. Das beweist, daß die Entscheidung Moskaus, auf Waffengewalt zurückzugreifen, wenn die politischen Mittel nicht das gewünschte Ergebnis zeitigten, mindestens seit April feststand.

Im Mai wird eine Delegation der tschechoslowakischen KP nach Moskau beordert. Breschnew und die anderen sowjetischen Führer überhäufen sie mit Tadel und beschuldigen sie, die Wege des Sozialismus zu verlassen.

Dubček und seine Genossen versuchen, die Gründe für ihre Reformen zu erklären. Gleich nach Abreise der Tschechoslowaken kommt es in Moskau zu einem merkwürdigen Treffen der kommunistichen Parteien der Sowjetunion, der DDR, Polens, Bulgariens und Ungarns. Es bildet sich die *Gruppe der Fünf*, die später bei der sowjetischen Intervention gegen den *Prager Frühling* als Legitimation dienen sollte.

Zwei Aspekte der sowjetischen Haltung sind in diesem Zusammenhang besonders interessant, da sie systemimmanente Grundkonzeptionen beleuchten, die in der einen oder anderen Form zu verschiedenen Zeitpunkten wieder aufbrachen – an erster Stelle die Angst vor der Freiheit, vor allem vor der Presse- und Meinungsfreiheit. Während der ganzen Zeit bis zur militärischen Intervention vom August richteten sich die Anschuldigungen der Sowjets hauptsächlich gegen die Tatsache, daß in der Presse oder im Radio Kritik an der Partei und an der UdSSR veröffentlicht wurde – etwas, was sie einfach nicht verstanden und als offenkundiges Zeichen der Bedrohung des *Sozialismus* betrachteten. Das Schlimme daran war nicht, daß diese Kritiken in den Köpfen der Leute herumgeisterten. Die Parteiführung wußte natürlich, daß es auch in der Sowjetunion kritisches Denken gibt. Das Schlimme, das Perverse, das Untragbare war jedoch, daß diese Kritik ans Tageslicht kommt. Die KPdSU hat das Fehlen von Freiheit in einen notwendigen, fast entscheidenden Wesenszug ihrer Art von Sozialismus verwandelt. Hierin verneint der *reale Sozialismus* am radikalsten den grundlegenden Sozialismusbegriff von Marx und Engels, von Rosa Luxemburg und Gramsci. Das erklärt, warum es die KPdSU – in treuer Gefolgschaft dieser Ideologie – auch noch siebzig Jahre nach dem Triumph der Revolution notwendig hat, daß die Wahlen zum Obersten Sowjet mit einer Mehrheit von 99,9 Prozent erfolgen, daß bei den Abstimmungen in ihrem Zentralkomitee immer alle einer Meinung sind, was sie in den Augen der ganzen Welt lächerlich macht. Das ist mehr als eine Ideologie, das ist eine Kultur: es ist die Kultur der doppelten Wahrheit. Die Wahrheit ist nicht das, was ist. Die Wahrheit ist das, was die Obrigkeit zu sagen, zu veröffentlichen erlaubt.

Der Ursprung dieser Kultur liegt im Stalinismus. Unter Lenin wurden die Widersacher hart unterdrückt, doch handelte es sich darum, konterrevolutionäre Kräfte auszuschalten. Im Grunde genommen bedeutete der Triumph des Stalinismus die Rückkehr zu einer autoritären Regierungsform mit präkapitalistischen Wurzeln und der Vorherrschaft archaischer Denkweisen. Die Kultur der doppelten Wahrheit ist ihrem Wesen nach dogmatisch und scholastisch; sie hatte ihre Glanzzeit im Mittelalter. Und ihr Zusammenprall mit der Zivilisation der Kommunikations- und Informatik-Gesellschaft könnte nicht radikaler sein.

Die Gewohnheit, in einem derartigen kulturellen Rahmen zu regieren, ist für die Herrschenden selbst verhängnisvoll. Der König ist nie unbekleidet. Das Mittelmaß kann zufrieden regieren, doch am Ende erleidet es schwere Rückschläge. Beim geringsten Bruch der *Ordnung* blühen die Widersprüche auf und gefährden auf lächerliche Weise das Regime. Die tschechoslowakische Reform griff ja im Grunde nicht das sowjetische Modell an: sie entwickelte eigentlich Ideen, die schon am XX. Parteitag der KPdSU präsent waren. Doch sie führte eine neue Beziehung zwischen Regierten und Regierenden ein, öffnete in der Gesellschaft und in der Partei Räume für Kritik und Diskussion. Das war das unverzeihliche Verbrechen, denn es brach die notwendige, sakralisierte Homogenität der Kultur des Wortes. In den Gesprächen der Sowjets mit einigen westlichen kommunistischen Parteien trat diese kulturelle Kluft ganz deutlich zutage.

Für Kommunisten, die tagtäglich in einem Klima des politischen Pluralismus kämpfen, war diese Furcht der Sowjets vor einigen kritischen Sätzen in der tschechoslowakischen Presse unverständlich und absurd.

Der zweite allgemeingültige Aspekt bezieht sich auf die Taktik, die die KPdSU anwendete, um die von Dubček angeführte Parteispitze mit politischen Methoden zu liquidieren. Wie es logisch und unvermeidlich war, tauchten zu Beginn des Diskussionsprozesses in den Reihen der Kommunistischen Partei der Tschechoslowakei unterschiedliche Haltungen auf. Das brachte die Parteiführung dazu, für

September 1968 einen außerordentlichen Parteitag einzuberufen. Die Vorbereitung dieses Parteitages spielte sich zum erstenmal in einem Klima völliger Freiheit ab. Jede Organisation wählte ihre Delegierten nach eingehenden politischen Diskussionen, die in der Öffentlichkeit ihren Widerhall fanden. Die Regionalkonferenzen - die die Delegierten zum Parteitag wählten - wurden in den ersten Julitagen abgehalten. Dabei schälten sich unter den Kommunisten drei Positionen heraus: die *Dogmatiker*, die die Neuerungen nicht verstanden und die zum alten Modell zurückkehren wollten; die *Radikalliberalen*, die die begonnene Reform viel weiter tragen wollten und die offen das sowjetische Modell kritisierten, und die Parteigänger von Dubček und Smrkovski und deren Mannschaft.

Bei den Wahlen für die Delegierten zum Parteitag erhielt die Position Dubčeks eine überwältigende Mehrheit. Die *Dogmatiker* und die *Radikalliberalen* sahen sich auf eine Minderheiten reduziert.

Die Taktik der sowjetischen KP war es nun, die Dogmatiker als die *echten Kommunisten* darzustellen - dazu zählten auch einige Mitglieder des Politbüros, wie Bilak und Indra. Die Sowjets griffen zu allen - auch ungesetzlichen - Mitteln, um diese *echten Kommunisten* zu fördern und Dubček zu stürzen. Sie installierten in Polen ein Radio, das im Namen der *wahrhaften Kommunisten* sendete. Sie gaben Zeitungen ohne Impressum heraus, die diese Richtung vertraten. Doch die Wirkung dieser Tätigkeit war kontraproduktiv. Die Sowjets betrogen sich damit selbst. Das ist ein kurioser und interessanter Aspekt: Sie glaubten, für die *wahrhaften* Kommunisten bliebe Moskau weiterhin das Mekka, und sie könnten diese im Namen der Treue zur UdSSR um sich scharen. Wie wir sehen werden, handelte es sich in diesem Fall um einen klaren Selbstbetrug.

Um das Problem allgemeiner zu formulieren: Für die KPdSU waren nur Parteien von Interesse, die die Politik der UdSSR unterstützten. Die Kommunisten, die nicht diese Haltung vertraten, waren sogar noch schlimmere Feinde als die Vertreter anderer Ideologien. Die Sowjets begannen die Attacke gegen Dubček von innen her, über die Unterstützung der dogmatischen Fraktion mit geheimen Sendern und Zeitschriften, mit Geld, Komplotten usw. Und gleichzeitig auch von außen.

Anfang Juli luden *die Fünf* (UdSSR, Polen, DDR, Bulgarien und Ungarn) die Tschechoslowakei für den 14. Juli zu einem Treffen nach Warschau ein. Die tschechoslowakische KP beschloß, nicht daran teilzunehmen, da ganz offensichtlich bezweckt war, durch die Diskussion über ihre internen Probleme vor einem willkürlich zusammengesetzten Forum auf sie Druck auszuüben. *Die Fünf* sandten gemeinsam der KPTsch einen Brief, in dem sie ihre Vorwürfe zusammenfaßten. Die tschechoslowakische Partei antwortete und veröffentlichte die beiden Schreiben. Mit Ausnahme von Ungarn wurde die tschechoslowakische Antwort nirgendwo publiziert. Der Konflikt war nun öffentlich ausgebrochen.

Zu diesem Zeitpunkt herrschte in den kommunistichen Parteien des Westens bereits starke Beunruhigung. Für einige, wie für die italienische und die spanische KP, war es ganz klar, daß man die KPTsch unterstützen mußte, selbst wenn das bedeutete, die UdSSR öffentlich zu verurteilen – und sie ließen das in vertraulicher Form die Sowjets auch wissen.

Es ist bezeichnend, was sich in der Kommunistischen Partei Frankreichs abspielte, in der nach dem Tod von Thorez Waldeck Rochet die Führung übernommen hatte. Dieser versuchte, die Sowjets und die Tschechoslowakei zu überzeugen, daß sie ihren Streitfall auf einer gesamteuropäischen Konferenz kommunistischer Parteien vorlegen sollten. In diesem Vorschlag spiegelte sich die Illusion wider, ein Staat wie die Sowjetunion könnte seine Staatspolitik einer Parteienkonferenz unterwerfen. Die Reise von Waldeck Rochet nach Moskau und nach Prag konnte kein Ergebnis bringen.

Ende Juli (das heißt drei Wochen vor der militärischen Intervention) intensivierten die Sowjets ihre politischen Bemühungen, in der Führung der KPTsch einen Bruch zu provozieren. Sie wollten *irgendeine* Möglichkeit finden, eine militärische Intervention – für die sie zu diesem Zeitpunkt sicher schon ein Datum festgesetzt hatten – zu legitimieren. Die beiden Parteiführungen trafen sich in dem Dorf Čierná an der Theiß, was im Ausland große Hoffnungen erweckte: es sah so aus, als wäre das *die Versöhnung*. Doch in Wirklichkeit war die Haltung Breschnews brutal: Er forderte – und erreichte auch –, daß die einzelnen Mitglieder des tschechoslowakischen Politbüros ihren Standpunkt ausdrückten und so ihre internen Differenzen zutage traten, während die Sowjets einen einheitlichen Block bildeten. Es kam zu keiner Übereinkunft, doch die Tschechoslowaken stimmten zu, am darauffolgenden Tag, dem 1. August, in Bratislava an einem Treffen mit *den Fünf* teilzunehmen. Dort wurde ein umfangreiches Dokument verabschiedet, das sich nicht auf die Tschechoslowakei im besonderen, sondern auf die Probleme des *Sozialismus* im allgemeinen bezieht. Darin tauchte bereits jene Formel auf, die man später als Breschnews These der *beschränkten Souveränität* bezeichnete. Es handelt sich dabei um folgende Doktrin: Die Verteidigung und die Festigung der sozialistischen Errungenschaften stellen „eine gemeinsame internationale Pflicht aller sozialistischen Länder" dar. Auf den ersten Blick ein harmloser Satz. Der entscheidende Punkt dabei (der nicht ausdrücklich formuliert, doch durch die Macht der Tatsachen aufgezwungen wird) ist jedoch, daß die KPdSU entscheidet, was die „sozialistischen Errungenschaften" sind und wann und wie sie „verteidigt" werden müssen. Somit gibt dieser Satz der Sowjetunion das Recht, jederzeit in irgendeinem Land der sozialistischen Gemeinschaft zu intervenieren, auch militärisch, sobald sie die in diesem Land angewandte Politik als für ihre Interessen als schädlich erachtet.

Diese Aufeinanderfolge von Einmischung und Druckausübung *der Fünf* auf die Führung der KPTsch sollte in irgendeiner Form in einen internen Putsch münden, durch den die Gruppe der Dogmatiker, die noch im Politbüro dieser Partei saßen, wenigstens eines der Staatsorgane in ihre Gewalt bringen könnte. Sie sollten dann von dieser Position aus die *brüderliche Hilfe* der Armee der Sowjetunion und der anderen vier Staaten verlangen: Ostdeutschland, Polen, Bulgarien und Ungarn.

Im August sind bereits alle Vorbereitungen für die militärische Besetzung der Tschechoslowakei getroffen. Dubček erhält für seine Politik durch die Besuche der höchsten kommunistischen Führer von Jugoslawien, Josip Broz Tito, und Rumänien, Nicolae Ceaușescu, einen wichtigen Antrieb. Es wird sogar ein Bündnis zwischen Rumänien und der Tschechoslowakei geschlossen. Die Bevölkerung drückt auf den Straßen ihre tiefe Sympathie für diese Besucher aus, was ihre prosozialistischen Gefühle unter Beweis stellt. Die Sowjets sehen darin eine drohende Verstärkung der „antisowjetischen“ Zusammenarbeit zwischen sozialistischen Ländern mit unabhängiger Haltung gegenüber der Sowjetunion. Im Westen haben die Treffen von Čierná und Bratislava das falsche Gefühl erweckt, daß der Konflikt gütlich bereinigt würde; die meisten kommunistischen Führer befinden sich auf Urlaub, einige von ihnen in der UdSSR.

In der Nacht vom 20. auf den 21. August rücken ohne vorherige Ankündigung die sowjetischen Kampfpanzer in Prag ein. Das ganze Land wird von den Truppen *der Fünf* besetzt – eine militärisch schnelle und ausgezeichnete Operation, bei der es keinen Widerstand gab. Ein solcher wäre von seiten der tschechoslowakischen Armee auch wirklich schwierig gewesen, zum einen wegen ihrer operativen Einbindung in die gemeinsamen Manöver mit den Sowjets und ihre Integration in den Warschauer Pakt, zum anderen, weil die KPTsch unverzüglich die Anweisung zum totalen passiven, aber nicht zum bewaffneten Widerstand ausgab.

Das spiegelte die Grenzen der damaligen Auffassung Dubčeks von der Sowjetunion wider. Für ihn waren die Sowjets „Kommunisten, die schwere Fehler begingen“. In Wirklichkeit handelte es sich um eine Großmacht, die ein schwächeres Land niederwalzte, um eine Kaste, die die sowjetische Bevölkerung unterdrückte, die ihre eigenen Privilegien unbedingt bewahren wollte und deswegen einen Sozialismus, der eine freiere und gerechtere Gesellschaft verwirklichen wollte, sofort im Keim erstickte. 1948 hatte Tito eine zutreffendere Sichtweise entwickelt und gegen Stalin einen bewaffneten Widerstand aufgebaut, der schließlich zum entscheidenden Faktor dafür wurde, daß dieser nicht die Armee einsetzte.

Wenn auch die militärische Operation perfekt war, so gestaltete sie sich in politischer Hinsicht zu einem totalen Fehlschlag. Noch sind die genauen Umstände dessen, was damals vor sich ging, nicht bekannt. Es kam so weit, daß sich die voll mit den Sowjets verbündeten *Dogmatiker* nicht rühren trauten. So gaben die Sowjets zuerst an, „die tschechoslowakische Regierung" hätte um ihre Intervention ersucht - so hieß es zum Beispiel in dem Brief der sowjetischen UN-Delegation an den Präsidenten des Sicherheitsrates. Die *Prawda* in Moskau mußte zwei Ausgaben herausgeben: In der ersten hieß es, die Intervention sei „auf Verlangen des Zentralkomitees und der Regierung" erfolgt, in der zweiten, „auf Verlangen einer Gruppe von Führern der Partei und des Staates", einer anonymen Gruppe, deren Namen auch heute, zwei Jahrzehnte nach den Vorfällen, noch nicht bekanntgegeben werden. Die sowjetischen Kampfpanzer machten sich nicht daran, die angebliche Konterrevolution zu bekämpfen und die *imperialistische Aggression* (einem *im nachhinein* von der sowjetischen Propaganda benützten Argument) aufzuhalten, sondern sie fuhren direkt zum Sitz des Zentralkomitees der KPTsch, zum Sitz der Regierung, zum Parlament, zur Nationalen Front, um die wichtigsten Architekten des *Prager Frühlings* festzunehmen, angefangen von Dubček und Smrkovský, den Präsidenten des Parlaments, bis zu Černik, den Regierungschef, und Kriegel, den Präsidenten der Nationalen Front. Selbst ohne Leitung blieben alle Organe der Partei und des Staates unerschütterlich an der Seite ihrer von den sowjetischen Truppen festgenommenen Führer. General Svoboda, der Präsident der Republik, wies den brutalen sowjetischen Druck nach Ernennung einer neuen Regierung zurück. In Übereinstimmung mit dem Aufruf der Partei stand das ganze Land geschlossen auf, um friedlich gegen die sowjetische Militärpräsenz zu protestieren und einen totalen passiven Widerstand durchzuführen. In einigen Fällen schossen die Sowjets; es gab vielleicht ein paar hundert Tote, obwohl keine genauen Angaben existieren. Doch das allgemeinste Kennzeichen war der passive und friedliche Widerstand. Die Regierung veröffentlichte eine Erklärung, in der es heißt: „Zum erstenmal in der Geschichte der internationalen kommunistischen Bewegung begingen die verbündeten Streitkräfte der sozialistischen Länder eine Aggression gegen einen von einer kommunistischen Partei geführten Staat."

Das Prager Stadtkomitee der KPTsch beschloß, alle Maßnahmen zu treffen, damit sich die bereits gewählten Delegierten zum XIV. Parteitag versammeln könnten. Am 22. August versammelte sich der Parteitag, trotz der fremden Besatzer, in der größten Fabrik Prags, der ČKD Vysočany, unter dem Schutz der Arbeiter. 1.219 Delegierte der 1.543 gewählten Vertreter nahmen daran teil. Der Parteitag dauerte nur einen Tag. Er billigte die von Dubček vertretene Politik und wies die von den Sowjets für ihre Intervention verwendeten Vorwände zurück. Er forderte die Freilassung der von den sowjetischen Truppen festgenommenen Partei- und Staatsführer, die Wiederherstellung der Freiheit und der Bürgerrechte sowie den Abzug der ausländischen Truppen vom tschechoslowakischen Staatsgebiet und wählte ein neues Zentralkomitee mit Dubček an der Spitze.

Die Sowjets hatten Dubček bei seiner Verhaftung erklärt, sie würden ihn wegen seines Verrats vor ein Revolutionsgericht stellen. Doch das völlige Scheitern der politischen Pläne der KPdSU, der Volkswiderstand, die absolute Unmöglichkeit, irgendeine Institution zu finden, die für sie im Namen der Tschechoslowakei sprach, zwangen die Sowjets dazu, in ihrer Taktik eine Wende um 180 Grad einzuschlagen. Die eingesperrten Führer wurden nach Moskau überstellt, um dort zusammen mit Präsident Svoboda eine Reihe von Verhandlungen mit den Sowjets zu führen. Diese mündeten in die Unterzeichnung eines *Protokolls* zwischen der UdSSR und der Tschechoslowakei, das in gewisser Hinsicht die Gegenwart der Truppen *der Fünf* auf tschechoslowakischem Staatsgebiet anerkennt, wenn auch nicht legitimiert. Nach Moskau kamen auch die Führer der *Dogmatiker*, die mit den Sowjets konspiriert hatten, die sich aber nun nur schüchtern die Absichten der Sowjets zu unterstützen getrauten. Die Verhandlungen fanden in einem Klima der Verwirrung und der Ungleichheit statt. Am Ende unterzeichneten Dubček, Smrkovský und Černik zusammen mit Staatspräsident Svoboda ein Kommuniqué und das *Protokoll*, das – zur noch größeren Schande – geheimgehalten wurde. Der einzige, der nicht unterzeichnete, war Kriegel, ein kommunistischer Veteran, Kämpfer in den Internationalen Brigaden im Spanischen Bürgerkrieg. Vielleicht aus Antisemitismus behandelten ihn die Sowjets noch brutaler als die anderen Führer. Sie wollten sogar verhindern, daß er nach Prag zurückkehrt, doch drohten Dubček und seine Genossen damit, ihre Unterschrift zurückzuziehen. Dieses Detail charakterisiert das Klima der Gespräche in Moskau.

In den in der sowjetischen Hauptstadt unterzeichneten Übereinkommen anerkennen die tschechoslowakischen Führer drei schwerwiegende Umstände: 1. Die Präsenz der sowjetischen Truppen, auch wenn sie mit dem Adverb *vorübergehend* versehen wurde, was man jedoch später in der Praxis vergaß; 2. eine Beschränkung der politischen Freiheiten, der Pressefreiheit usw., um angebliche feindselige Umtriebe zu vermeiden; 3. die Annullierung des XIV. Parteitages, der am 22. August in Vysočany stattgefunden hatte. Obwohl Dubček, Smrkovský und Černik in ihren Positionen belassen wurden und dadurch die Hoffnung genährt wurde, das Experiment der sozialistischen Erneuerung könnte weitergehen, so war in der Praxis die Zukunft in diesen Moskauer Übereinkommen bereits festgelegt. Die Führer des *Prager Frühlings* hatten sich in Führer mit *beschränkter Souveränität* verwandelt, mit nur noch mittelbarer Regierungsgewalt, dem Protektorat der UdSSR unterworfen. Statt die Änderung schlagartig mit ihren Kampfpanzern durchzuführen, führte sie nun die Sowjetunion etappenweise im Lauf von etwas mehr als einem Jahr durch. Die erste wesentliche Maßnahme war die Entfernung Smrkovskýs, zweifellos dem populärsten Führer des *Prager Frühlings*. Immer mehr sowjettreue Leute rückten nach. Dieser Prozeß säte auch Mißtrauen und Uneinigkeit zwischen den Kommunisten und der Bevölkerung. Die Einheit zwischen den Massen und der Partei, zwischen Aktivisten und Führern zerbrach. Ein Faktor, der der UdSSR bei ihren Machenschaften half, war der Entschluß Husáks – einem Mann des *neuen Kurses*, der in der stalinistischen Zeit verfolgt worden war –, sich in ein Instrument der Sowjets zu verwandeln. Im April 1969 ersetzte er Dubček als Generalsekretär. Mit dem für die Tschechoslowakei typischen bürokratischen und pedantischen Stil machte nun die neue Parteiführung nach und nach alle Parteibeschlüsse aus der Zeit von Jänner bis August 1968 rückgängig. Die Geschichte wurde entsprechend den Wünschen Moskaus neu geschrieben, damit die militärische Intervention vom 21. August sich in einen Akt der *brüderlichen Hilfe* verwandle. In diesem Prozeß vollzog die Kommunistische Partei der Tschechoslowakei praktisch ihre Selbstauflösung: mehr als eine halbe Million Mitglieder wurde ausgeschlossen, eine riesige Anzahl trat selbst aus. Es wurde eine neue Partei geschaffen, deren Daseinsberechtigung darin bestand, die sowjetische Intervention zu rechtfertigen und zu unterstützen: eine Partei der Opportunisten und der ausländischen Agenten.

Diese Vorfälle führten zu widersprüchlichen Folgen in den Haltungen der kommunistischen Parteien Westeuropas und der Linkskräfte überhaupt. Wie wir schon gesehen haben, bedeutete die Zeit des *Prager Frühlings* eine mächtige Anregung für die sich abzeichnenden erneuerungsfreudigen kommunistischen Strömungen – vor allem in der KPI –, das sowjetische Modell zu kritisieren und eine Form des Sozialismus zu suchen, der den Völkern nicht gewaltsam aufgedrängt wird, der mehr mit den Ideen von Karl Marx übereinstimmt und der fähig ist, die Gefühle der Arbeiterschaft und breiter Bevölkerungsschichten zu verkörpern. Als es zur sowjetischen Intervention im August 1968 kam, tadelten, kritisierten oder verurteilten viele der kommunistischen Parteien in der kapitalistischen Welt das Vorgehen der KPdSU. In Westeuropa waren das fast alle Parteien mit Ausnahme einiger weniger, wie der portugiesischen und der bundesdeutschen, die direkt den Anordnungen Moskaus unterworfen waren. Das stellte einen noch nie dagewesenen Markstein in der internationalen kommunistischen Bewegung dar. Zum erstenmal nahm ein Teil von dieser öffentlich gegen die UdSSR Stellung. Das war keine Detailfrage, sondern eine entscheidende Frage, die die ganze Welt bewegte, die im Mittelpunkt des internationalen Interesses stand. Und obendrein waren die Parteien, die die UdSSR am heftigsten verurteilten, gerade jene Parteien, die in ihren Ländern den stärksten Einfluß hatten, wie die italienische, die japanische und – trotz ihrer Illegalität – die spanische. Selbst die französische Partei äußerte sich, mit der schon erwähnten Verzögerung, unmißverständlich gegen die sowjetische Intervention.

Die Differenzen erstreckten sich nicht nur auf den politischen, sondern auch auf den theoretischen Bereich. Es handelte sich um die Frage, ob die Art eines Sozialismus in einem bestimmten Land von der dortigen Bevölkerung und der entsprechenden Partei oder den Parteien abhängt, oder von einigen sogenannten *Prinzipien*, die die UdSSR vertritt und die sie, je nach Notwendigkeit, willkürlich anwenden konnte. Breschnew hatte mit der Intervention die von Chruschtschow mit seiner Reise nach Belgrad 1955 und dem XX. Parteitag 1956 erzielten Fortschritte zur Gänze begraben.

Eine andere Frage war, ob die Rolle der *Avantgarde* der Sowjetunion, die bis dahin im allgemeinen akzeptiert worden war, auch das Recht beinhaltet, mit Waffengewalt ihren Willen einer Partei oder einem Land, das nicht ihrem Wunsch entsprechend handelt, aufzuzwingen. War man vor dem August 1968 dabei, eine neue Art von Beziehungen zwischen den *sozialistischen Staaten* aufzubauen, so wurden nun in diesem Bereich typische Methoden des Imperialismus eingeführt, die *beschränkte Souveränität* und die Unterdrückung des schwächeren Landes durch das starke Land, die UdSSR. Auch wenn nicht ausdrücklich so formuliert, so tauchte de facto die Frage auf, ob die Sowjetunion überhaupt ein sozialistisches Land sei oder nicht, wobei man diesem Wort jenen Inhalt der wirtschaftlichen, politischen und nationalen Befreiung der unterdrückten Menschen und Völker gab, den es bei Marx hat.

Auch wenn die genannten Parteien in Erklärungen ihrer Führungsorgane die sowjetische Intervention deutlich verurteilten, so bewahrte dennoch ein beträchtlicher Teil ihrer Anhänger die traditionellen Vorstellungen und Haltungen, was auf ihrer vergötternden Bewunderung und bedingungslosen Unterstützung der UdSSR beruhte. Seit diesem Zeitpunkt beherbergen selbst die dynamischsten und reformfreudigsten kommunistischen Parteien Europas zwei politische und theoretische Richtungen, zwei kommunistische Kulturen in ihrem Schoß. Diese Tatsache wurde nun zu einem ständigen Phänomen, das viel weiter reicht als die von der Sowjetunion bisher hervorgerufenen Spaltungen. Dadurch wurde es enorm schwierig, die neuen Probleme, die die geschichtliche Entwicklung auf die Tagesordnung setzt, anzugehen. Es gelang diesen Parteien wohl, Moskau von seiner Funktion als Mekka der Bewegung abzusetzen, doch in ihrem Innern sahen sie sich weiterhin in das ewige Problem des *Prosowjetismus* verwickelt. – Mit Ausnahme der KPI, und die konnte sich erst vor kurzem davon befreien. Die UdSSR übte so eine gewisse Konditionierung aus, und zwar nicht nur aus historischen Gründen, sondern auch wegen diesen ideologischen und kulturellen Ableitungen, die nie bis zur Wurzel erforscht und nie gelöst wurden. Das betrifft selbst die kommunistischen Parteien mit den kritischsten Einstellungen gegenüber der UdSSR.

Als die KPTsch nach den Übereinkommen von Moskau offiziell damit begann, den Zeitabschnitt von Jänner bis August zu kritisieren und die Führer des *Frühlings* auszuschalten, erhielten die prosowjetischen Tendenzen in den westlichen KPs neue Argumente. Die tschechoslowakischen Delegierten selbst blieben bei den internationalen Treffen stumm; sie wagten nie, den Sowjets zu widersprechen und unterstützten ständig deren Position. Es dauerte nicht lange, und die Delegierten der KPTsch vermittelten das Bild von geistlosen Papageien im Dienste der UdSSR.

All das war ein spürbares Hindernis beim Fortschritt der Erneuerung der kommunistischen Bewegung. Zweifellos bestanden bereits neue Einstellungen, Ansätze einer neuen Theorie und einer neuen Kultur, doch umgeben von einem Klima voller Zweifel und Verwirrung und vielfach auch voller Verdächtigungen.

Der Pariser Mai

Im Mai 1968 bricht in Paris ein Aufstand, eine Rebellion breiter Bevölkerungsschichten aus, die sich auf andere Städte Frankreichs ausbreitet und praktisch in ganz Europa seinen Niederschlag findet, besonders 1969 in Italien. Es war eine völlig ursprüngliche, neuartige revolutionäre Bewegung. Doch die außergewöhnliche Auswirkung, die sie in Europa hatte, zeigt, daß Paris als Belichter, als Entwickler von tiefgreifenden Änderungen und Strömungen fungierte, die sich im Untergrund der Geschichte entwickelt hatten und die nun an die Oberfläche kamen.

Im Pariser Mai tauchen *zwei* Strömungen auf, die es trotz ähnlicher Ziele in entscheidenden Fragen – ihre Opposition zum Kapitalismus zum Beispiel – nicht schaffen, zusammenzufinden, sich zu vereinen, eine gemeinsame Front zu bilden: einerseits ein eindrucksvoller Streik der Arbeitnehmer, der sich auf fast alle Unternehmen des

Landes einschließlich der Banken und Ministerien erstreckt; andererseits – und das ist das Unerwartete, noch nicht Dagewesene – eine praktisch die gesamte Jugend mobilisierende Studentenbewegung mit Demonstrationen von Hunderttausenden Jugendlichen, mit harten Zusammenstößen mit der Polizei, mit der Besetzung des Quartier Latin, der Universitäten und Studentenwohnheime und deren Verteidigung durch die Studenten. Dieser Bewegung schließen sich auch die Künstler an, die Intellektuellen, die Freiberuflichen, die Techniker. Die Theater werden besetzt und von Autoren und Darstellern in Selbstverwaltung weitergeführt. Dasselbe geschieht in Verlagshäusern, in Kunstwerkstätten, in Kunstakademien usw. Mit Ausnahme des harten Kerns der Polizei (und der Armee, die von außen einen Druck ausübt) ist der gesamte Staatsapparat in einem beträchtlichen Ausmaß gelähmt. Selbst in den Reihen der Polizei kommt es zu Fällen von Ungehorsam. Über die Rundfunksender, die mit enormer Autonomie arbeiten, wird der großen Sympathie für die aufständischen Arbeiter und Studenten Ausdruck verliehen.

Während mehrerer Wochen scheint es, als wäre alles möglich, als läge die Macht auf der Straße, als würde Paris den Beginn einer Revolution erleben, die das politische und selbst das soziale und ökonomische Gefüge umwandeln sollte. Ein Führer der Kommunistischen Jugend Italiens, Achille Occhetto, erklärte damals: „Die Revolution steht nun im Westen auf der Tagesordnung." Es ist möglich, daß es sich dabei mehr um eine Illusion handelte. Die Möglichkeit für eine Revolution – wenn sie überhaupt existierte (es ist schwierig, in dieser Hinsicht treffende Behauptungen aufzustellen) – war gering. Auf jeden Fall waren die subjektiven Faktoren nicht geeignet, den Lauf der Geschichte voranzutreiben.

Frankreich erlebte zu jener Zeit eine düstere Periode im Schatten der Präsidentschaft von General de Gaulle. Nach der Verwirklichung seiner großen Aufgaben – Entkolonialisierung, Anerkennung der Unabhängigkeit Algeriens, Distanzierung von den USA – trat der reaktionäre Inhalt der Politik de Gaulles stärker zutage. Durch Wirtschaftsmaßnahmen, die ausschließlich den großen kapitalistischen Monopolen Vorteile brachten, fühlten sich die Arbeiter immer mehr vernachlässigt. Das ist der Ausgangspunkt für die große Streikbewegung mit der zentralen Forderung nach Lohnerhöhung. Eine andere Forderung – in Frankreich von sekundärer Bedeutung, doch bei den Kämpfen in Italien an oberster Stelle – war die Verstärkung der Arbeitermacht in den Unternehmen und des Zuständigkeitsbereiches der Betriebsräte. Die Kommunistische Partei unterstützte den Streik uneingeschränkt. Ebenso die Sozialistische Partei, die sich allerdings in einer tiefen Krise befand, nachdem sie eine Zeitlang mit de Gaulle zusammengearbeitet hatte und nun keine eigenen Ziele vorweisen konnte.

Nach dem Ausbrechen des Studentenaufstandes mit seiner extremen revolutionären Haltung reagierte die Kommunistische Partei gegen diese Bewegung. Sie betrachtete sie als drohende Spaltung der Aktionen der streikenden Arbeiter, als ein Hindernis bei der Erfüllung der materiellen Forderungen, die man einer kapitalistischen Regierung abverlangen könne. Als die Studenten mit den Belegschaften einiger Fabriken Kontakt aufnahmen, kam es sogar zu gewalttätigen Auseinandersetzungen.

Die Sozialistische Partei und andere Gruppen und Persönlichkeiten der Linken, wie der ehemalige Premierminister Pierre Mendès-France, und vor allem die Intellektuellen unterstützten die Studenten und nahmen sogar an einigen von deren Demonstrationen teil.

Die Verständnislosigkeit und der Reformismus der Kommunisten waren der hauptsächliche Grund, weshalb es die beiden Bewegungen, die Arbeiter- und die Studentenbewegung, nicht schafften, gemeinsame Aktionen durchzuführen, was ein anderes Kräfteverhältnis hergestellt hätte. Gleichzeitig waren die sozialistischen und die bürgerlichen Kräfte der Linken nicht fähig, eine gemeinsame politische Lösung auszuarbeiten, die die Niederlage de Gaulles und seine Ersetzung durch eine Linksregierung zumindest hätte vorbereiten können. Die Wochen der Agitation, der Streiks, der Zusammenstöße mit der Polizei, ohne daß sich eine Lösung am Horizont abzeichnete, begannen die Menschen zu ermüden und zu demoralisieren. Das erlaubte de Gaulle – nachdem er sich ganz ostentativ mit militärischen Führern abgesprochen und die Truppen um die Hauptstadt zusammengezogen hatte, was einen großen Teil der Bevölkerung in Angst versetzte –, zu einer erfolgreichen Großdemonstration des Bürgertums aufzurufen, wodurch er die politische Initiative und die volle Ausübung seiner Macht zurückgewann.

Seit 1968 läuft die Diskussion über die wirkliche Tragweite des Pariser Mai, vor allem über seine originellste Facette: die massive Beteiligung der Studenten mit radikal revolutionären Forderungen. Offensichtlich ist diese Tatsache auch eine Folge der neuen Rolle des Bildungssystems – vor allem auf den Oberstufen – in der Gesellschaft und der Wirtschaft. Die Universitäten wurden zu Masseninstitutionen, zu Lehranstalten, wo Zehntausende Jugendliche verschiedener Herkunft zusammenkamen und Wissen erwarben, das ihnen half, ihr eigenes Leben, ihren Platz in der Gesellschaft in Frage zu stellen und wo sie auf ihre Funktion im kapitalistischen System vorbereitet wurden.

Dieser neue Typ von Universität erweckte unter den vielen Jugendlichen ein neues Gefühl der Stärke: der physischen Stärke durch ihre große Zahl und der intellektuellen Stärke durch ihre Funktion als Studenten. Was nun ausbrach, war nicht die Angst um den zukünftigen Arbeitsplatz – es war der Widerspruch zwischen dem Horizont der Freiheit und der Rationalität, den sie mit ihrer Existenz und noch mehr mit der höheren Bildung erwarben, und ihrer untergeordneten Rolle im Dienste eines unterdrückerischen und irrationalen Kapitalismus, dem sie unterworfen sind. Das bedingte eine Haltung, die den Kapitalismus an sich in Frage stellt, und zwar nicht nur die Ausbeutung, sondern seinen *entfremdenden* Aspekt. Daraus resultiert auch eine gewisse Geringschätzung der materiellen Forderungen der Arbeiter: Es handelte sich nicht darum, etwas zu *verbessern*, sondern es von der Wurzel her zu verändern.

Die 68er-Bewegung (die sich nicht auf den Pariser Mai beschränkte, sondern sich 1969 auf Italien und andere Länder ausweitete) brachte viele neue objektive Widersprüche an die Oberfläche, die in den Strukturen des fortgeschrittenen Kapitalismus gereift waren, wie die Notwendigkeit eines neuen Begriffs vom Ziel des Sozialismus: Eine traurige Realität hatte bewiesen, daß der sogenannte Sozialismus der UdSSR den Wünschen der Arbeiter nach Gerechtigkeit und Freiheit nicht entsprechen konnte.

Deshalb brachte das Jahr 1968 der Revolution im Westen, zumindest in der Theorie, neue Inhalte und neue Hauptdarsteller – neue Inhalte vor allem in dem Sinn, daß die Aufhebung der wirtschaftlichen Ungerechtigkeit, der Ausbeutung, nicht mehr das einzige oder entscheidende Bestreben ist. Die 68er-Bewegung fand noch mitten im Wirtschaftsaufschwung der Nachkriegszeit statt; es herrschte das Vertrauen vor, daß das Problem des Güterüberflusses geregelt wird oder geregelt werden kann. Die Studentenbewegung brachte beharrlich vergessene Aspekte der Revolution zutage: ihre moralische, kulturelle und soziale Ader im weiten Sinn des Wortes. Ihr vielleicht bedeutendster Wesenszug war die Ablehnung des Autoritarismus, nicht nur in der Schule oder im Staat, sondern in allen Aspekten des gesellschaftlichen Lebens – beginnend mit der Familie selbst, deren Existenz in Frage gestellt wird. Allen traditionellen Hierarchien – Vater, Herrscher, Lehrer, Gatte – wurde die Legitimation entzogen.

So entsteht auch eine neue Vorstellung vom Sexualverhalten, eine sexuelle Revolution; ebenso ein neuer Begriff von Feminismus, wie es ihn in anderen Zeiten (zum Beispiel Frauenwahlrechtsbewegung) nie gegeben hatte: die Forderung nach der Befreiung der Frau auf allen Gebieten – nicht nur in der Gesetzgebung, sondern auch auf menschlichem, wirtschaftlichem, körperlichem Gebiet, in den Symbolen, in der Sprache. Eine Revolution im individuellen Alltagsleben. Das Bestreben, anders zu leben, ohne künstliche gesetzliche oder moralische Fesseln, die aus anderen Epochen stammen, doch in der modernen Zeit ihre Daseinsberechtigung verloren haben.

Auf kultureller Ebene weitet sich die Ablehnung einer *offiziellen Wissenschaft,* die den Studenten in einen Handlanger der kapitalistischen Unterdrückung verwandelt, zu einer gewissen Verachtung für eine übertrieben rationalistische Kultur überhaupt aus. Spontanere Kunstformen hingegen gewinnen einen neuen Wert, vor allem in der modernen Musik mit dem *Jazz* und später dem *Rock*.

Auf politischer Ebene herrscht eine neue Einstellung zu dem vom Keynesianismus idealisierten Staat vor; die Ablehnung einer *delegierten* Demokratie, die Forderung nach einer direkten Demokratie. Die Losung der *Studentenmacht* (neben der *Arbeitermacht*) wird zur Mode – eine Losung, die zu offenkundig reformistischen Auswirkungen führen kann, da das Vergessen oder Unterschätzen der umfassenden Zwangsgewalt des Staates es erleichtert, daß dieser in den Händen derselben herrschenden Klassen bleibt. Diese Einstellung führt auch zur Ablehnung der traditionellen marxistischen und Arbeiterparteien – Kommunisten und Sozialisten –, die auf dem autoritären Prinzip der Führerschaft beruhten und die neuen revolutionären Inhalte nicht aufnahmen. In einigen Kreisen der Studentenschaft erfährt der Trotzkismus durch die Radikalität seiner Sprache einen gewissen Aufschwung. Doch was seit 1968 in erster Linie entsteht und sich entwickelt, sind die *neuen sozialen Bewegungen*, die ihre Forderung nach einer Umwandlung der Gesellschaft in bedingungsloser Form stellen, ohne die Hörigkeit von Wahlen, wie sie den politischen Parteien eigen ist – entstehen Bewegungen, die – einigen Theoretikern wie dem Franzosen Alan Touraine zufolge – in einer revolutionären Perspektive jenen Platz einnehmen werden, den die politischen Parteien verlassen haben.

Zu den wichtigsten dieser sozialen Bewegungen, die meistens gar nicht durch eine ausgesprochene Organisation vertreten sind, zählen der *Feminismus*, der einen ganz neuen Kontinent in der Geschichte der Menschheit eröffnet, die *Studentenbewegung* und andere Bewegungen in der intellektuellen und künstlerischen Welt, die *pazifistischen* und *ökologischen* Bewegungen, die damals beginnen und später eine bedeutende Tragweite erreichen, sowie *nationale* oder *regionalistische* Bewegungen: einige, die politische Forderungen nach Selbstregierung und Selbstbestimmung stellen, andere, deren Forderungen im kulturellen oder sprachlichen Bereich liegen.

Die Rebellion von 1968 vollzieht sich in einem theoretischen Klima, das noch vom Aufschwung des Marxismus gekennzeichnet ist, gleichzeitig aber auch von einem Bruch mit dem orthodoxen Marxismus, von einer völligen Ablehnung der marxistisch-leninistischen Kanonisierung und einer Sympathie für heterodoxe Haltungen mit einem libertären und spontanistischen Geist, wie er einigen marxistischen Strömungen eigen ist, wie zum Beispiel bei Rosa Luxemburg. Die große theoretische Schlüsselfigur des Jahres 1968 ist jedoch zweifellos Herbert Marcuse, der in seinen Werken, vor allem in *Der eindimensionale Mensch*, erklärt, wie der Kapitalismus fähig ist, die

Arbeiterklasse zu integrieren und ihren rebellischen Geist zu ersticken und auszulöschen. Es ist somit notwendig, *neue* Akteure der Revolution in nichtintegrierten Gesellschaftsschichten zu finden, im besonderen unter den Studenten, den Frauen, den Gastarbeitern oder den diskriminierten Minderheiten.

Doch Marcuse geht weiter. Seiner Meinung nach ist es bereits nicht mehr möglich, *innerhalb* des Kapitalismus eine revolutionäre Arbeiterklasse mit einer konservativen Bourgeoisie zu konfrontieren. Seine grundlegende These wird ziemlich gut in folgendem Satz zusammengefaßt: „Das Kapital weiß das revolutionäre Potential zu absorbieren und die revolutionären Notwendigkeiten zu ersticken; man kann deshalb nur die ganze Natur des Menschen widerspruchslos der Totalität des Kapitalismus entgegenstellen." Eine These, die die Tendenz der 68er-Bewegung zu einer mehr moralischen und kulturellen als politischen Revolution reflektiert und gleichzeitig stimuliert – zu einer Revolution, die mehr dem Humanismus als dem Klassendenken verpflichtet ist, die sich mehr auf das Alltagsleben, auf die zwischenmenschlichen Beziehungen, das Sexualleben, die Muße bezieht als auf den Staat und die Wirtschaft.

Eine wesentliche Dimension der revolutionären Bewegungen von 1968/69 liegt in der ideologischen Anregung, die sie aus den nationalen Befreiungskämpfen der ehemaligen Kolonien und der unterentwickeltsten Regionen der Erde bezieht. An erster Stelle Vietnam. Die Generation von 1968 ist gleichzeitig die Generation von Vietnam: Das Beispiel eines kleinen Volkes, das – auf Kosten übermenschlicher Opfer – fähig ist, dem mächtigsten imperialistischen Staat der Welt die Stirn zu bieten, erweckt Bewunderung und Begeisterung. Es ist ein lebendiges Lehrstück, daß die Schwachen über die Starken triumphieren konnten, daß es möglich ist, die Revolution der Unterdrückten zum Sieg zu führen.

Das Beispiel Ernesto Che Guevaras ist eine weitere Quelle der Inspiration und der Anregung; ebenso, wie wir schon erwähnt haben, die chinesische Kulturrevolution, die – vor allem auf Entfernung – als der von jugendlichen Massen belebte Wille erscheint, neue Wege zu suchen, um die sozialistische Utopie jenseits eines Autoritätsregimes vom sowjetischen Typ zu verwirklichen.

In anderen Teilen der Dritten Welt war die Situation komplizierter. Die Bewegung der Blockfreien hatte wohl 1961 in Belgrad ihren ersten *Gipfel* gefeiert, doch war ihre Fähigkeit zur Beeinflussung der Weltlage gering. 1967 hatte Israel im *Sechstagekrieg* Ägypten und Syrien eine Niederlage zugefügt. In Nigeria hatte der Sezessionskrieg um Biafra begonnen, der bis 1970 dauern sollte. Es begannen schwerwiegende Schwächen und innere Widersprüche in der Dritten Welt aufzubrechen. Dennoch breitete sich in Angola, Moçambique und Guinea Bissau der Befreiungskrieg aus. Die bestimmende Idee unter der revolutionär gesinnten europäischen Jugend von 1968 war, daß in einer vom Imperialismus und der Sowjetdiktatur beherrschten Welt die Völker der Dritten Welt die einzigen waren, die wirklich kämpften. Die Linksparteien in Europa waren im Sumpf des Opportunismus verfangen. Es mußten neue Wege gefunden werden, um dem alten Europa jenen kämpferischen und revolutionären Geist zu bringen, der in Vietnam und in bestimmten Zonen Lateinamerikas und Afrikas pulsierte.

Es ist zweifellos übertrieben, die politische und revolutionäre Explosion von 1968 in Westeuropa vor allem als einen Ausdruck des Extremismus, des Linksradikalismus, der Wiederbelebung des utopischen Kommunismus zu betrachten. Die Wahrheit ist viel komplexer. Besonders im Falle des Pariser Mai kann man argumentieren, daß nicht wenige Voraussetzungen zur Zerstörung des bürgerlichen Staates geschaffen wurden. Entscheidende Schaltstellen seines Apparats wurden von den Arbeitern besetzt. Doch in der Arbeiterbewegung und in der Kommunistischen Partei selbst bestand überhaupt keine Empfänglichkeit dafür, eine revolutionäre Änderung in Betracht zu ziehen. Der Kampf hatte die Erreichung quantitativer Vorteile zum Ziel und nicht die Schaffung eines neues Staates. Aus den Reihen der in theoretischer Hinsicht revolutionärsten Kräfte heraus war die Revolution unmöglich. Es gab weder den Willen noch das Programm für einen qualitativen Sprung, für die Ergreifung der Macht.

Deswegen hatten die Bestrebungen nach einer revolutionären Veränderung einen mehr abstrakten Charakter. Sie äußerten sich in Diskussionen und Demonstrationen der Studenten- und Intellektuellenbewegung. Die Probleme wurden verbal abgehandelt, doch gab es keine Vorbereitung einer Kraft, eines Weges, um in der Praxis einen revolutionären Wandel durchzuführen.

Die dauerhafteste und tiefgreifendste Auswirkung der 68er-Bewegung ist zweifellos die, daß sie dem Inhalt der notwendigen Veränderungen in den fortgeschrittenen kapitalistischen Gesellschaften neben der materiellen Forderung so wesentliche Bereiche wie die Befreiung der Frau, die sexuelle Befreiung, Änderungen in der Form des Alltagslebens, in der Kultur und perspektivisch auch auf den Gebieten der Umwelt und des Friedens (mit dem Kampf gegen die Atomwaffe als oberster Forderung) hinzufügte. Sie hat bewiesen, daß neue Teile der Gesellschaft von einem antikapitalistischen politischen Willen beseelt sind. In diesem Sinn kann man sagen, daß nach den Stürmen von 1968 nichts mehr wie früher sein konnte.

Doch die Einführung der neuen Probleme und der neuen Hauptdarsteller in den politischen Kampf in Westeuropa gestaltete sich viel komplizierter, als man sich auf den ersten Blick vorstellen konnte. In den sozialistischen Parteien kam es ziemlich langsam und auch nur teilweise zu einer Sensibilisierung angesichts dieser neuen Probleme, die mit großer Zurückhaltung in den Katalog der Wahlkampfthemen aufgenommen wurden. Nur im Falle Frankreichs zeigten sich tiefergehendere Auswirkungen, wie wir später noch genauer sehen werden. Die kommunistischen Parteien antworteten im allgemeinen ablehnend: Es entrüstete sie, daß einige kleinbürgerliche Eindringlinge ihnen ihr *Monopol* des revolutionären Kampfes streitig machten und sich sogar – wie es in einigen Fällen auch geschah – direkt an die Arbeiter wandten, um sie zu bewegen, gegenüber dem Kapitalismus eine radikalere und revolutionärere Strategie anzuwenden. Eine wichtige Ausnahme dabei bildeten die kommunistischen Parteien Italiens und Spaniens, die sich beide – obwohl in unterschiedlichem nationalen Rahmen, so doch konfrontiert mit dem gemeinsamen Prozeß der Überwindung des *sowjetischen Modells* – viel offener zeigten, die neuen Phänomene und Widersprüche, die außerhalb der klassischen kommunistischen Normen auftauchten, aufzunehmen. In Italien erleichterte die breite soziale Basis der KPI diese Öffnung. In Spanien trugen die Realitäten des Kampfes gegen die Franco-Diktatur, in dem Studenten und Intellektuelle in jener Zeit eine wachsende Rolle einnahmen, dazu bei, Vertrauen in die neue Haltung zu gewinnen. Doch gerade im Fall der KPI kam es in dieser Periode zu einem Bruch: 1969 wird ein Kreis von kommunistischen Führern und Theoretikern, die sich um die Zeitschrift *Il Manifesto* gruppierten, nach einer langen Diskussion im Zentralkomitee von der Partei ausgeschlossen – auch wenn man statt des unfreundlichen Ausdrucks *Ausschluß* die neutrale Form *Streichung* verwendete. Dazu zählten Persönlichkeiten mit bedeutenden Funktionen in der Partei, wie Rossanna Rossanda, Lucio Magri, Luciana Castellina, Aldo Natoli, Luigi Pintor und andere. Der zentrale Punkt der Auseinandersetzung war das Recht, innerhalb der Partei mit der genannten Zeitschrift eine offene und kritische theoretische und politische Diskussion über die neuen Erfordernisse einer revolutionären Strategie zu führen. Die Gruppe um *Il Manifesto* trat im wesentlichen für eine kategorischere Haltung in der Kritik gegenüber der Sowjetunion und für ein tieferes Verständnis der ganzen Problematik, die die 68er-Bewegung sichtbar gemacht hatte, ein.

Zusammengefaßt kann man sagen, daß die großen Kämpfe der Studenten und Intellektuellen der Jahre 1968/69 die Keime für die neuen sozialen Bewegungen wie Feminismus, Pazifismus, Ökologie und kulturelle Revolution legten, die der Linken in Europa allmählich neue Dimensionen verliehen. Auf dem eigentlich politischen Gebiet hingegen schafften sie es – zumindest kurzfristig – nicht, in einem Mindestmaß organisierte neue Instrumente des revolutionären Kampfes zu schaffen. Sie verhalfen neuen Zeitschriften und selbst einflußreichen Zeitungen zur Geburt, wie der *La Libération* in Paris und

Il Manifesto in Rom, der Nachfolgerin der zuvor erwähnten Zeitschrift, und begünstigten das Entstehen einiger kleiner Organisationen mit sehr revolutionären Programmen, doch mit nur geringer Fähigkeit, die geschichtliche Entwicklung zu beeinflussen. Und es öffnete sich auch eine Kluft zwischen den hochgesteckten Zielen und den tagelangen begeisterten Demonstrationen auf der einen und dem spärlichen oder völlig fehlenden Ergebnis auf der anderen Seite.

In den Ereignissen des Jahres 1968 wurde die zentrale Vorstellung Gramscis vom *Stellungskrieg* im Westen und von der Notwendigkeit, in der Gesamtheit des sozialen Gefüges eine Hegemonie aufzubauen, außer acht gelassen. Das führte zu tiefen Frustrationen, die später sehr negative Auswirkungen, ja sogar Auswüchse verursachen sollten. In einigen Fällen bis hin zu einem ständischen System, zur radikalen Verteidigung von Teilinteressen ohne - oder gegen - ein globales revolutionäres Konzept. In anderen Fällen bis hin zum Terrorismus, wo Mord zu einem revolutionären Wert wird, wobei man selbst die dadurch hervorgerufene Stärkung des unterdrückerischen Systems in materieller und geistiger Hinsicht in Kauf nimmt. In einigen Fällen wird sogar versucht, in Europa künstlich Strukturen der Dritten Welt herbeizuführen: man will die Errichtung von Militärdiktaturen provozieren und tritt für einen bewaffneten Befreiungskampf ein.

In Wirklichkeit lag ein entscheidender Aspekt, warum es westlichen kommunistischen Parteien so schwer fiel, die vor allem von den Jugendlichen ausgehenden neuen Impulse aufzunehmen, darin, daß sie sich immer noch im Rahmen einer von der UdSSR hegemonisierten kommunistischen Bewegung befanden. Zweifellos hatten sich die Bindungen etwas gelockert, doch sie bestanden weiterhin. Und gerade diese Frage nach dem Verhältnis zur UdSSR absorbierte im Übermaß ihre Kräfte und ihre Bemühungen.

Die Spaltung der kommunistischen Bewegung

Zum Zeitpunkt, als in Prag mit der Ernennung von Dubček zum Generalsekretär der KPTsch der Erneuerungsprozeß in der Tschechoslowakei beginnt, findet in Budapest ein weltweites Treffen der kommunistischen Parteien statt, das beträchtliche Folgen haben sollte. Die Eröffnung findet am 26. Februar statt, in einem großen Hotel der ungarischen Hauptstadt und mit strengen Sicherheitsmaßnahmen, damit nichts von den auftretenden Widersprüchen, mit denen man schon im vorhinein rechnete, an die Presse gelangen könne. Es ist das erste Mal seit acht Jahren, daß sich die kommunistischen Parteien der ganzen Welt treffen. Die früheren weltweiten Konferenzen – nicht gerechnet jene zu Zeiten der Komintern und der Kominform – hatten 1957 und 1960 stattgefunden.

An der Konferenz in Budapest 1968 nehmen 67 Parteien teil; die wichtigsten Abwesenden sind die Albaner, Vietnamesen, Koreaner, Japaner, Jugoslawen, Kubaner und natürlich die Chinesen.

Die Einberufung war das Ergebnis von hartnäckigen jahrelangen Bemühungen der KPdSU, die innere Situation in der kommunistischen Bewegung zu *regulieren*. Diejenigen, die als die größten Feinde der Sowjetunion auftraten, das heißt die Chinesen, sollten nicht mehr in dieser Bewegung bleiben können. Im Sinne Moskaus war es das größte Ziel des Treffens von Budapest, eine große Weltkonferenz der kommunistischen Parteien vorzubereiten, um China zu verurteilen. Die Sowjets wußten, daß von den Teilnehmern – besonders von den Rumänen und den Italienern – Widerstand zu erwarten war. Deshalb war ihre Taktik die, auf die Rumänen das Feuer zu eröffnen, sie zu isolieren, zu bedrängen. Das führte gleich nach Beginn der Konferenz zum Auszug der Delegation der Kommunistischen Partei Rumäniens, die aber dessen ungeachtet an den darauffolgenden Treffen wieder teilnahm.

Es ist wahrscheinlich, daß in dieser Periode die sowjetischen Militärs Pläne zum militärischen Eingreifen in China ausgearbeitet hatten. 1969 kommt es am Grenzfluß Ussuri zu Zusammenstößen zwischen sowjetischen und chinesischen Truppen, die zu einer von keiner Seite präzisierten Anzahl von Toten führen. Eine Stimmung von Haß, Angst und Rache gegen die Chinesen macht sich in der sowjetischen Bevölkerung breit. Das geht so weit, daß in einigen Presseartikeln China als Gefahr für die ganze Menschheit dargestellt wird, sowohl für den Westen als auch für die *sozialistische Gemeinschaft*. Doch stößt die UdSSR bei ihrem Vorhaben einer Kollektivverurteilung der chinesischen Führer durch die gesamten kommunistischen Parteien auf eine ziemlich breite Opposition, was sie zu einer rationaleren Haltung in der chinesischen Frage zwingt. Besonders die Parteien Westeuropas weigern sich (mit nur wenigen Ausnahmen), die Chinesen pauschal zu verurteilen – auch wenn sie den chinesischen Positionen gegenüber kritisch eingestellt sind. Eine solche Verurteilung hätte sie praktisch in einer widersprüchlichen Angelegenheit, dessen tiefere Ursachen nicht klar zutage traten, die sich aber ganz offensichtlich nicht auf Fragen der Ideologie und der Interpretation des Marxismus beschränkten, zu einem blinden Anhängsel Moskaus gemacht.

Das andere Ziel der KPdSU – neben der Verurteilung Chinas – war die Wiederherstellung eines Mechanismus von *Weltkonferenzen*, um damit wirkungsvoller ihre Hegemonie über die Gesamtheit der Parteien praktizieren zu können. Besonders die Kommunistische Partei Italiens übte mit ihren kritischen Positionen, ihrem Wunsch nach Aufklärung des Phänomens des Stalinismus und anderer Bereiche der sowjetischen Wirklichkeit einen steigenden Einfluß auf die westlichen Parteien aus, vor allem auf die spanische und die britische. Die Kommunistische Partei Rumäniens bekräftigte ihre Unabhängigkeit. In Lateinamerika war Kuba ein Anziehungspunkt für unorthodoxe Strömungen. Die asiatischen Parteien waren - mit Ausnahme der indischen - in Budapest überhaupt abwesend. Es war bereits eine Tatsache, daß sich der von Togliatti einige Jahre vorher angekündigte *Polyzentrismus* zu verwirklichen begann. So traf die Vorbereitung des Dokumentes für die vorgesehene Weltkonferenz auf Rahmenbedingungen, die von denen früherer Konferenzen sehr verschieden waren. Die unterschiedlichen Standpunkte und die ständigen Schwierigkeiten waren nicht zu übersehen.

Die militärische Intervention in der Tschechoslowakei hatte die Lage völlig verändert. Wie wir schon gesehen haben, kritisierten oder verurteilten zahlreiche Parteien diese Intervention, andere unterstützen sie. So besteht in der kommunistischen Bewegung in einer entscheidenden Frage praktisch ein Bruch.

Es ist schwer zu erklären, warum unter diesen neuen Bedingungen alle Parteien entschieden, die Vorbereitungen nach einigen Monaten der Unterbrechung fortzusetzen, um schließlich im Juni 1969 in Moskau die Weltkonferenz der Kommunistischen Parteien abzuhalten. Dazu trug zweifellos die Zweideutigkeit der Lösung der tschechoslowakischen Frage bei: Dubček war neuerlich Generalsekretär der Partei, wenngleich mit durch die sowjetische Militärpräsenz beschränkter Macht. Die Ausschaltung der Führungsgruppe des *Prager Frühlings* vollzog sich, wie wir schon erwähnt haben, in Etappen. Husák ersetzte Dubček erst zwei Monate vor Abhaltung der Konferenz. Andererseits war der Wunsch nach der Rettung einer gewissen *kommunistischen Einheit* weiterhin sehr stark. Die - von vielen anderen Parteien geteilte - zentrale Idee der KPI zu dieser Zeit war, die *Einheit in der Vielfalt* herzustellen, das heißt, nicht mit Moskau zu brechen, doch zu erreichen, daß die Sowjets anstelle ihres traditionellen Einblockschemas die Existenz von gewissen Differenzen zulassen, die Nichtübereinstimmung entdramatisieren und die Beziehungen unter den kommunistischen Parteien flexibilisieren.

Um das zu erreichen, war es von vornherein wichtig, zu vermeiden, daß sich eine Konferenz klassischen Stils wiederholt, eine ideologische Konferenz, auf der *Generalregeln* aufgestellt werden, denen sich dann alle Parteien unterwerfen müssen. Die Sowjets taten alles Mögliche, um eine derartige traditionelle Konferenz abzuhalten, doch sie erreichten dieses Ziel nicht.

Nach der Militärintervention in der Tschechoslowakei und ihren Auswirkungen mußte die KPdSU ihre Absichten hinsichtlich der Konferenz beträchtlich revidieren. Ihr neues Ziel war nun zu vermeiden, daß sich die von einer Reihe von Parteien geäußerte Kritik an der UdSSR in der Konferenz niederschlägt. Ein solches Schweigen der Parteien war für die Sowjets außerordentlich wichtig, denn es hätte in gewisser Hinsicht bedeutet, daß die Kritik nicht so schwerwiegend war, daß man sie bereits überwinde, daß die militärische Intervention gegen die Tschechoslowakei mehr oder weniger legitimiert wäre. Breschnew und seine Mitarbeiter versuchten hinter den Kulissen mit Erpressungen und brutalem Druck, aus den Beiträgen der Delegationen jegliche Kritik an der UdSSR und besonders zum Thema Tschechoslowakei verschwinden zu lassen. Doch es gelang ihnen nicht. Die Delegationen aus Spanien, Italien, Australien, der Schweiz, Schweden, Belgien, Großbritannien und der Insel Réunion brachten auf der Konferenz ihre diesbezügliche Kritik vor.

Auf jeden Fall standen die Sowjets unter einem starken Druck, selbst seitens ihrer Verbündeten des Warschauer Pakts. Die Ungarn zum Beispiel versuchten zu vermitteln, um einen von allen gebilligten Textvorschlag zu erstellen, auch wenn dieser nicht eindeutig ausfallen sollte. Die Sowjets gaben im Verlauf der Diskussionen über das Schlußdokument in einigen Punkten nach. Die bedeutendste Konzession war wahrscheinlich die Zulassung eines Vorschlags der Kommunistischen Partei Spaniens, wonach es in der kommunistischen Bewegung „weder Führungspartei noch Führungsland" geben solle. Das bedeutete den Verzicht auf ein grundlegendes Prinzip: die Führungsrolle der Sowjetunion.

Trotz dieser Konzessionen gelangte man nicht zu einem von allen Teilnehmerparteien approbierten Text. Die Kommunistische Partei Italiens akzeptierte ausschließlich einen Teil des Schlußdokuments, der sich auf die Probleme des Kampfes für Frieden und Abrüstung bezog; dasselbe taten die Parteien von Australien, der Insel Réunion und der Dominikanischen Republik. Und im Moment der Verabschiedung des Dokuments brachten die Delegationen von Spanien, Belgien, Großbritannien, Guatemala, Mexiko, Norwegen, Algerien, Marokko, Schweden, Schweiz und Rumänien ernsthafte Einwände vor.

Wenn man das Endergebnis und die späteren Auswirkungen betrachtet, so kann man sagen, daß die Konferenz von Moskau 1969 bei weitem keine Konferenz der Einheit war, sondern in Wirklichkeit die Spaltung der kommunistischen Bewegung dokumentierte – eine Spaltung, weil so bedeutende kommunistische Parteien wie die Chinas, Jugoslawiens und Vietnams überhaupt nicht teilnahmen, und eine Spaltung auch wegen der tiefgreifenden Meinungsunterschiede in grundlegenden, entscheidenden Fragen zwischen den einzelnen Teilnehmern.

Durch diese Konferenz wurde völlig klar, daß die weltweit neunzig Parteien, die sich als kommunistisch bezeichnen, weder auf politischer noch auf theoretischer Ebene jene gemeinsamen Grundkonzepte besaßen, die sie früher verbunden hatten. Die Sowjets betrachteten China als einen gefährlicheren Feind als den Imperialismus. Die Chinesen sahen in der Sowjetunion eine *faschistische Diktatur*, regiert von *neuen Zaren*. Einige Parteien waren der Ansicht, der Einmarsch der Sowjettruppen habe den Sozialismus gerettet, andere betrachteten ihn als Niederwerfung eines authentischen Sozialismus, als eine Vergewaltigung der elementarsten Prinzipien des kommunistischen Ideals . . . Seit 1969 kam es zu keiner weiteren Weltkonferenz der kommunistischen Parteien mehr. Das war auch völlig logisch. Die kommunistischen Parteien bestehen weiterhin, doch die Unterschiede zwischen einigen von ihnen sind größer als die zwischen einer kommunistischen Partei und Teilen der sozialistischen Linken oder als zwischen Kommunisten und einer revolutionären nationalen Befreiungsbewegung. Zwischen China und der UdSSR gibt es Gespräche auf Staatsebene, doch zwischen der KPdSU und der chinesischen KP gibt es überhaupt keine Beziehungen. Die Vorstellung einer internationalen kommunistischen Bewegung wurde somit ihres Inhalts entleert. So eine Bewegung existiert gar nicht.

Diese Bewegung erlitt einen Auflösungsprozeß, der de facto mit dem XX. Parteitag der KPdSU 1956 begann. Zweifellos ist die KPdSU weiterhin der Meinung, sie besäße eine Art über der Geschichte stehendes Privileg, das sie zu der Entscheidung berechtigt, wer nun Kommunist ist und wer nicht. Sie benützt das Konzept der *kommunistischen Bewegung* vor allem, um jene Parteien hervorzuheben, die die sowjetische Führung anerkennen, doch handelt es sich dabei um eine ideologische oder instrumentelle Verwendung des Konzepts. Von dem historischen Phänomen des Kommunismus, das weltweit mit der Oktoberrevolution von 1917 ausbrach, haben sich Wirklichkeiten abgeleitet, die 1968 sehr unterschiedlich und ungleich auftreten und die unmöglich in einer gemeinsamen Bewegung zusammenzufassen sind. Gleichzeitig liegt es im Wesen der kommunistischen Parteien selbst, eine Perspektive zu haben, die die Grenze eines bestimmten Landes überschreitet, die die internationale Dimension des Kampfes um die menschliche Befreiung an-erkennt. Von daher ergeben sich – vor allem seit dem Ende der sechziger Jahre – neue Initiativen zur Gruppierung von kommunistischen Parteien, doch nicht mehr auf globaler Ebene. Man sucht vielmehr in spezifischen geographischen Räumen gemeinsame Züge, die wenigstens gemeinsame abgestimmte Aktionen erleichtern. Eines dieser Gebiete wird zum Beispiel Westeuropa sein.

Der „Mittelmeer-Sozialismus“

1968 befinden sich in den wichtigsten Ländern Westeuropas sozialistische Parteien an der Regierung, mit – der natürlich wesentlichen – Ausnahme Frankreichs. In der Bundesrepublik Deutschland ist die SPD – in Anwendung ihres Programms des berühmten Außerordentlichen Parteitags von Bad Godesberg[1] – seit 1966 an der Macht, zusammen mit der großen deutschen Rechtspartei, den Christdemokraten, mit denen sie die sogenannte *Große Koalition* bildet. Dieses Bündnis war der sichtbarste Beweis dafür, daß die SPD ihre historische Rolle, das Ende des kapitalistischen Systems vorzubereiten, aufgegeben hatte. Nunmehr beschränkte sie sich darauf, eine der Parteien dieses Systems zu sein, bereit, es wie die anderen, oder besser als die anderen, zu verwalten, mit bestimmten Reformen, vor allem im Bereich der Einkommensverteilung.

In Großbritannien befindet sich Harold Wilson 1968 schon vier Jahre an der Spitze der Regierung: Eine Erfahrung, die bewies, daß es unmöglich war, einen Plan der wirtschaftlichen Ausdehnung einfach mittels ineffektiver gesetzlicher Kontrollen in Gang zu setzen. Wilsons Politik führte zu einer Deflation und brachte ihn sogar mit den Gewerkschaften in Konfrontation. Nach der Niederlage des von Aneurin Bevan geführten radikalsten Flügels der Labour Party war die Partei zu ihren schlimmsten Rechtstraditionen zurückgekehrt. Angesichts der Macht des Kapitalismus ging sie in die Defensive, verzichtete darauf, tiefgehende Reformen durchzuführen, und beschränkte sich auf die Verteidigung bestimmter Interessen der Gewerkschaften. Mit der Regierung Heath kommen 1970 die Konservativen wieder an die Macht.

In Schweden verhält es sich zweifellos anders. Die Sozialdemokratie regiert schon seit den dreißiger Jahren praktisch ohne Unterbrechung. Sie führt wesentliche Reformen im Sozial-, Bildungs- und Gesundheitswesen durch, mit dem Ziel: weniger Ungleichheit in verschiedenen Lebensbereichen. Dennoch stellt sich auch dort Ende der sechziger Jahre ganz allgemein das Scheitern der grundlegenden Konzeption der sozialdemokratischen Politik, ihrer mehr oder weniger anerkannten Grunddoktrin heraus: die Vorstellung, daß die stärksten Widersprüche des Kapitalismus verschwunden wären, daß das Wirtschaftssystem bereits etwas *anderes* wäre und es sich somit nicht mehr darum handle, das System zu ändern, sondern es möglichst zu verbessern und übermäßige Privilegien für die Reichen zu vermeiden.

Die Stürme von 1968 bedeuten in Wirklichkeit neben der Ablehnung des Kapitalismus auch eine Ablehnung – oder zumindest eine radikale Kritik – der von den beiden traditionellen Strömungen der Arbeiterbewegung, der sozialistischen und der kommunistischen, ausgeführten Politik.

Im Süden Europas kommt es in dieser Zeit zu einem neuen Phänomen: dem Entstehen des *Mittelmeer-Sozialismus.* Die sozialistischen Parteien Spaniens, Italiens und Frankreichs bildeten zweifellos schon früher die Linke der Sozialistischen Internationale, was sich zum Beispiel in der Zeit der Volksfrontregierungen zeigte. Die Ursachen dafür haben ihre Wurzel in den zurückgebliebeneren Wirtschaftsstrukturen, die weniger geeignet dafür sind, eine reformistische Politik hervorzubringen und zu finanzieren.

Zu diesen – teilweise auch heute noch gültigen – historischen Faktoren kommen noch ganz spezifische politische Situationen hinzu, die mit denen in Nordeuropa nicht zu vergleichen sind: der Präsidentialismus des Generals de Gaulle in Frankreich mit der leidenschaftlichen Antwort des Pariser Mai 1968, und vor allem die drei faschistischen oder halbfaschistischen Diktaturen in Spanien, Portugal und Griechenland, die alle Tendenzen zur Einheit der Linken kräftigten, um gemeinsam die Demokratie und die Freiheit wiederzugewinnen.

Italien ist ein ganz besonderer Fall. Im Dezember 1963 ist, wie wir schon erwähnt haben, die erste Mitte-Links-Regierung mit dem Christdemokraten Aldo Moro als Vorsitzendem und dem sozialistischen Veteranen Pietro Nenni, der jahrzehntelang die Einheit mit den Kommunisten verteidigt hatte, als dessen Stellvertreter, zustande gekommen. Doch diese Beteiligung an der Macht, ohne die vorherrschende Rolle der Christdemokraten vermindern zu können, kommt den Sozialisten teuer zu stehen. Im Juli 1964, nach dem Überwinden eines seltsamen Putschversuches des Geheimdienstes (SIFAR), bekräftigt die Regierung Moro II die untergeordnete Rolle der Sozialisten, deren Linke sich abgespalten und die neue Partei PSIUP gegründet hat. Diese Rechtsentwicklung schlägt sich in der Wiedervereinigung mit der Sozialdemokratischen Partei im Oktober 1966 und der Gründung der „Vereinigten Sozialistischen Partei“ (PSU) nieder. Mit den Parlamentswahlen von 1968 kommt die Stunde der Wahrheit. Damals war die Meinung ziemlich verbreitet, nun würde sich endlich auch in Italien eine sozialdemokratische Partei europäischen Typs festigen. Doch es verhält sich anders. Die Wahlergebnisse des Mai 1968 ergeben folgende Stimmenverteilung: die PSU erleidet ein Debakel und verliert (im Vergleich zu den Stimmen der beiden sozialistischen Parteien von 1963) eineinhalb Millionen Stimmen, sie kommt auf 14 Prozent, was einen Verlust von 5,5 Prozent in bezug auf 1963 bedeutet. Die Kommunisten hingegen gewinnen – wieder im Vergleich zu 1963 – ungefähr eine Million und erhöhen ihren Anteil von 25 Prozent auf 27 Prozent. Die Christdemokraten gewinnen einige Stimmen und erreichen 39 Prozent. Als Folge dieses Ergebnisses bricht ein Jahr später das sozialistische Bündnis auseinander, die Sozialdemokraten gründen neuerlich ihre eigene Partei. Die Sozialistische Partei ist nun ernsthaft geschwächt; 1972 erreicht sie gar nur 9,5 Prozent der Stimmen. Die italienische Erfahrung bestätigt also, daß der europäische Süden 1968 gegen die sozialdemokratische Formel allergisch ist und keine Zusammenarbeit des Sozialismus mit dem Kapitalismus will. Der Versuch, diese Formel in Italien einzuführen, endet mit der Bestätigung der kommunistischen Hegemonie in der Arbeiterschaft und in der Linken im allgemeinen.

In Frankreich ist die Erfahrung völlig entgegengesetzt, doch mit einer im Grunde nicht unähnlichen Lektion. Die Sozialistische Partei wird durch die Erschütterung von 1968 praktisch aufgelöst. Ihre frühere Politik der Unterstützung der Kolonialkriege – während de Gaulle die Unabhängigkeit Algeriens anerkennt – hat sie praktisch der Möglichkeit beraubt, noch als linke Kraft aufzutreten. Als es nach 1969 nach dem Rücktritt de Gaulles zu Präsidentenwahlen kommt, möchte der sozialistische Kandidat Gaston Deferre mit einer technokratischen Plattform das Image der Partei modernisieren, um neben dem traditionellen Wählerkreis noch neue Bevölkerungsschichten hinzuzugewinnen. Doch es kommt zu einem völligen Debakel. Die Sozialistische Partei erhält 5 Prozent der Stimmen, während es die Kommunisten mit Jacques Duclos als Kandidaten auf fast 25 Prozent bringen. Das schien das Ende des französischen Sozialismus zu bedeuten. Und tatsächlich löst sich die Sozialistische Partei Frankreichs (mit der Abkürzung SFIO) formell auf.

Auf dem Kongreß von Epinay 1971 entsteht eine neue sozialistische Partei auf der Grundlage des Zusammenschlusses der alten Partei mit Gruppen und Vereinigungen, die vor allem in der Zeit des Widerstandes gegen die Hitler-Besetzung entstanden waren und die verschiedenen linken Ideologien anhingen, in einigen Fällen dem Marxismus, in anderen Fällen einem Radikalismus jakobinischer Prägung. Als Generalsekretär der neuen Partei wurde François Mitterrand gewählt, der der SFIO nicht angehört hatte.

Es ist nicht übertrieben, zu behaupten, daß von hier aus die reichste Erfahrung des *Mittelmeer-Sozialismus* ihren Ausgang nimmt, in direkter Gegenposition zur europäischen Sozialdemokratie, die vor allem in Deutschland ihre Basis hatte. Epinay gegen Bad Godesberg.

Die drei entscheidenden Punkte, um die sich die konträren Positionen dieser zwei Formen von Sozialismus polarisieren, sind die folgenden: Stellung 1. zum Kapitalismus; 2. zu den Kommunisten; 3. zu den Militärblöcken.

1. Im Gegensatz zur Doktrin der Sozialistischen Internationale – die wir in einem früheren Kapitel ausgeführt haben – sieht die neue sozialistische Partei in Frankreich ihre Existenzberechtigung in der

Abschaffung des Kapitalismus und dem Aufbau eines selbstverwalteten Sozialismus. Sie ist der Ansicht, „daß der Imperialismus weiterhin die grundlegende Realität des 20. Jahrhunderts ist"; und daß dies, auch wenn sich der Kapitalismus vielleicht aus seiner Krise erretten kann, „die Gelegenheit des Sozialismus" sein kann. In der Dritten Welt „setzen die Völker der Hegemonie des westlichen Kapitalismus und dem Einfluß des amerikanischen Modells einen wachsenden Widerstand entgegen. Ein weiteres Stück der kapitalistischen Welt kann fallen". In der Zeit des Übergangs zum Sozialismus können drei Formen von Unternehmen existieren: private, Unternehmen der öffentlichen Hand (auf nationaler oder regionaler Ebene) und „Unternehmen mit größerer Selbstverwaltung". „Die Selbstverwaltung ist die von und in dem Sozialismus verwirklichte Demokratie."

Der Übergang zum Sozialismus kann sich natürlich nicht allein durch das Gewinnen von Wahlen und das Übernehmen von Regierungsverantwortung verwirklichen. „Die Ziele der Selbstverwaltung können nicht ohne die Eroberung der Macht im Staate erreicht werden, *ohne daß die Funktion und das Wesen dieses Staates geändert werden* und ohne daß neue Formen der Macht gefunden werden." Das Kräfteverhältnis im Land muß geändert werden, „von der Vorherrschaft des Großkapitals muß zur Vorherrschaft der in einer Klassenfront zusammengefaßten Bevölkerungsschichten übergegangen werden". Es handelt sich also um eine Ansammlung ziemlich marxistischer Konzepte in einem eher klassischen Sinn, zum Beispiel die Frage, wie man den Kapitalismus abschaffen und den Übergang zum Sozialismus beginnen könne. Alle diese Zitate stammen aus einer Resolution, die am 14. Mai 1975 einstimmig vom Vorstand der Sozialistischen Partei Frankreichs angenommen wurde.[2]

Diesem Vorstand gehörten nicht wenige der späteren Minister Frankreichs an: Pierre Bérégoboy, Edith Cresson, Gaston Deferre, Pierre Joxe, Pierre Mauroy, Michel Rocard . . . und selbstverständlich auch François Mitterrand, der kurze Zeit darauf Präsident Frankreichs werden sollte.

Eine zusätzliche Vorstellung vom Diskussionsniveau in der sozialistischen Führung Frankreichs zu jener Zeit gibt uns ein Text, den in derselben Versammlung der spätere Erziehungsminister Jean-Pierre Chevènement und andere vorlegten. Darin wird vorgeschlagen, der Wahlsieg und die Installierung einer Linksregierung in Frankreich müßten von einer Mobilisierung der Massen begleitet werden. „Man weiß, daß die Arbeiterbewegung in den zugespitzten Phasen des Kampfes ihre eigenen Belange immer selbst in die Hand nehmen will." Der Text sieht die Installierung von *aus dem Kampf hervorgegangenen* Einheitsräten in den Fabriken und Stadtvierteln vor. „Diese Kontrolldynamik wird das Entstehen neuer Machtformen erlauben sowie das Herausbilden neuer sozialer Beziehungen zur fortschreitenden Aneignung und Verwaltung der Produktionsmittel durch die Arbeiter und durch das Infragestellen der früheren Formen der gesellschaftlichen Arbeitsteilung."[3]

Dieses Konzept einer Revolution *von unten* mit dem Entstehen neuer Organe der Arbeitermacht wurde von der Mehrheit des Vorstandes in der französischen SP nicht gebilligt, teilweise wegen formaler Fehler in der Vorlage. Es zeigt jedoch, wie sehr das politische Klima der französischen Sozialisten und der nordeuropäischen Sozialdemokraten, zum Beispiel der deutschen, voneinander verschieden war. Letztere glaubten das Problem des Kapitalismus bereits überwunden und richteten ihre Kräfte darauf aus, das Wirtschaftssystem der BRD zu modernisieren und den Staat zu stärken. Deshalb konnten sie ruhig in einer *Großen Koalition* mit der klassischen Rechtspartei, den Christdemokraten, regieren.

2. In einem weiteren grundlegenden Aspekt bricht der neue französische Sozialismus grundlegend mit der Sozialistischen Internationale: in der Frage der Beziehung zu den Kommunisten. Auch nach dem XX. Parteitag der KPdSU und der Verurteilung des Stalinismus war es die offizielle Position der Sozialistischen Internationale, die Kommunisten zu den schlimmsten Feinden des *demokratischen Sozialismus* zu zählen. Das wurde in der Erklärung der Konferenz von Oslo 1962 mit aller Deutlichkeit wiederholt: Die Kommunisten sind die Feinde der Freiheit, „sie verfälschen das Wort Sozialismus", es gibt mit ihnen keine gemeinsame Basis. In der Praxis lehnten die sozialistischen Parteien jede mögliche Zusammenarbeit – von einem Bündnis ganz zu schweigen – mit den Kommunisten ab, selbst im Fall einer Diktatur wie der Francos in Spanien.

François Mitterrand an der Spitze des neuen französischen Sozialismus bricht auch dieses so gefestigte Tabu. Das Bündnis mit der Kommunistischen Partei und mit den Radikalen (einer kleinen Gruppe im Gefolge der jakobinischen Tradition und der Radikalsozialistischen Partei, die die Stütze der Dritten Republik gewesen war), das heißt die *Einheit der Linken*, wird die Achse seiner Strategie, um die Wahlen zu gewinnen, an die Regierung zu kommen und dadurch den Sozialismus weiterzuentwickeln. Im Juni 1972 wird das *gemeinsame Programm der Linken* unterzeichnet. Bei den Präsidentschaftswahlen von 1974 ist Mitterrand der *einzige* Kandidat der Linken und verfehlt mit 26 Millionen Stimmen nur knapp den Wahlsieg.

Die Sozialisten wollten mit dieser Einheitsstrategie natürlich dem tiefen Loch entkommen, in das sie gefallen waren. Doch es handelte sich um mehr, und Mitterrand verbarg es nicht: er beabsichtigte, das Kräfteverhältnis innerhalb der französischen Linken zu verändern. Mitterrands Plan ging dahin, die Kommunisten zu schwächen, sie auf den zweiten Platz zu verweisen und die Sozialistische Partei zur ersten Partei der Linken zu machen. Als Mitterrand zum erstenmal diese

Perspektiven formulierte, sah es wie ein Hirngespinst oder ein Witz aus. Die Kommunistische Partei war seit 1945 die erste Arbeiterpartei – und bei nicht wenigen Wahlen sogar überhaupt die erste Partei. Dennoch ging die Überlegung Mitterrands von einer ziemlich offenkundigen objektiven Realität aus: Die neuen Gesellschaftsschichten, die möglicherweise von einer sozialistischen Perspektive angezogen werden könnten, würden schwerlich in die Reihen der Kommunistischen Partei eintreten, deren Erscheinungsbild vom Dogmatismus und von der Anhänglichkeit an die UdSSR, also an eine Diktatur, geprägt war. Es war viel wahrscheinlicher, daß sie sich der Sozialistischen Partei annäherten, zumindest was das Wahlverhalten betrifft. Und tatsächlich lief die Entwicklung in dieser Form. Vielleicht zum erstenmal in der Geschichte erwies es sich, daß ein Linksblock für die sozialistische Partei von größerem Vorteil war als für die kommunistische.

3. Der neue französische Sozialismus war in noch einem Punkt, der wahrscheinlich größere Schwierigkeiten als die bereits erwähnten mit sich brachte, in einer anderen Position als die übrigen sozialistischen Parteien Europas, die – mit wenigen Ausnahmen, wie im Falle Schwedens – voll die NATO unterstützten. Wir haben schon gesehen, wie die Sozialistische Internationale trotz des Krieges der USA gegen Vietnam voll im Atlantikbündnis verblieb. Sie akzeptierte die Vorherrschaft der USA als unvermeidliche Notwendigkeit, um der von der Sowjetunion dargestellten Bedrohung die Stirn zu bieten.

Die von Mitterrand geschaffene neue sozialistische Partei legte sich in den großen internationalen Fragen auf eine andere Politik fest als die SI. Sie ging zwar nicht so weit, den politischen Bruch Frankreichs mit der NATO vorzuschlagen (nach dem Austritt Frankreichs aus der militärischen Organisation des Nordatlantikpaktes unter General de Gaulle war die eigenartige Situation entstanden, daß Paris weiterhin im politischen Bündnis dieser Organisation verblieb). Doch die französische SP bestand darauf, daß es zu keiner militärischen Annäherung Frankreichs an die NATO kommen dürfe, und kritisierte in diesem Bereich heftig den Kurs, den die an der Macht befindliche Rechte der französischen Politik gab. Bei dieser Gelegenheit ist daran zu erinnern, daß weder die französischen noch die italienischen Kommunisten für ihre Länder den Bruch mit der NATO vorsahen.

In der Außenpolitik legten die französischen Sozialisten den Akzent auf eine Annäherung an die Dritte Welt und eine Unterstützung von deren Anliegen, auf die Solidarität mit den Völkern, die gegen den Imperialismus und Kolonialismus kämpften. Sie sprachen sich für eine Überwindung der beiden Militärblöcke und für die Notwendigkeit einer Abrüstung aus.

Auf der Grundlage dieser dem Blockdenken entgegengesetzten politischen Orientierung beginnt nun eine Serie von Kontaktaufnahmen und Annäherungen der neuen Sozialistischen Partei Frankreichs, vor allem mit anderen fortschrittlichen Kräften des Mittelmeerraums: einerseits mit revolutionären nationalen Befreiungsbewegungen wie der FNL in Algerien und später der PLO, der Polisario und der von Gaddhafi angeführten Revolution, die 1969 in Libyen die Monarchie gestürzt und ein neues Regime errichtet hatte; andererseits mit dem Bund der Kommunisten Jugoslawiens, einer entscheidenden Kraft in der Bewegung der Blockfreien, mit der Kommunistischen Partei Italiens, deren Stärke sowie unabhängige und schöpferische Politik ihren Ideen eine große Ausstrahlung sicherten, und mit der Kommunistischen Partei Spaniens, die im Prozeß des Niedergangs der Franco-Diktatur eine wesentliche Rolle spielte.

Wir finden also in der internationalen Politik der von Mitterrand geschaffenen Partei wesentliche Züge, die sie vom klassischen Schema der europäischen sozialistischen Parteien unterscheiden: einen gewissen Links-*Gaullismus*, eine ablehnende Haltung gegenüber den Vereinigten Staaten, eine Öffnung zur Dritten Welt und im besonderen zu den nationalen Befreiungsbewegungen Nordafrikas und eine Bindung zum Mittelmeerraum. Dadurch gewinnt der sogenannte „Mittelmeer-Sozialismus" an Profil, als Gegengewicht zur herkömmlichen europäischen Sozialdemokratie, die ihre Basis in den industrialisierten Gesellschaften des Nordens hat. Dort ist sie auch in der Arbeiterschaft stark verwurzelt, die durch die keynesianische Reformpolitik der fünfziger und sechziger Jahre beträchtliche Errungenschaften erzielt hat.

Diese Tendenz wird noch durch verschiedene Ereignisse in der ersten Hälfte der siebziger Jahre besonders gefördert und angeregt: an erster Stelle durch die Entwicklung in einem geographisch weit entfernten Land, in Chile, wo 1970 Salvador Allende zum Präsidenten der Republik gewählt und eine linke Einheitsregierung mit Beteiligung von Sozialisten, Kommunisten und anderen Parteien gebildet wird. Nach Kuba ist dies die zweite große politische Anregung, die von Lateinamerika nach Europa kommt. Ihre radikale Neuheit liegt darin, daß sie den revolutionären Willen, ernsthaft die Wirtschaftsstrukturen zu verändern, Unternehmen und vom Auslandskapital dominierte Wirtschaftsbereiche (wie den Kupferbergbau) zu verstaatlichen, mit der Beibehaltung einer demokratischen Legitimität, mit Wahlen, Parlament, politischem Pluralismus und bürgerlichen Freiheiten verbindet. Es ist also ein Experiment, in dem sich in gewissem Sinn die kommunistische und die sozialistische Tradition vermischen, und das somit die vom „mediterranen" Sozialismus erbrachten neuen Inhalte belebt. Die erste Etappe des chilenischen Experiments zeigt uns die beeindruckende Begeisterung des Volkes, in der sich die Kommunisten, die Sozialisten, die fortschrittlichen Christen und andere Linksparteien zusammenfinden. Auch die Radikale Partei –

Mitglied der Sozialistischen Internationale – nimmt daran teil, und natürlich auch die von Salvador Allende geführte Sozialistische Partei, die in der SI nicht vertreten ist. Ebenso beeindruckend ist der kulturelle Aufschwung, der Beitrag der Intellektuellen zu dieser aus den Wahlurnen entsprungenen revolutionären Renaissance.

Kurze Zeit später kommt es in Europa zu Vorfällen, die – ohne nun eine genaue Parallele dessen darzustellen, was der Kongreß von Epinay für die französischen Sozialisten bedeutete – die Perspektive eines „anderen", mediterranen Sozialismus beleben helfen, sie wahrscheinlicher, möglicher machen: der Niedergang der faschistischen oder faschistoiden Diktaturen in Portugal, Griechenland und Spanien und die Folgen, die dieser Prozeß für die neuen sozialistischen Parteien bedeutet, die mit dem Triumph demokratischer Systeme entstehen oder wiederentstehen. Im Falle Griechenlands und Portugals ist bemerkenswert, daß es in beiden Ländern keine sozialistische Tradition gab – es handelt sich also tatsächlich um die Entstehung neuer Parteien. In Spanien hingegen war die „Sozialistische Arbeiterpartei Spaniens" (PSOE) schon zur Zeit von Marx und Engels als eine der wichtigsten Parteien der Ersten Internationale entstanden und nahm auch in der Zweiten Internationale einen bedeutenden Platz ein. Sie spielte 1931 eine entscheidende Rolle bei der Bildung der Republik. Mit Francisco Largo Caballero und Juan Negrín stand sie an der Spitze der republikanischen Regierungen zur Zeit des Bürgerkriegs. Während der Franco-Diktatur war sie in Spanien selbst nur minimal präsent, spielte aber in der Sozialistischen Internationale weiterhin eine Rolle und bewahrte vor allem in der Emigration ihre Parteistruktur. Ihr Generalsekretär in den sechziger Jahren, der Sozialistenführer Rodolfo Llopis, verfocht einen engstirnigen Antikommunismus.

Der Untergang der Diktaturen in Griechenland und Portugal 1974 erfolgt unter vollkommen verschiedenen Umständen, auch wenn bei beiden Ländern ein externer Faktor eine entscheidende Rolle spielt; im Falle Griechenlands Zypern und bei Portugal die Kolonialkriege.

In Griechenland erlaubten es der Prestigeverlust und das Scheitern der Armee, die eine brutale primitive Diktatur ausgeübt hatte, einem zivilen Politiker der Rechten, Karamanlis, einen Prozeß der Wiederherstellung der Demokratie anzuführen. Dieser gründete eine Partei, die „Neue Demokratie", die die ersten Wahlen 1974 mit großer Mehrheit gewinnt. Im selben Jahr entsteht die PASOK (Panhellenische Sozialistische Bewegung), die bei diesen Wahlen mit 13,5 Prozent ein bescheidenes Ergebnis erzielt. Die PASOK geht aus der von Andreas Papandreou nach dem Putsch der Obristen vom April 1967, mit dem die Demokratie in Griechenland zerstört wurde, im Exil gegründeten „Panhellenischen Bewegung der Nationalen Befreiung" hervor. Diese Bewegung hatte es zwischen 1967 und 1974 erreicht, einen großen Teil der antifaschistischen Emigration – Intellektuelle, Studenten, Arbeiter – zusammenzufassen und auch innerhalb Griechenlands Einfluß zu gewinnen.

Bei der Konstituierung der PASOK als Sozialistische Partei weist diese eine Reihe von Merkmalen auf, die sie von den anderen sozialistischen Parteien Europas unterscheidet: sie steht eindeutig viel weiter links; sie ist den USA gegenüber sehr kritisch eingestellt, ebenso der NATO und der EG, die sie als ein Instrument des Großkapitals betrachtet; sie tritt nicht der Sozialistischen Internationale bei; sie stellt enge Verbindungen zu den revolutionären Befreiungsbewegungen Nordafrikas her, vor allem zu Algerien und Libyen, und zur Palästinensischen Befreiungsorganisation (PLO). Innerhalb Griechenlands hingegen, dessen Arbeiterschaft nicht sehr zahlreich ist, konnte sich die PASOK als Erbin einer sehr breiten demokratischen und radikalen Tradition festigen, mit einer Verankerung unter den Bauern, der kleinen und mittleren Bourgeoisie, den Intellektuellen und den Arbeitern selbst. Die Spaltung der Kommunisten – der entscheidenden Kraft des antifaschistischen Widerstands im Zweiten Weltkrieg und auch später – erleichterte es der PASOK, sich in die erste Partei der griechischen Linken zu verwandeln.

In Portugal ist der entscheidende Faktor beim Untergang der Diktatur eine Bewegung in den Streitkräften selbst: eine Bewegung von einigen hundert Unteroffizieren und Offizieren, deren demokratische Bewußtseinsbildung sich vor allem über die Erfahrungen in den Kolonialkriegen gegen die bewaffneten Unabhängigkeitsbewegungen in Guinea Bissau, Moçambique und Angola vollzogen hatte. Die wichtigsten Führer dieser Bewegungen wie Cabral, ein Theoretiker von großem Wert und großer Tiefe, Machel und Netto waren Marxisten. Der Staatsstreich vom 25. April 1974 beendet die längste faschistische Diktatur Europas: zum erstenmal seit 1927 gibt es in Portugal wieder Freiheit und Demokratie. Am 28. April, drei Tage nach dem Staatsstreich, trifft der Generalsekretär der Sozialistischen Partei Portugals, Mario Soares, in Lissabon ein und wird begeistert empfangen. Es hatte vorher einige Versuche sozialistischer Aktivitäten im Lande selbst gegeben, wie die Gründung der „Sozialistischen Aktion" 1964, doch waren sie alle schnell von der Regierung unterbunden worden. Die Sozialistische Partei wurde 1972 in der Emigration, in der Bundesrepublik Deutschland und mit Hilfe der SPD, gegründet. Soares' Ideologie ist eindeutig sozialdemokratisch ausgerichtet, doch zwingen ihn die Umstände, unter denen seine Partei ihre öffentlichen Aktivitäten beginnt – mitten in der „Revolution der Nelken" –, der SP anfänglich eine linkere Ausrichtung zu geben und sie auch für eine Zusammenarbeit mit den Kommunisten zu öffnen. Dabei spielen drei Faktoren eine bedeutende Rolle: Erstens die Radikalität der von den Militärs in Gang gesetzten Revolution, die es sich zum Ziel gesetzt haben, nicht nur die Demokratie wiederherzustellen, sondern auch den Unterdrückungsapparat der Diktatur aufzulösen und den Großkapitalisten, die die Diktaturen von Salazar und später Caetano unterstützt haben, ihre Monopolstellung in der Wirtschaft zu nehmen. Zweitens der enorme Einfluß der Kommunistischen Partei Portugals in der Arbeiterschaft und in breiten Schichten der Bevölkerung. Die KP war das hauptsächliche Opfer der faschistischen Repression gewesen, die einzige Partei, die ohne Unterbrechung – auch in den Katakomben des Untergrunds und in den Gefängnissen – die Fahne des antifaschistischen Kampfes aufrechterhalten hatte. Die Tatsache, daß die portugiesische KP im Gegensatz zu den Bruderparteien in Italien und Spanien weiterhin die traditionelle Haltung einer bedingungslosen Anhänglichkeit an das „sowjetische Modell" vertrat, erschien damals zweitrangig und nahm ihr nichts von ihrer Popularität. Es ist bezeichnend, daß Mario Soares, der am 28. April 1974 nach Lissabon zurückgekehrt war, zwei Tage später am Flughafen persönlich inmitten einer großen Menschenmenge Alvaro Cunhal empfängt, den Generalsekretär der Kommunistischen Partei, der gerade aus dem Exil zurückkehrte. Angesichts der Tatsache, daß rechtsstehende Gruppen damals ein starkes Gewicht im Staatsapparat hatten – allen voran General Spinola als provisorischer Präsident der Republik –, optierte Soares für die Einbeziehung von Cunhal und der Kommunistischen Partei in die ersten Zivilregierungen nach dem Sturz der Diktatur. Der dritte Faktor lag innerhalb der Sozialistischen Partei selbst, in der es einen linken Flügel gab, der entschlossen war, eine vom Modell der europäischen Sozialdemokratie verschiedene Partei aufzubauen, offen für die Zusammenarbeit mit den revolutionären Kräften in der Dritten Welt und mit den Kommunisten in Portugal. Diese Strömung trat auch für tiefgreifende Veränderungen in der Wirtschaftsstruktur des Landes ein.

Deshalb verkörpert die Sozialistische Partei Portugals in der gesamten ersten Phase der portugiesischen Revolution die erste praktische Erfahrung des „Mittelmeer-Sozialismus": Sie beteiligt sich an Regierungen mit den Kommunisten, was keine Partei der Sozialistischen Internationale seit den vierziger Jahren getan hatte (von vereinzelten Ausnahmen wie Finnland und Italien abgesehen). Gleichzeitig nimmt sie in einem revolutionären Prozeß, der die Verwirklichung des Sozialismus zum Ziel hat, eine führende Rolle ein. Der sozialistische Inhalt der beginnenden Veränderungen wird in die Verfassung aufgenommen. Eine ziemlich umfassende Agrarreform wird in Gang gesetzt, die Banken und Versicherungen werden verstaatlicht. Das neue Portugal gewährt seinen afrikanischen Kolonien Guinea Bissau, Moçambique und Angola die Unabhängigkeit.

In Spanien kommt einige Jahre vor dem Tod Francos ein frischer Wind in die PSOE. Die reservierte und ablehnende Haltung von

Generalsekretär Rodolfo Llopis gegenüber den jungen Kräften – vor allem aus Kreisen der Intellektuellen und Freiberuflichen –, die für den Sozialismus optierten, trat in immer stärkeren Widerspruch zur Realität. Sein Wunsch nach einem Beibehalten einer ausschließlich aus altgedienten Kadern gebildeten und vom französischen Exil aus geleiteten Partei (die Führung befand sich in Toulouse) hatte zwei logische Folgen. Zum einen wucherten sozialistische Gruppen und Parteien außerhalb der Strukturen der PSOE, wie die von Enrique Tierno Galvan angeführte PSP. Andererseits wuchs der Widerstand gegen die Führung von Llopis sowie der Wunsch nach einem Wechsel an der Parteispitze und deren Rücksiedlung ins Inland. Der Wechsel vollzieht sich dann zwischen 1970 und 1974, im Laufe der drei letzten im Exil abgehaltenen Parteitage. Am XI. Parteitag, 1970, wird zum erstenmal eine Führung mit sieben Vertretern aus dem Inland gewählt – gegenüber neun Vertretern aus der Emigration. Außerdem erhält die Inlandsführung das Recht, selbständig die auftauchenden Probleme zu lösen, und muß erst *im nachhinein* die Exilführung informieren. Das erleichtert einen Aufschwung der Aktivitäten der PSOE in Spanien selbst, gerade zu einer Zeit, als die Krise der Diktatur neue Kreise der Bevölkerung politisiert und Sympathien für die Demokratie weckt. Gleichzeitig bricht die Krise zwischen Llopis und der Inlandsführung aus. Die Sozialistische Internationale, die von den Vorgängen in Spanien erfuhr und die einen steigenden Einfluß der Kommunisten und die Entstehung neuer, mehr oder weniger spontaner und radikaler sozialistischer Gruppierungen und Parteien befürchtete, spricht sich zugunsten der Inlandsfraktion aus.

Llopis nimmt am 1972 abgehaltenen XII. Parteitag gar nicht teil, doch seine Ersetzung findet erst am XIII. Parteitag statt, der 1974 in Suresnes bei Paris zusammentritt. Felipe González wird zum Generalsekretär gewählt; alle Mitglieder der neuen Parteispitze kommen – mit einer Ausnahme – aus dem Inland.

Obwohl auf diesem Parteitag die radikalsten Positionen eine Niederlage erleiden, werden Resolutionen angenommen, die die PSOE klar als eine Partei der Linken ausweisen. Das Streben der PSOE ist, so heißt es darin, „die Eroberung der politischen und wirtschaftlichen Macht durch die Arbeiterklasse und *die radikale Umwandlung der kapitalistischen Gesellschaft in eine sozialistische Gesellschaft*". Als Maßnahmen für den Übergang von der Diktatur zur Demokratie verlangt die PSOE „die Auflösung aller repressiven Institutionen". Sie erkennt „das Selbstbestimmungsrecht aller iberischen Nationalitäten" an und spricht sich „für die Schaffung einer Bundesrepublik der iberischen Völker, die den spanischen Staat bilden", aus.

In internationalen Angelegenheiten deklariert die PSOE ihre Unterstützung für die Einheit Europas, lehnt es jedoch ab, daß „diese Einheit auf politischen und ökonomischen Institutionen im Dienste des internationalen Kapitalismus basiere". Ebenso spricht sich die PSOE „gegen jeden Imperialismus und gegen jede Teilung der Welt in Einflußzonen und gegen die Existenz von Militärblöcken aus, da diese nur zur Aufrechterhaltung des *Status quo* zuungunsten der unterdrückten Völker der Welt beitragen".

Wie wir schon erwähnt haben, existierten zur selben Zeit in Spanien andere sozialistische Gruppierungen, vor allem die seit 1964 bestehende „Sozialistische Volkspartei" (bis 1974 unter dem Namen „Sozialistische Inlandspartei"). Gemäß den Worten ihres wichtigsten Führers, Tierno Galvan, liefert Südeuropa „äußerst wertvolle Beispiele einer Fähigkeit zur Kritik und zur politischen Herausforderung angesichts der hinfälligen Institutionen . . . Wir vertrauen auf einen Linkssozialismus, der sich nicht als eine neue Hoffnung, sondern in der Praxis als ein neues Fundament in Italien, Frankreich, Griechenland, Portugal und Spanien entwickeln und der sich mit der Zeit auf die afrikanischen Länder des Mittelmeerraums ausweiten und dort Wurzeln schlagen wird."[4]

Die PSP (und andere Parteien der spanischen Nationalitäten und Regionen) förderten Zusammenkünfte der sozialistischen Parteien der Mittelmeerländer. Auf Anregung vor allem Libyens wurde „eine internationale Konferenz der sozialistischen Parteien des Mittelmeerraums" vorgeschlagen, „mit dem Ziel, eine gemeinsame Haltung angesichts der schwerwiegenden politischen, wirtschaftlichen und ökologischen Probleme, die unsere Region berühren, anzunehmen".[5]

Im Hintergrund dieser Vorstellungen stand die Bekräftigung einer geschichtlichen Realität: Die Länder der unterentwickelten Regionen der Welt sind die Länder mit der größten revolutionären Kapazität. Von dort wurde das Schema auf Europa übertragen: Der Süden war weniger entwickelt und mußte folglich ein größeres Potential zu Umwandlungen besitzen als der unbewegliche – oder sich nur langsam entwickelnde – satte Norden.

Obwohl die PSOE ohne besondere Schwierigkeiten (vor allem nach den ersten Wahlgängen) die anderen sozialistischen Strömungen in Spanien absorbieren sollte, war sie keine Anhängerin dieser Ideen. In Wirklichkeit stand die neue Führungsmannschaft um Felipe González der deutschen Sozialdemokratie näher als dem französischen Sozialismus.

Als sich 1974 – vor allem auf Anregung der spanischen KP – das erste Oppositionsbündnis gegen den Francismus bildet, die „Demokratische Junta", nehmen daran auch die PSP und Persönlichkeiten bis hin zur Rechten teil. Die PSOE hingegen fördert, zusammen mit den Christdemokraten, die Schaffung einer anderen Allianz, der „Plattform". Später schließen sich beide in der „Demokratischen Koordination" zusammen. Anfang der siebziger Jahre, vor dem Tod Francos und sogar selbst nach der Ersetzung von Llopis an der

Spitze, war die PSOE wohl jene sozialistische Partei Südeuropas, die eine Zusammenarbeit mit den Kommunisten am stärksten ablehnte.

Das Wesentliche an dieser Zeit ist jedoch, daß sich in den südeuropäischen Ländern ein Typ sozialistischer Politik entwickelt, der vom traditionellen Schema der Sozialdemokratie ziemlich abweicht: mit einer linkeren, radikaleren Position bei den beabsichtigten Umwandlungen; weniger antikommunistisch ausgerichtet; mehr der Dritten Welt zugeneigt; mit einer reservierteren Haltung bezüglich der NATO und der Politik der USA. Diese Entwicklung wird zu einem großen Teil von jenem Prozeß angeregt, der sich in einer Reihe von kommunistischen Parteien Westeuropas abspielt.

Der Eurokommunismus

Der sich im Laufe der siebziger Jahre immer stärker manifestierende Versuch, in Westeuropa einen neuen, von dem vom „Modell UdSSR" verschiedenen Kommunismus aufzubauen, ist in jeder Hinsicht der zeitgenössische Ausdruck jenes Widerspruchs, der schon bei der Gründung der III. Internationale 1919 ausbrach und den wir im ersten Kapitel ausgeführt haben: der Widerspruch zwischen einer revolutionären Strategie im Westen und den Interessen des sowjetischen Staates – jener Widerspruch, den Rosa Luxemburg in ihren letzten Schriften mit einem fast prophetischen Weitblick beschrieb. Zu Beginn der siebziger Jahre entsteht das eurokommunistische Projekt als direkte Folge der Ereignisse des Jahres 1968: einerseits der Pariser Mai und seine Auswirkungen, die die Existenz neuer revolutionärer Keime, neuer Forderungen und neuer Hauptdarsteller im Kampf gegen den Kapitalismus aufgezeigt haben, und andererseits die sowjetische Intervention gegen die Demokratisierung des tschechoslowakischen Sozialismus, die die westeuropäischen Kommunisten zwang, ihre Haltung gegenüber der UdSSR radikal zu revidieren. Diese Haltung, in der UdSSR den ersten Schritt zur historischen Verwirklichung – wenn auch mit Defekten – des Strebens nach einer sozialistischen, gerechteren, freieren Welt zu sehen, war auch nach dem XX. Parteitag der KPdSU aufrechterhalten worden, allerdings mit wesentlichen Unterschieden in der Haltung der einzelnen kommunistischen Parteien. So hat die Kommunistische Partei Frankreichs in einer Resolution des Zentralkomitees vom 22. August 1968 die militärische Intervention der UdSSR in der Tschechoslowakei

„mißbilligt". Doch bei einem offiziellen Treffen zwischen KPF und KPdSU im November desselben Jahres wurde ein gemeinsames Kommuniqué unterzeichnet, in dem die Unstimmigkeit nicht einmal erwähnt, dafür aber der Wunsch ausgedrückt wird, „daß sich auf Grundlage der zwischen der KPdSU und der Kommunistischen Partei der Tschechoslowakei geschlossenen Übereinkommen die Situation auf der Basis des Marxismus-Leninismus normalisieren möge". Die Franzosen hatten also resigniert und einer von Waffengewalt erzwungenen Normalisierung zugestimmt.

Die Haltung der kommunistischen Parteien Italiens und Spaniens war nicht die der „Mißbilligung", sondern der Verurteilung der sowjetischen Intervention; ebenso die anderer Parteien wie der britischen, der schwedischen usw. Diese Parteien weigerten sich auch – mit dem Argument der militärischen Besatzung –, die von der Sowjetunion der KPTsch aufgezwungene „Normalisierung" zu akzeptieren. Doch trotz dieser nicht gerade kleinen Unterschiede kamen in dem in Westeuropa herrschenden politischen Klima auch die französischen Kommunisten nicht umhin, ihre Positionen einer Revision zu unterziehen. Sie konnten sich nicht von einem Erneuerungsprozeß abkoppeln, der mit voller Energie von der Kommunistischen Partei Italiens vorangetragen wurde – in der KPI war 1972 am XIII. Parteitag Enrico Berlinguer zum Generalsekretär gewählt worden, der eine klare und mutige Sicht der internationalen Probleme besaß.

Gleichzeitig muß man ein grundlegendes Merkmal der internationalen Situation in den siebziger Jahren berücksichtigen, das unvermeidlich bei der Geburt des Eurokommunismus mithalf. Es ist die Zeit der Koexistenz, der Entspannung zwischen der UdSSR und den USA. 1972 unterzeichnen Richard Nixon und Leonid Breschnew in Moskau den ersten Vertrag über die Beschränkung der Nuklearwaffen (SALT I), und die Verhandlungen zum Abschluß eines neuen Vertrages (SALT II) werden praktisch unverzüglich fortgesetzt – dieser sollte jedoch nie vom US-amerikanischen Senat unterzeichnet werden. Gleichzeitig beginnen die Gespräche – diesmal mit viel mehr Gesprächspartnern – zur Vorbereitung der Helsinki-Konferenz, deren Schlußakte 1975 von allen europäischen Staaten des Ostens und des Westens sowie von den USA und Kanada unterzeichnet werden. Dies bedeutete die feierliche Anerkennung der vom Zweiten Weltkrieg in Europa gezogenen Grenzen und zur selben Zeit die Institutionalisierung – auf europäischer Ebene – eines nichtmilitärischen Systems der Sicherheit, Zusammenarbeit, Unabhängigkeit und Respektierung der Menschenrechte im Rahmen von periodisch stattfindenden Konferenzen. Es breitet sich also ein Klima relativer Ruhe aus, die Gefahr eines Krieges in Europa rückt immer ferner. In Asien werden mit der überraschenden Reise Nixons nach Peking 1971 die Beziehungen zwischen den USA und China wiederhergestellt.

Die Auswirkungen der Wirtschaftskrise, die praktisch schon 1971 beginnt, sind noch nicht in katastrophalem Ausmaß zu spüren; andererseits schafft das Aufkommen einer neuen Haltung, einer Öffnung den Kommunisten gegenüber (dieser „Mittelmeer-Sozialismus", den wir im vorherigen Kapitel behandelt haben), in einer Reihe von sozialistischen Parteien eine Hoffnung, eine logische Perspektive, daß ein völlig demokratischer Kommunismus zusammen mit den Sozialisten und anderen linken Kräften ein wichtiger Akteur in der Politik Westeuropas sein könnte. Dieser sollte in einem pluralistischen, demokratischen Prozeß eingebettet sein, der auf Stimmenmehrheit beruht und dessen Ziel es ist, das Los der Arbeiter zu verbessern, die Allmacht der Monopole zu beschränken und fortschrittliche Strukturreformen durchzuführen, die es ermöglichen, einen evolutionären Weg zum Sozialismus zu eröffnen.

Der Wahlsieg von Salvador Allende 1970 in Chile schien die Verwirklichung eines Projekts dieser Art zu sein. Allende war auf legale Weise – durch Wahlen – an die Macht gelangt, um dann den Weg zum Sozialismus zu beschreiten. Die Niederlage und der Tod des Präsidenten während des Putsches von Pinochet 1973 riefen tiefe Erschütterung hervor. Berlinguer widmete dem Thema eine dreiteilige Studie in der KPI-Zeitschrift *Rinascitá*. Seine Schlußfolgerung war nicht, daß eine demokratische, parlamentarische Struktur gegenüber einem Staatsstreich von vornherein unterlegen wäre, sondern daß es vielmehr notwendig sei, die Front der sozialen und politischen Kräfte, die sich zur Erreichung fortschrittlicher Ziele zusammenschließen könnten, wesentlich zu erweitern, ohne dabei das Ziel, den Aufbau des Sozialismus, zu unterschlagen. Mit anderen Worten: die Absichten reduzieren, um einen gewissen – wenn auch beschränkten und langsamen – Fortschritt hin zu progressiven Zielen zu realisieren. Hierin liegt die Bedeutung des neuen mythischen Ausdrucks „historischer Kompromiß" – eine der Schlüsselformen des Eurokommunismus; ein Kompromiß, um einige der schwerwiegendsten Folgen der bereits stark spürbaren Krise einzudämmen, und zwar auf der Grundlage einer Übereinstimmung breiter sozialer Sektoren einschließlich Teilen der Bourgeoisie und in politischer Hinsicht eine Öffnung hin zur Christdemokratie oder zumindest ihren gesunden, am wenigsten reaktionären Teilen. Die zentrale Idee ist, daß es für die Durchführung einer fortschrittlichen Politik nicht genügt, mit 51 Prozent der Stimmen zu regieren (was vielleicht durch ein Abkommen mit den Sozialisten möglich wäre). Für Italien ist das Übereinkommen mit der Christdemokratie, der Partei des Großkapitals, von grundlegender Bedeutung. Dieses Schema weitet sich – mit anderen Zielen – auch auf andere Länder, wie Spanien, aus.

In Spanien ergeben sich noch mehr Gründe für eine derartige Politik der breiten Basis, da die Niederlage der Franco-Diktatur auf der Tagesordnung steht: diese Politik nimmt den Namen *Pakt für die Freiheit* an.

In Frankreich ist die politische Situation ganz anders: 1972 haben die KPF und die neue sozialistische Partei das *Gemeinsame Programm der Linken* unterzeichnet, ein Regierungsprogramm, mit dem sie die nächsten Wahlen gewinnen wollen.

Auf jeden Fall müssen die Kommunisten für dieses Projekt der breiten Zusammenarbeit vor allem zwei Dinge beweisen: ihre echte Entfernung von Moskau und ihren wirklichen Eintritt in das Lager der Demokratie, in eine auf Wahlen und Parlament basierende Politik.

Unter diesen Rahmenbedingungen entscheidet man sich, eine Konferenz der kommunistischen Parteien Westeuropas nach Brüssel einzuberufen. Das war ein noch nie dagewesenes Ereignis; andere Treffen dieser Art hatte es nur zu beschränkten Themen und unter Kadern niederen Ranges gegeben. Im Jänner 1974 treffen sich nun in Brüssel die Generalsekretäre der Parteien, Berlinguer, Marchais, Carrillo usw. Die Konferenz findet hinter verschlossenen Türen statt. Zu einem bestimmten Thema, dem der Gastarbeiter, kommt es zwischen Marchais und Carrillo zu einer harten Auseinandersetzung. Ersterer weist in seiner Befangenheit im französischen Nationalismus die These Carrillos, die Gastarbeiter hätten das Recht, ihre Kultur und ihre eigenen politischen Organisationen beizubehalten, das heißt, als „nationale Minderheiten" neuer Art betrachtet zu werden, als *antimarxistisch* zurück. Dieser Zusammenstoß war unter anderem Ausdruck der Verärgerung von Marchais – der der ganzen neuen Entwicklung ablehnend gegenüberstand – darüber, daß sich in Paris die Führung der spanischen KP befand, die ganz im Gegensatz zu seiner eigenen Politik und in aller Öffentlichkeit eine mutige Politik der Erneuerung, der Öffnung, der unorthodoxen Haltung verwirklichte, also genau jene Richtung, der er sich widersetzte. Roger Garaudy war schon 1970 aus der KPF ausgeschlossen worden, seine Freundschaft mit den spanischen Kommunisten war jedoch jedem gut bekannt.

Die Bedeutung der Konferenz von Brüssel lag mehr in der neuen Ausrichtung, die die Tatsache ihrer Abhaltung versinnbildlichte, und in verschiedenen begleitenden Aktivitäten als in den verabschiedeten Texten. Die Differenzen zwischen den Parteien bremsten die Möglichkeit, wesentliche gemeinsame Texte auszuarbeiten. Eine sehr wichtige Entscheidung war hingegen die, sich nicht auf die Konferenz zu beschränken, sondern ein System regelmäßiger, fast ständiger Kontakte in Gang zu setzen, um nicht nur in politischer, sondern auch in ideologischer, theoretischer Hinsicht Ideen auszutauschen und die Standpunkte einander anzunähern. Die Anzahl der Teilnehmer bei diesen „zusätzlichen" Treffen variierte, doch in der Praxis gab es nur wenige abwesende Länder. So wurden, unter anderen, in Rom eine Konferenz über die Befreiung der Frau abgehalten, in Genf eine über Probleme der Kultur, in Düsseldorf über die Krise der Automobilindustrie, in Paris über Agrarfragen, in Stockholm über Lohn- und Preispolitik, in London über Monopole und Multis, in Helsinki über Jugendfragen. Darin offenbarte sich stärker als in der Abhaltung der Konferenz von Brüssel die Absicht, die sich nun zu verwirklichen beginnt: einen neuen, westlichen Kommunismus zu schaffen, der sich vor der Arbeiterschaft des eigenen Landes ohne die Hypothek, den von der UdSSR vorgegebenen Weg zu vertreten, zeigen kann und der einen Haufen revolutionärer Ideen in sich birgt, um auf die brennendsten Probleme der europäischen Gesellschaft eine Antwort zu geben. Auf alle Fälle dienten diese verschiedenen Treffen auch dazu, die existierende Kluft zwischen den nicht wenigen kommunistischen Parteien, die noch den klassischen Prinzipien anhingen – und die nur mit großem Vorbehalt an den Zusammenkünften teilnahmen –, und jenen Parteien, die wirklich eine neue Etappe beginnen wollten, aufzuzeigen.

Es war also unvermeidlich, daß letztere Parteien in gewisser Hinsicht auf eigene Rechnung ihren Weg fortsetzten. Der Versuch von Brüssel zeigte, daß man nicht weiterkam, wenn man eine gemeinsame kommunistische Front für ganz Westeuropa aufbauen wollte. Das Gewicht der Vergangenheit, der Routine und der Einmischungen der UdSSR war stark genug, jeden Erneuerungsversuch zu lähmen. So entstand, ohne vorherige Absprache, eine Art Bündnis zwischen der italienischen und der spanischen KP, um das, was wenig später durch den mehr oder weniger geglückten Einfall eines Journalisten als *Eurokommunismus* bezeichnet wird, voranzutreiben.

In der Beziehung zur KPF war neben der schon erwähnten ersten Differenz bezüglich der Kritik an der Sowjetunion noch ein weiterer grundlegender Meinungsunterschied aufgetaucht: die Stellung zur europäischen Integration. Die französischen Kommunisten sahen im Gemeinsamen Markt weiterhin ein unheilvolles Unternehmen der kapitalistischen Großmonopole, dem sie sich im Namen eines strikten, nationalistischen Konzeptes der nationalen Souveränität widersetzten.

Die italienischen und spanischen Kommunisten hingegen beginnen zu überlegen, daß die westeuropäische Einheit eine objektive Notwendigkeit für jedwede fortschrittliche Konzeption ist; daß das Problem darin liegt, einem von den Monopolen beherrschten Europa nicht die nationalen Souveränitäten, sondern eine andere Struktur eines demokratischeren Europa entgegenzustellen, in der das Gewicht der Arbeiterschaft und der Völker immer bestimmender ist. Der KPI-Führer und Abgeordnete im Europaparlament Giorgio Amendola erklärte in einer Rede bei der Brüsseler Konferenz die Notwendigkeit, die EWG umzuwandeln, „denn wir halten die Existenz einer übernationalen demokratischen Organisation für notwendig, die die Probleme behandeln kann, die die Nationalstaaten allein nicht lösen können (Währung, Kapitalfluß, Kontrolle über multinationale Gesellschaften, Energiewesen, Umweltverschmutzung usw.)". Amendola strebte die direkte Wahl zum Europaparlament an und sah im allgemeinen eine weitreichende Demokratisierung der EWG voraus.

Enrico Berlinguer prägte nun eines der entscheidenden Konzepte der neuen Etappe: das eines Europas, das weder den USA noch der UdSSR gegenüber feindlich eingestellt ist, das mit beiden Ländern zusammenarbeiten kann, das jedoch in der internationalen Politik einen eigenständigen, autonomen Faktor darstellt. Er dachte dabei keineswegs an einen „dritten Militärblock". Im Gegenteil, ein Ziel ist die Überwindung der Blöcke. Dieses Konzept drückte in überdeutlicher Weise den Bruch mit der traditionellen Haltung der UdSSR aus, indem sie diese - in außenpolitischer Hinsicht - auf dieselbe Ebene stellt wie die USA. Es bezeugte aber vor allem den *Europäismus* der italienischen und spanischen Kommunisten. Es handelte sich um eine neue strategische Sicht des Fortschreitens zum Sozialismus. Obwohl es nicht ausdrücklich gesagt wurde, war die Grundidee die, der Aufbau des Sozialismus solle im gesamteuropäischen Maßstab erfolgen und nicht isoliert in diesem oder jenem Land; und auch unabhängig von den sogenannten „sozialistischen Ländern" und von jenen „Fortschritten des Sozialismus", die im Gefolge des Zweiten Weltkriegs vor allem dank der militärischen Präsenz der Sowjetunion stattfanden. In diesem Sinn hatte die Anspielung auf die Nicht-Feindseligkeit und die guten Beziehungen Europas sowohl zu den USA als auch zur UdSSR eine tiefere Bedeutung: als Ausdruck des Versuchs, in Europa einen *anderen* Sozialismus aufzubauen als den der Sowjetunion. Ein Unterschied in der Vorgangsweise also: auf demokratischem Weg, ohne Aufstand, ohne Diktatur des Proletariats. Doch außerdem ein Unterschied im Inhalt: ein anderer Sozialismus als Verfechter der Freiheit, die die UdSSR verneinte.

Die KPdSU hatte alles Mögliche unternommen, um die Konferenz von Brüssel zu verhindern. Doch sie reagierte nicht öffentlich dagegen, sondern beschränkte sich darauf, sie fast völlig zu verschweigen. Gegen die neuen Vorstellungen hingegen, die die spanische und die italienische KP zu verbreiten begannen, schoß sie nun aus allen Rohren - so zum Beispiel in einem im Februar 1974 (einen Monat nach der Brüsseler Konferenz) in der Zeitschrift *Parteileben* erschienenen Beitrag mit dem Titel *Zu einem Artikel von Manuel Azcárate*, der über Radio Moskau eine große Verbreitung und später auch in der westlichen Presse ein beträchtliches Echo fand.

In Wirklichkeit war der anstößige Text ein Bericht, den ich dem Zentralkomitee der spanischen KP vorgelegt hatte und der einstimmig angenommen worden war. Doch der Titel „Artikel von Manuel Azcárate“ wurde verwendet, um den Eindruck zu erwecken, man greife nur eine Person an und nicht ein ganzes Zentralkomitee, vor allem das einer so angesehenen Partei wie der spanischen. Der Stil der Attacke war typisch für die Bannflüche gegen Abweichler in der stalinistischen Epoche: entstellte oder gefälschte Zitate, Unterschiebung von Absichten, Angriffe in Nebensätzen. Das Interessante war jedoch, daß die Sowjets zu diesem Zeitpunkt genau herausfanden, was für ihre Politik und ihre Interessen die am meisten unannehmbaren Punkte waren. Bezeichnenderweise führten sie den Hauptangriff gegen das Konzept eines autonomen, unabhängigen Europa, das eine eigene Politik jenseits der existierenden Militärblöcke verwirklichen könnte. Der zweite Aspekt, der sie schockierte und den sie als antimarxistisch und antileninistisch abqualifizierten, war die Idee eines anderen Sozialismus als des sowjetischen. Gleichzeitig beschuldigten sie den Autor, wegen der Kritik, die er in seinem Bericht (oder „Artikel“ in der sowjetischen Sprachregelung) an der fehlenden Freiheit, an den diktatorischen Methoden, an der Aufgabe der revolutionären Prinzipien, die den Staat und die Partei im sowjetischen System charakterisieren, anbringt, die „bürgerliche Propaganda“ zu unterstützen. Der dritte Punkt, der den Zorn der KPdSU erregte, war die Forderung nach der notwendigen Unabhängigkeit der kommunistischen Parteien. Das in dem Bericht vorgebrachte Argument dafür war, daß die Parteien, die weiterhin in der Haltung einer bedingungslosen Bewunderung der UdSSR verharrten, als Instrumente der Staatsinteressen einer Großmacht endeten und folglich unmöglich die Erfordernisse der Arbeiterschaft ihres eigenen Landes nach Fortschritt und Änderungen vertreten konnten. Was die negative Einstellung der spanischen KP zu einer neuen Weltkonferenz der kommunistischen Parteien betrifft (die die KPdSU damals gerade organisieren wollte, um die Chinesen zu isolieren und zu verurteilen), so schätzte sie der Artikel in *Parteileben* als eine Haltung im Dienste der „chinesischen Revisionisten“ ein, der schlimmsten Feinde des Sozialismus.

Dieser sowjetische Angriff hatte zweifellos das Ziel, die neuen Positionen, die sich nicht nur in der spanischen KP, sondern auch in einigen der einflußreichsten kommunistischen Parteien zu festigen begannen, lahmzulegen. Sie wählten die Methode, eine einzelne Person anzugreifen, in der Hoffnung, dadurch Spaltungen in den Reihen der KP Spaniens hervorzurufen. Doch sie erreichten ihr Ziel zu diesem Zeitpunkt nicht. Selbst Personen wie Ignacio Gallego – und die Gesamtheit des Zentralkomitees der KP – solidarisierten sich mit dem Autor des Berichts. In dieser anfänglichen Etappe erlitten die Sowjets bei ihrem Versuch, den Eurokommunismus zum Stocken zu bringen, deutlich Schiffbruch.

1975 zeigt eine Reihe von weltweiten Vorfällen und Entwicklungen einen Aufschwung der Linkskräfte an sowie Abnützungs- und Erosionserscheinungen in der konservativen Politik und gewissermaßen auch die Notwendigkeit, den traditionellen Reformismus eines großen Teils der europäischen Arbeiterbewegung zu überwinden. An erster Stelle ist dafür die weltweite Wirtschaftskrise maßgebend, ausgelöst durch den sprunghaften Anstieg des Erdölpreises. Diese Krise beweist aber auch die Erschöpfung des in den letzten Jahrzehnten angewendeten Entwicklungsmodells. Die Basis der Entwicklungs- und Reformideologie, die Illusion, daß der Neokapitalismus den Arbeitern der europäischen Länder Arbeit, Wohlstand und Konsum garantiere, beginnt rissig zu werden. In diesem Sinn präsentiert sich der Eurokommunismus notwendigerweise als ein Projekt einer fortschrittlichen Lösung der Linken für die neue Problematik, die mit der Wirtschaftskrise entstanden war – ein neues Phänomen in der Art des vorher analysierten „Mittelmeer-Sozialismus", doch ohne den Makel der historischen Verbindung mit der europäischen sozialdemokratischen Tradition.

Wie wir schon erwähnt haben, treffen sich im August 1975 in Helsinki die Staatschefs von Europa, den Vereinigten Staaten und Kanada, um die Erklärung für Sicherheit und Zusammenarbeit zu unterzeichnen. Die Entspannung konsolidiert sich. Ende 1973 kommt es in Großbritannien zu einem Wiederaufflammen der Arbeiterkämpfe; infolge eines Streiks der Bergarbeiter stürzt die konservative Regierung Heath. In Südeuropa fallen 1974 die Diktaturen in Portugal und Griechenland. In Italien findet im selben Jahr eine Volksabstimmung über die Scheidung statt. Das Ergebnis ist eine große Überraschung: Trotz einer massiven Kampagne der Kirche stimmen 19 Millionen Italiener, das sind fast 60 Prozent der Wahlberechtigten, zugunsten der Ehescheidung. Das bedeutete ein klares Signal für eine Linksentwicklung in der italienischen Gesellschaft. Bei den Regionalwahlen 1975 erhält die KPI mit 33,5 Prozent das (bis dahin) beste Resultat ihrer Geschichte; 1946 hatte sie 19 Prozent erreicht und 1972 27 Prozent.

1975 ist das Jahr der formellen Definition des Eurokommunismus in einer *Gemeinsamen Erklärung* der italienischen und der spanischen KP. Diese Erklärung wird am 12. Juli 1975 in Rom verabschiedet und anschließend in einer Massenveranstaltung in Livorno, bei der Enrico Berlinguer und Santiago Carrillo auftreten, sozusagen abgesegnet.

Die *Erklärung* verkündete zwei grundlegend neue Thesen, die bisherige Grundprinzipien einer kommunistischen Politik überwanden: Erstens, der Marsch zum Sozialismus solle in demokratischer Form erfolgen, und zweitens, der Sozialismus, für den man kämpft, müsse in den verschiedensten Bereichen wie Medien, Meinungsäußerung, Parteiengründung, Kultur, Kunst, Gewerkschaften, Religion usw. volle Demokratie und Freiheit durchsetzen. Es könne deshalb innerhalb des Sozialismus Führungswechsel und ein dialektisches Spiel der Parteien geben (was Regierungswechsel durch veränderte Mehrheiten bedeutet). Das ist eine Perspektive des Sozialismus, die in der Tat wenig mit der sowjetischen Wirklichkeit zu tun hat. In dem eben skizzierten Sozialismus ist auch die Idee eines Nebeneinanderbestehens verschiedener Wirtschaftsformen - der öffentlichen und privaten Hand - enthalten.

Ein anderer wesentlicher Aspekt der „Gemeinsamen Erklärung" der kommunistischen Parteien Italiens und Spaniens vom Juli 1975 liegt in der europäischen Dimension. Durch das ganze Dokument zieht sich die Überzeugung der beiden Parteien, daß es notwendig sei, eine *europäische* Antwort auf die von der Krise aufgeworfenen Probleme zu finden. Formen der Einheit und der Zusammenarbeit zwischen den Linken sollen nicht nur zwischen den einzelnen Ländern, sondern auf europäischer Ebene gesucht und gefördert werden, „damit das große demokratische Potential Westeuropas in einer Politik der Erneuerung und des Fortschritts eine Basis finde". Im Bereich der internationalen Beziehungen wird auch die Notwendigkeit einer gemeinsamen Politik für Westeuropa betont, die zum Prozeß der Entspannung, der Sicherheit und der Abrüstung beitragen kann, sowie der Herstellung neuer Beziehungen zu den Entwicklungsländern.

Im November desselben Jahres unterzeichnen die kommunistischen Parteien Spaniens und Frankreichs eine in den Grundaspekten ziemlich ähnliche gemeinsame Erklärung. Neuerlich steht die Beziehung zwischen Demokratie und Sozialismus im Mittelpunkt des Dokuments. Die ablehnende Haltung der KPF führt jedoch dazu, daß die europäische Frage in der Erklärung wenn schon nicht ausgeschaltet, so doch mehr oder weniger übergangen wird. Trotzdem konnten sich die französischen Kommunisten von dem Prozeß, den vor allem die KPI vorantrieb, aus zwei Gründen nicht abketten: 1. Ihre gesamte politische Perspektive war auf die Einheit mit der Sozialistischen Partei ausgerichtet. 2. Die Haltung der UdSSR, die aus Gründen der Staatsräson die Rechte in Frankreich bevorzugte (in der Vorstellung, damit in Europa einen postgaullistischen Herd gegenüber der US-amerikanischen Hegemonie zu bewahren), was die französischen Kommunisten entrüstete und sie zu kritischeren und weniger bedingungslosen Positionen führte.

Ab diesem Zeitpunkt wird der Eurokommunismus Mode. Er ruft ein beträchtliches Echo in der Presse, in Radio und Fernsehen hervor. Die Existenz von Kommunisten, die voll in das demokratische Spiel einsteigen wollen und die ihre traditionellen Bande mit Moskau brechen, wirkt auf breite Kreise der Bevölkerung anziehend, vor allem, weil man in Europa in einer Zeit lebt, in der die Linke fähig zu sein scheint, einen fortschrittlichen Ausweg aus der Krise zu finden. 1975 bis 1979/80 ist die Zeit des Aufschwungs und des Wachstums des Eurokommunismus; eine Zeit, in der er ein Maximum an Hoffnungen erweckt, aber auch an Besorgnis und Befürchtungen auf seiten der Rechten, vor allem der USA.

Im Dezember 1975 findet in London eine Konferenz der Botschafter der USA in Europa statt, vor der Staatssekretär Henry Kissinger und sein Assistent Helmut Sonnenfeldt in wortgewaltigen Reden (die im April 1976 in zusammengefaßter Form vom US-Außenministerium publiziert werden) die nordamerikanische Reaktion auf den Eurokommunismus erklären. Die zentrale These ist, daß die Vereinigten Staaten eine vorherrschende Rolle der Kommunisten in Westeuropa nicht akzeptieren können, auch wenn es sich um kommunistische Parteien handelt, die mit Moskau gebrochen haben. Das heißt, der Bruch selbst wird nicht in Zweifel gestellt. Doch das ist nicht das Problem; das Unannehmbare an den Kommunisten ist ihr Programm der sozialen und wirtschaftlichen Veränderungen. „In Italien, in Spanien, in Portugal und vielleicht auch in Frankreich wohnen wir einem Wachsen der kommunistischen Parteien bei und fragen uns, was wir dagegen tun sollen", so Kissinger. „Etwas muß klar sein: Die Herrschaft der kommunistischen Parteien in Westeuropa ist inakzeptabel, und das hat nichts zu tun mit der Mäßigung dieser Parteien oder ihrem Grad der Unabhängigkeit in der Beziehung zu Moskau." Der US-Außenminister empfiehlt hingegen die Unterstützung der Sozialisten in verschiedenen Ländern, gerade in dieser Zeit des Aufschwungs der Linken. Höchst interessante Erklärungen – vor allem weil sie nicht öffentlich waren –, die bestätigen, daß in der ständigen Anschuldigung, die Kommunisten seien „Agenten Moskaus", ein gut Teil Propaganda steckte; und die einige der Faktoren erklären, die in dieser Zeit, in der zweiten Hälfte der siebziger Jahre, in Europa eine Linksentwicklung verhinderten.

Angesichts des offenkundigen Einflusses, den der Eurokommunismus gewinnt, zeigen sich in der sowjetischen Führung gewisse Schwankungen, was gleichzeitig zu zwei verschiedenen Haltungen führt: einerseits ständige, mehr oder weniger offen vorgetragene Anstrengungen, um die eurokommunistischen Parteien zu spalten, zu schwächen und selbst aufzulösen und an deren Stelle prosowjetische Parteien (auch wenn sie noch so klein sind) zu installieren; andererseits eine tolerante Haltung, die das Prinzip der Unabhängigkeit jeder Partei und der Vielfalt der „Wege zum Sozialismus" respektiert, um die Ideologie und den Mythos zu bewahren, es existiere eine internationale kommunistische Bewegung, der trotz ihrer Unterschiede alle kommunistischen Parteien angehören. In diesem Sinn ist die Abhaltung der Europäischen Konferenz der Kommunistischen Parteien im Juni 1976 in Ostberlin zu verstehen, an der die Generalsekretäre der kommunistischen Parteien einschließlich Leonid Breschnews für die KPdSU teilnehmen. Die Vorbereitung dieser Konferenz war sehr kompliziert. Die KPdSU mußte – nach der vorhin erwähnten Attacke – ein bilaterales Treffen mit der spanischen KP akzeptieren, in deren Delegation sich auch der Autor dieses Buches befand, der einige Monate zuvor das Opfer heftigster Angriffe seitens der sowjetischen Propaganda war. Die KPdSU mußte bei der Vorbereitung des Dokumentes auch weitgehende Konzessionen akzeptieren, um die Teilnahme des „Bundes der Kommunisten Jugoslawiens" zu erreichen, die seit fast zwanzig Jahren an keiner Konferenz teilgenommen hatten. Doch im Grunde hatte die Konferenz von Berlin nur minimale Auswirkungen. Der approbierte Text war nichtssagend, auch wenn er das Recht jeder Partei, ihren eigenen Weg zu bestimmen, wiederholte. Die Reden der wichtigsten Parteiführer Westeuropas waren ziemlich eindeutige Bestätigungen der grundlegenden Thesen des Eurokommunismus; im besonderen jener von der Notwendigkeit, die Gewohnheiten und traditionellen Konzepte zu überwinden, die aus dem Kommunismus eine Kirche und aus Moskau einen Vatikan gemacht hatten, den Hüter einer transzendentalen, metahistorischen Wahrheit.

Die Entwicklung in Westeuropa liefert neue Beiträge für eine Verstärkung der eurokommunistischen Strömung. 1976, nach dem Tod des Generals Franco, beginnt in Spanien ein mühsamer Demokratisierungsprozeß. Nach Portugal und Griechenland verschwindet die dritte Diktatur im Süden Europas. Aus historischen Gründen – die Rolle des Spanischen Bürgerkrieges als erste Schlacht des Zweiten Weltkriegs – findet der Triumph der Demokratie in Spanien ein großes Echo in Europa. Im Dezember 1976, als die politischen Parteien noch nicht legalisiert sind, findet in Madrid öffentlich ein Kongreß der PSOE statt, an dem die wichtigsten Persönlichkeiten des Sozialismus in Europa teilnehmen (Willy Brandt, Olof Palme, François Mitterrand). Im Jänner 1977 treffen sich in Madrid die Generalsekretäre der drei wichtigsten kommunistischen Parteien Europas – Italiens, Frankreichs und Spaniens –, Berlinguer, Marchais und Carrillo. Aus diesem Anlaß akzeptieren selbst die Franzosen den Ausdruck „Eurokommunismus", gegen den sie sich bislang gewehrt hatten. Diesem Treffen kommt eine besondere Bedeutung in Hinblick auf die Entwicklung der Demokratie in Spanien zu. Hier gab es nämlich – selbst bei einem Teil der Linken – die Tendenz, die Kommunisten nicht zu legalisieren, zumindest nicht in einer ersten Stufe der Entwicklung. Das Treffen Berlinguer – Marchais – Carrillo erschwerte jedoch dieses Manöver und trug zur Legalisierung der KP Spaniens im April 1977 bei, zwei Monate vor den ersten demokratischen Wahlen, die im Juni 1977 stattfinden. Bei diesen Wahlen schneidet die KP mit weniger als 10 Prozent der Stimmen wesentlich schlechter ab als erwartet. Die PSOE hingegen erhält 29 Prozent. Diese Wahlen spiegeln überhaupt nicht die Verhältnisse in der langen

Nacht des Francismus wider. Der Kampf, das Heldentum, die Opfer der Kommunisten setzen sich nicht in Stimmen um. In dem breiten und vielfältigen Spektrum der demokratischen Opposition nahm die KP als Ausdruck eines langen und in vieler Hinsicht beispielhaften Kampfes einen bevorzugten Platz ein. Doch die Wahlen werden von vielen Millionen Menschen entschieden, die sich während vierzig Jahren nie an der Politik beteiligt haben und die mit einer reaktionären, religiösen, konservativen Ideologie belastet sind. Die vorherrschende, vom Vater auf den Sohn überlieferte geschichtliche Erinnerung hingegen assoziiert Demokratie und Fortschritt vor allem mit der PSOE, der großen Partei der Linken in der republikanischen Periode 1931–1936.

Unter den Kommunisten macht sich eine große Frustration breit, die zu einer ausgesprochen reaktionären Anwendung des Eurokommunismus führt. Die KP bietet der regierenden Zentrumspartei UCD – in der die Christdemokraten mit starken Überbleibseln aus dem Francismus, die sich an die neue Situation angepaßt haben, vertreten sind – eine fast bedingungslose Unterstützung an. So nimmt sie in der Praxis gemäßigtere Positionen als die PSOE ein – in der übertriebenen Hoffnung, so im Regieren des Landes und in der Verteidigung der Interessen der Arbeiter eine größere Rolle spielen zu können.

In Italien konzentriert die KPI ihre Taktik in dieser Zeit auf den „historischen Kompromiß". Der Grund dafür ist die Hoffnung auf eine Regierungszusammenarbeit zwischen Kommunisten und Christdemokraten, um eine Politik durchführen zu können, die die katastrophalen Auswirkungen der Wirtschaftskrise auf die Massen der Bevölkerung vermindert. Mit 34,4 Prozent der Stimmen bei den Parlamentswahlen 1976 verfolgt die KPI in Wirklichkeit eine defensive Politik. Sie unterstützt in der Praxis – durch Stimmenthaltung – die Regierung von Andreotti, der als das kleinere Übel innerhalb der Christdemokraten und als Vorspiel einer Regierungszusammenarbeit mit den Kommunisten betrachtet wird. Aldo Moro, Generalsekretär der Christdemokratischen Partei, zeigt in der Tat immer mehr Neigungen zu einer derartigen Zusammenarbeit.

In Frankreich verläuft die politische Entwicklung anders. Die Praxis der linken Einheit führt zu einem proportional stärkeren Anwachsen der Sozialistischen Partei. Das ruft in der KPF, die fürchtet, bei einem Andauern dieser Entwicklung ihren Platz als erste Linkspartei zu verlieren, eine sektiererische Reaktion hervor. Im Herbst 1977 bricht die KPF aus einem zweitrangigen Grund (Festlegung der genauen Anzahl der vorzunehmenden Verstaatlichungen, sollte eine Linksregierung an die Macht kommen) ihren Pakt mit den Sozialisten. In der Hoffnung, ihre Wählerbasis zum Nachteil der Sozialisten zu verbessern, tendiert sie nun zu einer demagogischen Politik für die Arbeiterklasse (in der sich angesichts der Arbeitslosigkeit sogar rassistische Züge gewisser Teile der Arbeiterschaft widerspiegeln). Als Folge dieser Rückkehr zum herkömmlichen Dogmatismus erfährt gleichzeitig die internationale Ausrichtung der KPF eine gewisse Änderung: Sie schwenkt wieder auf eine Unterstützung der Sowjetunion ein und nimmt ihre früher geäußerte Kritik in einigen Punkten zurück. „Die Gesamtbilanz der sozialistischen Länder ist eindeutig positiv", so Generalsekretär Marchais.

So entsteht eine gegensätzliche Situation: Während sich die KPF vom Eurokommunismus löst (zumindest in einigen seiner wesentlichsten Punkte), gelingt es den Führern der kommunistischen Parteien Italiens und Spaniens, mit den sozialistischen und sozialdemokratischen Parteien Europas einen Dialog aufzunehmen. Es werden zahlreiche Treffen abgehalten, man nimmt gemeinsam an Gesprächsrunden über politische und ideologische Themen verschiedenen Inhalts teil. Einige dieser Gespräche (zum Beispiel Berlinguers mit Willy Brandt und Carrillos mit Mitterrand) rufen in Regierungskreisen eine Sensation hervor, da sie Möglichkeiten von politischen Bündnissen anzuzeigen scheinen, die bisher in Europa undenkbar waren. Mitterrand beharrt trotz der Haltung der KPF auf einem auf der Einheit der Linken aufgebauten politischen Projekt: Seine öffentlich dargestellte Übereinstimmung mit Positionen der kommunistischen Parteien von Italien und Spanien kompensiert in einer gewissen Weise den Bruch der „Linkseinheit" in Frankreich.

In dieser Zeit scheint die portugiesische Erfahrung ein neues Argument zugunsten der Etappenstrategie des Eurokommunismus zu liefern, zumindest beweist es die Undurchführbarkeit des klassischen kommunistischen Weges. In der revolutionären Etappe in Portugal (zwischen 1974 und 1975) waren radikale Militärs an die Spitze gekommen, vor allem in den Regierungen von Vasco Gonçalves, wobei die Kommunistische Partei, die immer noch die traditionellen Positionen der Kommunistischen Internationale bewahrte, einen großen Einfluß ausübte. Mit einer von Revolutionären angeführten Armee und einer starken kommunistischen Partei war die „Machtübernahme" im Stile des „Winterpalastes" theoretisch möglich. Doch die KP verzichtete auf diese Möglichkeit. Zweifellos gab die UdSSR – in Anbetracht der internationalen Folgen – entsprechende Ratschläge oder Anweisungen, um diesen Schritt zu vermeiden. Als Folge davon verblieb Portugal weiterhin im Rahmen der NATO, mit einer vom Weltmarkt abhängigen kapitalistischen Wirtschaft, wobei sich seit 1977 die Auswirkungen der revolutionären Etappe in wirtschaftlichen Schwierigkeiten äußerten. Mit der Agrarreform und anderen 1974 begonnenen Änderungen ging es bergab. In den Wahlen von 1976 verlor die KP bereits Stimmen und erreichte nur noch 14,5 Prozent. Was die Sozialistische Partei betrifft, so spielte sie mit Mario Soares als mehrmaligem Regierungschef eine wesentliche Rolle bei der Durchführung einer vom Internationalen Währungsfonds angeordneten, höchst unpopulären Austeritätspolitik. Die Kommunistische Partei erreichte mit ihrer dogmatischen und starren Oppositionspolitik zur Regierung - doch mit geringen Möglichkeiten, in die Geschicke des Landes einzugreifen - eine Absicherung ihres Einflusses in der Arbeiterschaft und unter den Landarbeitern und Bauern (um die 15 Prozent des allgemeinen Stimmenpotentials). Der Zusammenstoß zwischen KP und SP drehte sich immer mehr um Agrarfragen. Mit Mario Soares an der Spitze rückte die portugieische SP an den rechtesten Rand der Sozialistischen Internationale. Fünf oder sechs Jahre nach der „Revolution der Nelken" blieb von der Hoffnung auf eine Linksentwicklung in Portugal praktisch nichts mehr übrig.

Der „portugiesische Weg" ist kein Weg „zum Sozialismus", auch wenn es am Anfang so ausgesehen haben mag. Ende der siebziger Jahre kommt es überhaupt ganz allgemein zu einem Rückschritt der Linken in Europa. In zwei so entscheidenden Ländern wie Großbritannien und Westdeutschland verlieren die sozialistischen Parteien die Wahlen. Die Sozialisten müssen sich auch aus den Regierungen von Dänemark, Norwegen, Holland und Belgien zurückziehen. Mit dem Wahltriumph Reagans Ende 1980 in den USA und der Übernahme der Regierungsgewalt durch Margaret Thatcher in Großbritannien und Helmut Kohl in der Bundesrepublik Deutschland beginnt eine politische und ideologische Offensive der Rechten - eine Offensive, die eine so breite Massenbasis erzielt, wie sie die Rechte in Europa seit Jahrzehnten nicht erreicht hat.

Das Grundproblem ist, daß die Wirtschaftskrise die Unfähigkeit des Kapitalismus reflektiert, das Entwicklungsmodell, das mehr oder weniger seit Ende des Zweiten Weltkriegs funktionierte, fortzuführen. Der Keynesianismus, also das Benützen des Staates, um eine gesteigerte Nachfrage - eingeschlossen einer sozialen Nachfrage - und eine gewisse Regelung der Produktion zu garantieren, tritt in eine Krise ein. Die neoliberalen Thesen, die ein Ende des drückenden Gewichtes des Staates auf die Wirtschaft und auf die Beitragsleistenden befürworten, finden in breiten Kreisen der Bevölkerung immer größeren Anklang. Gleichzeitig drängen die Macht der multinationalen Unternehmen in Europa und die geradezu entscheidende Rolle des Dollars im internationalen Finanzsystem zu monetaristischen Lösungen. Das unaufhaltsame Ansteigen der Arbeitslosigkeit bedeutet für die Arbeiterbewegung einen Desorganisierungs- und Demoralisierungsfaktor. Der Klassenkampf wird zum Großteil durch den Ausbruch ständischer Kämpfe ersetzt, um erreichte und zweifellos legitime Positionen zu bewahren, die die Lebensgrundlage von Tausenden Arbeitern darstellen. Diese Kämpfe bieten jedoch weder eine wirtschaftliche noch eine politische Perspektive.

In diesem Rahmen finden der Niedergang und später die Krise des Eurokommunismus statt, zumindest als europäisches Phänomen. Selbstverständlich differiert dieser Prozeß von Land zu Land sehr stark. Es ist gefährlich, in einem so komplexen Phänomen gemeinsame Züge herausarbeiten zu wollen. Ein wesentlicher Faktor ist vielleicht, daß der Eurokommunismus – genauso wie die meisten sozialistischen Parteien – sich darauf beschränkt, angesichts der Krise neue keynesianische Rezepte vorzuschlagen. Er schafft es nicht, diesen Rahmen zu verlassen, der den auftauchenden neuen Realitäten bereits nicht mehr entspricht. Ein anderes (in den verschiedenen Ländern verschieden stark sichtbares) gemeinsames Merkmal des Verfalls ist, daß die geistigen und strukturellen historischen Hindernisse der kommunistischen Parteien nur eine (im wörtlichen Sinn) oberflächliche, sehr politische Anwendung eines rechten Eurokommunismus erlauben – das heißt die Distanzierung von der UdSSR und die Annahme der Demokratie, des Wahlsystems und der parlamentarischen Spielregeln als eine Form, um in den politischen Systemen Westeuropas Raum und Einfluß zu gewinnen. Selbst in dem von den anderen Ländern radikal verschiedenen Fall Italien ist die Politik des „historischen Kompromisses" ein Beispiel eines „rechtslastigen" Eurokommunismus, der die KPI mit gewaltiger Kraft in die Defensive zieht. Diese Politik gefährdet die Fähigkeit der Partei zur Initiative, die auf einen eventuellen Wechsel bei den Christdemokraten wartet. Zu einem Teil wird diese Haltung überwunden, als die KPI zu einer Politik der „alternativen Demokratie" übergeht, um ein Übereinkommen der gesamten änderungswilligen Kräfte zu erzielen.

Wie wir schon gesehen haben, war der Eurokommunismus in Frankreich besonders kurzlebig. 1976 gibt die KPF ganz unvermittelt, ohne ernsthafte theoretische Debatte, die These von der „Diktatur des Proletariats" auf. Das führt zu einer starken Opposition, besonders in intellektuellen Kreisen, angeführt von Louis Althusser. Sein Einwand problematisiert vor allem Theorie und Funktionieren der Partei: die theoretischen Fragen sollen nicht im Dienste einfacher taktischer Manöver instrumentalisiert werden. Diese Debatte hilft jedoch, ein grundlegendes Merkmal der KPF – vor allem in der Zeit, in der sie von Georges Marchais geführt wird – an die Oberfläche zu bringen. Sie bewahrt die für eine stalinistische Partei typische disziplinierte Struktur von oben nach unten, wandelt sich jedoch immer mehr in eine Wählerpartei um, die zur Gewinnung von Stimmen (oder zumindest in der Hoffnung darauf) mit Leichtigkeit Positionen, auch in Fragen der Theorie, aufgibt. Deshalb charakterisiert sich die KPF in dieser Zeit in einer Reihe von wesentlichen Fragen wie der Haltung gegenüber der UdSSR, den Beziehungen zur Sozialistischen Partei, der Entscheidung von 1977, die französische Nuklearmacht zu unterstützen, der schon erwähnten Aufgabe der Forderung nach der

Diktatur des Proletariats usw. durch eine wechselhafte, schwankende, ungewisse, instrumentalisierende Haltung. Das moralische Niveau der Führungsgruppe der Partei verfällt; in ihr finden sich vom reinsten Pragmatismus geleitete Männer (Marchais, dessen Haltung während der Hitler-Okkupation alles andere als beispielhaft war, ist ein typischer Fall dieses kommunistischen Opportunisten) mit anderen zusammen, die durch Bande der Geschichte, der Routine oder der Tradition der Dritten Internationale – doch mit einem logischen Übergewicht der ersten Strömung – zusammengehalten werden. Das Verhältnis der KPF zum Eurokommunismus konnte nur oberflächlich und schwankend sein. 1981, als die KPF in der Regierung mit den Sozialisten zusammenarbeitet, kommt es sogar zu dem kuriosen Widerspruch, daß die Partei auf einige der eurokommunistischen Postulate verzichtet und zu einer bedingungslosen Unterstützung der UdSSR zurückkehrt, selbst in einem so skandalösen Fall wie dem der Invasion in Afghanistan.

In Spanien ist das Schicksal des Eurokommunismus zweifellos wesentlich komplexer. Aus einer Reihe von Gründen fiel es der KP Spaniens und vor allem den jungen Generationen außerordentlich leicht, die eurokommunistischen Vorstellungen aufzunehmen. Es handelte sich nicht darum, die Vergangenheit zu „berichtigen". Für viele war der Eurokommunismus die natürliche, logische, die einzig mögliche Form, im Spanien des Jahres 1970 Kommunist zu sein, und sie neigten viel mehr dazu, diese Tendenz zu vertiefen.

Gleichzeitig ließen gewisse Faktoren andere Teile der Partei starr auf der traditionellen Geisteshaltung beharren: das Exil, der Untergrund, lange Gefängnisaufenthalte, die jahrzehntelange Passivität der Kommunisten, die ihr Ideal wie eine Reliquie bewahrten, um sie nach der Rückkehr zur Freiheit wieder hervorzuholen. In der obersten Parteiführung waren der Zentralismus, eine strenge Disziplin, die Geheimhaltung, die (dem Untergrund eigene) höchste Machtkonzentration durch viele Jahre hindurch so etwas wie eine zweite Natur geworden.

Wie wir schon erwähnt haben, verursachten die Wahlen vom Juni 1977 – die ersten seit vierzig Jahren – bei den Kommunisten tiefe Enttäuschung und Frustration. Und sie brachten drei Haltungen hervor, die später unheilvolle Folgen haben sollten und die sich bereits am IX. Parteitag der spanischen KP 1978 niederschlugen: 1. Ringen um Wählergunst; 2. Arbeiterpolitik; 3. Rechtsruck.

1. Diese Position war eine Reaktion auf die Wahlniederlage. Der Wunsch, Stimmen zu gewinnen, wurde zur Besessenheit, zum fast einzigen Kriterium der politischen Entscheidungen. Das hatte besonders bei einer Partei wie der spanischen KP schwerwiegende Auswirkungen: gerade in den Kreisen mit der tiefsten revolutionären Überzeugung entstanden Zweifel und Verständnislosigkeit.

2. Das Ringen um die Gunst der Arbeiterschaft erwuchs aus der etwas vereinfachenden Rechnung, man müsse vorzugsweise die Stimmen der Mitglieder der von Kommunisten angeführten Gewerkschaft „Arbeiterkommissionen“ (Comisiones Obreras), die zum Großteil für die PSOE abgegeben worden waren, zurückholen. Das führte dazu, den ganz wesentlichen Einfluß, den die KP auf Intellektuelle, Freiberufliche, Lehrkräfte, Studenten usw. gewonnen hatte, zu vergessen oder zu unterschätzen. Es wurden sogar die kommunistischen Verbände der Rechtsanwälte, der Ärzte, der Architekten und anderer mit der Begründung aufgelöst, daß deren Arbeit auf örtlicher Ebene, in den Stadtvierteln, wirkungsvoller wäre. Damit begann der Rückzug aus äußerst wichtigen Gesellschaftskreisen. Und bei jenen Mitgliedern, die in der Partei verblieben, machten sich Zweifel und Krisen breit.

3. Die extrem rechte Haltung der Partei in dieser Zeit äußerte sich in zwei Formen: in einer politischen und einer theoretischen. Auf der ersten Ebene näherte sich die KP der Zentrumspartei (UCD) von Adolfo Suárez. Die Vorstellung dabei war, dadurch die Sozialisten auszustechen und in der Leitung des Landes indirekt eine Rolle zu spielen. Die Folge dessen war aber, daß sich die KP in gewisser Weise in eine bürgerliche Politik verwickelt sah, der auf der einen Seite wohl das Verdienst zukam, die Demokratie zu festigen, die aber andererseits wichtigste wirtschaftliche und soziale Interessen der breiten Bevölkerungsschichten schädigte. So entstand für viele Kommunisten ein neuer Grund zu Enttäuschung und Verwirrung.

Auf theoretischer Ebene entschied der IX. Parteitag der Kommunistischen Partei Spaniens 1978, den Leninismus als einziges und bevorzugtes theoretisches Fundament der Partei zu streichen. Das war zweifellos an und für sich eine zutreffende Entscheidung: der Leninismus beruht vor allem auf der Erfahrung der Russischen Revolution und ist keine universelle Theorie. Doch die Maßnahme selbst wurde völlig verkehrt angegangen: Generalsekretär Santiago Carrillo traf die Entscheidung während einer Vortragsreise durch die USA. Es gab keine grundlegende theoretische Diskussion darüber. Dieser Entschluß hätte nur Sinn gehabt, wenn erst einmal die Beziehung der spanischen KP zur UdSSR geklärt worden wäre, was jedoch nie stattfand. So erhielten viele Kommunisten – und die öffentliche Meinung – den Eindruck, diese Aufgabe des Leninismus sei vor allem eine propagandistische Geste, um Wähler zu fangen und um der Partei ein gemäßigteres Bild zu verpassen.

Diese verschiedenen Faktoren riefen in der Partei eine ernsthafte Krise hervor, was in den Jahren 1979/80 zu einer ersten Austrittswelle von Mitgliedern führte. Es formierten sich innerhalb der Partei drei Strömungen, die dann am X. Parteitag im Sommer 1981 aufeinanderprallten. Einmal der klar „prosowjetische“ Sektor, der zur traditionellen Partei zurückkehren möchte; er war sehr klein und erhielt bei diesem Kongreß nicht einmal fünf Prozent der Stimmen. Dann der „Erneuerungssektor", der sich um das theoretische Organ *Nuestra Bandera* gruppierte; diese Strömung umfaßte den größten Teil der Kader, die in den letzten Jahren der Diktatur das Rückgrat der Partei gebildet hatten, neben dem einen oder anderen kommunistischen Veteranen, wie Manuel Azcárate, dem Direktor der Zeitschrift. Es waren fast alles junge Kader, die jedoch die letzten Jahre der Repression noch miterlebt hatten. Ihr Konzept vom Eurokommunismus kannte keine Vorbehalte, und sie wollten es auch konsequent bis zum Ende führen: die Kritik an der Sowjetunion offen zur Sprache bringen; den neuen sozialen Bewegungen (Feminismus, Pazifismus, Ökologie, Jugendbewegung) einen wichtigen Platz einräumen und in ihnen neue Anregungen zur Erneuerung der Partei suchen; somit eine Änderung der inneren Funktionsregeln der Kommunistischen Partei, damit in ihren Reihen eine authentische Diskussion entstehen und auch die Minderheiten ihre Meinung ausdrücken können; Meinungsunterschiede dürfen nicht mehr ein Vergehen sein; die parteiinterne Demokratie müsse sich auch auf die Existenz verschiedener Meinungen erstrecken; Schluß mit dem Zentralismus, dem Autoritarimus und der fast unumschränkten Macht des Generalsekretärs, wie sie für die Zeit des Kampfes im Untergrund bezeichnend waren. Die „Erneuerer" (renovadores) erhielten am X. Parteitag vierzig Prozent der Delegiertenstimmen. Sie verlangten weder die Legalisierung der Fraktionen noch die Übernahme der Führung der Partei, doch sehr wohl das Recht auf die Formulierung ihrer Ideen und auf Vertretung in den Leitungsorganen, um so der Partei mehr Flexibilität, mehr Ideenreichtum und eine größere Fähigkeit, die jungen, fortschrittlichen Kräfte der spanischen Gesellschaft anzuziehen, zu geben.

Es gelang dem Generalsekretär Santiago Carrillo, unter der Einheitslosung „Rettet die Partei" gegen diese „Erneuerer" ein ziemliches Konglomerat zu formieren, in dem sich von reinen Karrieristen bis zu sektiererischen und prosowjetischen Elementen alles zusammenfand. Die Themen Parteistruktur, Zentralismus, Unterwerfung unter die Führung erhielten wieder einen absoluten Wert. Viele der Delegierten wurden sich gar nicht bewußt, daß sie damit eine Partei stalinistischen Typs verteidigten, denn Lenin hatte fast sein ganzes Leben lang (bis 1920) die Fraktionen in der Partei zugelassen. Es wurde ja auch die Russische Revolution im Oktober 1917 von einer Partei mit Fraktionen durchgeführt. Fast alle Kader, die ein Jahr später in Konfrontation mit Carrillo gerieten, halfen dem Generalsekretär in den Monaten nach dem X. Parteitag, die „Erneuerer" auszustoßen. Ausschlaggebend dafür waren wahrscheinlich Carrillos politische Blindheit, seine geringe theoretische Bildung, um den Grund der Probleme zu verstehen, das Gewicht der alten Vorstellung von der Verehrung des

Führers oder „Hamletismus“, also Unentschlossenheit, Furcht, die Rolle des Gewinners zu verlieren, und der Wunsch, immer obenauf zu schwimmen. Auf jeden Fall verwandelte sich der Ausschluß der „Erneuerer“ in einen Selbstzerstörungsprozeß der Kommunistischen Partei Spaniens. Sie entledigte sich ihrer dynamischsten Teile – und verlor an Glaubwürdigkeit. Ein Jahr später erfolgte das Wahldebakel vom Oktober 1982, als die KP weniger als vier Prozent der Stimmen erhielt. Von 23 Abgeordneten fiel sie auf vier herunter. Nun dachte die Mehrheit des Zentralkomitees daran, es wäre wohl an der Zeit, den Generalsekretär auszuwechseln und der Partei ein moderneres Bild zu geben. Das führte zu starken inneren Auseinandersetzungen und zum Auszug einer Gruppe unter Ignacio Gallego, der eine andere, öffentlich von der KPdSU unterstützte Partei ins Leben rief.

Der Eurokommunismus ist weiterhin die maßgebende Grundlage der gegenwärtigen Politik der spanischen KP. Trotzdem scheinen die organische und selbst ideologische Schwäche sowie die schlechten Wahlergebnisse die Partei zu einer fast ausschließlich vom Ringen um die Wählergunst bestimmten Politik zu verurteilen, um so den heute so kärglichen Spielraum zu erweitern. Ihr Eurokommunismus ist also vor allem propagandistisch und oberflächlich, an alle Strömungen adaptierbar und bestrebt, jegliche Polemik zu vermeiden, die eventuell Stimmen kosten könnte. Die spanische KP stellt also ein typisches Beispiel einer Rechtsauslegung des Eurokommunismus dar.

In Wirklichkeit ist der Eurokommunismus von seinem Entstehen in einer bestimmten historischen Phase der kommunistischen Bewegung her und wegen der sich selbst gestellten Ziele seinem Wesen nach eine Linksströmung im Gegensatz zum verknöcherten, konservativen traditionellen Kommunismus. Er ist auf theoretischer, politischer und organisatorischer Ebene eine Erneuerungsbewegung, um die neuen Erfordernisse, die im letzten Viertel des 20. Jahrhunderts vorherrschen, aufzunehmen, um die Veränderungen in der Welt und vor allem in den kapitalistischen Gesellschaften Europas geistig zu verarbeiten. Das würde bedeuten, zumindest in den folgenden vier Bereichen, eine grundlegende Veränderung zu versuchen:

1. Dem Kommunismus eine neue *Identität* verleihen. Die Beziehungen zur UdSSR und zum sowjetischen Modell von Grund her klären, nicht nur auf politischer, sondern auch auf theoretischer Ebene. Man müßte anerkennen, daß die UdSSR kein sozialistisches Land ist. Der anfängliche Kurs der Oktoberrevolution von 1917 geriet mit der Schaffung eines allmächtigen Staates – Eigentümer und zentraler Planer der Wirtschaft, diktatorisch regiert von einer neuen Unterdrücker- und Ausbeuterklasse – auf Abwege. Dieser sowjetische Staat vertrat mit neuen, nichtkapitalistischen Formen den Übergang von einer archaischen, halbfeudalen Agrarwirtschaft zu einem Industriesystem. Doch wenn auch die alten Beziehungen feudaler

und kapitalistischer Produktion zerstört wurden, so wurden - vor allem durch den Aufbau eines absoluten Staates - neue Formen der Herrschaft über die Arbeiter strukturiert. Mit dem Ergebnis, daß die UdSSR kein sozialistisches Land ist: weder der Staat selbst noch seine sozialen Beziehungen, noch seine Haltung gegenüber den Nationalitäten, die ihn bilden, und auch nicht seine internationalen Beziehungen entsprechen den Prinzipien des Sozialismus, so wie sie den fundamentalsten Ideen von Karl Marx entspringen. Zweifellos hat die UdSSR in der Geschichte außerordentlich positive Rollen gespielt: durch die Revolution von 1917; durch ihren Kampf und die unermeßlichen Opfer, die im Krieg gegen Hitlerdeutschland entscheidend waren; durch ihre Hilfe und ihren Beitrag zur Befreiung der Kolonialvölker; durch ihre in vielen Fällen eindämmende, bremsende Rolle gegenüber der Aggression des Imperialismus und so weiter. Doch in ihrer Geschichtsbilanz tauchen auch furchtbar negative Faktoren auf - ohne nun auf die schreckliche Repression in der Stalinära einzugehen: die Herrschaft über die Völker, denen sie ihr Modell aufgezwungen hatte; ihre Einmischung in verschiedenen Ländern, um fortschrittliche Kräfte und in einigen Fällen selbst die wertvollsten kommunistischen Führer auszuschalten; ihre hegemoniale Tendenz in der Außenpolitik. Es ist also notwendig, daß die kommunistischen Parteien in den Reihen ihrer eigenen Mitglieder eine tiefgehende theoretische und kulturelle Revision ihres eigenen geschichtlichen Werdeganges vollziehen und der UdSSR gegenüber eine Position völliger Unabhängigkeit einnehmen. Die UdSSR ist wohl zweifellos ein bedeutender Faktor der zeitgenössischen Wirklichkeit, doch kein sozialistischer Faktor. Man muß mit Nüchternheit jene Aspekte der sowjetischen Politik unterstützen, die für die Völker, für den Frieden, für den Fortschritt der Menschen im allgemeinen von Vorteil sind. Doch mit derselben Nüchternheit muß man auch jene Aspekte der sowjetischen Politik kritisieren, verurteilen und bekämpfen, die für den Frieden und die Befreiung negativ sind. Dafür genügen nicht konkrete kritische Äußerungen bezüglich der Tschechoslowakei oder Afghanistan. Es genügt nicht, von einem Sozialismus „mit Defekten" zu sprechen. Es ist unerläßlich, den nichtsozialistischen Charakter der Sowjetunion zu verstehen und zu verarbeiten.

Man muß somit auch anerkennen, daß der in der Revolution von 1917 geborene revolutionäre Geist (der den Kommunismus als solchen begründet hatte) erschöpft ist. Um fortzubestehen, muß der Kommunismus eine neue Daseinsberechtigung finden, und zwar nicht in der Geschichte, sondern in der zeitgenössischen Wirklichkeit.

Tatsächlich besteht weiterhin die Notwendigkeit einer politischen Kraft links von den sozialistischen Parteien, die den Bruch mit dem Kapitalismus, die Revolution (und nicht die bloße Reform) verkörpert. In diesem Sinn ist die Schaffung eines neuen, von der UdSSR abgekoppelten Kommunismus weder eine Phantasie noch ein Ding der Unmöglichkeit. Das war das Abenteuer, das im Eurokommunismus lag. Doch die Parteien, die den Eurokommunismus auf ihre Fahnen schrieben, blieben (mit Ausnahme der italienischen KP) auf halbem Wege oder auf einem Drittel des Weges stehen. Sie praktizierten einen Rechts-Eurokommunismus und bewahrten eine Doppelgeleisigkeit, um ihre Aktivisten nicht vor den Kopf zu stoßen, um nicht alte Anhänglichkeiten zu verletzen, um die Kanäle zu Moskau offenzulassen ... Eine klarere und radikalere Haltung hätte sicher zu Verlusten an Mitgliedern geführt, doch die sind immer unvermeidlich, wenn man vom Alten zum Neuen schreitet. Aber es ist nicht auszumalen, welcher Ideenreichtum und wie viele junge Energien sich bei einem wirklich erneuerungsbewußten und radikalen eurokommunistischen Wagnis in diese Strömung integriert hätten!

2. Anerkennen der wichtigen und besonderen Rolle der neuen sozialen Bewegungen: Feminismus, Ökologie, Friedensbewegung, nationale und neue strukturelle Strömungen usw. So bezeichnete sich zum Beispiel die spanische KP in einem Dokument der II. Nationalen Konferenz 1975 als „feministische Partei" und betrieb später viel Propaganda mit ihrer Unterstützung des Feminismus usw. Doch es handelte sich vor allem um eine propagandistische Haltung, die sich jeweils in der Vorwahlzeit intensivierte. Als sich innerhalb der Partei eine echte, kraftvolle feministische Strömung herausbildete, die entschlossen war, mit den internen machistischen Gebräuchen aufzuräumen, wurde sie schlichtweg eliminiert. Der Ausschluß der Erneuerer 1981 war gleichzeitig der Ausschluß des – zahlenmäßig ohnehin nicht starken – authentischen Feminismus.

Im Grunde setzt das Anerkennen der den sozialen Bewegungen eigenen Bedeutung ein neues Verständnis von Politik voraus. Ein Verlassen des Zweigespanns: entweder Wahlen oder Aufstand. Ein Verständnis von der Umwandlung der Gesellschaft im Sinne von Gramsci als langsamer, dezentralisierter Fortschritt in einem sozialen Gefüge. Ein Fortschritt, den die Partei natürlich nicht monopolisieren kann. Auch nicht anführen. Die sozialen Bewegungen bringen ihre spezifischen Teilforderungen (Feminismus, Ökologie), wenn sie solche vorbringen, in einer bedingungslosen Form ein. Sie akzeptieren den Weg über Wahlen nicht und können ihn auch nicht akzeptieren. Die Wahlen sind eine Angelegenheit der Parteien, aber nicht der Bewegungen. Darin liegt ein objektiver Gegensatz. Traditionellerweise will die Partei ihre Hierarchie aufzwängen. Das führt dazu (und selbst die eurokommunistischen Parteien verfielen dieser Haltung), die Bewegungen als Mittel zum Stimmenfang zu benützen. Damit tötet die Partei, die eine echte Veränderung will, die Henne der goldenen Eier, denn für eine langfristige Veränderung kann die Existenz eines bodenständigen Feminismus, der Bräuche und Gewohnheiten zerstört, viel wichtiger sein als ein Wahlerfolg. Die eurokommunistischen Parteien neigten dazu, in eine plumpe Stimmenfangpolitik zu verfallen. Sie sprachen vom Respekt für die sozialen Bewegungen, doch vor allem deshalb, um von diesen in Wahlzeiten zu profitieren.

3. Bereicherungen des Konzepts der politischen Demokratie. Als 1975 die kommunistischen Parteien Italiens und Spaniens ihr neues strategisches Konzept eines demokratischen Weges zum Sozialismus – und zwar zu einem pluralistischen Sozialismus mit der Möglichkeit von Regierungswechseln je nach der Stimmenmehrheit – verkündeten, rief dies Überraschung und Sensation hervor. Dieser Schritt wurde als eine Annäherung an die traditionell legalistische Haltung der Sozialisten interpretiert. In Wirklichkeit spiegelte dieser neue Anschluß an die Demokratie eine objektive Notwendigkeit der Arbeiterbewegung zur Überwindung uralter Illusionen wider. Es war ein Schritt im Rahmen eines unumgänglichen politischen Realismus, der ganz allgemein den Einzug der kommunistischen Parteien in parlamentarische Institutionen und in einigen Fällen in Regierungsämter erleichterte. Doch war das eine, historisch gesehen, ziemlich verspätete Bewegung. Es bedeutete, die liberale parlamentarische Demokratie zu stützen, als deren Krise – vor allem nach 1968 – bereits ein klares Ausmaß anzunehmen begann. Der Eurokommunismus, so wie er angewendet wurde, beschränkte sich darauf, die typisch westliche Demokratie zu akzeptieren und sich in sie zu integrieren. Deshalb nahm er auch diese Form der Identifizierung mit der Sozialdemokratie an und brachte ein ziemliches Maß an parlamentarischem Schwachsinn hervor, der um so lächerlicher ist, wenn er von einer Position der Schwäche aus praktiziert wird. Das Grundproblem, mit dem sich heute die europäischen Gesellschaften konfrontiert sehen, ist das Auffinden neuer Formen der Beteiligung der Staatsbürger, der direkten Demokratie für die ganze Bevölkerung, der wirkungsvollen Selbstverwaltung in ausgedehnten Bereichen des politischen, sozialen, kulturellen Lebens usw., ohne dabei auf die repräsentative, parlamentarische Demokratie zu verzichten. Die Wahl der Volksvertreter alle vier Jahre entspricht heute nicht mehr der Fähigkeit und dem Willen zur Partizipation, den die Staatsbürger entwickelt haben. In der keynesianischen Epoche mischt sich der Staat in praktisch alle Bereiche des menschlichen Lebens ein, wobei sich der Großteil dieser staatlichen Interventionen nicht demokratisch über das Parlament vollzieht. Am Ende herrscht die verantwortungslose, routinierte, konservative Bürokratie. Das Parlament wird an den Rand gedrückt – nicht nur aus fehlendem Willen, sondern weil es in Wirklichkeit die Vielfalt der tatsächlichen Probleme gar nicht erfassen kann. Es geht nicht darum, *mehr* Parlament zu verlangen. Es handelt sich darum, *neue Formen* einer direkteren Demokratie zu schaffen, die der Bevöl-

kerung eine effektive Teilnahme ermöglichen, um die grundlegenden Fragen des sozialen Lebens zu lösen. Eine Teilnahme ohne Übertragung, ohne Vermittlung. Das erfordert zweifellos eine Dezentralisierung des Staates und mehr Macht für die lokalen und regionalen Institutionen. Auch allgemeine Befragungen wie die Volksabstimmung sollen verstärkt und gleichzeitig neue Formen der Selbstverwaltung in den Firmen, in den Stadtvierteln, im Unterricht, im kulturellen Leben, im Gesundheitsdienst, in Forschung, Ökologie usw. geschaffen werden. Nicht *mehr* Staat. Keine Privatisierung. Mit Ausnahme der KPI (und hier vor allem in den äußerst wichtigen Werken von Pietro Ingrao) haben sich die eurokommunistischen Parteien auf eine traditionelle und rechtslastige Annäherung an die Demokratie beschränkt.

4. Umwandlung des internen Funktionsschemas der Partei. Eigentlich entsprach der auf der Lehre Lenins beruhende „Typ von Partei" den Erfordernissen einer Partei, die im Untergrund kämpfte und deren Aufgabe es war, einen bewaffneten Aufstand vorzubereiten. Dadurch gewannen alle Formen des Zentralismus, der Autorität der Führer, der fast militärischen Disziplin, der Einheit, des Monolithismus Vorrang. In der klassischen Definition der kommunistischen Organisation, dem „demokratischen Zentralismus", ist Zentralismus das Hauptwort und demokratisch das Eigenschaftswort. In der letzten Zeit Lenins zwangen ihn die historischen Umstände - die ernsthafte Bedrohung der Sowjetmacht in Rußland - dazu, einen noch strengeren Zentralismus und eine noch striktere Disziplin zu verhängen und alle Parteifraktionen zu verbieten. Diese Entwicklung wurde durch Stalin noch verstärkt, kanonisiert, zum Selbstzweck erhoben. Dieser Begriff von Partei behauptete sich in der ganzen Geschichte der kommunistischen Parteien. Die Originalität des Theoretikers Gramsci und später, 1944, die These Togliattis von der „Partei neuen Typs" führten wohl ein starkes Maß an Flexibilität und mehr Demokratie ein. Dennoch erforderte die Anwendung einer eurokommunistischen Politik durch ihre Eigendynamik, das Funktionsschema der Partei offenzulegen und zu verändern; eine Partei mit einer echten inneren Diskussion zu schaffen, die Auseinandersetzungen respektiert, die den verschiedenen Organisationsstufen Autonomie gewährt, in der echte Demokratie, Meinungsfreiheit und schöpferische Freiheit vorherrschen. Eine derartige Veränderung bedeutete auch, neue Kriterien für die Auswahl der führenden Kader einzuführen. Einer der schlimmsten Defekte des klassischen Schemas der kommunistischen Partei ist, daß sie dem obersten Führer eine derart enorme Machtfülle auflädt, sodaß er praktisch unabsetzbar wird. Dieser bestimmt gleichzeitig die Auswahlkriterien für die Kader, wobei sich Intelligenz und kritischer, unabhängiger Sinn als Defekte erweisen, hingegen Charakterschwäche, blinde Gefolgschaft, die Bereitschaft,

den Anordnungen von oben zu gehorchen und sie zu akzeptieren, zu Tugenden werden, die den Aufstieg in der Partei begünstigen.

Als nun der Eurokommunismus aus seinem Selbstverständnis heraus die Notwendigkeit betonte, die inneren Regeln des Parteilebens zu modifizieren, reagierten die Führungskreise mit einer engstirnigen Verteidigung der bestehenden Positionen, der „klassischen Partei“ als „Selbstzweck“. Die disziplinierte, autoritäre Partei wurde mit dem Ideal des Kommunismus identifiziert. Die Erneuerungsbestrebungen wurden als Versuche, in die sozialdemokratischen Bräuche einzudringen, betrachtet und als solche verurteilt.

Die Folge davon war, daß – ohne eine Veränderung der Partei – der Eurokommunismus nur oberflächlich sein konnte, sich zu einem Rechts-Eurokommunismus entwickelte und den unerläßlichen Erneuerungsprozeß in den oben erwähnten Bereichen Politik, Theorie usw. nicht durchführte. Mit Ausnahme Italiens erfüllte der Eurokommunismus – der mit so enormen Hoffnungen als Startschuß für eine neue Welle fortschrittlichen, revolutionären Denkens und Handelns in Westeuropa begonnen hatte – diese Rolle nicht. Er ließ die meisten kommunistischen Parteien mehr oder weniger unverändert. Andere schlitterten in ernsthafte Krisen. Wie ein Schatten tauchte über den Parteien das bedrohliche Fragezeichen ihrer eigenen Daseinsberechtigung auf.

Kapitel 7

Die Krise der achtziger Jahre

Zu Beginn der achtziger Jahre kommt es im Süden Europas (und teilweise mit dem Triumph von Olof Palme in Schweden auch im Norden) zu einem neuen Erwachen der Linken, die von ihrer Machtposition aus eine fortschrittliche Lösung für die katastrophale Wirtschaftskrise, die fast alle Länder berührt und die zu seit Jahrzehnten nicht mehr erlebten sozialen Auswirkungen führt, suchen will. Die Arbeitslosigkeit erfaßt in Westeuropa an die 30 Millionen Arbeitnehmer, das bedeutet für einzelne Länder eine Arbeitslosenrate von 15 bis 20 Prozent. Zum erstenmal in der Geschichte erhalten drei sozialistische Parteien des *Mittelmeerraums* die absolute Mehrheit in den Parlamenten ihrer Länder: in Frankreich, in Griechenland und in Spanien. Das heißt, sie erobern nicht nur auf legalem Weg die Regierungsgewalt, sondern gewinnen, zumindest in formaler Hinsicht, die Möglichkeit, in ihren jeweiligen Ländern tiefgehende Strukturveränderungen zu realisieren. Die erwähnten sozialistischen Parteien besitzen die Exekutiv- und auch die Legislativgewalt. Weiters werden in zwei weiteren südeuropäischen Ländern die Regierungen von sozialistischen Politikern angeführt: Craxi in Italien und Soares in Portugal. Es handelt sich zwar in beiden Fällen um Koalitionsregierungen, wobei in Italien die SP mit nur knapp mehr als zehn Prozent der Wählerstimmen ziemlich schwach ist. Trotzdem tragen die Verhältnisse in Italien und Portugal dazu bei, die Idee zu verstärken, daß im Süden Europas ein neues Experiment im Entstehen sei. Wie wir in einem früheren Kapitel gesehen haben, handelt es sich um Parteien, die grundsätzlich entschlossen sind, einen anderen Weg zu gehen als den traditionellen sozialdemokratischen. Gleichzeitig stehen als negatives Beispiel die Niederlagen von Callaghan in Großbritannien und von Schmidt in der Bundesrepublik Deutschland vor ihnen, die diese gerade deshalb erlitten, weil sie keine neuen Rezepte gegen die Krise gefunden haben.

Die radikalste Neuheit ergibt sich in Frankreich mit dem Eintritt von vier kommunistischen Ministern in die von Pierre Mauroy angeführte Regierung, die erste Regierung, mit der François Mitterrand seine Präsidentschaft antritt. Eine Präsidentschaft von sieben Jahren, das heißt für einen von der Verfassung garantierten besonders langen Zeitraum (ganz im Stile und gemäß den Ambitionen de Gaulles) und somit mit einer objektiven Grundlage, um eine Politik der Veränderungen durchzuführen.

Kurioserweise scheint sich gerade in Frankreich, wo die KP sehr schnell den eurokommunistischen Erneuerungsprozeß aufgegeben hat, mit dem Projekt von Mitterrand die größte Annäherung an die Verwirklichung der vom Eurokommunismus skizzierten Ziele zu ergeben.

Das französische Experiment erweckt in ganz Europa Hoffnungen. Mitterrand selbst pflegt höchst freundschaftliche Beziehungen zu den italienischen Kommunisten. Er hat eine sehr positive Einschätzung vom Eurokommunismus abgegeben (zum Unterschied von anderen sozialistischen Führern wie Bettino Craxi und Felipe González). In einem in Paris 1980 vom „Sozialistischen Studien- und Forschungsinstitut" (ISER) organisierten Seminar sagt Mitterrand mit besonderem Bezug auf die italienischen Kommunisten:

„Der Eurokommunismus stellt sich heute als ein von den einen und den anderen abgelehnter Versuch dar, über Stalin hinwegzugehen, auf Lenin zu verzichten und zu Marx zurückzukehren . . . Ist somit der Eurokommunismus nicht Ausdruck des Wunsches und des Willens, die Realitäten der Gegenwart zu akzeptieren? Des Willens, die kommunistische Bewegung im Inneren der kapitalistischen Länder im Rahmen der hochentwickelten und wechselhaften Formen der parlamentarischen Demokratie und durch bodenständige Kämpfe neu einzupflanzen? Des Willens, über Veränderungen und Wechsel – ich wollte schon sagen, von Reform zu Reform – eine völlige Umwandlung der kapitalistischen Produktionsweise zu erreichen, die ihren von Marx vorhergesehenen (letzten) Konzentrationsgrad bereits erreicht hat?"[1]

Das Experiment Mitterrands mit einer absoluten sozialistischen Mehrheit im Parlament, mit einer sicheren Frist von sieben Jahren in der Präsidentschaft, mit der kommunistischen Mitarbeit in den ersten Regierungen präsentierte sich als eine historische Möglichkeit, die Entwicklung in Europa umzudrehen, neue Wege zu erschließen: auf wirtschaftlicher Ebene angesichts der Krise die Monopole zu schwächen und auf sozialistische und demokratische Ziele ausgerichtete Leitlinien einzuführen; im Bereich der internationalen Politik angesichts des Wettrüstens und der Polarisierung eine neue Rolle Frankreichs (vor allem in Europa) zu definieren, die auf Abrüstung, einen Abbau der Militärblöcke und eine neue Beziehung zur Dritten Welt abzielt.

Kurz vor seinem Wahlsieg zum Präsidenten der Republik meinte Mitterrand hinsichtlich der Übereinstimmung zwischen dem französischen Sozialismus und dem Eurokommunismus: „Es besteht ein allgemeiner Wunsch, daß sich Europa mit Institutionen versieht und eine Politik durchführt, die konkret dazu beiträgt, *die Logik der Blöcke zu verlassen.*"[2]

Das Scheitern des französischen Experiments ist heute offensichtlich - nicht nur durch die Wahlniederlage von 1986. In ihrer Anfangsphase erfüllte die Regierung Mauroy wohl einige der im Wahlprogramm vorgesehenen fortschrittlichen Wirtschaftsmaßnahmen wie die Verstaatlichung der Banken und einiger Industriekonzerne sowie soziale Maßnahmen, die die Macht der Arbeiter in den Unternehmen steigerte. Trotzdem unternimmt der französische Sozialismus ab 1983 einen Schwenk in Richtung Rückkehr zu einer traditionellen kapitalistischen Wirtschaftspolitik, die wohl Raum für Sozialleistungen zu bewahren versucht (hierin liegt der wesentlichste Unterschied zur Rechten), die aber die Rentabilität der Privatwirtschaft als entscheidendes Kriterium für ihre wirtschaftspolitischen Maßnahmen akzeptiert. Auf internationaler Ebene wird die Haltung Mitterrands durch eine Fortsetzung der französischen Politik charakterisiert: Stützung der französischen Nuklearmacht, was Frankreich mit der Atompolitik der Vereinigten Staaten verbindet und dazu führt, die Installierung der US-Raketen in Europa zu befürworten; französische Interventionen in Afrika und im Pazifik - zweifellos in der Absicht, die Auswirkungen der US-amerikanischen Einmischung zu verringern -, doch ohne eine eindeutige Unterstützung der nationalen Unabhängigkeitsbestrebungen und ohne die Fähigkeit, eine neue europäische Haltung zur Dritten Welt zu definieren. Kurz und gut, statt einen Bruch mit der sozialdemokratischen Tradition (die darin besteht, mit der Rechten in einen Wettbewerb um die bessere Verwaltung des Kapitalismus zu treten), statt einen Ausgangspunkt für einen neuen Weg zum Sozialismus darzustellen, ist das Experiment Mitterrands nichts weiter als die Wiederholung eines klassischen Schemas: eine sozialistische Partei, die viel verspricht und dann, einmal an die Macht gekommen, eine andere Politik verwirklicht; eine Politik, die sich im Grunde nicht wesentlich von der einer Mitte-Regierung unterscheidet.

Die Fälle Spanien und Griechenland, wo sich ebenfalls sozialistische Regierungen mit absoluter Mehrheit an der Macht befinden, liegen anders. In beiden Ländern besteht aufgrund ihrer Geschichte und der erst kürzlich vollzogenen Überwindung diktatorischer Regimes eine Rückständigkeit im öffentlichen Leben, in den staatlichen Strukturen, im Bereich Erziehung usw., die eine Modernisierungspolitik erleichtert. Trotzdem hat die Wirtschaftspolitik der PSOE in Spanien nicht das geringste sozialistische Element an sich. Die entscheidende Bedeutung der großen Banken besteht weiter. Im außenpolitischen Bereich hat die PSOE durch ihr Nachgeben gegenüber dem US-amerikanischen Druck, Spanien in der NATO zu belassen, die fortschrittlichsten Aspekte ihrer Außenpolitik aufgegeben. Sie bekräftigt wohl ihre solidarische Haltung mit den Demokratien in Lateinamerika, doch werden entsprechende Tendenzen durch das Einbinden Spaniens in den Nordatlantikpakt verstümmelt. Auch in Griechenland hat Papandreou in der Regierung die Versprechungen des Programms der PASOK, das Land aus der NATO zu lösen und die US-amerikanischen Militärbasen auf seinem Staatsgebiet zu schließen, nicht eingehalten. Er besteht jedoch auf einer Politik größerer Unabhängigkeit als Mitterrand und González, vor allem was die Beziehungen zur Dritten Welt betrifft.

Auf jeden Fall stellen die Erfahrungen des französischen Sozialismus (und in geringerem Ausmaß jene Spaniens und Griechenlands) kein gültiges Argument dar, das *für* die Fähigkeit der Linken sprechen würde, Europa auf fortschrittlichem Weg aus der Krise zu führen und ein neues Europa zu schaffen. Ein neues Europa, das einen Beitrag leisten könnte zur Überwindung der Militärblöcke, für Abrüstung und Frieden, insbesondere für eine geänderte Beziehung zur Dritten Welt sowie für den Weg zu den gigantischen technologischen und sozialen Umwandlungen des 21. Jahrhunderts.

Es ist notwendig, die Ursachen für dieses Scheitern der regierenden Sozialisten, die in der ersten Hälfte der achtziger Jahre im Süden Europas so entscheidende Möglichkeiten im wirtschaftlichen und internationalen Bereich besaßen, zu untersuchen. Ein Scheitern, das schwerwiegendste politische und ideologische Auswirkungen mit sich zog. Europa erlebte in der Folge eine Offensive der Rechten, angeregt durch die Erfolge Reagans bei den US-Wahlen 1980 und 1984. In Europa wird dieser Aufschwung der Rechten durch Frau Thatcher und Kanzler Kohl – die den Regierungen in Großbritannien bzw. der BRD vorstehen – verkörpert.

Die Rechte präsentiert – vielleicht zum erstenmal seit dem Aufschwung des Faschismus vor einem halben Jahrhundert – eine Ideologie, die fähig ist, auf breite Bevölkerungsschichten Anziehungskraft auszuüben: eine Mischung von traditionellen Werten (Familie – Ordnung – Vaterland – Individualismus) mit einer gewissen Antwort auf tatsächliche Probleme, die die Krise des *Wohlfahrtsstaates* aufgeworfen hat: Ablehnung des übermäßigen Staatsinterventionismus; Hervorhebung des *freien* Unternehmertums und des Wertes jeder einzelnen Person. Gegenüber dem Egalitarismus wird die *Ungleichheit* gepriesen. Wie zu allen Zeiten großer Veränderungen, sind auch wir nun Zeugen eines Aufschwungs religiöser Bewegungen; angesichts unverständlicher Situationen oder angesichts der Gefahren, die die ganze Menschheit bedrohen, neigt man dazu, der göttlichen Gewalt zu vertrauen. Die allgemeine Idee eines Fortschritts der Menschheit, die in der Aufklärung eine so entscheidende Rolle spielt und die später dann vom Marxismus übernommen wird, scheint Ende des 20. Jahrhunderts Lügen gestraft zu sein, in einer Zeit, in der viele der früher geweckten Illusionen unter Fragezeichen gestellt werden. All das stellt den Nährboden für die Tendenz dar, sich dem persönlichen Leben zu widmen und die Regierungsgewalt einigen mehr oder weniger fähigen und ehrlichen Profis zu überlassen. Diese wiederum können nur wenig mehr tun, als schlecht und recht einige Machtmechanismen verwalten, denn die wesentlichen Entscheidungen werden von übernationalen Faktoren, den Kommandozentralen der Militärblöcke, den großen transnationalen Konzernen, bestimmt.

Im Gegensatz zu dieser Offensive einer reaktionären Geisteshaltung und Kultur – die die schöpferische und wandlungsfähige Kraft des Menschen verneint – bietet die Linke ein Bild der Verwirrung, des Zweifels, der Leere. Haltungen, die zu einem großen Teil bestimmt sind durch das Scheitern der gigantischen historischen Anstrengung, die die Russische Revolution darstellte, ebenso durch das Scheitern des sozialdemokratischen Weges, der zu einer von Arbeitslosigkeit zerfressenen Wirtschaft und zu einer Situation der Untergebenheit gegenüber den USA führte, und durch die erschreckende Armut, die weite Teile der Dritten Welt in ihren Zangen hält und alle Hoffnungen überschattet, die sich zum Zeitpunkt des Untergangs des Kolonialismus ergeben haben. Es fehlt der europäischen Linken ein gemeinsames Projekt angesichts der Probleme, die die Geschichte in der Gegenwart aufwirft. Sie befindet sich in einer Periode der Verwirrung, die selbst ein Skizzieren von Zukunftsperspektiven außerordentlich erschwert. Wenn ich mich erkühne, einige diesbezügliche Ansichten auszudrücken, so mache ich das im vollen Bewußtsein ihres provisorischen Charakters und der Gefahr, in beträchtliche Irrtümer zu verfallen.

Unterwegs zur Informatik-Gesellschaft

Ein Nachdenken über ein Projekt der Linken in Europa setzt heute in erster Linie voraus, sich mit den gigantischen Veränderungen, die die gegenwärtige technologische und wissenschaftliche Revolution mit sich zieht, auseinanderzusetzen – wie es Adam Schaff in einem vor wenigen Jahren erschienenen Buch[3] getan hat. Wir befinden uns auf dem Weg zu einer Informatik-Gesellschaft. Bereits jetzt machen in den USA die mit dem Informatiksektor verbundenen Tätigkeiten einen höheren Teil des Nationalprodukts aus als Landwirtschaft und Industrie zusammen; etwa die Hälfte der Arbeitskräfte ist in diesem Bereich beschäftigt.[4]

In einer in der Zeitschrift *Rinascitá* vom 27. Oktober 1984 erschienenen Studie gelangt der Autor G. B. Zorzoli zu dem Schluß, daß in Italien binnen zehn Jahren neunzig Prozent der Arbeitnehmer direkt oder indirekt mit den Technologien der Informatik verbunden sein werden. Die *Personal Computer* entwickeln sich in einem beeindruckenden Tempo; man nimmt an, daß im Jahre 2000 neunzig Prozent der Haushalte mit PC versehen sein werden. Diese Entwicklung trägt die Tendenz zur Auflösung des Unterschieds zwischen großen und kleinen Unternehmen in sich. Der Arbeitsplatz, das System des Alltagslebens, der Lebensrhythmus, die Fortbewegung, alles wird sich verändern. Dieser Umwandlungsprozeß ist vielleicht nur mit der Einführung der Elektrizität zu vergleichen.

Es wird sich nicht nur das ökonomische, das Produktivsystem in seiner materiellen Basis radikal verändern, sondern – nach den Worten von Zorzoli – „auch die Inhalte der entscheidenden Fragen, die die Beziehungen zwischen den Subjekten der Gesellschaft bestimmen". Eines der brennendsten Probleme wird das der Arbeitsplätze sein. Man schätzt, daß in der Europäischen Gemeinschaft zwischen 1982 und 1985 mit der Einführung der neuen Technologien vier bis fünf Millionen neuer Arbeitsplätze geschaffen wurden.

Das ist eine unzureichende Anzahl, wenn man an das Ausmaß der Arbeitslosigkeit denkt. Man muß andere, sozial akzeptable Antworten finden, die in die Richtung einer neuen Verteilung der Arbeitszeit und nicht der Arbeit gehen müssen.

Im Rahmen der gegenwärtigen Massenarbeitslosigkeit zeigen sich in einigen Ländern wie der BRD und in Skandinavien bereits bedeutsame Anzeichen – auch wenn sie noch nicht sehr verbreitet sind – eines neuen Denkens. Junge Studenten planen bereits ein Leben mit einer Arbeitslosenunterstützung ein, auch wenn sie noch so gering ist, um sich dafür Studien zu widmen, die wohl wenig Aussichten auf eine Arbeit bieten, die sie aber interessieren: Archäologie, Völkerkunde usw.

In gewisser Hinsicht zeichnet sich am Horizont im Bereich der technischen Möglichkeiten (ein anderer Bereich ist der soziale Aspekt) eine Welt ab, in der das Bibelwort „Verdiene dein Brot im Schweiße deines Angesichts" keinen Sinn mehr hat: die Möglichkeit von Gesellschaften ohne die Verpflichtung zur „Arbeit". Von dieser Perspektive verliert die wichtigste Losung des Kapitalismus (und in gewisser Hinsicht auch des Sozialismus), das berühmte *time is money* der Engländer, an Gültigkeit. Der Umfang der Freizeit nimmt zu. Die *Zeit* ist nicht mehr Geld, sondern *etwas anderes*: Kultur, schöpferische Tätigkeit, Unterhaltung, Leben. Das kann eine der entscheidenden Determinanten der Entwicklung in Europa seit Beginn dieses

Jahrhunderts radikal verändern: Zeit gewinnen, bei Ortsveränderungen ein Höchstmaß an Schnelligkeit erreichen: Autos, Autobahnen, Flugzeuge ... Seit dem Zweiten Weltkrieg hat diese krankhafte Besessenheit nach gesteigerter Geschwindigkeit wesentliche Bereiche der Lebensqualität und der Umwelt zerstört. Es ist möglich, daß die Informatikgesellschaft eine Philosophie entwickelt, die dem Menschen dazu rät, sich auf der Erde mit Genuß fortzubewegen und nicht mit der höchsten Geschwindigkeit, und die dem Schutz der Natur einen vorrangigen Wert einräumt.

Diese Möglichkeit einer neuen Lebensqualität, die zweifellos aus den Fortschritten der Wissenschaft und der Technologie entspringen könnte, sieht sich jedoch durch gigantische, von der Vergangenheit geerbte Hindernisse beeinträchtigt, gebremst und in vielen Fällen unmöglich gemacht. Sie sind wie vorsintflutliche Monster, die den Weg zur Zukunft versperren. Die theoretische Ausbildung, die ich im Laufe eines langen aktiven Lebens im Kommunismus erhalten habe, könnte mich verleiten, zu sagen: Das Hindernis ist der Kapitalismus. Aber das wäre zu einfach. Das würde bedeuten, die tatsächlichen Probleme auszugrenzen, denn die Hindernisse existieren auch in Ländern, die konkret das System des kapitalistischen Eigentums abgeschafft haben – und sie sind dort in gewisser Hinsicht noch viel undurchlässiger. Ich ziehe es deshalb vor, diese Hindernisse in die folgenden drei Gruppen einzuteilen:

1. Militarismus. Er ist die direkte Folge des in der letzten Phase des Zweiten Weltkriegs (Treffen zwischen Churchill und Stalin in Moskau im Oktober 1944 sowie von Jalta und Potsdam) begonnenen Prozesses der Teilung Europas in die zwei Militärblöcke, die sich dann später um die USA (Vertrag von Washington 1949 und Gründung der NATO) und die UdSSR (Vertrag von Warschau 1955) herum ausbildeten. Der Militarismus bedeutet in wirtschaftlicher Hinsicht eine völlig falsche Inanspruchnahme menschlicher Kräfte und Fähigkeiten zur Herstellung von Waffen. Bis zu einem Drittel der Gehirnkapazität der Menschheit und ihrer intellektuellen Fähigkeiten wird heute dafür aufgewendet, immer verhängnisvollere Waffen zu entwickeln. Mit der Atomwaffe (mit dem gegenwärtigen Arsenal der USA und der UdSSR können die Zivilisation und vielleicht das menschliche Leben selbst mehrfach ausgelöscht werden) leben wir inmitten eines absoluten Widerspruches, in einer im Laufe der Geschichte noch nie gekannten Grenzsituation. Ungeheure Summen werden investiert, um Waffen herzustellen, die im Falle ihrer Anwendung *niemandem* zum Sieg verhelfen, *niemandem* nützen können. Deshalb sind die beiden Großmächte gleichzeitig gezwungen, während sie ihre Atomwaffen perfektionieren, Formen auszuhandeln, die ihre *Nichtanwendung* garantieren, und einen Weg des kontrollierten Abbaus der Nuklearwaffen vorzubereiten.

Tatsächlich ist heute eine der Möglichkeiten für die Zukunft gerade die Nicht-Zukunft, das Ende der menschlichen Existenz. Das ist eine absolute Neuheit gegenüber früheren Zeitaltern der Geschichte. Wenn man vom *dritten* Weltkrieg spricht, verwendet man den Ausdruck *Krieg* unsachgemäß. Bis heute hat dieser Ausdruck dazu gedient, schreckliches Töten und Zerstören zu bezeichnen. Doch wenn ein *dritter* Weltkrieg ausbricht, so wäre dieser von den beiden vorhergehenden *qualitativ* verschieden. Er wäre etwas anderes: eine Art Selbstauslöschung der Menschheit. Doch möchte ich diese Möglichkeit in den folgenden Überlegungen nicht weiter berücksichtigen; diese setzen optimistisch voraus, daß die Menschheit eine Zukunft hat und daß man deshalb keine Zeit verlieren darf, über diese Zukunft nachzudenken.

Die politischen Auswirkungen des Militarismus manifestieren sich in einem *bestimmenden* Einfluß dessen, was General Dwight D. Eisenhower bei seinem Abschied von der Präsidentschaft der Vereinigten Staaten 1961 als „industriell-militärischen Komplex" bezeichnet hat (ein Gemisch von Generälen und Eigentümern der großen Monopole): auf die wichtigsten politischen Entscheidungen des Staates, vor allem im Bereich der Außenpolitik. Da außerdem alles Militärische das Privileg der Geheimhaltung genießt, bedeutet die Militarisierung der Politik einen beträchtlichen Verlust an Demokratie und in verschiedenen Fällen ihre Abschaffung. In den USA ist die Steigerungsrate des Militärbudgets beeindruckend: zwischen 1980 und 1985 zum Beispiel waren es 55 Prozent. Die *Erfordernisse* der Militärs bestimmen praktisch die Verteilung der Ressourcen für die gesamte Wirtschaft. Das Pentagon besitzt mehr Macht über die wirtschaftliche und politische Entwicklung als irgendein anderer Teil des Staates. Die Rüstung wurde zum wichtigsten Industriezweig der Vereinigten Staaten, der größten Industriemacht der Welt. Das Pentagon ist mit seinen vier Millionen direkt Angestellten (ein Viertel davon Zivilpersonal) das größte Unternehmen des Landes. In der UdSSR verhält es sich ähnlich, auch wenn es dort die größere Geheimhaltung erschwert, genaue Ziffern zu erfahren. Die Rüstungsausgaben beliefen sich 1985 weltweit auf etwa eine Billion Dollar, das heißt 1,8 Millionen Dollar je Minute.

Die kulturellen und ideologischen Auswirkungen der Militarisierung sind besonders schwerwiegend, denn sie durchdringen alle Bereiche des politischen Denkens. Die strategischen, militärischen Erwägungen gehen allen anderen voran. Darunter leiden die Diplomatie, die Verhandlungskunst, die Suche nach Zwischenlösungen. Militarismus ist Manichäismus; alles wird auf Schwarz oder Weiß zurückgeführt, die Nuancen werden ausgelöscht, und das internationale Leben wird idiotisiert.

Es kommt zu einem völligen Verlust der moralischen Werte. Die angeblichen Ideale der zwei Blöcke – hier Sozialismus, dort Freiheit – werden mit der größten Schamlosigkeit manipuliert. Sie dienen nur dazu, um damit über die Massenmedien auf den Geist der Staatsbürger zu schießen. Die Rationalität wird nur im *Wie* erlaubt, in den materiellen oder dialektischen Mitteln, und nicht im *Wofür*. Jeder Versuch, vernünftig über die Ziele und die Daseinsberechtigung der zwei großen Militärbündnisse zu diskutieren, ist verdächtig, denn er kann in diese zwei gigantischen Konstruktionen zur gegenseitigen Zerstörung – die heute keine einzige menschlich logische Existenzberechtigung mehr haben – Risse ziehen. Die Unterschiede, die zum Entstehen dieser Blöcke beigetragen haben, sind unendlich geringer als die Folgen einer möglichen Konfrontation. Linkssein bedeutet heute zweifellos, sich in der einen oder anderen konkreten Frage gegen die Großmächte zu stellen: etwa im Falle des *schmutzigen Kriegs* der USA gegen Nicaragua oder bei der sowjetischen Besetzung Afghanistans ... Es erfordert aber auch gleichzeitig den Kampf gegen den Militarismus mit nichtmilitärischen Mitteln, um die internationalen Gegensätze über Bord zu werfen. Besonders in Europa, wo es die Besetzung des Kontinents (in ihren sehr unterschiedlichen Formen) zu reduzieren und zu beenden gilt. Europa ist ein Teil der industrialisierten Welt mit einem – weltweit gesehen – fortschrittlichen politischen Potential. Doch aufgrund der Militarisierung hört Europa auf, eine unabhängige Größe darzustellen. Und dieses Potential wurde bis jetzt noch nicht in politische Praxis umgesetzt (oder nur zu einem winzigen Teil).

2. Die Nord-Süd-Kluft, diese abgrundtiefe, vom Kolonialismus geerbte Ungleichheit zwischen dem industrialisierten Teil der Welt und den unterentwickelt gebliebenen Regionen. Die Beziehung dieses Problems zur Militarisierung ist offensichtlich: Ohne übertriebene Vereinfachung kann man wohl sagen, daß das hauptsächliche Hindernis – nicht nur in wirtschaftlicher und materieller, sondern auch in intellektueller und ideologischer Hinsicht – für eine Lösung des Nord-Süd-Gefälles in dem durch das Zwei-Blöcke-System hervorgerufenen maßlosen Militarisierungsprozeß liegt. Die Unterentwicklung zeigt verschiedenste Erscheinungsformen, auf die wir hier nicht näher eingehen können. Doch ist es wichtig, hervorzuheben, daß es sich dabei nicht um ein natürliches, objektives Phänomen handelt, das seine Ursache in der Trockenheit oder im *Unglück* hat, das einen Teil der Einwohner unseres Planeten befällt. Sie ist eine direkte Folge der Entwicklung in anderen Teilen der Welt: Es gibt Unterentwicklung, weil der wirtschaftliche Entwicklungsprozeß in einer ganz besonderen imperialistischen und postkolonialen Form vor sich geht, die dazu führt, daß der Großteil der Menschheit in Hunger, Entbehrung und Elend leben muß. In Wirklichkeit profitieren wir alle in Europa von den unmenschlichen Bedingungen, die Hunderte Millionen Menschen in anderen Kontinenten erleiden müssen – obwohl es auch bei uns in Europa Massenarbeitslosigkeit und Gegenden mit schlimmer Armut gibt. Angesichts dieser Umstände ist es sicher wahr, die Verantwortung, die Schuld dafür beim kapitalistischen System, bei den großen multinationalen Unternehmen zu suchen. Doch das ist nicht die ganze Wahrheit. Die europäische Arbeiterbewegung hat den Kampf um eine Veränderung der internationalen Wirtschaftsbeziehungen nicht auf jenen zentralen Platz gestellt, der ihm zukommt. Es handelt sich um eine entscheidende politische und theoretische Schlacht, der man sich stellen muß, da es sonst wahrscheinlich keine Möglichkeit für einen fortschrittlichen Ausweg aus der Wirtschaftskrise geben kann. Der Grund, weshalb ein Teil der europäischen Linken diese Problematik erst mit solcher Verzögerung begreift, ist offenkundig: Lange Zeit – wie wir in früheren Kapiteln gesehen haben – stimmten die mit der UdSSR verbündeten Kommunisten und die in der NATO vertretenen Sozialisten darin überein, den Ost-West-Gegensatz als die Achse der Weltpolitik zu betrachten. Von ihr würde die Zukunft des Sozialismus oder die Zukunft der Freiheit abhängen. Genau darin liegt die Wurzel der falschen Optik. Das einzige Positive, was man vom Ost-West-Gegensatz erwarten kann, ist, daß er beim gegenwärtigen Stand der Nuklearwaffenentwicklung die allgemeine Vernichtung verhindert. Doch der wirkliche Mittelpunkt jeder fortschrittlichen Perspektive für die Entwicklung der Menschheit ist heute der Nord-Süd-Gegensatz. Ein gewisser Fortschritt hat sich in dieser Hinsicht in den Vorstellungen der Linken bereits eingestellt. Seit ihrem Kongreß in Vancouver hat die Sozialistische Internationale eine größere Anteilnahme für die Probleme der Dritten Welt gezeigt. Dabei war die persönliche Rolle von Willy Brandt bei der Ausarbeitung des Berichts über die Nord-Süd-Beziehungen (der seinen Namen trägt) wertvoll. Dieser Bericht trug dazu bei, ein gewisses Verständnis für diese Problematik zu erwecken. Trotzdem werden diese Bestrebungen nicht in die Tat umgesetzt, sondern bleiben auf dem Boden der Propaganda stehen. Angesichts von Vorfällen wie dem Hungertod in zahlreichen Zonen Afrikas, den wir direkt am Bildschirm miterleben können, schließt sich die Linke sogenannten „Rettungsmaßnahmen" an, die darin bestehen, Hunderttausende Kinder und Erwachsene gerade noch am Leben zu erhalten, doch unter menschenunwürdigen Umständen. Das ist aus menschlicher Sicht her eine furchtbare Lösung. Wir sind tatsächlich in ein System gestellt, das in gewissen Aspekten auf derselben moralischen Stufe steht wie die Sklaverei. Nur äußert sie sich heute viel indirekter und komplexer; es gibt nicht mehr die brutale Herr – Sklave-Beziehung. Doch die Beziehung zwischen jenen, die im Überfluß schwelgen, und den anderen, die Hungers sterben, besteht weiterhin in großem Ausmaß fort.

Ohne eine *kopernikanische Revolution*, die die Nord-Süd-Beziehung in den Mittelpunkt der Weltprobleme stellt, wird es für die europäische Linke sehr schwierig sein, einen demokratischen, fortschrittlichen Weg hin zu Frieden und Entwicklung auszuarbeiten. Auf wirtschaftlichem Gebiet erfordert eine Lösung der gegenwärtigen Krise in erster Linie, radikale Maßnahmen für eine *neue internationale Wirtschaftsordnung* voranzutreiben, um im globalen Rahmen eine größere ökonomische Ausgeglichenheit zu erzielen. Eine positive Entwicklung der sogenannten Dritte-Welt-Regionen könnte auch einen wichtigen Impuls für einen Fortschritt in Europa geben.

Auf politischer Ebene ist es offenkundig, daß die Dritte Welt und die Blockfreienbewegung heute ein entscheidendes Potential gegen die Militarisierung, gegen die Vorherrschaft der Großmächte darstellen. Die europäische Linke muß dieses Potential in seiner richtigen Tragweite erfassen und schätzen.

Eines ist klar: Der Eurokommunismus ist tot, er ist als objektive Realität begraben. Dennoch ist es nicht sicher, daß die europäische Linke sich entschlossen hat, den Sarg doppelt zu versperren. Die Zeit drängt, daß sie das tut. Erst dann wird sie ein neues Konzept von der Rolle Europas in der Geschichte entwerfen können.

Die Rolle Chinas in der Welt wird zweifellos einer der entscheidenden Faktoren des 21. Jahrhunderts sein. Das kann verschiedenste Folgen nach sich ziehen. Der zukünftige Einfluß Chinas könnte zum Beispiel bei dem bereits in Gang befindlichen Prozeß der Marginalisierung und des Verfalls Europas und der Verlagerung des Zentrums, des Motors der Geschichte in den Pazifikraum eine Rolle spielen. Doch das wäre an sich nicht schlimm. Ein europäisches Projekt der Linken, eine neue Beziehung Europas zur Dritten Welt können unserem Kontinent eine wesentliche Rolle bei dem langfristig notwendigen Prozeß übertragen, das Zweiblockschema zu überwinden und im internationalen Leben ein neues Gleichgewicht und Pluralismus durchzusetzen. Die Beziehung zwischen Europa und China kann in dieser ganzen Perspektive entscheidend sein.

3. Der Nationalstaat, der sich heute einerseits durch den Militarismus und andererseits durch den Keynesianismus und seine Nachfolger (ohne den positiven Charakter vieler Aspekte des *Wohlfahrtsstaates* verkennen zu wollen) in einen vorgeschichtlichen Elefanten verwandelt hat, der unfähig ist, die Rolle zu erfüllen, die ihm sowohl die Sozialisten als auch die Kommunisten zugeschrieben haben. Jene Interpretationen des Marxismus mit dem größten Gewicht im politischen Leben (sowohl Kautsky und die Sozialistische Internationale als auch Lenin und die Kommunistische Internationale) betrachten den Nationalstaat als notwendiges und wesentliches Mittel, um die Umgestaltung durchzuführen, um die neue sozialistische Gesellschaft zu verwirklichen – wobei sie das ursprüngliche Konzept von Marx offensichtlich vereinfachen. Selbst als Lenin die Zerschlagung des Staates postulierte, schlug er gleichzeitig die unverzügliche Schaffung eines *anderen* Staates, des proletarischen Staates, vor, um die neue Gesellschaft aufbauen zu können. Die endgültige Abschaffung des Staates blieb im Kommunismus eine simple Hoffnung oder Illusion. Wie wir schon gesehen haben, verwandelte Stalin den totalen Zwangsstaat in das fast einzige *Gesetz seines* Sozialismus. In der sozialistischen Tradition nahm in der ganzen Zeit seit Ende des Zweiten Weltkriegs die Tendenz zu, in einer Regierungsbeteiligung (mit mehr oder weniger Gewicht) die Daseinsberechtigung der sozialistischen Parteien zu sehen.

Europa und die Nationalstaaten

Die entscheidende Frage, die man sich heute stellen muß – ohne Berücksichtigung ihrer historischen Aspekte, die zweifellos eine gründlichere Betrachtung erforderten –, ist die, ob die Staaten (wir beziehen uns auf Europa) heutzutage nützliche, angepaßte, gangbare Instrumente für die historisch unerläßlichen wirtschaftlichen, sozialen und politischen Veränderungen sind. Meiner Ansicht nach sind sie es nicht. Die alte Vorstellung von der Macht, die „alles entscheidet", von der „alles abhängt", muß revidiert werden. Wir haben vorhin gesehen, wie weit sich das Experiment von Mitterrand, das am anspruchsvollsten war und auch die meisten Möglichkeiten hatte, in der Praxis vom ursprünglichen Vorhaben entfernte. Die Erklärung von der „Tradition" der sozialistischen Führer und deren „fehlendem Willen" usw. überzeugt nicht. Noch weniger, wo im Falle Frankreichs die Kommunisten an dem Experiment teilnahmen – bis das Scheitern offensichtlich war. Dieses Scheitern erfordert, der Sache tiefer auf den Grund zu gehen; sich zu fragen, bis zu welchem Punkt die europäischen Staaten noch souverän sind; ob sie nicht einem System des äußeren Drucks auf wirtschaftlicher, politischer und militärischer Ebene unterworfen sind, das ihnen einen nur äußerst beschränkten Handlungsspielraum zugesteht. Mit der gegenwärtigen Teilung Europas in Militärblöcke, mit dem auf dem Dollar basierenden Weltwährungssystem, mit der Macht der multinationalen Unternehmen ist der europäische Staat in ein Netz von Fremdbestimmung eingebunden, dem er nicht entkommen kann und das ihm – vor allem in den entscheidenden Fragen wie Außen- und Verteidigungspolitik, Wirtschafts- und Sozialpolitik – nur einen äußerst geringen Raum für eigenes Handeln übrig läßt. Deshalb ist es keine Flucht nach vorne, wenn man sagt, daß heute ein sozialistisches Projekt zur Lösung der Krise und zum Voranschreiten zu einer demokratischen, fortschrittlichen Umwandlung ein europäisches Projekt sein muß, daß es nicht bloß ein nationales Projekt sein kann. Das ist wahrscheinlich die ganz einfache Feststellung einer Wahrheit. Das Problem liegt darin, daß die Konsequenzen, die diese Wahrheit – wenn die vorhin getroffene Behauptung stimmt – aufwirft, einen tiefgreifenden Wechsel nicht mehr bloß in den Strategien, sondern in der ganzen politischen Kultur der europäischen Linken erfordern.

Andererseits ist das Thema nicht neu. Im Europaparlament besteht – ausgehend von einem Vorschlag von Altiero Spinelli (und seinem von ihm entworfenen und 1984 gebilligten „Vertrag der Europäischen Einheit") – eine starke, vor allem von deutschen Sozialdemokraten und italienischen Kommunisten getragene Strömung zugunsten der Schaffung demokratischer europäischer Organe mit übernationalen Gewalten. Noch nicht klar ist allerdings der entsprechende Rahmen. Die Frage ist noch offen, ob die Linksparteien oder zumindest die stärksten von ihnen entschlossen sind – und fähig sein werden –, auf europäischer Ebene ein gemeinsames Projekt auszuarbeiten und vorzubereiten. Ein Projekt, das es einerseits erlaubt, wagemutig zu neuen übernationalen demokratischen Gewalten voranzuschreiten, und andererseits, die Fortschritte, die sich in dem einen oder anderen Land dank der Existenz eines gemeinsamen Konzepts der europäischen Linken ergeben können, zu verstärken, zu koordinieren und zu unterstützen.

Eine der wesentlichen Ursachen der Krise des Europäischen Gemeinsamen Marktes ist zweifellos der Gegensatz zwischen einem fortgeschrittenen Prozeß der wirtschaftlichen Integration und dem Fehlen echter politischer demokratischer Gewalten, die sich gerade mit den durch diese Integration entstandenen Problemen auseinandersetzen könnten – nach innen und auch nach außen. Die Lösung dieser Krise kann man nicht durch die Rückkehr zur Nationalstaatlichkeit erreichen, mögen es auch noch so starke Staaten sein – man kann sie nur auf dem Weg über ein politisches Europa erzielen.

Die Nationalstaaten in Europa bewahren wohl alle ihre Attribute der vollen nationalen Souveränität (Fahne, Grenzen, Armee, Gesetzgebung, Gerichtsbarkeit usw.). Doch sind in Wirklichkeit nicht die von der nordamerikanischen Supermacht kommenden Entscheidungen und Orientierungen auf beschämende Weise die Arterien und Kanäle, die unsere Geschicke bestimmen? Die Nationalstaaten sind heute praktisch den Großmächten ausgeliefert. Im Osten ist dieses Phänomen noch sichtbarer und radikaler.

Gleichzeitig erhielt der Staat – vor allem durch den Keynesianismus – einen beträchtlichen Zuwachs an Funktionen und Instrumenten. Die Bürokratie hat sich unverhältnismäßig vergrößert. Der Staat neigt in zunehmendem Maße dazu, sich ins soziale, kulturelle und selbst private Leben einzumischen. Ursprünglich entsprach diese staatliche Intervention offenkundig einer fortschrittlichen Absicht. Es war die Linke, die es erreichte, daß der Staat in erster Linie die absolute Macht des Geldes, des Kapitals einschränkte und extreme Formen der Ausbeutung verbot oder begrenzte. Später setzte sie sich für eine kostenlose Mindestausbildung ein. In der Folge übernahm der Staat eine wachsende Funktion in der Wirtschaft; die Sozialversicherung garantierte die Gesundheitsversorgung. Bezahlter Urlaub, Pensionssystem, Arbeitslosenunterstützung usw. Auch wenn es zwischen den einzelnen Ländern noch beträchtliche Unterschiede gibt, so kann doch kein Zweifel darüber bestehen, daß dieses Paket von Errungenschaften bereits Bestandteil eines historisch gefestigten Lebensniveaus ist, die unbestreitbare Frucht einer langen Periode von Kämpfen in den verschiedensten Formen. Das Problem ist, daß die neuen Veränderungen, die neuen Inhalte, die der revolutionäre Prozeß erfordert, nicht mehr auf demselben herkömmlichen Weg – indem man dem Staat bestimmte Vorteile abverlangt und entreißt – erreicht werden können.

Nehmen wir die Befreiung der Frau in ihrem radikalen, tiefen Sinn. Zweifellos sind Gesetze notwendig, die der jahrtausendealten Diskriminierung ein Ende setzen. Doch was tun die sozialistischen Regierungen? Sie gründen unter diesem oder jenem Namen „Frauenministerien"; sie bürokratisieren die Angelegenheit – und lähmen sie damit in der Praxis. Die Befreiung der Frau ist ein Problem, das vor allem einen tiefgehenden Wandlungsprozeß erfordert, der nur von den Frauen selbst verwaltet werden kann. Und der seinem Wesen nach nicht verstaatlicht werden darf, der aus sich heraus Energien der Befreiung und der Veränderung freimachen kann, die sich über den ganzen Bereich vom Familienleben bis hin zur zunehmenden Präsenz von Frauen in allen Führungsrollen der Gesellschaft erstrecken können, und zwar in einem normalen und logischen Verhältnis und nicht als „außergewöhnliche Fälle".

Wenn wir die Ökologie hernehmen, so zeigt sich, daß die Notwendigkeit einer neuen Haltung gegenüber der Natur klarerweise bestimmte Gesetze erfordert. Doch der entscheidende Faktor muß auch hier ein eigenständiger sozialer Prozeß sein, der imstande ist, bis in die entferntesten Regionen vorzustoßen, den Willen der Staatsbürger zu bewegen, lokale, regionale und staatliche Stellen zu mobilisieren. Es kann nicht nur eine Bewegung von oben sein – sie muß in erster Linie von unten kommen. Mit der Verstaatlichung kann das Problem nicht gelöst werden.

In der Tat befinden wir uns in einer historischen Etappe, in der die *Verstaatlichung* aller Bereiche, der Kultur, der „Frauenfrage", der „Jugend", der „Kindheit", des „dritten Alters" usw. – die vielleicht die Fortsetzung einer ursprünglich fortschrittlichen historischen Tendenz darstellt –, sich in etwas Konservatives, Reaktionäres verwandelt hat. Denn sie verträgt sich nicht mit dem zunehmenden Partizipationswillen der Staatsbürger, widerspricht ihm sogar. Es ist eine Illusion, zu glauben, daß durch die Abhaltung von Parlamentswahlen alle vier oder fünf Jahre garantiert wird, es drücke sich dadurch der demokratische Wille der Bevölkerung aus, der sich dann wiederum im Handeln des Staates übersetzt. Diese Vorstellung ist um so illusorischer, je massiver die Interventionen des Staates werden.

Diese um sich greifende Vervielfachung der Funktionen des Staates stürzt das parlamentarische System in eine Krise. In Wirklichkeit werden die wichtigen Entscheidungen des Staates nicht von den Vertretern des Volkes – in Ausübung der ihnen von den Wählern auferlegten Verpflichtungen – getroffen. Das Parlament wurde zu einem Großteil seiner früheren Rolle als Gipfel der nationalen Politik, wo die großen Entscheidungen getroffen werden, beraubt. Staat, das heißt heute immer mehr Bürokratie (was viele Möglichkeiten für Druck von außen und für Korruption eröffnet) und immer weniger Parlament; im konkreten Militärbürokratie, was die entscheidenden Aspekte der Außenpolitik und der sogenannten „Nationalen Sicherheit" betrifft. Das Prinzip der Volks- oder Nationalsouveränität fand vielleicht zu Beginn dieses Jahrhunderts in einigen europäischen Ländern eine gewisse wirkungsvolle Anwendung: Es gab einige politische Parteien, ein vom Volk gewähltes Parlament und eine diesem Parlament verantwortliche Regierung. Doch auch diese Souveränität war nur relativ, wie es sowohl die marxistische als auch die anarchistische oder libertäre Kritik aufzeigten. Trotzdem hat in der letzten Zeit die Linke, einschließlich der Marxisten, diese theoretische Kritik begraben. Und das genau zu der Zeit, in der die Unwirksamkeit, die Unzulänglichkeit des klassischen parlamentarischen Systems, dem Prinzip der Volkssouveränität Gültigkeit zu verleihen, in der deutlichsten Form ausbricht.

Die Ursachen für diese Krise sind zumindest zweifacher Natur. Da haben wir einmal dieses Anwachsen der Funktionen und der Mittel des Staates und der von ihm belegten sozialen Räume. Das schafft eine objektive Basis für die Abkoppelung dessen, was das Parlament diskutieren und entscheiden *kann*, und dem, was der Staat entscheiden *muß*. Es handelt sich nicht um die Menge, sondern um den Inhalt der Entscheidungen, die einen Grad an Spezialisierung, an technischem Wissen usw. erfordern, der die Kapazität des besten Parlaments übersteigt. Das Ergebnis ist, daß die wirklichen Entscheidungen auf bürokratischem, hierarchischem Weg gefällt werden, was andererseits in keiner Weise ein hohes wissenschaftliches Niveau garantiert.

Der andere Faktor ist ein ziemlich klarer Verfallsprozeß der politischen Parteien, die sich immer mehr in Wahlmaschinen verwandeln. Damit geben im besonderen die Linksparteien zusehends eine ihrer fundamentalen Funktionen auf: ein Projekt der Umwandlung der Gesellschaft auszuarbeiten, Begeisterung und Bereitschaft für diesen Kampf um eine bessere, andere Gesellschaft zu wecken. Sie beschränken sich auf einen Pragmatismus, der sich in Wahlen und Parlamentarismus erschöpft. Für die Rechte hingegen hat die Krise der Parteien und der demokratischen Mechanismen positivere Auswirkungen; sie trägt dazu bei, daß die Dinge so bleiben, wie sie sind, was – mit der einen oder anderen Variante – ja die Rolle der Rechten ist. Die Linke muß jedoch erreichen, daß die Mehrheit der Staatsbürger sich bewußt wird, daß sie mit ihrem Willen, ihrer Stimme, ihrer politischen Beteiligung das Schicksal ihres Landes bestimmen kann. Das wäre das Wesen der Demokratie, der Volkssouveränität. Die Krise des Parlamentarismus, die Degeneration der Parteien untergräbt und korrumpiert diese Möglichkeit. Deshalb neigen die dynamischsten Teile der Gesellschaft, die am meisten um die Zukunft besorgt sind, wie die Jugend, dazu, sich von der „öffentlichen Sache“ zu entfernen, sich ihrem Privatleben zu widmen und oft die Gesellschaft von dieser Sphäre des Privaten aus zu verändern – oder neue Formen der politischen Beteiligung in den neuen sozialen Bewegungen, also abseits der traditionellen politischen Parteien, zu suchen.

Zusammengefaßt können wir sagen, daß die Linke angesichts der Problematik um den zeitgenössischen Staat zumindest zwei grundlegende Punkte analysieren muß: 1. seine Unzulänglichkeit und den Abbau seines demokratischen Charakters, seiner Fähigkeit, Ausdruck und Mittel des Volkswillens zu sein; 2. die Unzulänglichkeit des Nationalstaates an sich (zumindest in Europa), einige der entscheidenden Probleme der Gegenwart zu lösen, da er fremdbestimmt ist, den Entscheidungen eines Militärblocks und ausländischer Wirtschaftsmächte unterworfen. Und weil andererseits seine exzessive Einmischung in die Angelegenheiten der Staatsbürger deren zunehmenden Willen zur Teilnahme und zur Selbstverwaltung ihrer unmittelbaren Probleme blockiert, bremst, entstellt. *Der Nationalstaat ist für die großen Angelegenheiten (Außenpolitik, Wirtschaft) zu klein und für die kleinen zu groß.*

In Anbetracht der Ereignisse in den achtziger Jahren – nach dem offenkundigen Scheitern nicht nur des Eurokommunismus, sondern auch verschiedener sozialistischer Experimente in Europa – scheint es ziemlich klar, daß innerhalb der wichtigsten Kräfte der europäischen Linken jene Tendenzen vorherrschen, die auf Kontinuität, Reformen und Wahlen eingeschworen sind. Welche Folgen können sich nun langfristig aus einem derartigen Prozeß ergeben, wenn die Lethargie der europäischen Linken mitten in einer Welt voller Bewegung und mit radikal neuen Problemen andauert?

Es ist wohl klar, daß das Gewinnen einiger Prozentpunkte bei den Wahlen hier oder dort keinen Ausstieg aus der Lethargie bedeutet. Es stellt auch keine großartige Werbung dar. Wenn die Dinge weiterlaufen wie bisher, so kann die Linke in diesem historischen Zeitabschnitt einfach zu einem bloßen Wegbegleiter des Verfalls von Europa werden, sowohl in ökonomischer als auch in technologischer, kultureller und ideologischer Hinsicht, also in Bereichen, die von diesem Kontinent aus die Geschichte der Welt prägten. Die US-amerikanische Großmacht könnte ihre Hegemonie in einer internationalen Struktur festigen, die ihren Mittelpunkt im Pazifikraum hat. Europa wäre dann vor allem der Schauplatz einer militärischen Konfrontation zwischen den beiden Blöcken. Wenn es tatsächlich zu einem Zusammenstoß kommt, so wird es von der Landkarte verschwinden. Wenn nicht, so wird Europa wohl weiterleben, doch – zumindest auf lange Sicht hin – in einer Situation der Untergebenheit gegenüber den Vereinigten Staaten. Der östliche Teil des Kontinents wird zweifellos weiterhin der UdSSR unterworfen bleiben. Trotzdem scheint diese nicht fähig zu sein, eine globale Hegemonie zu erreichen. Die Möglichkeit eines Jahrhunderts der US-amerikanischen Vorherrschaft ist jedoch sehr wohl vorstellbar, was aber von einem furchtbaren Rückschritt der menschlichen Zivilisation begleitet sein könnte. Natürlich wird dieses mögliche Machtzentrum im Pazifikraum kein Balsamöl sein. Zusammenstöße und revolutionäre Kämpfe – in der einen oder anderen Form – in Regionen der Dritten Welt sind vorhersehbar. Die Ideologien neuer Rebellionen oder Erhebungen sind wahrscheinlich schon im Entstehen; sie können messianischen Charakter haben, wie der islamische Fundamentalismus; oder religiöse Formen, die durch den Kontakt mit dem Marxismus modernisiert wurden, wie die „Befreiungstheologie“; vom Marxismus inspirierte Dritte-Welt-Ideologien oder andere, die noch nicht abzusehen sind. Bei der eben skizzierten Hypothese der Marginalisierung und Dekadenz Europas ist es wahrscheinlich, daß – zumindest für eine lange Zeit – die Regionen mit dem größten Fortschritt in Wissenschaft, Technik, Produktion und Lebensstandard zugleich jene Regionen sein werden, die ein Projekt der Umwandlung verhindern. Ein Projekt, das die Rolle des Menschen beim Aufbau seiner eigenen Zukunft, einer Zukunft mit mehr Freiheit, mehr Gerechtigkeit, mehr Daseinsberechtigung hervorhebt. Also das, was Marx im Grunde unter Sozialismus verstand.

Es könnte zu einer Art Wiederholung – in anderem Maßstab und in einem anderen Zeitabschnitt – dessen kommen, was sich bei der Russischen Revolution 1917 ereignete und was die Wurzel ihres

Scheiterns war: eine Abkoppelung zwischen dem Fortschritt der Produktivkräfte, den wissenschaftlichen und technischen Entdeckungen, die es dem Menschen erlauben, die Natur und selbst seine eigene Geschichte zu beherrschen, und den Bereichen, wo ein subjektiver (anfänglich von den Massen ausgehender, doch später minoritärer) Wille die Ideale von mehr Gerechtigkeit und Freiheit verwirklichen möchte. Im Falle der Russischen Revolution war das Ergebnis, daß das Projekt der Schaffung einer sozialistischen Gesellschaft gescheitert ist. Es hat sich in ein autoritäres Staatssystem verwandelt, das in den Schriften von Marx nicht vorgesehen ist, das jedoch – in einem anderen Rahmen – die historische Rolle des Übergangs zur Industriegesellschaft verwirklichen konnte, also dasselbe, was der Kapitalismus auf seine Weise zuerst in Großbritannien und später *im großen und ganzen* auch in Westeuropa und den Vereinigten Staaten getan hat.

Wenn die verschiedenläufige Entwicklung in den Regionen mit dem größten wissenschaftlichen und wirtschaftlichen Fortschritt und jenen, wo Erfahrungen mit neuen politischen und sozialen Systemen gesammelt werden, auf der Suche nach einem höheren Niveau der Gleichheit und der menschlichen Befreiung anhält, so zeichnen sich für das 21. Jahrhundert wenig erfreuliche Aussichten ab. Die wissenschaftlich-technologischen Fortschritte würden auf jeden Fall phantastisch sein. Doch wie können sie sich mit dem Weiterbestehen der drei vorsintflutlichen Elefanten vertragen, die wir schon erwähnt haben: einem bedrohlichen Militarismus, der Nord-Süd-Kluft und Nationalstaaten mit einer fast grenzenlosen Manipulationsfähigkeit . . .?

Dennoch ist diese Dekadenz Europas nicht verhängnisvoll. Die Geschichte wird nicht im vorhinein geschrieben. Sicherlich befindet sich die Linke in einer großen theoretischen Verwirrung: Sie spricht wenig von langfristigen Zielen und neigt dazu, sich im Pragmatismus des Unmittelbaren einzugraben. Aber man darf den Wert von gewissen kritischen Erneuerungstendenzen nicht geringschätzen, die heute vor allem von den neuen sozialen Bewegungen ausgehen, im besonderen vom Pazifismus, und die sich bereits im Inneren einiger Parteien manifestieren.

Wie wir schon gesehen haben, ist eine zentrale Frage, die ein radikal neues theoretisches Herangehen erfordert, die Frage nach der Rolle des Staates und insbesondere das Problem der Unzulänglichkeiten der gegenwärtigen parlamentarischen Demokratie. In einer von der französischen Sozialistischen Partei vor ihrem Wahltriumph von 1981 organisierten Diskussionsrunde gab Jacques Delors (heute Kommissionspräsident der Europäischen Gemeinschaft) zu, daß sich in Frankreich 1.500 bis 2.000 Personen die tatsächliche Macht aufteilen. Es handelt sich dabei nicht um die Parlamentsabgeordneten.

95 Prozent dieser Personen sind „die Eigentümer von Frankreich". Delors führte weiter aus: „Diese Führungsgruppe übt eine derart undurchsichtige Herrschaft über die wesentlichen sozialen, wirtschaftlichen und Finanzfragen aus, daß dies eine Herausforderung für die Demokratie darstellt."[6]

Die wirkliche ökonomische Macht (und in einigen Fällen kann man dasselbe auch von der militärischen Macht sagen) entgleitet in der Praxis in einem hohen Maß dem System demokratischer Entscheidungen. Ich wage sogar zu sagen: Die Demokratie funktioniert heute nur zu einem Teil. Ausgenommen sind zum Beispiel die großen Entscheidungen, die unsere Zukunft bestimmen.

Es handelt sich also nicht darum, das System der Wahlen, des Parlaments usw. aufzuheben, sondern seine Grenzen zu erkennen und neue Formen der Beteiligung der Staatsbürger zu suchen. Die delegierte Demokratie, diese Basis des Parlaments, ist zweifellos notwendig, aber unzureichend. Wahrscheinlich kann der demokratische Fortschritt in zwei Richtungen gehen: Einmal das Verstärken und Ausbauen der Methode der Volksabstimmung angesichts der historischen Optionen unserer Zeit (wie die Atomfrage, bei der der Staatsbürger seine Meinung *nicht delegiert*), verbunden mit den größten Anstrengungen, um eine vorausgehende Diskussion sicherzustellen, um die ernsthafte Gefahr der Manipulation zu verringern. Gleichzeitig eine starke Dezentralisierung der Entscheidungsinstanzen; die Entstaatlichung vieler Gebiete, die heute absurderweise in den Staat integriert sind, und die Förderung neuer Formen der direkten Demokratie, die eine effektive Partizipation der Bürger erlauben und zur selben Zeit die Entscheidungsmöglichkeiten des Staates begrenzen und konditionieren.

Gleichzeitig muß man eine derartige Weiterentwicklung der Demokratie – ohne welche diese viel von ihrem Sinn verlieren würde – zu den Strukturveränderungen des Produktivsystems, die die Informatik-Gesellschaft mit sich bringt, in Beziehung setzen. Es tauchen neue Möglichkeiten der Privat- oder Gruppeninitiative auf, der Dezentralisierung und gleichzeitig Koordinierung verschiedener Tätigkeiten. Das erfordert von der Linken – wie es Alfred Reichlin in der KPI-Zeitschrift *Rinascitá* ausgeführt hat –, traditionelle Vorstellungen über das Privatunternehmen und die Privatinitiative zu ändern.[7] Aus der in gewissen Fällen mit örtlichen oder regionalen demokratischen Instanzen verbundenen Privatinitiative kann ein wichtiger Hebel für die schöpferische Innovation entstehen. Die Informatik-Gesellschaft präsentiert uns einerseits objektive Forderungen nach Konzentration, zentraler Planung und Koordination auf multinationaler, ja sogar weltweiter Ebene (was die Notwendigkeit übernationaler politischer Organe unterstreicht, doch kommen wir darauf später noch zurück), andererseits gibt sie uns außerordentliche Möglichkeiten der

Dezentralisierung des Produktionsprozesses unter der schöpferischen Beteiligung von Personen und Gruppen in allerdings noch schwer vorstellbaren Formen. In diesem Prozeß werden sich die Faktoren Arbeit, Produktion, Wissenschaft, Erziehung, Kultur und Natur in einem noch viel stärkeren Ausmaß als bisher miteinander vermischen. Kurz und gut, die Informatik-Gesellschaft schafft objektive Bedingungen für einen größeren Polyzentrismus auf der Entscheidungsebene und somit auch für ein höheres Niveau der Demokratie. Dieses Niveau, das weit davon entfernt ist, die Effizienz des Systems zu verringern, kann durch die zunehmende Beteiligung der Staatsbürger noch gesteigert werden. Es ist also mehr Demokratie nicht nur von der Qualität, sondern auch vom Umfang her vorstellbar: der Weg zur Selbstverwaltung in der Wirtschaft, in der Bildung, im Gesundheitswesen, in der Kultur, selbst in der Information; ein Fortschritt, der die bestehenden hierarchischen und staatlichen Bürokratien immer brüchiger oder zumindest schwächer machen wird.

Es besteht in der Linken eine Haltung, fast so etwas wie ein spontaner Instinkt, der das Staatliche mit dem Fortschrittlichen verbindet und das Private hingegen mit dem Übel, dem Kapitalismus, der Entartung. Man muß diese Vorstellung, die ziemlich klaren zeitgenössischen Realitäten widerspricht, in jeder Hinsicht modifizieren. Eine der großen Gefahren, die die Informatikrevolution mit sich zieht, ist eine Art von Kulturkolonialismus, der die nationalen Werte auflöst und zerstört und der eine Einförmigkeit schafft, die von den Leitbildern und Bräuchen jenes Landes ausgeht, das sich an der Spitze dieses Prozesses befindet, das heißt von den Vereinigten Staaten.

Es wäre jedoch falsch, darauf zu vertrauen, der Nationalstaat könne mit seiner Monopolstellung die Zerstörung grundlegender kultureller Werte durch den wissenschaftlichen Fortschritt verhindern. In technischer Hinsicht ist dieses staatliche Monopol undurchführbar, und außerdem weist keine der bekannten Erfahrungen darauf hin, daß das staatliche Monopol bei diesem schwer zu definierenden Netz von Gefühlen, Überlieferungen und schöpferischen Fähigkeiten, die eine Kultur ausmachen, eine bewachende und fördernde Rolle gespielt hätte. Viel wahrscheinlicher ist, daß eine entsprechende Antwort auf den Druck zur Einförmigkeit, den die USA auf die europäischen Kulturen ausüben, in neuen Formen der partizipativen Demokratie gefunden werden muß. Formen, die von unten her den kritischen Sinn des Staatsbürgers wecken und die angesichts der Gefahr, der Mensch verwandle sich immer mehr zu einem bloß manipulierten und passiven Zuschauer, entsprechende Antikörper entwickeln können.

Neben den Wahlen erscheinen uns also noch andere Formen der politischen Aktivität unerläßlich. Andere Formen der Demokratie, ohne die jede Perspektive der Linken blockiert oder annulliert wird. Eine Politik außerhalb des Staates bedeutet jedoch nicht die Vorbereitung eines Aufstandes, den Sturm des Winterpalastes und die Schaffung eines neuen Staates. Einer der Mythen, der zerstört werden muß, ist die Absolutierung der Alternative zwischen „Parteien-" oder institutioneller Politik und zwischen Aufstandspolitik. Wahrscheinlich liegt in diesem Fehlen verschiedener Wege eine der Wurzeln von gewissen Formen des Terrorismus – und das nicht nur in der Gegenwart. Gleichzeitig beweist die institutionelle Politik, daß ihr Plafond nicht sehr hoch ist und daß sie zu einer Politik verurteilt ist, die sich im engen Rahmen von Wahlen und Parlament bewegt, was sie unweigerlich zu einer reformistischen, opportunistischen Haltung führt. Es wäre vielleicht am sinnvollsten, die Tatsache anzuerkennen, daß die Parteien das sind, was sie sind, und nicht, was sie zu sein vorgeben. Denn der Wille zur tiefgreifenden Umwandlung, die revolutionäre Militanz (die zu anderen Zeiten zweifellos in den kommunistischen Parteien ihren Platz fand, vor allem in der Zeit des Kampfes gegen den Faschismus), so wie sie heute in den jungen Generationen Europas entsteht und wächst, können keinesfalls in den Parteien den richtigen Ort für ihre Sehnsüchte finden. Daher die historische Bedeutung, die die gerade beginnenden neuen revolutionären Strömungen (im vollsten Sinne des Wortes: als Wille zur qualitativen Umwandlung), die man als soziale Bewegungen bezeichnet, erreichen werden. Eine Bedeutung, die über ihre jeweiligen konkreten Aufgabenstellungen hinausgeht.

Osteuropa

Die zweite Hälfte der achtziger Jahre erlebt einen wichtigen neuen Beitrag zur Entwicklung Europas. In den Ländern des Ostens und im besonderen in der Sowjetunion kommt es zu Erneuerungsprozessen von beträchtlicher Tragweite. Diese Veränderungen weisen auf eine verstärkte Beziehung zwischen den Problemen, die die Gesellschaften Osteuropas erschüttern, und jenen des westlichen Teils unseres Kontinents hin. Was in der Sowjetunion und in Osteuropa passiert, wird zu einem wesentlichen Bestandteil der theoretischen und politischen Diskussion in Westeuropa. Diese Entwicklung veranlaßt mich, an dieser Stelle ein Kapitel einzufügen, das die eigentlichen Grenzen dieses Buches, das ja fast ausschließlich den Problemen der Linken in

Westeuropa gewidmet ist, übersteigt. Diese Beschränkung schlägt sich auch in der Sprache dieses Buches nieder, da ich im allgemeinen statt „Westeuropa" nur den Ausdruck „Europa" verwendete.

Auch wenn den von Michail Gorbatschow in der UdSSR initiierten Veränderungen offensichtlich eine entscheidende Bedeutung zukommt, so kann man doch nicht über die Ereignisse in Polen im Jahre 1980 – das Entstehen der Gewerkschaft *Solidarnošč* – hinweggehen, da diese die größte, spontan an den Arbeitsplätzen entstandene Massenbewegung seit langer Zeit darstellt und ihre Legalisierung und später die Umstände ihrer Auflösung durch den Militärputsch des Generals Jaruzelski klar zeigten, in welchem Grad das System des sogenannten „realen Sozialismus" bereits verbraucht ist und wie sehr es irgendeine Veränderung benötigt. Es ist kein Zufall, daß sich dieses Phänomen gerade in Polen zugetragen hat.

Innerhalb des Widerstands, der sich in verschiedenen Ländern Osteuropas gegen das Aufdrängen eines politischen Systems mit dem – vom sowjetischen Modell kopierten – Monopol der kommunistischen Partei erhob, war der erste und radikalste Fall Jugoslawien 1948. Seitdem nimmt Jugoslawien in der internationalen Gemeinschaft seinen eigenen Platz ein und hat seine Entwicklung selbst bestimmt. Doch neben Jugoslawien – und Albanien, das sich in einem dogmatischen Primitivismus abkapselte – ist zweifellos Polen jenes Land, das sich am beständigsten und mit einem tief in der Bevölkerung verankerten Gefühl dagegen wehrt, ein System zu akzeptieren, das ihm als Folge des Ausgangs des Zweiten Weltkriegs und des Tauziehens zwischen den Alliierten aufgezwungen wurde. Die wichtigsten, in der Tradition des Landes fest verankerten Marksteine der polnischen Nachkriegsgeschichte sind die von Posen ausgehenden Aufstände von 1956, die Erneuerungsbewegung von 1966 bis 1968 und die brutal unterdrückten Arbeiterkämpfe 1970 im Baltikum. Die Streiks von 1976 zwingen die Regierung, eine bereits verordnete Welle von Preiserhöhungen zurückzunehmen. 1980 schließlich dehnt sich eine gigantische Streikbewegung, von Danzig ausgehend, über das ganze Land aus und führt zur Gründung der *Solidarnošč*.

Die Regierung sieht sich zu Verhandlungen gezwungen und akzeptiert zum Großteil die Forderungen der Arbeiter. Vor allem: Sie legalisiert die *Solidarnošč*, die sehr schnell an die zehntausend Mitglieder umfaßt. Diese ist viel mehr als eine Gewerkschaft, sie wird zum Ausdruck der Opposition der Arbeiter und der Bevölkerung zum herrschenden System. Die katholische Kirche, deren soziales Gewicht ein besonderes Merkmal der polnischen Realität darstellt, besitzt in dieser Bewegung einen großen Einfluß, was sich unter anderem im häufigen Verwenden religiöser Symbole ausdrückt. Dieser Faktor trägt zweifellos dazu bei, daß die Regierung eine flexible Haltung einnimmt. Doch man darf darüber nicht vergessen, daß – im

Unterschied zu anderen Ostblockländern – in Polen eine kräftige Erneuerungsbewegung mitten aus der Theorie des Marxismus entstand. Die 1976 von marxistischen Intellektuellen wie Jacek Kuron, Karol Modzdelewski, Adam Michnik und anderen gegründete Gruppe KOR (Komitee zur Verteidigung der Arbeiter) hatte eine Strategie des Kampfes zur Veränderung des bürokratischen und autoritären Sozialismus ausgearbeitet, die die Rolle der breiten Bevölkerungsschichten verstärken sollte. Der Einfluß der Gruppe KOR beim Entstehungsprozeß der *Solidarnośc* ist unleugbar, auch wenn sich in ihr einige Tendenzen vermischen – darunter solche mit einem perspektivelosen Radikalismus –, was zu inneren Zusammenstößen und zu einer gewissen Ermüdung führte. Auf jeden Fall besteht die grundlegende Ausrichtung der *Solidarnośc* nicht in der Zerstörung des Sozialismus, sondern in der Demokratisierung des politischen Systems. Den Arbeitern soll bei den Entscheidungen ein größeres Mitspracherecht eingeräumt und die freie Meinungsäußerung verschiedener Standpunkte erlaubt werden. Die *Solidarnośc* vermeidet ganz bewußt, das Bündnis Polens mit der UdSSR in Frage zu stellen.

Diese Entwicklung zieht den offiziellen Gewerkschaften den Boden unter den Füßen weg, führt zu einer ausgeprägten Schwächung der kommunistischen Partei und gefährdet sogar die theoretische Grundlage des Systems, das sich ja als Arbeitermacht qualifiziert. So entsteht eine für den „realen Sozialismus" völlig *anormale* Situation.

In der letzten Zeit unter Breschnew durchlebte die UdSSR eine Periode der Verschlossenheit und Verständnislosigkeit gegenüber den neuen Realitäten. Ihre schwache Position auf dem internationalen Parkett ließ es ihr jedoch diesmal ratsam erscheinen, von weiteren Interventionen wie 1956 in Ungarn oder 1968 in der Tschechoslowakei Abstand zu nehmen. Die Sowjetunion übte wohl auf die polnischen Führer einen starken Druck aus, damit sie diesem oppositionellen Gärstoff, der den Zusammenhalt der „sozialistischen Gemeinschaft" gefährdete, ein Ende bereiteten, doch gab sie einer „polnischen Lösung" den Vorzug. In Wirklichkeit war es die polnische Armee, die die „Lösung" herbeiführte. Auch wenn General Jaruzelski zum Generalsekretär der Partei gewählt wurde, so lag seine wirkliche Macht im militärischen und nicht im politischen Bereich. Mit dem Putsch vom Dezember 1981 wurden auf einen Schlag Tausende von Führern und Aktivisten der *Solidarnośc* verhaftet, und die Gewerkschaft wurde in den Untergrund gedrängt. Der Putsch wurde von Militär und Polizei ohne jegliche Unterstützung der Bevölkerung durchgeführt. Nur die Kommunistische Partei unterstützte ihn begeistert, doch stellte diese keine effektive Kraft dar. Auf moralischem und politischem Gebiet konnte Jaruzelski von dem guten Ruf zehren, den die Armee in der polnischen Bevölkerung genießt. Die Kirche bemühte sich wohl, repressive Auswüchse zu vermeiden, doch schuf sie keine ernsthaften Probleme. Das wichtigste Argument Jaruzelskis – das er allerdings nicht öffentlich formulieren konnte – war, daß es keinen anderen Weg gab, um eine militärische Intervention der UdSSR zu vermeiden.

Die Periode nach 1981 ist vielleicht die interessanteste Zeit. Der Druck der Gesellschaft und die Schwäche des orthodoxen, harten Sektors der Kommunistischen Partei drängen Jaruzelski zu einer immer tiefer gehenden Liberalisierung. Mit der Amnestie der politischen Gefangenen vom Sommer 1986 entsteht eine für die Ostblockländer einmalige Situation: Die Führer der Opposition leben in ihren Wohnungen, können sich bewegen, treffen und verfügen über Kommunikationsmittel, die wohl nicht legal sind, die aber eine weite Verbreitung finden. Je mehr sich die Regierung mit einer schwierigen Wirtschaftslage konfrontiert sieht, desto mehr muß sie auf die Kraft der Opposition zählen. Diese wird als solche nicht legalisiert, man verhandelt auch nicht offiziell mit ihr, doch es wird ihr ein Handlungsspielraum zugestanden. In Klubs, Zirkeln, kulturellen Vereinigungen usw. macht sich ein gewisser Pluralismus breit.

Die Ereignisse in Polen haben eine besondere Bedeutung, denn in gewisser Hinsicht stellen sie die Ankündigung jener Reformen dar, die Gorbatschow nach seiner Ernennung zum Generalsekretär der KPdSU im März 1985 in Angriff nimmt. Dennoch gibt es wesentliche Unterschiede zwischen den beiden Entwicklungen. Der offensichtlichste Unterschied ist wohl der, daß die sowjetische Reformbewegung nicht von der Basis der Gesellschaft ausgeht, von den Massen der Arbeiter, sondern daß sie an der Spitze der Partei selbst heranreift. Der Ausgangspunkt ist das Bewußtsein in nicht kleinen Kreisen der sowjetischen Führer, vor allem in den mit der Technik und der Wirtschaft verbundenen Kreisen, die Sowjetunion falle gegenüber der Entwicklung in den fortgeschrittenen Ländern der Erde immer weiter zurück. Besonders gravierend ist dieser Rückstand auf technologischem und ökonomischem Gebiet, was auf das Lebensniveau der Bevölkerung äußerst negative Auswirkungen hat. Nach dem Tod von Breschnew und den zwei kurzen Zwischenspielen mit Andropow und Tschernenko nominiert das Politbüro Gorbatschow zum Generalsekretär, damit dieser buchstäblich den Karren aus dem Dreck ziehe. Dieser schlägt eine Reihe von Reformen vor, um die Talfahrt der UdSSR zu stoppen.

Die *Perestroika* hatte im Laufe ihrer ersten drei Jahre verschiedene Etappen und Prioritäten. Das oberste Ziel war, die Wirtschaft aus ihrer Stagnation zu befreien, wozu man eine Reihe von Maßnahmen erließ, wie mehr Autonomie für die Unternehmen, Verringerung der Rolle der zentralisierten Planung, mehr Raum für den freien Markt. Das Entstehen privater Unternehmen – mit gewissen Beschränkungen – wurde erlaubt, was die Aufgabe von „Prinzipien“ bedeutet, die für lange Zeit als unantastbar betrachtet wurden. Gleichzeitig führte Gorbatschow eine weitgehende Erneuerung der Kader in der Partei und im Staatsapparat durch, setzte jüngere und sachkundige Leute ein und verringerte die Bedeutung der Bürokraten, die ihre Karriere auf der Grundlage der „ideologischen Treue“ und der Dienstbarkeit gegenüber den Vorgesetzten gemacht hatten.

Die andere grundlegende Ausrichtung der Reform Gorbatschows – die direkt mit seiner außenpolitischen Orientierung verbunden ist – besteht in der Verringerung der Militärausgaben und der militärischen Investitionen in der Wirtschaft. Seine Initiativen in Richtung Abrüstung und konstruktivere Beziehungen zu den USA, zu Europa und China sind unmittelbar durch die Erfordernisse der inneren Reform motiviert. Für Breschnew hatte der militärische Aspekt unbedingt Vorrang, er opferte alles, um das militärische Gleichgewicht mit den USA aufrechtzuerhalten, ungeachtet der ungeheuren Kosten, die auf ein Land mit einem beträchtlich tieferen wirtschaftlichen und wissenschaftlichen Niveau horrende Auswirkungen haben. Die Politik Gorbatschows hingegen scheint auf eine Entspannung der internationalen Lage hinzuzielen, wobei das Gewicht der militärischen Faktoren verringert und bei internationalen Konflikten einer Verhandlungslösung der Vorrang gegeben werden soll. In diesem Rahmen sind seine Vorschläge vom Sommer 1987 bezüglich einer Stärkung der Rolle der Vereinten Nationen – einschließlich eines häufigeren Einsatzes von UNO-Truppen zur Befriedung und Lösung von Konflikten – bedeutungsvoll.

Es besteht also eine wechselseitige Verbindung zwischen der internen *Perestroika* und der neuen Außenpolitik von Gorbatschow: Die Verringerung der Militärausgaben erfordert ein sichereres und ruhigeres internationales Klima und den Abschluß von Abrüstungsverträgen. Und gleichzeitig – angenommen, die Reformen von Gorbatschow gehen weiter – wird der Erneuerungsprozeß vorrangig die Überwindung des technologischen und Produktionsrückstandes in Angriff nehmen und in das heute erstarrte Wirtschaftssystem mehr Beweglichkeit und Dynamik bringen müssen. Ein Vorhaben mit enormen Schwierigkeiten, vor allem wenn man an die gigantischen Dimensionen der Sowjetunion denkt. Außerdem wird es zweifellos einige Zeit dauern, bis sich dieser Prozeß in spürbaren Vorteilen im Lebensniveau der Bevölkerung niederschlägt.

In diesem Rahmen liegt die Bedeutung der anderen Richtung der Gorbatschow-Reformen, nämlich der politischen Reform. Ein wesentlicher Teil davon besteht in der schon erwähnten Erneuerung der Funktionäre. Damit hat der Generalsekretär innerhalb des Apparats einen Kreis von Kadern geschaffen, die unmittelbar an einem Erfolg der Reformen interessiert sind. In den Organen auf höchster Ebene war diese Erneuerung besonders augenfällig. Im Sekretariat blieben von zwölf Mitgliedern nur noch drei aus der Zeit vor Gorbatschow übrig. Im Politbüro ist die Erneuerung schwieriger. Auch wenn von 18 wichtigen Mitgliedern elf nach 1985 gewählt wurden, so verbleibt in diesem Organ doch noch eine nicht unbeträchtliche Gruppe alter Kader.

Die entscheidenden Aspekte der politischen Reform liegen jedoch in der Öffnung der Presse und des Verlagswesens mit einem seit mehr als einem halben Jahrhundert nicht mehr erlebten kritischen Niveau; in der kulturellen und selbst ideologischen Öffnung mit Diskussionen über Themen, die bisher *tabu* waren, wie zum Beispiel die Geschichte der UdSSR seit der Revolution; in der Befreiung einer wesentlichen Anzahl von politischen Gefangenen, mit der Rückkehr des Gelehrten Sacharow nach Moskau, wobei dieser weiterhin Kritik an verschiedenen Aspekten der offiziellen Politik äußern kann. Dieser Prozeß der Öffnung hat vor allem unter der Jugend zum Entstehen von kulturellen, künstlerischen Klubs und Zirkeln geführt, die gleichzeitig Zentren der Diskussion über alle denkbaren Themen, auch über politische, darstellen. Es ist klar, daß diese heranreifende neue Wirklichkeit die Notwendigkeit aufwirft, Formen eines gesellschaftlich verankerten Pluralismus zu suchen, der aufblüht, sobald es die zugestandenen Freiheitsräume erlauben. Das ist ein zweifellos entscheidendes Problem, für das es noch keine Lösung gibt. Gorbatschow selbst brachte Vorschläge zur Demokratisierung der inneren Struktur der Kommunistischen Partei ein, wie zum Beispiel die Einführung verschiedener Kandidaten bei den Wahlen, doch stießen diese Vorschläge auf entschiedenen Widerstand innerhalb des Zentralkomitees. Außerdem kann sich der Pluralismus – ohne den jede Demokratisierung lahm und blind bleibt – nicht auf die Debatte *innerhalb* der Kommunistischen Partei beschränken, sondern erfordert auch Ausdrucksformen außerhalb dieses Bereichs, erfordert die Freiheit der Meinungsäußerung. Hier liegt im politischen Terrain die Grenze, an der sich die Zukunft der *Perestroika* entscheiden wird.

Es besteht kein Zweifel darüber, daß sich Gorbatschow heute mit seinem Reformprozeß, der durch seine Gründlichkeit mit keinem der früheren Reformversuche zu vergleichen ist, in sehr ernsthaften Schwierigkeiten befindet. Die konservativen Kräfte haben immer noch ein beträchtliches Gewicht, nicht nur wegen ihrer einflußreichen Vertreter in den höchsten Führungsgremien, sondern weil ein bedeutender Teil des Apparats wegen der von ihm selbst geschaffenen Interessen und aufgrund seiner Denkstruktur gegen jegliche Veränderung ist. Im Wirtschaftsbereich stößt der Impuls zu mehr Initiative, zu mehr Autonomie, Eigenverantwortung und Professionalität, zu größerem Wettbewerb zwischen den Unternehmen mit den Gewohnheiten der Funktionäre zusammen, die an bürokratische Routine und Anwendung des „Plans“ gewöhnt sind. Selbst in breiten Teilen der Arbeiterschaft, die bis jetzt noch keine Verbesserung ihres Lebensstandards als Auswirkung der Reformen erfahren hat, herrscht keine Begeisterung vor, sondern eher Furcht vor den Preissteigerungen, die sich als Folge einer verstärkten Rolle des freien Marktes in der Wirtschaft ergeben würden.

So zeichnet sich heute in der Sowjetunion und in gewissem Sinn auch in den anderen Ländern des Ostens ein neuer Absetzungsprozeß der sozialen Kräfte und der politischen Ausrichtungen ab, der nicht mehr viel mit der Zugehörigkeit zu einer Partei zu tun hat, die seit Jahrzehnten in einen Staatsapparat verwandelt ist, und nicht einmal mit der Zugehörigkeit zu einer *marxistisch-leninistischen* Ideologie, die durch ihre Reduzierung auf eine Staatsideologie ihr revolutionäres Potential verloren hat. In Wirklichkeit finden sich heute die Kräfte, die den Reformprozeß von Gorbatschow vorantreiben, vor allem in den Kreisen, die am engsten mit der Entwicklung von Wissenschaft und Technologie, also mit der Modernisierung des Landes, verbunden sind, und in den Bereichen der kulturellen, künstlerischen Aktivitäten und der Sozialwissenschaften, die auf unmittelbarere Weise den Fortschritt in Richtung größere Freiheit erleben. Und ganz allgemein in der Jugend, für die die Perspektive einer gesellschaftlichen Veränderung zu mehr Freiheit und mehr Raum für persönliche Verwirklichung einen mächtigen Anreiz darstellt.

Da es keine echten Verbindungskanäle zwischen der Gesellschaft und dem Staat gibt, ist eine fundierte Einschätzung der zukünftigen Aussichten des gegenwärtigen Experiments sehr schwierig. Die Gefahr einer Rückkehr in die Vergangenheit erscheint wenig wahrscheinlich, falls nicht unvorhergesehene internationale Ereignisse das gegenwärtige Prestige Gorbatschows zerstören. Die Gefahr einer Reduzierung des Umfangs und der Bestrebungen der *Perestroika*, einer allmählichen Absorbierung durch die Routine des Systems, läßt sich jedoch nicht ausschließen. Das würde wahrscheinlich dennoch ernsthafte Fortschritte erlauben, in der internationalen Politik zum Beispiel, würde aber der gesellschaftlichen Erneuerung in der Sowjetunion die Flügel stutzen.

Es gibt noch zahlreiche unbekannte Faktoren. So ist zum Beispiel noch keine klare Linie bezüglich des Nationalitätenproblems ersichtlich, das in der UdSSR von enormer Bedeutung ist. Das Klima der Freiheit wird zweifellos dazu führen, daß sich in der Sowjetunion verschiedene Völker – von denen einige ein sehr starkes Nationalitätsbewußtsein haben – für größere Autonomie aussprechen. Die Grenzen dieser Entwicklung sind nur schwer abzusehen. Der russische Zentralismus, das *Großrußland*, das über die anderen Nationalitäten herrscht, hat im sowjetischen Staat eine ungeheure Macht. Es kam unter der Führung von Gorbatschow noch zu keinen klaren Anzeichen eines Meinungsumschwunges auf diesem Gebiet, eher im Gegenteil.

Ein Bereich, der die Linke in Westeuropa unmittelbar interessiert, ist der der zukünftigen Beziehungen der UdSSR mit den europäischen Mitgliedsländern des Warschauer Paktes und des Wirtschaftssystems des Ostblocks. Das Klima größerer Freiheit wird sich unweigerlich auch auf diese Länder erstrecken, wenngleich unter deutlich anderen Vorzeichen. In Polen und Ungarn wird es die eigenständigen Liberalisierungstendenzen verstärken. In Rumänien versucht die Regierung, das Land gegenüber den aus Moskau kommenden Einflüssen abzuschirmen. Der tschechoslowakische Fall trägt ganz besondere Züge: Die gegenwärtige Führungsclique wurde 1968 durch die Militärintervention der UdSSR gegen den *Prager Frühling*, der große Ähnlichkeiten mit dem Reformprozeß Gorbatschows aufwies, an die Macht gebracht. Deshalb verbindet heute die Opposition die Erneuerungsbestrebungen der Jugend mit den Forderungen des Experiments vor zwanzig Jahren, dessen Gültigkeit in der Gegenwart eine eindrucksvolle Bestätigung erhalten hat. In Bulgarien bemüht sich die alte Führung, ganz langsam neue Kräfte in das System einzubinden, um so eine allmähliche Modernisierung zu erreichen. Auf jeden Fall – egal, welche Wege nun das eine oder andere Land einschlägt – sieht sich Gorbatschow auf diesem Gebiet mit einer doppelten Sorge konfrontiert. Einmal muß er eine Entwicklung fördern, die die alten Breschnew-Anhänger (als ständige potentielle Verbündete der Konservativen in Moskau) auswechselt. Gleichzeitig aber muß er danach trachten, daß sich dieser Wechsel so langsam und reibungslos wie nur möglich vollzieht, mit einem Minimum an Konfliktgefahr. Aus nationalen und internationalen Gründen ist die Sowjetunion daran interessiert, ihre Dominanz in Osteuropa aufrechtzuerhalten. Was heute auf der Tagesordnung steht, ist nicht ein Aufheben des Blocksystems, was ja keine einseitige Maßnahme sein könnte, und auch nicht eine Rückkehr dieser Länder zur völligen Souveränität (welche Möglichkeit bei der gegenwärtigen Struktur der internationalen Beziehungen immer unwahrscheinlicher wird), sondern die Frage, bis zu welchem Grad und zu welcher Form die Liberalisierung in der UdSSR sich in eine größere Autonomie der osteuropäischen Länder bei der Lösung ihrer eigenen Probleme umsetzen könnte.

Auf jeden Fall ist es offensichtlich, daß sich in dieser neuen Etappe neue Möglichkeiten in den Beziehungen zwischen den westeuropäischen Linksparteien und den politischen Kräften der Länder Osteuropas ergeben. Das zeigt sich besonders bei den Abkommen zu wichtigen Sicherheitsthemen – atomwaffenfreie Zone in Mitteleuropa, eine Zone ohne chemische Waffen –, die zwischen der westdeutschen Sozialdemokratischen Partei und der Kommunistischen Partei Ostdeutschlands (mit der offiziellen Bezeichnung „Sozialistische Einheitspartei Deutschlands“) ausgearbeitet und unterzeichnet wurden. Es gibt auch noch andere entsprechende Erfahrungen, nicht nur mit offiziellen Parteien, sondern auch mit Bewegungen, die im Osten im Grenzbereich zwischen Tolerierung und Untergrund angesiedelt sind, im besonderen die pazifistischen Bewegungen.

Es ist noch zu früh, um zu wissen, welche Perspektiven sich eröffnen werden, wenn der Prozeß einer größeren Durchlässigkeit zwischen West- und Osteuropa voranschreitet. Auf der theoretischen Ebene drängt sich jedoch schon jetzt die Reflexion über das folgende Thema auf: Nach siebzig Jahren eines *Sozialismus ohne Freiheit* (der deshalb nicht imstande war, die Tragweite der Französischen Revolution von 1789 zu erreichen) zwingen die Erfordernisse der wirtschaftlichen, technologischen und wissenschaftlichen Entwicklung dazu, die Thematik der Meinungsfreiheit, der politischen und kulturellen Freiheit, der pluralistischen Diskussion neuerlich als Voraussetzung für den Fortschritt in den Mittelpunkt zu stellen. Aus dieser Erkenntnis heraus muß man viele der Grundlagen revidieren, auf denen lange Zeit hindurch der von Marx – oft vereinfacht und entstellt – abgeleitete Geschichtsbegriff beruhte.

Wir befinden uns in einer Zeit, in der – obwohl unter diametral entgegengesetzten Umständen wie im Osten – auch im Westen die Thematik der menschlichen Freiheit in ihrem weitesten Sinn einen breiten Raum einnimmt. Das System der repräsentativen Demokratie ist in eine Krise eingetreten: So wie es bisher funktioniert hat, kann es die Anforderungen der zeitgenössischen Welt nicht mehr zufriedenstellen. Das stimuliert in der Linken einen neuen Ausbruch einer freiheitsliebenden, gegen den bestehenden Staat rebellierenden Geisteshaltung, die den Bereich des Liberalismus weit hinter sich läßt: einer Haltung, wie sie dem Sozialismus der ersten Stunde und auch den vormarxistischen Strömungen eigen war.

Parteien und Bewegungen

Die Theorie von der *politischen Partei* muß auf jeden Fall mit einer neuen Einstellung betrachtet werden. Auch wenn Marx eine plurale, komplexe Sicht vom Lauf der Geschichte hatte, so hat seine Theorie in den beiden vom Marxismus abgeleiteten Ideologien, dem Sozialismus und dem Kommunismus, zu einer Interpretation geführt, die die „Partei" in den Architekten und Führer (und somit Verantwortlichen) der Zerstörung des Kapitalismus und des Aufbaus der neuen sozialistischen Gesellschaft verwandelt. Zweifellos gibt es Gesetze, die in diese Richtung weisen. Doch wird „die Partei“ beauftragt – als bewußter, subjektiver Faktor und mit einer überlegenen Theorie versehen, die es erlaubt, die Wirklichkeit zu *erkennen* –, sowohl alle vorbereitenden Etappen für die Veränderung durchzuführen als auch, von der Macht aus, die Veränderung selbst. Dieses Konzept vervollständigte in einer gewissen Hinsicht jenes von der Allmacht des Staates, auf das wir uns früher bezogen haben. Es steht außer Frage, daß diese Mystifizierung der Partei in der II. Internationale begann, auch wenn sie erst später – bis hin zu unseren Tagen – in der kommunistischen Tradition eine noch viel größere Bedeutung erreicht.

Man sollte untersuchen, ob sich diese Theorie nicht in ein schweres Hindernis für die Entwicklung der Linken in Europa verwandelt hat. Zweifellos leugnet seit langem niemand mehr, daß neben der Partei auch andere Faktoren, andere Träger der geschichtlichen Entwicklung existieren. Doch für die „Partei“ bleibt ein privilegierter Platz reserviert: Die „Führung“ ist in dieser Hinsicht das Schlüsselwort. Es bestehen zum Beispiel die Gewerkschaften, doch die „Partei“ führt. Es gibt den Feminismus, den Pazifismus, die ökologische Bewegung – doch die „Führungsrolle“ kommt der Partei zu. Es ist eine orchestrale Vorstellung von der Geschichte: viele Instrumente, doch nur ein Dirigent. Dieses Konzept tritt nun in eine Krise ein. Einerseits weil die Parteien, auch die kommunistischen, immer mehr zu Wahlmaschinen werden und das Höchstmaß ihrer Aktivitäten für den Stimmenfang aufwenden. Gleichzeitig verwandeln sich die Wahlen immer mehr in technische Operationen, um über die verschiedensten geistigen oder psychologischen Mechanismen die Stimme des Staatsbürgers zu gewinnen. Mechanismen, die in den meisten Fällen wenig mit einem politischen Programm oder einem Gesellschaftsmodell zu tun haben. Was sekundär sein sollte (z. B. eine Wahlkampagne, um Stimmen für ein Ideal zu gewinnen) wird primär: Das Ideal wird definiert gemäß der Funktionalität für den Stimmenfang, und diese wiederum wird von eigenen Spezialisten der Wahltechniken errechnet. Die Kluft, die dann zwischen dem den Wählern angebotenen Programm und den von der Regierung verwirklichten Maßnahmen liegt, wird bereits als etwas fast Normales akzeptiert.

In Wirklichkeit besteht zwischen dem Konzept „Partei als Führer“ und dem Konzept „Partei als Wahlmaschine“ ein logischer Widerspruch. Man muß auswählen. Fast alle europäischen Linksparteien haben sich für die zweite Option entschieden. Deshalb wenden sich die Jugendlichen mit politischem Kampfgeist den sozialen Bewegungen zu und entfernen sich immer mehr von den Parteien.

Der „Mythos“ der Partei ist ein Anachronismus, der mit der Wirklichkeit zusammenstößt. Das bedeutet nicht, die Rolle der Parteien zu verneinen. In dem ihnen eigenen Rahmen – den Institutionen, dem

Parlament, der Regierung – ist die Rolle der Linksparteien wesentlich. Sie können beim Aufbau jenes neuen, fortschrittlichen Europa, das auf diesen Seiten postuliert wird, eine entscheidende Funktion einnehmen. In diesem Sinn zeigt sich bereits heute zwischen der deutschen Sozialdemokratie und der Kommunistischen Partei Italiens eine Tendenz zur Zusammenarbeit, zur Einheit und gleichzeitig zur kritischen Revision und Erneuerung früherer Positionen, die neue Horizonte eröffnen kann. In einigen in der KPI-Zeitschrift *Rinascitá* und dem SPD-Organ *Die neue Gesellschaft* veröffentlichten Artikeln haben die Politiker Giorgio Napolitano (Italien) und Horst Ehmke (Deutschland) wichtige Übereinstimmungen zwischen den beiden Parteien hergestellt. Ehmke schreibt von der möglichen Perspektive, „auf der Ebene der Inhalte die Spaltung der Arbeiterbewegung in Westeuropa zu überwinden". Die SPD überarbeitet ihr 1959 in Bad Godesberg verabschiedetes Programm und möchte zu diesem Zweck mit der KPI diskutieren. Eines der neu zu definierenden Probleme ist – laut Ehmke – die Frage, welchen politischen Rahmen man in den industrialisierten westlichen Ländern erstellen muß, um ein akzeptables Wirtschaftswachstum zu erreichen, ohne menschliche (zum Beispiel mehr soziale Gerechtigkeit) und ökologische Grundwerte zu opfern. Napolitano schreibt, daß „nach dem Versuch des Eurokommunismus die KPI ein System der Vorzugsbeziehungen zwischen der KPI und anderen kommunistischen Parteien aufgegeben hat" und nun „die europäische Linke als ein Ganzes, als eine vielfältige Realität" betrachtet. Damit bekräftigt er die Aussicht, die Spaltung von 1970 zu überwinden. Nachdem er die laufenden Veränderungen in verschiedenen sozialistischen Parteien positiv einschätzt, setzt Napolitano den Akzent darauf, „eine Politik der Linken, die von einem rein nationalen Gesichtspunkt aus durchgeführt wird", könne keinen Erfolg haben. Er beharrt darauf, daß „eine Zusammenarbeit auf europäischer Ebene" unerläßlich ist, „um einen verhängnisvollen Rückschritt unserer Völker gegenüber den USA und Japan zu vermeiden . . . Um letzten Endes den totalen Verfall der Rolle Westeuropas zu vermeiden."[8]

Man kann also nur hoffen – allerdings mit einem aus langer geschichtlicher Erfahrung entspringenden logischen Mißtrauen –, daß die Linksparteien in zwei entscheidenden Aspekten wesentliche Fortschritte erzielen: 1. angesichts der großen politischen Herausforderungen (Frieden, Abrüstung, Arbeitslosigkeit, neue Technologien, Beziehung zur Dritten Welt . . .) auf europäischer Ebene ein fortschrittliches Projekt auszuarbeiten, das den rein nationalen Rahmen übersteigt; 2. bei der Forderung nach der Schaffung echter übernationaler demokratischer Gewalten auf europäischem Niveau eine dynamischere Haltung als bisher einzunehmen, um so ernsthaft an eine Bewältigung der zeitgenössischen Probleme herangehen zu können. Gegenwärtig existieren wohl übernationale Mächte, doch es sind die des Geldes und der Waffen oder, vereinfacht ausgedrückt, des Dollars und der NATO. Die Völker Europas müssen ihr Vertrauen in die immer weniger wirksamen nationalen Souveränitäten einstellen und demokratische politische Gewalten schaffen.

Es handelt sich um einen höchst komplexen Prozeß, der sich noch ganz am Anfang befindet. Die Rolle des Europaparlaments müßte aufgewertet werden. Die Existenz der Kommission in Brüssel ist ein interessanter Faktor. Dort erlebt eine Gruppe von Funktionären neuen Typs eine neue, ursprüngliche Erfahrung. Es sind großteils junge Fachleute, die ein neues *Wissen* über die europäische Realität ansammeln, das dem der nationalen Bürokratien überlegen ist, da es von einem übernationalen Gesichtspunkt ausgeht. Die demokratischen Strömungen im Parlament in Straßburg und eine Verlagerung der Gewalten, die die Handlungsfähigkeit von Brüssel erhöht, können – trotz offenkundiger Schwierigkeiten – Faktoren des Fortschritts zu einem politischen Europa darstellen. Dieser Prozeß erfordert jedoch das Herausbilden eines politischen Willens in breiten Schichten der Bevölkerung, einer ernsthaften Bewegung in der öffentlichen Meinung. Dieser entscheidenden Frage wurde von den politischen Parteien bisher nur wenig Aufmerksamkeit geschenkt. Vielleicht ist dieses Unterfangen in einer nahen Zukunft unmöglich; wir müssen uns jedoch der Situation bewußt sein, in der wir uns befinden.

Wie der KPI-Führer Pietro Ingrao in einem Essay hervorhob, wachsen am Horizont der postindustriellen Gesellschaft „multinationale Unternehmenssysteme" heran, gigantische Konzerne, denen es gelingt, sich einen entscheidenden Teil der intellektuellen, wissenschaftlichen Kapazität der Menschheit einzuverleiben.[9]

In Wirklichkeit verfügt der Kapitalismus heute bereits über eine klare internationale Struktur – im Gegensatz zu dem in den Staaten verankerten demokratischen Willen, im Gegensatz zur Arbeiterbewegung, zu den Linkskräften. Deswegen gibt es auch keine Antwort auf die Herausforderung der Multis, gibt es keinen entschlossenen, kühnen Schritt der fortschrittlichen Kräfte hin zur Übernationalität, wie er besonders in Europa äußerst wichtig wäre.

Es ist wohl nicht übertrieben, den gegenwärtigen Scheideweg, an dem sich die Linkskräfte befinden, folgendermaßen zu beschreiben: Entweder es gelingt der Linken, *europäisch* zu werden und (in ihrem Denken und in ihrem Handeln) eine übernationale Dimension anzunehmen, oder sie hört in der Praxis auf, eine Linke zu sein.

Wenn wir die Linke ausschließlich auf die politischen Parteien beschränken wollten, so wäre die Diagnose trotz einiger interessanter positiver Beispiele, die wir zuvor erwähnt haben, äußerst pessimistisch. Doch die Linke umfaßt heute nicht nur die traditionellen Parteien – Sozialisten und Kommunisten – und die Gewerkschaften.

Sie ist eine viel komplexere Realität und besitzt deshalb auch mehr Möglichkeiten zur Erneuerung, zur Entwicklung, zum Auffinden neuer Ideen.

Wir befinden uns in einer Zeit, in der der subjektive Faktor, der bewußte Eingriff der Menschen, eine wachsende Rolle im Ablauf der Geschichte spielt. Doch die Idee einer – fast mechanisch – von den objektiven Faktoren, der Wirtschaftsstruktur, abgeleiteten Subjektivität ist heute anachronistisch geworden, nichts weiter als eine romantische Erinnerung. Das alte Konzept, die „Arbeiterklasse" verwandle sich durch ihren Platz im Produktionsprozeß aus einer historischen Gesetzmäßigkeit heraus in die Avantgarde der Menschheit, in die Trägerin einer höheren Zivilisation mit mehr Gerechtigkeit und Freiheit, ist heute durch die Tatsachen völlig widerlegt. Mit Ausnahme von ganz konkreten – und im allgemeinen nur kurzen – Perioden ist die charakteristische Haltung der breiten Massen der Arbeiterklasse in Europa der Reformismus und nicht die Revolution. Wenn wir einen Blick auf die Landkarte der politischen Kräfte in den verschiedenen Kontinenten werfen, so werden wir sehen, daß die Regionen mit der größten Industrie- und somit auch Arbeiterkonzentration und jene Gegenden, wo sich der Wille zu Umwälzungen auf revolutionärem Weg manifestiert, nicht die gleichen sind.

Um noch konkreter zu werden: Die wichtigen Streiks und Arbeiterkämpfe in Westeuropa in der Zeit der Krise, also ungefähr seit Beginn der siebziger Jahre, sind zu einem nicht geringen Ausmaß durch ihren ständischen Inhalt charakterisiert. Ein hoher Prozentsatz der Streiks wird von Arbeitnehmern mit relativ sorgenfreien Lebensumständen durchgeführt, wie Piloten, Staatsangestellte usw. Der große – durch den Kampf- und Opfergeist der Minenarbeiter und ihrer Familienangehörigen beeindruckende – Bergarbeiterstreik in Großbritannien 1984/85 hat einen anderen bedeutsamen Aspekt aufgezeigt: Im besten der Fälle kämpfen jene Bereiche der Arbeiterschaft, die direkt vom Prozeß der technologischen Umgestaltung bedroht werden (und vor allem durch deren Umgestaltung nach brutal kapitalistischen Kriterien), doch die traditionelle Solidarität der anderen Teile der Arbeiterklasse bleibt aus. Es ist also ein defensiver Kampf: Auf sozialer Ebene auf jeden Fall gerechtfertigt, doch mit nur geringen Erfolgsaussichten, wenn er sich dem Fortschritt der neuen Produktivkräfte und wissenschaftlichen Errungenschaften entgegenstellen will. Vor allem wirkt sich negativ aus, daß die Arbeiterklasse selbst, in ihren verschiedenen Ausformungen, keine Vorschläge hat. Sie präsentiert der Gesellschaft kein eigenes Projekt des Fortschritts und der wirtschaftlichen und sozialen Umgestaltung. In der Zeit der Volksfrontregierungen, während des Kampfes gegen den Faschismus (um einen Vergleichspunkt zu nehmen, mit dem man besser die Sachen erklären kann), war die Arbeiterklasse als solche das Rückgrat in einem sehr breiten Kampf gegen jenen vom Faschismus verkörperten historischen Rückschritt. Man konnte also sagen (auch wenn sich dies später nicht in der Geschichte bestätigen sollte), die Arbeiterklasse diente als tragendes Element für eine Subjektivität (eine Partei, eine Politik, ein revolutionäres Projekt), die die Geschichte verändern und vorantreiben konnte. Der radikale Unterschied zu heute ist, daß nun die Veränderung in der Zusammensetzung der Arbeiterklasse selbst stattfindet. Es ist nicht nur die Krisensituation, die den Kampfgeist verringert. Es handelt sich um etwas viel Grundlegenderes: um das Näherrücken der wissenschaftlichen und technologischen Revolution, um die neue Informatik-Gesellschaft, die die herkömmlichen Kategorien wie Arbeiterklasse, Fabrik, Arbeitszeit usw. in Frage stellt.

Es handelt sich natürlich nicht darum, die Rolle der Arbeiterschaft in dieser Übergangszeit zur Informatik-Gesellschaft zu verneinen. Im Gegenteil: Es wird entscheidend sein, einen Widerstand, einen Kampf zu entwickeln, um zu verhindern, daß die neuen Technologien in eine ganz allgemeine Manipulation der Menschen durch kleine Minderheiten an der Spitze der multinationalen Unternehmen und der Staaten ausarten. In diesem Sinn ist ein interessantes Beispiel der Kampf um mehr Freizeit, um die Verringerung der Arbeitszeit, der schon zu großen Streiks geführt hat.

Auch wenn mit dem Entstehen der großen Fabriken die Hypothese logisch erschien, die ausgebeutete und geballte Arbeiterklasse werde die entscheidende historische Kraft sein, so muß man sich heute eingestehen, daß wir einem radikal anderen Prozeß gegenüberstehen. Es ist heute anachronistisch, das traditionelle – teilweise auf Marx zurückgehende, später von Lenin und Kautsky (in der kommunistischen bzw. sozialistischen Version) ergänzte – Schema zu wiederholen, wonach die Arbeiterklasse den Keim der neuen Subjektivität, der Parteien, darstellt, die sich später in den objektiven historischen Prozeß der Entwicklung zum Sozialismus einschalten. Das ist eine intellektuelle Haltung, die überhaupt nicht dazu beiträgt, die Phänomene, von denen wir umgeben sind, zu begreifen. Sie ist sogar gefährlich, da sie Illusionen schaffen und durch Beunruhigung und Angst die nötige Entrüstung verhindern kann, die heute die Quelle für neue revolutionäre Subjektivitäten im Laufe der Geschichte sein könnte.

In dieser Hinsicht erscheinen zwei Aspekte ziemlich klar: Die Fähigkeit der Menschen, selbst ihr Schicksal, das heißt das Gewicht des Subjektiven in der Geschichte, zu entscheiden, hat beträchtlich zugenommen. Gleichzeitig ist die Subjektivität wesentlich vielschichtiger geworden: Sie drückt sich nicht nur in *einer* Klasse, in *einer* Idee oder *einem* Ziel aus, sondern der Wunsch zur Umgestaltung geht von verschiedenen Quellen aus und äußert sich in verschiedenen Formen,

Absichten und Bestrebungen, wobei es keine Achse mehr gibt, die diese Pluralität artikulieren könnte. Betrachten wir einige der Folgen, die diese Tatsache mit sich zieht.

Das Wachsen der subjektiven Fähigkeit des Menschen zur Gestaltung seiner Zukunft hat verschiedene Ebenen. Im Kolonialsystem waren gestern noch Hunderte Millionen von Frauen und Männern, ganze Kontinente, bloße Objekte der Geschichte. Heute sind Dutzende neuer Staaten entstanden, die trotz widersprüchlicher Situationen eine unübersehbare Präsenz im internationalen Leben der Völker darstellen, während sie gestern nicht einmal ihre Stimme erheben durften. Außerdem ermöglichen die in Richtung größere Gleichheit zwischen Frauen und Männern unternommenen Schritte in einem Teil der Welt den ersteren, eine wesentlich bedeutendere Rolle zu spielen als früher. Die Herabsetzung der Großjährigkeit in vielen Ländern spiegelt ein tiefergehendes Phänomen wider: Die Jugendlichen bekräftigen mit viel mehr Nachdruck als in früheren Zeiten ihre eigenen Ideen und Haltungen in den zeitgenössischen Gesellschaften. Die Geschichte der Welt beginnt, nicht mehr – oder in geringerem Ausmaß zumindest – die Geschichte der Weißen, der Männer und der Erwachsenen zu sein.

Andererseits haben die technischen und selbst wissenschaftlichen Verfahren, um auf lange Sicht die Auswirkungen der getroffenen Entscheidungen zu erfassen, heute eine unvergleichlich größere Wirksamkeit als in früheren Epochen. Die Futurologie erlaubt in gewisser Hinsicht, Hypothesen und Konditionierungen mit hohen Prozentsätzen der Wahrscheinlichkeit zu skizzieren. Gleichzeitig hat die Verbreitung der Nachrichten in weltweitem Maßstab eine qualitativ neue Ausdehnung erfahren: Wir können praktisch alles *sehen*, was auf dem Planeten passiert. Die große Frage ist, wer entscheidet, wer wählt aus, wer kontrolliert die Informationssysteme, die es in immer stärkerem Ausmaß erlauben, die Zukunft vorherzusagen, vorzubereiten und mitzubestimmen, und die die Information verbreiten, verallgemeinern, globalisieren?

Wenn wir die heute bestehenden Strukturen – multinationale Unternehmen, Supermächte, schwache oder halbschwache Staaten – in die Zukunft extrapolieren, so erscheint es wahrscheinlich, daß sich einige kleine Zentren, einige total abgegrenzte Eliten (für Westeuropa vor allem mit Sitz in den USA) mit einer phantastischen Möglichkeit zur Manipulierung der Köpfe der Menschen versehen. Es ist nicht mehr die Bedrohung des allmächtigen, repressiven politischen Apparats, die Orwell für 1984 skizzierte. Es ist etwas viel Subtileres, Flexibleres, Wirksameres, denn es arbeitet über die Umformung der Gehirne, was so weit geht, daß die Menschen die von den Interessen der herrschenden Eliten diktierten Vorstellungen als ihre eigenen Leitbilder akzeptieren. Wie es Pietro Ingrao äußerst intelligent und zutreffend formuliert hat[10], erleiden wir in Westeuropa heute bereits einen fortschreitenden Verlust an grundlegenden kulturellen Werten. Doch die Antwort läßt sich nicht in einer unmöglichen Rückkehr in die Vergangenheit finden. Es ist unerläßlich, neue Wege in die Zukunft zu suchen. Und neue Formen zu finden, die eine möglichst direkte und möglichst wenig delegierte Demokratie und Beteiligung der Bevölkerung garantieren, die es auf wirkungsvolle Weise erlauben, daß die großen Entscheidungen für die Zukunft der Ausdruck der Notwendigkeiten, der Sehnsüchte, der Wünsche breiter Bevölkerungsteile sind. Und gleichzeitig brauchen wir eine linke Politik, die nicht nur ein einfaches Gebärdenspiel oder ein trauriger Reformismus sein darf, um die Bewahrung des Bestehenden zu beschönigen, sondern die auf übernationaler Ebene europäische politische (und nicht nur ökonomische) Instanzen schafft, die fähig sind, die gegenwärtig realen Mächte, die sich aus der Vorherrschaft der Multinationalen und der Großmächte ableiten, zu kontrollieren und mit ihnen in einen Wettbewerb zu treten.

Wenn wir uns an das Europa der Nachkriegszeit erinnern und es mit dem Europa von heute vergleichen, so fallen auch bei oberflächlicher Betrachtung eine Reihe von offenkundigen Veränderungen auf: viel mehr Autos und viel mehr Autobahnen für diese Autos, viel mehr Flughäfen und Flugreisen, viel mehr Haushaltsgeräte . . . Das Fernsehen, in dem man sogar die erste Landung des Menschen auf dem Mond beobachten konnte. Gleichzeitig eine Anhäufung von Waffen mit absoluter Destruktivkraft. Ist es absurd, sich vorzustellen, daß die Veränderungen auch anderer Natur hätten sein können? Zum Beispiel weniger Autos und Autobahnen, weniger Waffen und dafür größere Investitionen im kulturellen Bereich (mit der ganzen Elastizität dieses Begriffs), was für die breiten Schichten der Bevölkerung total andere Möglichkeiten bieten würde, das Leben zu genießen, die Zeit zu verbringen. Ich will damit nicht die Frage aufwerfen, ob dieser Weg besser sei als der andere. Das Problem ist, ganz allgemein gesprochen, daß die parlamentarische Demokratie in den hier berücksichtigten Ländern funktioniert – es gibt Parteien, Wahlen, Parlamente, die auch abgewählt werden können usw. –, daß aber die wirklich wesentlichen Optionen der demokratischen Entscheidungsfähigkeit den Menschen (fast) verlorengegangen sind.

Die Frage ist, ob das in der Zukunft geändert werden kann. Ob wir die Fähigkeit der Menschen, zu entscheiden, was Europa in vierzig oder fünfzig Jahren sein wird, wenigstens *vergrößern* können. Auf jeden Fall ist es wohl offensichtlich, daß der Weg zu einer wachsenden Beteiligung der Bevölkerung, zu einer viel größeren Entscheidungsfähigkeit des Menschen über seine Zukunft – was heute technisch möglicher ist denn je –, im sozialen und im politischen Bereich eine wirkungsvolle Vorkämpferrolle der sogenannten *neuen sozialen Be-*

wegungen erfordert. Die jungen, politisch engagierten Generationen tendieren viel stärker zu diesen Bewegungen als zu den Parteien, da erstere durch ihren Ursprung und ihren Charakter eine neue Art der Politik postulieren.

Die Meinung, diese Bewegungen seien defensiv und erstrecken sich nur auf Teilbereiche des Lebens (Friede, Frau, Ökologie), ist sehr fragwürdig, um nicht zu sagen falsch. Natürlich kann man diese Bewegungen nicht als etwas Abgeschlossenes betrachten oder auf sie Kriterien anwenden, mit denen man mehr als einhundert Jahre alte Parteien oder Gewerkschaften beurteilt, und sie dann wegen ihrer Wirkungslosigkeit verurteilen.

Meiner Meinung nach sind die neuen sozialen Bewegungen vielmehr Keimzellen möglicher historischer Strömungen, die in einem mehr oder weniger großen Entwicklungsgrad tiefgreifende revolutionäre Umwandlungen der Lebensstrukturen und -formen der Menschen nach sich ziehen werden. Schauen wir uns einige Beispiele an.

Der Feminismus kann nicht nur als ein Kampf gegen diskriminierende Gesetze angesehen werden. Eine Welt, in der die Frauen in jeder Hinsicht den Männern gleichgestellt sind, wird eine für alle und logischerweise vor allem für die Männer radikal andere Welt sein. Das würde die Möglichkeit eines affektiven, sinnlichen Kulturlebens von einer nie erfahrenen Reichhaltigkeit bedeuten. Es würde auch zweifellos wesentlich vielfältigere Formen des gemeinschaftlichen Zusammenlebens erlauben und die mit dem bestehenden Konzept der Familie verbundenen atavistischen Zwänge und Beengheiten an den Rand drängen. Eine tiefgehende Feminisierung des zwischenmenschlichen Klimas würde dazu beitragen, viele der psychologischen Wurzeln auszureißen, die dazu beitragen, daß das Wettbewerbsdenken, der Konflikt, die Anwendung von Gewalt gegen den Schwächeren das typischste – und zerstörerische – Kennzeichen der Beziehungen unter den Menschen darstellen. Der neue Feminismus als organisierte Bewegung mag sein Auf und Ab erleben. Seine Präsenz im zeitgenössischen Leben ist jedoch nur mit einem großen geologischen Phänomen vergleichbar: Er ist wie ein neuer Kontinent, der eine neue Dimension in die Geschichte einbringt; ein Kontinent in Bewegung, im Fluß, ein Träger von Veränderungen, wobei es dumm wäre, die Tragweite dieser Veränderungen schon jetzt genau erkennen zu wollen. Europa könnte eine der Regionen der Welt sein, wo diese Veränderungen in nicht allzu langer Zeit verwirklicht werden könnten. Es muß ganz deutlich eine Aufgabe der Linken sein, diese Entwicklung gegenüber dem wütenden Widerstand, den ihr alles Konservative, im besonderen die Kirche, das Militär, die Familie, die politische Rechte, entgegenbringt und entgegenbringen wird, zu unterstützen. Doch die Linke muß sich gleichzeitig bewußt sein, daß sie über ihre Parteien den Feminismus nicht einvernehmen darf, denn diese Parteien sind an und für sich der Ausdruck der sexistischen Ungleichheit, der machistischen Strukturen, die natürlich durch ihre eigene innere Dialektik mit dem Feminismus im Widerspruch stehen. Deshalb muß der Feminismus seine eigenen Organisationen haben, in radikaler Konfrontation zur Männerherrschaft in allen ihren sozialen, kulturellen, familiären Formen. Der Feminismus muß die Parteien konditionieren können, darf sich aber nicht von ihnen instrumentalisieren lassen.

Wenn wir den Pazifismus betrachten, so sehen wir, daß sein Ziel nicht nur (auch wenn es vorrangig ist) im Kampf gegen die Atomwaffen und ihre Installierung in Europa besteht. Ganz offensichtlich lebt in ihm – mit einem außerordentlichen inneren Pluralismus – die radikalste Verweigerung von internationalen Beziehungen, die auf einer ungeheuerlichen und (außer in Kriegszeiten) in diesem Ausmaß nie gekannten Militarisierung beruhen. Auch wenn es wie eine – schändlicherweise von allen Linksparteien aufgegebene – Utopie klingt: Der Pazifismus drückt die Ablehnung aller mit dem Militärischen verbundenen Werte aus, Werte, die es als normal und selbst als ruhmreich ansehen, daß jeder Staat eine Institution besitzt, deren Aufgabe darin besteht, mit der größtmöglichen Wirksamkeit Menschen anderer Nationen zu töten. Im Europa von heute vertritt der Pazifismus ein historisches Ziel. Wie wir in vorhergehenden Kapiteln gesehen haben, bildete sich das Zweiblocksystem aus der Notwendigkeit heraus, Westeuropa gegenüber einem möglichen sowjetischen Angriff zu „verteidigen“ bzw. den „Sozialismus“ im Osten gegen die aggressiven Absichten der USA und des Nordatlantikpaktes zu verteidigen. Doch heute hat sich die Lage total verändert. Bei einer vernünftigen Überlegung wird man feststellen: Die Gefahr einer direkten Aggression in Europa existiert nicht mehr. Die Reibungspunkte der Großmächte haben sich in andere Regionen der Welt verlagert. Aber Europa ist der Ort der größten Konzentration der Atomwaffen, die alle aus den USA und aus der UdSSR kommen (nicht gerechnet die – weit unterlegenen – französischen und britischen); hier stehen sich die beiden Blöcke frontal gegenüber. Europa lebt also mit der Bedrohung, der Schauplatz eines Atomkriegs zu sein, eines dieser „begrenzten“ Kriege im Rahmen der irrsinnigen „Kriegsspiele“, mit denen sich die militärischen Generalstäbe und die Diplomaten beschäftigen.

Die Wiedergewinnung eines Mindestmaßes an eigener Stimme, an Autonomie für Europa, um aus der gefährlichen Situation der Unterwürfigkeit, in die es versunken ist, herauszukommen, um nicht länger das Spielzeug oder der Schauplatz der Streitigkeiten zwischen Washington und Moskau zu sein, ist ein immer offenkundigeres Erfordernis. Der von Reagan auf einer Rede im März 1983 erstmals vorgestellte *Krieg der Sterne*, der sich später zur Achse einer neuen

Globalstrategie der USA entwickelte, hat mit größter Deutlichkeit die Notwendigkeit hervorgehoben, daß Europa eine eigene, von den Vereinigten Staaten unabhängige Politik ausarbeiten muß.

Das Charakteristische des neuen europäischen Pazifismus sind nicht nur seine Massendemonstrationen gegen die Atomwaffen. Er erweckt und schafft auch ein breites Bewußtsein gegen die Militärblöcke, das in Richtung auf einen anderen *Status* Europas hinweist. Ein Europa, das sich aus den Fesseln der Blöcke lösen kann, das neue Wege gegenseitiger Sicherheit suchen muß. Deshalb hat der westeuropäische Pazifismus Beziehungen mit den unabhängigen Bewegungen aufgenommen, die in Osteuropa trotz ihrer Verfolgung gegen die Militarisierung und die Unterwerfung unter den Warschauer Pakt kämpfen; gegen das Wettrüsten und die Raketen; für den Frieden und gleichzeitig für die Menschenrechte. Man muß die zwei Pazifismusbewegungen in den beiden Teilen Europas so verknüpfen, daß weder die vom Westen als Instrument der UdSSR noch die der Ostblockländer als Instrument der USA betrachtet werden kann.

Die vorhersehbaren Entwicklungen in den Ländern des sowjetischen Blocks werden mit hoher Wahrscheinlichkeit das Ergebnis einer zweifachen Dynamik sein: Der Druck von der Gesellschaft her und ein Reformismus an der Spitze oder in Teilen der Führung, der das Spiel mit dem Druck von unten erlaubt. In diesem Prozeß können politische Aktionsformen ähnlich jener der sozialen Bewegungen eine wesentliche Rolle spielen. Die Erfahrung mit der „Solidarität" in Polen – und allem, was damit zusammenhängt – scheinen diese Prognose zu bestätigen, auch wenn sie angesichts einer ungewissen Zukunft riskant ist wie alle Vorhersagen.

Dieses neue, eigenständige politische Handeln der Massen, der Basis, das sich in der neuen pazifistischen Bewegung manifestiert und das vor allem in den Gemeinden und kleinen Orten Aktivitäten fördert, ist entscheidend dafür, daß Europa seine Persönlichkeit wiedererlangen kann. Es erfüllt eine Rolle der Massenaktion und selbst der Ausarbeitung von neuen Gedanken und Initiativen, die die Parteien durch ihre historischen Bindungen, ihre Wählerbeschränkungen, ihre diplomatischen Rücksichtnahmen usw., nicht durchführen können. Beispiele aus Großbritannien, Holland und selbst der BRD weisen darauf hin, daß es dem Pazifismus gelang, gewisse sozialistische Parteien zu beeinflussen. Es wäre natürlich lächerlich, die bestimmende Rolle der politischen Parteien in den außenpolitischen Entscheidungen in Abrede zu stellen. Doch die Existenz mächtiger pazifistischer Bewegungen mit ihren Massenmobilisierungen in der ideologischen Diskussion, in den Massenmedien, in der Ausarbeitung von Ideen und Alternativen ist heute ein Phänomen von enormer Tragweite. Ihr Gewicht kann logischerweise die Perspektive der Bildung eines stärkeren Europa wesentlich verbessern.

Was die ökologische Bewegung betrifft, so ist sie von ihrem Wesen und ihrer Zielsetzung her mit den erforderlichen Umwandlungen im Produktivsystem verbunden. Sie bedeutet die Ablehnung des Konzepts einer grenzenlosen Entwicklungsideologie, die die Natur opfert und die sowohl die Zukunft als auch die Lebensqualität von heute mißachtet. Im Hintergrund des Ökologismus steht eine neue, moderne Auffassung von den Erfordernissen der wirtschaftlichen Entwicklung, die von grundlegender Bedeutung ist, um von einem fortschrittlichen und humanistischen Gesichtspunkt aus die Veränderungen der laufenden technologisch-wissenschaftlichen Revolution zu analysieren.

Im besonderen ist es die Nutzung und Entwicklung der Atomenergie, die heute in der Welt eine Massenbewegung der Ablehnung hervorgerufen hat, die den Rahmen der politischen Parteien übersteigt und in diesen sogar zu Spaltungen führt. Das Zusammenwirken von militanten ökologischen Gruppen mit namhaften Wissenschaftern und mit der Unterstützung zahlreicher Kommunikationsmedien hat in vielen Fällen dazu geführt, breite Teile der öffentlichen Meinung in dieser entscheidenden Frage zu sensibilisieren und zu mobilisieren. Diese Antiatomkraftwerksbewegung präsentiert im Grunde eine neue Vorstellung vom menschlichen Fortschritt: Es handelt sich nicht mehr darum, das gesamte vom Menschen entwickelte wissenschaftliche Produktionspotential im Höchstmaß zu entfalten; es ist vielmehr beim gegenwärtigen Stand der Menschheitsgeschichte unumgänglich, dieses Potential den kollektiven Erfordernissen nach Lebensqualität unterzuordnen. Im Bereich des ökologischen Kampfes beweist zum Beispiel *Greenpeace* – so wie Amnesty International in der Verteidigung der Menschenrechte – die Entwicklung neuer Formen des staatsbürgerlichen Engagements, die über die jeweiligen Staatsgrenzen hinausgehen und eine unmittelbar übernationale Dimension annehmen.

Es genügt nicht, die sozialen Bewegungen an dem zu messen, was sie selbst gegenwärtig darstellen. Ihre Existenz beginnt bereits Parteien, Regierungen, Theorien zu beeinflussen. Wahrscheinlich breitet sich die ihnen eigene Art, „Politik zu machen", auch auf andere Bereiche aus: diese direktere, weniger bürokratische Art, die Riten, Hierarchien, Korruption und selbst die Unterscheidung zwischen Führern und Geführten auflöst. Und es könnten sich ähnliche Bewegungen auch auf andere Bereiche erstrecken, so daß in der Geschichte neue Formen der Subjektivität entstehen. Einer der radikalen Unterschiede zwischen den Bewegungen und den politischen Parteien ist, daß erstere – die sich ja nicht um Wahlen und die Regierung kümmern müssen – immer dazu neigen, von lokaler Ebene ausgehende Aktionen zu fördern, die dann unmittelbare Auswirkungen auf die Realität haben. Aktionen, die von den *gleichen* Leuten organisiert und geleitet werden, die sie auch dann durchführen. In diesen Aktionen entstehen Erfahrungen in direkter Demokratie; oder besser gesagt: Erfahrungen in politischem Handeln, das von den Beteiligten selbst verwaltet wird.

Es handelt sich bei diesem Prozeß um eine neue Form der Intervention des Staatsbürgers im öffentlichen Leben, die in für die Lebensqualität entscheidenden Gesellschaftsbereichen neue Horizonte eröffnet; neue Wege, um den Staat zurückzudrängen und im Ausgleich dazu die Selbstverwaltung des Staatsbürgers zu fördern, wobei vom Wissen spezialisierter Personen ausgegangen wird. Es ist kein utopisches Projekt. Es kann bereits heute direkte Auswirkungen auf die Verwaltung der Städte, auf die Kultur, das Gesundheitswesen, die Erziehung, die Information, den Sport, den Spielbereich, die Freizeit haben und wesentliche Bereiche des Produktivprozesses revolutionieren.

Eine entscheidende Überlegenheit der Bewegungen über die Parteien liegt in ihrer völligen Leichtigkeit, eine übernationale, europäische Dimension anzunehmen. Die pazifistische Bewegung zum Beispiel ist direkt europäisch: In ihren Reihen sind bei den Diskussionen und beim Handeln die nationalen Grenzen kaum noch zu spüren. Diese Bewegungen sind also die einzigen, die einen neuen Internationalismus schaffen und die problemlos den Weg zu einem politischen Leben mit europäischer Dimension beschreiten oder die vielmehr im Bewußtsein der Bevölkerung einen wesentlichen Motor bei diesem Trend darstellen.

Im unmittelbar ideologischen Bereich befinden wir uns in einer Zeit, in welcher der vor allem seit der Aufklärung und der Französischen Revolution so einflußreiche Begriff des Fortschritts einen Rückgang erlebt: Diese direkt mit dem Glauben an einen unbegrenzten Fortschritt der Wissenschaft verbundene Idee, die alle Geheimnisse des Lebens und der Welt aufdecken würde. Einige tragische Erfahrungen in diesem Jahrhundert haben dieses Vertrauen in die Wissenschaft erschüttert. Die Wissenschaft hat die Atomwaffe entwickelt, und neben all den wunderbaren wissenschaftlichen Fortschritten verhungern heute Millionen von Menschen. Selbst die Absicht – die etwa im Falle Rußlands auch realisiert wurde –, eine „wissenschaftliche" Theorie wie den Marxismus zur Organisierung der Gesellschaft zu benützen, hat völlig andere Ergebnisse gezeitigt, als es diese Theorie ankündigte.

Deshalb begünstigt die Krise die Rückkehr zu ausgesprochen mystischen, fanatischen, irrationalen Ideologien. Wenn man das Zweite Vatikanische Konzil mit den Ansprachen von Johannes Paul II. vergleicht, so steht wohl außer Zweifel, daß heute die Spitze des Katholizismus in einem reaktionären Sinn die Errungenschaften des letzten Konzils revidiert. Der Papst fördert konservativ-traditionalistische und dogmatische Haltungen, einen auf seine eigene Person konzentrierten irrationalen Glauben. So schürt er unter den Katholiken die Resignation, die Passivität, das Erdulden des Elends, der Unterdrückung, des Leidens als vom Jenseits auferlegte Wirklichkeiten, angesichts derer der beste Trost das Beten, die Hoffnung auf das Jenseits und auf den Segen ist.

In einem anderen kulturellen und religiösen Bereich, dem Islam, ist heute die dynamischste Strömung der vom *Ayatollah* Khomeini vorangetriebene Fundamentalismus, der bereits breite Schichten der Bevölkerung, vor allem die Jugend, erobert hat. Das Scheitern von Nassers Projekt der arabischen Einheit hat in einem Klima der Machtlosigkeit und der Verzweiflung den Raum für den neuen islamischen Fanatismus geschaffen.

Auch andere Formen der irrationalen Annäherung an das Bestehende und des Glaubens an außerirdische Kräfte machen sich in den europäischen Gesellschaften breit. Auf der anderen Seite haben wir die Deformierung des Marxismus in den sogenannten sozialistischen Staaten, seine Umwandlung in eine offizielle Ideologie, in hierarchische Riten, die die Führer heiligsprechen, die vom Fußvolk Gehorsam will, was zusehends die Fähigkeit des Menschen, sein eigenes Schicksal zu bestimmen und entsprechend zu handeln, verneint und aufhebt.

Diese Strömungen des Fanatismus, Irrationalismus und Dogmatismus stellen in ihren verschiedenen Ausformungen die Grundlage für eine konservative politische Haltung dar.

Die Antwort kann in keiner Hinsicht eine Rückkehr zum gestrigen Glauben an die Wissenschaft sein. Man verzeihe mir die plumpe Vereinfachung, doch scheinen mir heute die wissenschaftlichen Fortschritte selbst nachdrücklich zu unterstreichen, daß nicht so sehr die Fähigkeit zu wissen maßgebend ist, sondern die Fähigkeit, zu tun, zu handeln. Überall wächst das Potential der menschlichen Subjektivität im geschichtlichen Prozeß und selbst die Fähigkeit, Naturgesetze des menschlichen Lebens zu modifizieren.

Angesichts der neuen Tendenzen zum religiösen Fanatismus kann es nicht der Weg der europäischen Linken sein, neue Fanatismen zu erfinden oder den alten, in früheren Epochen – vor allem im Kampf gegen den Faschismus – so wirksamen Mythen neuen Glanz zu verleihen; ebensowenig wie die Fortsetzung eines halbresignierten, halbreformistischen Pragmatismus, der die Schaltstellen der Macht und der Zukunft in Händen einer kleinen Minderheit in Staat und Finanzwelt beläßt. Eines Pragmatismus, der die Marginalisierung Europas auf sich nimmt und akzeptiert – der uns Europäer zu passiven Zuschauern eines Films macht, in dem andere die Regie führen, und der uns zu Museumswächtern degradiert.

Es ist wohl die Zeit, vor allem daran zu erinnern, daß Europa die

Wiege der Aufklärung und der Vernunft war. Wenn die europäische Linke als solche überleben will, muß sie zweifellos eine neue Rationalität aufbauen, ausgehend von den neuen wissenschaftlichen Errungenschaften; eine Rationalität, die in erster Linie den kritischen Sinn des Menschen für die immer komplexere Umwelt, die ihn umgibt, weckt und fördert. Einen kritischen Sinn, der auf eine neue Art das Wissen mit dem Handeln zu verknüpfen weiß.

Der *Glaube an die Wissenschaft*, der einer ganzen Etappe des menschlichen Fortschritts seinen Stempel aufgedrückt hat, wird nicht zurückkehren. Was jedoch sehr wohl im Bewußtsein vieler Menschen kräftig brodelt, ist eine immer stärker werdende Gewißheit über seine eigene Fähigkeit zu handeln, teilzunehmen, seine eigene Zukunft zu bestimmen. Daraus entsteht diese neue Art, Politik zu machen, die sich heute vor allem in den sozialen Bewegungen niederschlägt. Die europäische Linke kann hier eine neue Dynamik finden, die ihr helfen könnte, ihre Daseinsberechtigung wiederzugewinnen: Die Wirklichkeit zu verändern, um mehr Freiheit und Gerechtigkeit für die Menschen zu erringen.

In dem Film von Federico Fellini *Und das Schiff fährt* wird nach dem Schiffbruch und dem Untergang des Schiffes das Rettungsboot fast zur Gänze von einem Nashorn besetzt, jenem vorsintflutlichen Tier, das als Symbol des Gewichts der entferntesten Vergangenheit über die Gegenwart der Menschen gilt. An allen Wendepunkten der Geschichte hat dieses Nashorn ein besonderes Gewicht. Auch wenn es, wie im Film von Fellini, lange Zeit in seinem Unterstand bleibt, so taucht es plötzlich wieder ganz oben auf. In der gegenwärtigen europäischen Linken gibt es sicherlich viele solcher Nashörner. Man wird sehen, ob es genügend erneuerungsfähige Kräfte gibt, die diese Tiere auf die Seite stellen und ein Denken und Handeln entwickeln können, die Europa in einer Welt in voller Umwandlung eine neue Rolle zugestehen.

ANMERKUNGEN

Kapitel 1

1 Karl Marx: Das Kapital. Erster Band, Dietz (Berlin, 1972), S. 765.
2 Ebenda, S. 790 f.
3 Karl Marx: Friedrich Engels, Manifest der kommunistischen Partei. Dietz (Berlin, 1973), S. 57.
4 Allgemeine Statuten der Internationalen Arbeiterassoziation (1864 gegründet), Karl Marx, Friedrich Engels.
5 Rosa Luxemburg: Die Russische Revolution. Verlag Gesellschaft und Erziehung G.m.b.H. (Berlin, 1922), S 117 f, 103 und 109.
6 Paolo Spriano: Storia del Partito Comunista Italiano. Editorial Einaudi (Turin, 1969), Band 2, S. 52–54.
7 Momenti e problemi della storia dell'URSS. Instituto Gramsci. Editori Riuniti (Rom, 1978), S. 44.

Kapitel 2

1 L'Internationale Communiste. Payot (Paris, 1970), S. 325.
2 Paolo Spriano: Storia del PCI, Band 5, S. 113 ff.
3 Ebenda, S. 97.

Kapitel 3

1 Winston Churchill: The Second World War, zit. nach Paolo Spriano: Storia del PCI, Band 5, S. 428.
2 Anthony Eden: The Reckoning. Cassel (London, 1965), S. 483.
3 Ebenda, S. 502.
4 Winston Churchill: The Second World War, zit. nach Paolo Spriano, Storia del PCI, S. 447.
5 Aus: Stalin – Churchill – Roosevelt – Attlee – Truman. Carteggio, 1941–1945 (Rom, 1965), zitiert von Paolo Spriano, s. o., S. 425.
6 The Second World War, Band 5/II, Cassel (London), S. 72.
7 Anthony Eden: The Reckoning, S. 485.
8 Leibson y Chiria: Viraje en la politica del Komintern. Editorial Muisl (Moskau, 1965), S. 330.
9 Fernando Claudin: La crisis del movimiento comunista. Editorial Ruedo Ibérico (Paris, 1970), S. 282 und 638.

10 Historia del Partido Comunista Francés. Éditions Sociales (Paris, 1964), S. 471.
11 Exercice et conquête du pouvoir en l'œuvre de Léon Blum. Naissance de la IV République. La vie et la doctrine du Parti Socialiste, 1945- 1947. Albin Michel (Paris, 1958), S. 428–436.

Kapitel 4

1 Anthony Eden: The Reckoning, S. 547.
2 In diesem Zusammenhang sind die widersprüchlichen Darstellungen in den Memoiren Marshall Shukovs und General Stemenkos zu erwähnen.
3 Helene Carrère d'Encausse: Le Grand Frère. L'Union soviétique et l'Europe soviétiseé. Flammarion (Paris, 1983), S. 52.
4 The New York Times, 24. Juni 1940.
5 Louis Halle: The Cold War as History. Chatto and Windus, editor (London, 1967), S. 103 f.
6 Storia dell'Unione Sovietica. Mondadori, ed. (Mailand, 1979), Band 2, S. 303.
7 Agnes Heller: The West and the Left (Manuskript).
8 P. M. S. Blackett: Consecuencias militares y politicas de la energía atómica. Turnstilepress (London, 1948), S. 132.
9 Stalin, Obras Completas. Edición rusa, Band 16, S. 56 und 62.
10 George F. Kennan: Memoirs 1925–1950. Atlantic Monthly Press (Boston, 1967), S. 320.
11 Ebenda, S. 325 ff.
12 Louis J. Halle: The Cold War as History. Chatto and Windus (London, 1967), S. 129.
13 Lilly Marcou: Le Kominform. Presses de la Fondation Nationale des Sciences Politiques (Paris, 1977).
14 Roger Quillot: La SFIO et l'exercice du pouvoir. Editions Fayard (Paris, 1962), S. 227.
15 Guy Mollet, Le Populaire, 10. Oktober 1947.
16 Léon Blum, Le Populaire, 6. Jänner 1948.
17 Por una paz duradera . . ., 15. Juni 1948.
18 Eduard Kardelj: Vias de la democracia en la sociedad socialista. Verlag Cas (Belgrad, 1978).
19 Lilly Marcou: El movimiento comunista internacional desde 1945. Presses Universitaires de France (Paris, 1980), S. 27.
20 Historia del Partido Comunista Francés. Éditions Sociales (Paris, 1964), S. 524.
21 Por una paz duradera . . . Editorial. 15. Mai 1949.
22 Giorgio Bocca: Palmiro Togliatti. Editorial Laterza (Rom, 1973), S. 546–547.

Kapitel 5

[1] Diario dal Cremlino. Editorial Biompani (Mailand, 1979), S. 494.
[2] Giorgio Amendola: Il rinnovamento del PCI, Editori Riuniti (Roma, 1978), S. 136.
[3] Ferenc Feher, Agnes Heller: Análisis de la revolución húngara. Editorial Hacer (Barcelona, 1983).
[4] Ebenda, S. 126.
[5] Willy Brandt, Bruno Kreisky, Olof Palme: Die sozialdemokratische Alternative. Editorial Blume (Barcelona, 1977), S. 54.
[6] Ebenda, S. 14.
[7] La socialdémocratie en question. Editions de la RPP (Paris, 1981), S. 193.
[8] Interview aus der Zeitschrift Sin Censura, publiziert in: El desafio socialdemócrata con Christine Buci, Glucksmann und Göran Therborn. Editorial Maspero (Paris, 1981), S. 70.
[9] Régis Debray: Revolución en la revolución? Ed. Casa de las Américas (Havanna, Jänner 1970). In dieser Arbeit faßt Debray die offiziellen Positionen Kubas zusammen, die stark von den Ideen Che Guevaras geprägt sind.
[10] Ebenda, S. 103.
[11] Los marxistas y la politica, von François Chatelet und anderen. Editorial Taurus (Madrid, 1977), Band 3, S. 207.
[12] Gian Carlo Pajetta: Las crisis que he vivido. Editori Riuniti (Rom, 1982), S. 76–79.
[13] Historia del Partido Comunista Francés. Éditions Sociales (Paris, 1964), S. 631.
[14] Un futuro para España (Vorwort). Editorial Ebro (Paris, 1967).
[15] Santiago Carrillo: Nuevos enfoques a problemas de hoy. Éditions Sociales (Paris, 1967), S. 132 und 134.
[16] XX. Congreso del Partito Comunista Italiano. Atti risoluzioni, S. 668.

Kapitel 6

[1] Abgedruckt u. a. in: Programmatische Dokumente der deutschen Sozialdemokratie. Hrsg. u. eingel. v. Dieter Dowe und Kurt Klotzbach, Bln./Bonn-Bad Godesberg 1973.
[2] Boletín Le Poing et la Rose, Ergänzungsband Nr. 41, Mai 1975.
[3] Ebenda.
[4] Discursos ante el III. Congreso del PSP. Túcar Ediciones, S.A. (Madrid, 1976), S. 28.
[5] Discursos ante el III. Congreso del PSP. Túcar Ediciones, S.A. (Madrid, 1976), S. 57.

Kapitel 7

1 „Der Stalinismus im Kreuzfeuer." Revista Política y Parlamentaria. PUF (Paris, 1980), S. 185.

2 „Sozialdemokratie am Prüfstand." Coloquio del ISER de 1981. Editado por Revista Política y Parlamentaria (Paris, 1981), S. 294.

3 Comunismo en la encrucijada. Ediciones Crítica (Barcelona, 1983). Vorwort von Manuel Azcárate.

4 N. Bruce Hamay: Important technological trends ... (Stockholm, 1984).

5 CEE-Europa 1995: Mutations technologiques et enjeux sociaux (Paris, 1983).

6 „Sozialdemokratie am Prüfstand." Revista Política y Parlamentaria. PUF (Paris, 1981), S. 188 und 193.

7 Rinascitá, Nr. 22, Rom, Dezember 1984.

8 Rinascitá, Nr. 5, 9. Februar 1985.

9 Rinascitá, 10. November 1984.

10 Siehe „Nazione e individuo di fronte alla società dell'informazione", in: Rinascitá, 10. November 1984.